GEISTFEUER
VERLAG

IM GEISTFEUER GOTTES

3. Auflage, Überlingen 1998, Printed in Germany
1. Auflage, Otto Reichl Verlag, Darmstadt 1952
Umschlag und Einband: Michael Berg
Fotos: Bildarchiv Geistfeuer Verlag
Filmsatz: WWProductions · W. Wilhelmi, Heidelberg
Druck und Einband: VEBU Druck GmbH, Bad Schussenried
ISBN 3-926493-06-2

CARL WELKISCH

IM GEISTFEUER GOTTES

Neufassung 1979

GEISTFEUER VERLAG
ÜBERLINGEN

Ich bin gekommen in meines Vaters Namen, und ihr nehmt mich nicht an. So ein anderer wird in seinem eigenen Namen kommen, den werdet ihr annehmen. Joh 5,43

INHALT

Carl Welkisch 1920

VORWORT ZUR ZWEITEN AUFLAGE

Mit der Niederschrift dieses Buches war im Frühjahr 1950 begonnen worden; dank der unermüdlichen Mitarbeit meines Schwagers und Freundes Dr. Wilhelm Beyer erhielt es seine endgültige Form und konnte im Herbst 1957 in erster Auflage erscheinen. Damals hatte ich im Rahmen eines Lebensberichtes auch meine Einsichten in das Wesen des Menschen und seinen Entwicklungsweg ausführlich dargelegt. Sie sind inzwischen in der Schrift »Der Mensch zwischen Geist und Welt« (3. Auflage, Reichl Verlag, St. Goar 1991; d. Vg.) zusammengefaßt worden und werden hier nur noch in dem Umfang wiedergegeben, wie es für das Verstehen meines eigenen Weges erforderlich ist. Die vorliegende Neufassung, bei deren Herstellung ich die weitgehende Unterstützung meiner Freunde erfahren habe, bringt eine gestrafftere Darstellung, damit der Umfang des Buches begrenzt bleibt, obwohl Berichte aus meinen späten Lebensjahren noch aufgenommen worden sind.

Am Inhalt der Aussage habe ich nichts geändert, doch habe ich mich bemüht, sie auf Grund weiter vertieften Erkennens noch eindeutiger und verständlicher zu gestalten. Trotzdem stellt das Buch größere Anforderungen an die Aufmerksamkeit des Lesers als die meisten anderen Autobiographien, denn ich habe hier von einer außergewöhnlichen inneren Entwicklung und von zahlreichen Gotteserlebnissen zu berichten. So sind auch die Erlebnisberichte und Darlegungen dieses Buches nicht dazu niedergeschrieben, um nur einmal gelesen und zur Kenntnis genommen zu werden. Wer sie des öfteren und mit wirklicher Anteilnahme liest, kann daraus Kraft und Segen empfangen. Der Leser erwarte aber keine neue Lehre und erst recht keine neue Religion. Ich bin meinen Weg als Christ und in der Nachfolge Christi gegangen und lege Zeugnis ab von Gottes Wirken. Die Einsichten, die mir zuteil geworden sind, können jedem Aufgeschlossenen voranhelfen, ohne daß er seine Konfession oder Glaubensgemeinschaft aufgeben muß.

Auch diese Neufassung meines Buches lasse ich hinausgehen mit der Bitte zu Gott, daß ER in recht vielen Lesern die Herzen zu wirklichem Verstehen öffnen möge.

Überlingen, im März 1979

Carl Welkisch

* * *

VORWORT ZUR DRITTEN AUFLAGE

Wie aus dem Vorwort zur zweiten Auflage hervorgeht, entstand der Lebensbericht von Carl Welkisch nicht als ein im Alter aufgezeichneter Rückblick auf sein Leben. Seit seiner ersten Veröffentlichung „Vergeistigung" im Jahre 1927 und dem Erscheinen von „Im Geistfeuer Gottes" 1957 und seiner Neufassung 1979, liegen 50 Jahre. In den einzelnen Lebensabschnitten begleiteten ihn verschiedene Freunde, die seinen Berichten die äußere Form gaben. So erklären sich die stilistischen Unterschiede in diesem Buch.

Von Carl Welkischs letztem Lebensabschnitt von 1979 bis 1984 berichtet das Buch „In den Fußstapfen Christi" von 1988. Da diese Berichte erst nach seinem Tod zusammengestellt worden sind, ist dieses Buch auch weiterhin als getrenntes Werk erhältlich.

Überlingen, im März 1998

Gabriele Beyer

DER MENSCH UND SEIN VERGEISTIGUNGSWEG

Mystiker sind Menschen, die dazu berufen und zubereitet werden, bewußte Fühlung mit Gott zu erleben. Die Einsichten in das Wesen und den Weg des Menschen, die ich hier ausspreche, beruhen auf meinem mystischen Erleben. Ich trage also keine gedanklichen Folgerungen vor wie der Philosoph, der Theologe oder der Psychologe, wenn diese ihre Erkenntnisse über das Wesen des Menschen auseinandersetzen.

Mein Wahrnehmen reicht über das durch die Sinne des Körpers Vermittelte hinaus und durchdringt alle Daseinsebenen des seelischen und selbst des geistigen Lebens. Im Zustand der Gotteinung läßt Gott mich sogar den Urgrund der Wesen und Dinge schauen. Unauffällig für meine jeweilige Umgebung vollzieht sich mein inneres Erleben. Und wenn ich nicht von Gott her den ausdrücklichen Auftrag hätte, selbst davon zu berichten, würde die Außenwelt kaum etwas merken und erfahren von dem, was Gott in mir und durch mich wirkt.

Nun ist freilich geistig Erlebtes seinem vollen Inhalt nach in menschlichen Worten gar nicht wiederzugeben. Wenn der Mystiker trotzdem versucht, seinen Mitmenschen etwas von seinem Erleben mitzuteilen, so nimmt er den Mut und die Berechtigung dazu aus seinem Wissen um die Menschennatur, die in allen Menschen die gleiche ist. Mit unserem sichtbaren, äußeren Menschen sind wir Bürger der endlichen, mit den Sinnen des Körpers erfaßbaren, grobstofflichen Außenwelt. Mit unserem Inneren sind wir zugleich Bürger einer unendlichen, den Sinnen nicht faßbaren, geistigen Innenwelt. Der an das körperliche Gehirn gebundene Verstand ist dazu bestimmt, das zu verarbeiten, was er über die Sinne von der Außenwelt erfährt; auf sich allein gestellt, vermag er aber den Zugang zur Innenwelt nicht zu finden. Jeder Mensch hat zwar ein inneres Erleben, es erreicht jedoch sein Bewußtsein kaum je als klarer Gedanke, sondern nur als eine Ahnung oder als ein unbestimmtes Gefühl. Dem Mystiker hingegen ist die Fähigkeit mitgegeben, das, was sein Innenmensch auf geistigen Ebenen erlebt, auch mit seinem bewußten Denken zu erfassen und in Worten auszudrücken. Da alles, was auf geistigen Ebenen vorhanden ist, im Irdischen seine Entsprechung hat, kann ich versuchen, das geistig Erlebte mit Hilfe der uns geläufigen Begriffe anderen begreiflich zu machen.

Ich schildere den Menschen, wie ich ihn erlebe, als eine *Drei-Einheit,* bestehend aus Körper, Seele und Geist, und bestätige damit eine althergebrachte Auffassung, die auch bei Paulus (1. Thess 5,23) angedeutet ist. Nun werden aber die Worte »Körper, Seele, Geist« in so verschiedener Bedeutung verwendet, daß ich erklären muß, was sie in meiner Sicht bedeuten.

Der *Körper* ist der wissenschaftlichen Forschung weitgehend zugänglich. Er wird als das Ergebnis einer Entwicklung aufgefaßt, welche sich bei der Entstehung jedes neuen Einzelwesens wiederholt, von einer einzelnen Zelle, der befruchteten Eizelle, ihren Ausgang nimmt und durch unablässig sich wiederholende Zellteilungen zur Bildung der menschlichen Gestalt führt. Der Körper besteht aus vielen Billionen mikroskopisch kleiner Zellen, welche zu einem durch höchste Weisheit geordneten Ganzen verbunden sind.

Die *Seele* ist für mein geistiges Wahrnehmungsvermögen ein feinstoffliches Wesen von der gleichen Gestalt wie der zu ihr gehörige Körper. Beide sind einander bis in alle Einzelheiten hinein ähnlich. Die Seele ist dem Körper durch ein feinstoffliches Kraftfeld (oft bioplasmatisches Kraftfeld genannt) eng verflochten, in welchem ein ständiger Strahlungsaustausch zwischen ihnen vor sich geht. Dennoch behält die Seele ein Eigendasein und eine gewisse Selbständigkeit. Diese kann sie schon bei irdischen Lebzeiten gelegentlich betätigen, indem sie als sogenannter Doppelgänger neben dem Körper oder sogar weit entfernt von ihm auftreten kann. Erst recht beweist sie ihr selbständiges Dasein bei und nach dem Tod des Körpers, indem sie sich dann ganz von ihm löst und auch ohne ihn ungeschmälert weiterbesteht.

Der *Geist* ist der individuelle Wesenskern, den ich als selbständigen geistigen Menschen unabhängig von Körper und Seele erlebe. Er hatte vor seinem Erdendasein mit dieser Welt nichts zu tun, sondern kommt aus geistigen Reichen zur Erde herab. Die unirdische Herkunft des Geistes erkenne ich am deutlichsten am neugeborenen Kind. Im Gegensatz zur Seele, die klein und unvollkommen ist wie der kindliche Körper, ist der dazugehörige individuelle Geist ein vollausgebildeter geistiger Mensch. Sowohl meinen eigenen als auch den Geist vieler anderer Menschen habe ich oft von Angesicht zu Angesicht geschaut; und fast immer kann ich hellfühlend Verbindung mit dem Geist anderer aufnehmen.

So sind also für meine Wahrnehmung der körperliche, der seelische und der geistige Mensch zu einer Lebensgemeinschaft verbunden. Sinn und Ziel ihres Daseins ist ihre völlige Einswerdung. Von einer solchen sind sie in den Erdenmenschen noch weit entfernt, und so kommt es, daß jeder der Wesensteile noch bis zu recht beträchtlichem Grad selbständig ist.

Der wirklichste und mächtigste unter ihnen ist für mich der Geist. Der Abstand zwischen ihm und dem Körper ist so groß, daß jede Einwirkung des Geistes auf den Körper über das vermittelnde Bindeglied der Seele erfolgen muß. Auch die Lebenskraft, die aus dem Geist kommt, erreicht den Körper über die *Seele*. Sie bildet die Mitte unseres Wesens und hat Anteil an der Außenwelt und an der Innenwelt. Zusammen mit dem Körper macht sie den natürlichen Menschen aus, den ich oft auch als den äußeren Menschen bezeichne. Zugleich aber gehört die Seele zum Innenmenschen, sooft und soweit sie von der Strahlung ihres individuellen Geistes erfaßt und durchdrungen wird.

Offenbarungen über die Entwicklung, die zur Bildung einer Menschenseele führt, hat Jakob Lorber schon im vorigen Jahrhundert der Menschheit vermittelt. In seinen Schriften, die ich erst verhältnismäßig spät kennenlernte, fand ich meine eigenen Erkenntnisse über die seelische Entwicklung bestätigt.

Die Seele gibt dem Körper das Leben und sichert ihm seinen Bestand, denn ohne sie ist er nicht nur empfindungslos und bewegungsunfähig, sondern er kann auch nicht einmal bleiben, was er ist. Der entseelte Körper ist unwiderruflich dem Zerfall in der Verwesung ausgeliefert. Das ist beim Menschen nicht anders als beim Tier. Gleichartig ist bei Mensch und Tier auch das Verhalten der Seele insofern, als sie den Tod des Körpers überdauert. Sie bedarf also des Körpers nicht, um ihre Gestalt zu behalten. Ich habe vielfach Seelen von Tieren, die mich in ihrem Leben gekannt und gern gehabt hatten, nach dem Tod ihres Körpers erlebt, wo sie mich aufsuchten und mir ihre Liebe kundgaben in der gleichen Weise wie zur Zeit ihres körperlichen Lebens. Dennoch besteht auch ein großer Unterschied zwischen den Seelen von Mensch und Tier.

Während die Menschenseele in ihrer Gestalt und in ihrem persönlichen Gehalt bestehen bleibt, ist die Tierseele in ihrem Fortbestehen als ein Einzelwesen zeitlich begrenzt. Mir ist noch keine genaue Kenntnis darüber zuteil geworden, wie lange sich die verschiedenen Tierseelen als Einzelwesen halten können. Zweifellos bestehen da große Unterschiede. Bei den höheren Tieren, welche für meine Beobachtung nur in Frage kommen, können es Tage und Wochen, vielleicht auch Monate und Jahre sein. Aus meinem Erleben weiß ich nur, daß ich Seelen von Tieren, die ich während ihres Lebens gekannt hatte, geraume Zeit später mit aller Deutlichkeit als Bestandteil der Seele eines noch höher organisierten Tieres wiedererkannt habe.

Es findet also eine »Seelenwanderung« statt, doch ist diese Seelenwanderung nur so zu verstehen, daß die seelische Substanz über unzählbare Entwicklungsstufen vom Mineral über die Pflanze zu immer höheren Tierformen aufsteigt, bis sie schließlich zur Bildung einer Menschenseele herangereift ist.

In den Tierseelen haben wir dementsprechend Vorstufen zur Menschenseele zu sehen. Einen anderen Beitrag erhält sie mitunter aus dem seelischen Bereich der irdischen Natur. Zu diesem gehören *Naturwesen*, welche ohne grobstofflichen Körper leben und schon Menschengestalt haben; sie stellen einen Zwischenzustand zwischen Tier- und Menschenseele dar. Jeder kennt sie als Gestalten der Märchenwelt, die freilich der aufgeklärte Verstand schon längst nur noch als Phantasiegestalten gelten lassen will. Sie sind dennoch Wirklichkeit und spielen eine wichtige Rolle bei mancherlei Wachstums- und Entwicklungsvorgängen in der Natur. Sie führen ein Dasein dem menschlichen Erdenleben ähnlich, haben Verstandesfähigkeiten und Bewußtsein und gehen schließlich in eine Menschenseele ein. Zu deren Bildung tragen ferner Strahlungseinflüsse aus dem Kosmos die ihnen entsprechenden ätherischen Substanzen bei.

Auf diese Weise aufgebaut aus vielen Einzelteilen seelischer Substanz verschiedener Herkunft, wird die in Bildung befindliche Menschenseele einem Geist zugeführt, der zum Betreten des Erdenweges bereit ist. Im Augenblick der Zeugung übernimmt der *Geist* dann die Obhut über seinen werdenden natürlichen Menschen, speist ihn aus seiner Lebenskraft und leitet seine Entwicklung, ohne sie je wieder aus der Hand zu lassen. Zur weiteren Ausgestaltung der Seele dienen dem Geist die von den Vorfahren herkommenden Anlagen. Unter seiner Leitung entwickeln sich im gesunden Kind mit dem Heranwachsen Verstand und Gemüt. Dazu empfängt die Seele von ihrem Geist – als Mitgift sozusagen – das Ichbewußtsein, die Vernunft und die Fähigkeit zu höheren Gedankengängen und Schlußfolgerungen. Der Geist aber ist der Träger des Gewissens und der Religiosität und gibt ihnen Ausdruck durch die Seele in dem Maße, in dem er diese durchstrahlen kann.

Da ich den individuellen Geist als ein Wesen von menschlicher Gestalt wahrnehme, muß dieses Wesen auch die ihm zukommende Art von Stofflichkeit haben. Einer solchen Schlußfolgerung steht nichts im Wege, denn bei näherer Betrachtung kommt man zu der Einsicht, daß Stofflichkeit gar nichts anderes ist als der Ausdruck tatsächlichen Vorhandenseins. Darum findet sie sich auf allen wirklichen Daseinsebenen. Gänzliche Unstofflichkeit wäre gleichbedeutend mit Nichtvorhandensein. Je nach seinem Zustand bringt ein jedes Wesen sein Vorhandensein in einer mehr oder weniger feinen oder derben Stofflichkeit zum Ausdruck und ist demzufolge »Materie«, »Seele« oder »Geist«. So betrachtet, ist auch das, was Materie heißt, im

Grunde seines Wesens nichts anderes als Geist, wenn auch Geist, der in einen völlig ungeistigen Zustand geraten ist und daher die Kennzeichen und Fähigkeiten seiner Geistnatur eingebüßt hat. Die Vorstellung, daß trotz ihrer trägen Schwere und ausgeprägten Starrheit die Materie im Grunde gleichen Wesens mit dem Geist sei, dürfte heute dem Verstand wohl nicht mehr als unannehmbar erscheinen, nachdem die Atomphysiker den Beweis dafür erbracht haben, daß die undurchdringlich scheinende Masse der Materie nichts anderes ist als geballte Energie.

Auch die Geistnatur der Materie ist für den geistig Hellfühlenden erlebte Wirklichkeit und durchaus nicht bloße gedankliche Folgerung. Es gehört jedoch die Empfindungstiefe des reinen Geistes dazu, um der menschlichen Wahrnehmung zu erkennen zu geben, daß selbst die völlig leblos scheinende Materie von gleicher Wesensgrundlage ist wie der Geist selbst. Nur seelisches Hellgefühl, und sei es noch so fein, kann mit seiner Wahrnehmung nicht in solche Tiefe dringen. So hat mein Geist sich zunächst die Seele ganz zu eigen gewinnen und sich völlig mit ihr einen müssen; und erst seitdem er danach die Körpermaterie umzuwandeln begonnen hat, durchleuchtet er auch mein menschliches Tagesbewußtsein mit solcher Klarheit, daß ich die Materie des Körpers in ihren Kleinstteilen als kleinste, primitivste Geistwesen mit Eigenbewußtsein und Eigenwillen erlebe und erkenne. Je stärker und tiefer der Geist den Körper durchdringt, um so reger und bewußter werden auch diese Kleinstteile der Körpermaterie, so daß sie für meine Wahrnehmung zu »Materiegeistern des Körpers« werden, die mir ihre Empfindungen, ihre Neigungen, ihr Wünschen und Wollen kundgeben; ganz gleichlaufend hatte ich die feinstofflichen Einzelteile der Seele – in dem vorausgegangenen Ringen des Geistes um ihren Besitz – als »Naturgeister der Seele« erlebt, die aber nicht mit den vorhin genannten Naturwesen verwechselt werden dürfen.

Die Natur- und Materiegeister sind zersplitterte Teile einer gefallenen Geistwelt und haben deren einst hohe Schwingungsfrequenz eingebüßt, so daß ein schwer überbrückbarer Abstand zwischen ihrer niedrigen Schwingungsfrequenz und der hohen des Menschengeistes entstanden ist. Man darf sie sich nicht als dessen kleine Geschwister vorstellen. Die Materiegeister des Körpers und die Naturgeister der Seele sind gleichen Ursprungs, sie sind einander verwandt und unterscheiden sich nur durch den ungleich stärkeren Eigenwillen der Materiegeister. Denn es dürfte unschwer einleuchten, daß die so viel gröbere Derbheit und Starrheit der Körpermaterie durch die geradezu unzugänglich starre Eigenwilligkeit ihres seelisch-geistigen Inneren verursacht wird. Dieser Eigenwille ist der Daseinswille einer bis zum äußersten gesteigerten Eigenliebe. Je unzugänglicher die Materiegeister in ihrer Eigenliebe eingekapselt sind, desto mehr erfahren wir die betreffende Materie als starr und scheinbar leblos.

Jeder Daseins- und Lebenswille strebt nach dem Glück. Der Daseinswille der Eigenliebe will das Glück für sich selbst; der Daseinswille der All-Liebe will das Glück für alle anderen. Jener möchte alles, was ihm gefällt, für sich haben; dieser möchte alles, was er ist und hat, allen anderen schenken. Der eine hat für all sein Streben sich selbst zum Zielpunkt, der andere zielt mit seinem Streben von sich selbst hinweg auf alle anderen. Es wäre also »nur« eine volle Kehrtwendung ihres Daseinswillens notwendig, um die Materie auch der Erscheinungsform nach wieder zu Geist werden zu lassen, so daß sie alle irdische Gebundenheit verlöre und wieder frei und »immateriell« würde. Solche Umkehr der Willensrichtung ist jedoch gleichbedeutend mit dem endgültigen Verzicht auf alles eigene Wünschen, ist das restlose Aufgeben alles Eigenen, ein Ansinnen, das dem selbstsüchtigen Eigenwillen der Materiegeister wie die Aufforderung zu völliger Selbstvernichtung und darum unannehmbar erscheint.

Ich spreche hier ja nicht von dem durch höhere Einsicht zu lenkenden Willen der Gesamtpersönlichkeit des Menschen, sondern von dem Daseinswillen der Kleinstteile der Körpermaterie, die im nicht geistig hellfühlenden Menschen noch weit davon entfernt sind, ein klares Bewußtsein zu haben, sondern nur aus triebhaftem Empfinden leben und streben. Mit höherer Einsicht ist ihnen nicht beizukommen; sie müssen in die größte Not und äußerste Verzweiflung gestürzt werden und ihre gänzliche Ohnmacht erleben, damit sie ihre Starrheit aufgeben, sich dem Geist ergeben, sich von ihm ergreifen und umwandeln lassen. Das geschieht durch das Sterben und den Zerfall des Körpers in der Verwesung.

Während des Lebens überstrahlt die höhere Liebe der Seele und des Geistes die krasse Eigenliebe der Materiegeister und verbürgt den Zusammenhalt des Zellenstaates. Wenn sich aber im Tod alle höhere Liebe aus ihnen zurückzieht und sie sich selbst überlassen bleiben, dann führt die starre Eigenliebe der Materiegeister notwendig zum Zerfall des Körpers, weil sie den Zusammenhalt untereinander verlieren müssen, wenn jeder Einzelteil ausschließlich auf die Wahrung seiner Eigenart Bedacht hat und auf die anders gearteten Nachbarn keinerlei Rücksicht nimmt.

Fragen wir jetzt, welchem Zweck die Zusammenfassung der drei so verschiedenen Wesensschichten des Menschen zu einer Lebensgemeinschaft wohl dient, so läßt sich das mit dem Wort »Vergeistigung« umschreiben. Darunter verstehe ich das ordnungsmäßig fortschreitende Verschmelzen der zunächst auf lange Zeit noch ziemlich selbständigen Wesensteile, das Aufgehen von Seele und Körper in ihrem wiedergeborenen Geist bis zum endlichen Erreichen der Gotteskindschaft. Im Mittelpunkt steht dabei der individuelle *Menschengeist*; er ist der Mittler zwischen Gott und der Körper-Seele-Einheit des natürlichen Menschen. Aus seinem Geist kommt dem Menschen die Stimme des Gewissens, die Stimme Gottes; doch ist dieser Menschengeist keineswegs selbst Gott.

In Gott, dem Quell und Ursprung allen Lebens, haben die Menschengeister ihren ersten Anfang genommen; doch ist es ihre Bestimmung, sich so weit von Gott zu lösen, daß sie IHM als selbständige Wesen gegenüberstehen, weil nur dann eine auf Liebe beruhende Beziehung zwischen ihnen möglich ist. Diese Trennung von Gott ist ebenso notwendig wie diejenige des Kindes von der Mutter, damit eine eigenständige Entwicklung in Freiheit beginnen kann. Sie läuft zunächst in geistigen Reichen ab und stellt schon hier – in der »Präexistenz« – die Menschengeister auf die Probe, wieweit sie ihr Wollen dem

Willen Gottes unter- und einzuordnen vermögen. Einigen gelingt das, die meisten aber geben ihrem Eigenwillen Raum, wodurch ihre Verbundenheit mit Gott schwächer wird. Alle Menschengeister aber, ob »rein« oder »gefallen«, müssen das Erdenleben auf sich nehmen. Ich habe Geister erlebt, welche vor ihrer Einkörperung standen und denen Gelegenheit gegeben wurde, durch mich die irdische Welt, den Schauplatz ihres kommenden Erdendaseins, wahrzunehmen. Ich erkannte dabei ihr Erschrecken vor den Mißhelligkeiten und Widerwärtigkeiten unserer Erdenwelt, aber ebenso ihre Einsicht, welchen Aufstieg ein gottesfürchtig zurückgelegtes Erdenleben einleitet.

Die Entwicklung, die zur Wiedergeburt des *ganzen* Menschen führen soll, ist niemals leidlos und nur in den seltensten Fällen geradlinig; fast immer führt sie durch Höhen und Tiefen. Zu seiner Erziehung und Läuterung muß der Mensch den Zwiespalt zwischen Licht und Finsternis, zwischen Gut und Böse erleiden, und es ist nicht immer sein Eigenwille, sondern der Erziehungsplan, welcher ihn für kürzere oder längere Frist einen Weg fern von Gott gehen läßt. Dennoch sind *alle Menschen* dazu berufen, durch die im Erdenleben beginnende Entwicklung Gottes Kinder zu werden. Denn selbst bei den tiefst gefallenen Geistern geht ihrem innersten Lebensmittelpunkt, dem Gottesfunken in ihrem Herzen, die Verbindung mit Gott nie ganz verloren. So bleibt ihnen damit die Möglichkeit einer Umkehr, wozu ihrerseits der gute Wille die unerläßliche Voraussetzung ist.

Einen unbeschränkt freien Willen hat allein der allmächtige Gott. Für Seine Geschöpfe kann es daher eine gleiche Willensfreiheit nur geben, wenn ihr Wollen mit dem Willen Gottes die gleiche Richtung hält. In einer solchen Gleichrichtung des menschlichen Willens zum Willen Gottes liegt keineswegs ein Verzicht auf eigenes Wollen. Wie es für den in Liebe Entbrannten keine innigere Freude und kein dringenderes Bedürfnis geben kann, als der Geliebten einen Herzenswunsch zu erfüllen, so kann und soll dem Menschen die Einhaltung der göttlichen Lebensordnung aus brennender Liebe zu Gott zum eigensten dringenden Bedürfnis und zur höchsten Freude werden. Geht aber des Menschen Wille seine eigenen Wege, dann trifft er sehr bald auf Hemmnisse und Widerstände. Denn ebendieselbe Gesetzmäßigkeit, welche dem göttlichen Willen die unbedingte Freiheit gewährleistet, setzt dem Willen, welcher die göttliche Lebensordnung mißachtet, unverrückbare Schranken, welche um so enger und unbequemer für ihn werden, je stärker die Richtung seines Wollens von der des göttlichen Willens abweicht. Statt in die Freiheit zu gelangen, gerät der selbstherrliche Wille in immer stärkere Gebundenheit; auf diese Weise wurde der einstige Lichtträger Luzifer zum Fürsten der Finsternis und sein Lichtgewand zur groben Materie, die auf unserer Erde die größte Dichte und damit den bisher tiefsten Punkt der Gottferne innerhalb der Schöpfung erreicht hat. Die Überlieferungen vom Fall Luzifers und vom Sündenfall im Paradies sind als Berichte nicht über geschichtliche Ereignisse im irdischen Bereich, sondern über die Vorgeschichte des geistigen Menschen aufzufassen. Die Sprache und die Bilder dieser Gleichnisse sind leicht verständlich und wohl jedem geläufig, so daß ich sie beibehalte.

Sobald die irdische Evolution, die Stammesgeschichte von Pflanze und Tier, jenen Punkt erreicht hatte, wo der irdisch-natürliche Mensch fähig war, die Wirkungen eines individuellen Geistes, der eine eigene Entwicklung in geistigen Reichen zurückgelegt hatte, aufzunehmen und zu verarbeiten, kam es zur Inkarnation von Individualgeistern. Seele und Körper sind die irdischen Gewänder des Geistes und zugleich Mittel und Werkzeuge, die es ihm erst ermöglichen, die Erdenwelt überhaupt kennenzulernen. Sie selbst und das, womit der Geist durch sie in Verbindung kommt, sind ihm als Vergeistigungsaufgabe, oder anders ausgedrückt: als sein Anteil luziferischer Erblast, mitgegeben.

Die Körper-Seele-Einheit des äußeren Menschen ist nach dem Plan der göttlichen Vorsehung dem individuellen Geist so angepaßt, daß sie in den Fähigkeiten und Charakterzügen alles das in sich trägt, was ihm für seinen Erdenweg dienlich ist. Schwächen und Mängel von Körper und Seele sollen den Geist zu vermehrter Aktivität guten Wollens und Strebens nötigen und Begabungen und Stärken ihm sowohl Hilfen als auch Versuchungen schaffen, die er zur Schulung und Erziehung braucht. Seele und Körper als seine Hüllen überschatten dem individuellen Geist das Wissen um seine eigene, ganz andersartige, unirdische Herkunft so weit, daß er sich frei fühlt, bei jedem Tun und Lassen nach eigenem Ermessen zu entscheiden. Ausdruck und Auswirkung aber findet der Geist nur durch die Seele, und dabei trifft er auf deren Willen, welcher aus den Wünschen und Neigungen der seelischen Naturgeister erwächst. Der menschliche Wille ist nur selten ausschließlich derjenige des Geistes oder derjenige der Seele, sondern ergibt sich fast immer aus deren Zusammenspiel. Dieses kann sich augenblicklich einstellen, oder es muß mühsam errungen werden. Von oben her ruft und mahnt Gott über den Geist durch die Stimme des Gewissens. Von unten her lockt der Widersacher über die Eigennatur der Seele und die Sinne des Körpers durch die Lust der Welt, um den Menschen zum Ungehorsam gegen Gott zu verleiten.

Obwohl der Menschengeist sich frei und auf sich selbst gestellt fühlt, bleibt in ihm von seiner Beziehung zu höheren Welten eine Ahnung lebendig. Aus dieser keimt und wächst mehr und mehr ein Sehnen nach seiner wahren Heimat in dem Maße, wie die Lebenserfahrung den Menschen die Vergänglichkeit allen Erdenglücks erkennen läßt.

Um in die wahre Heimat zurückkehren zu können, muß der Menschengeist sich zuvor in seiner *Liebe* wandeln. Von der selbstlosen Liebe ihres einstigen Ursprunges haben die meisten Geister im vorgeburtlichen Dasein mehr oder weniger eingebüßt, je nachdem, wie stark in ihnen die Eigenliebe ihre Liebe zu Gott verdrängt hat. Zwischen der reinen Gottesliebe der Geister aus den höchsten Sphären und der ausgeprägten Selbstliebe luziferischer Geister gibt es zahllose Abstufungen. Menschen vollkommen reinen Geistes sind auf Erden sehr große Ausnahmen. Alle nicht rein gebliebenen Geister müssen zur Gottverbundenheit zurückfinden, sie müssen umgewandelt, »neu geboren« werden aus der Kraft des göttlichen Geistes. Die *Wiedergeburt im Geist*, von der Christus zu Nikodemus sprach, ist die unumgänglich notwendige Wandlung, die der Mensch jedoch nicht selbst vollziehen kann. Sie ist ein Wirken Gottes, dem er sich in Demut überlassen muß und dem er nur helfend entgegenkommen kann durch die Befolgung des vornehmsten und größten Gebots: »Du sollst lieben Gott, deinen Herrn, von ganzem Herzen, von ganzer Seele und von ganzem Gemüte und deinen Nächsten wie dich selbst.«

Die Wandlung hat also im geistig gesunden und verantwortungsfähigen Menschen eine Willensentscheidung zur unerläßlichen Vorbedingung; Geist und Seele müssen ihren Eigenwillen aufgeben und sich in der ernsthaften Bitte an Gott vereinen: ›Dein Wille geschehe!‹ Darin zeigt sich die höhere Führung, daß der Mensch durch das, was ihm widerfährt, zu dieser Entscheidung veranlaßt wird und daß er sie *frei* treffen kann, so eingeschränkt seine Willensfreiheit in anderer Hinsicht auch sein mag.

Nur ein geläuterter, ein »wiedergeborener« Geist vermag sich der Liebeskraft Gottes zu öffnen und sie in solcher Fülle in sich einzulassen, daß mit ihrer Hilfe die Seele und – im Verlauf weiterer Entwicklung – schließlich auch der Leib umgewandelt und vergeistigt werden kann. Darum ist die Wiedergeburt des individuellen Geistes der erste Schritt auf dem Vergeistigungsweg und ist das Bereitwerden dazu, daß sie geschehe, die *wichtigste Aufgabe* des Menschen. Zu dieser Willensentscheidung bietet gerade das Erdenleben eine einzigartige Gelegenheit.

Aus dem ersten Schritt ergibt sich ganz von selbst der nächste: Ist der Einklang des geistigen und seelischen Willens bei der Anerkennung und Annahme von Gottes Führung einmal zustande gekommen, so muß er bei jeder Bewährungsprobe, die das Leben stellt, erneuert werden. Dadurch unterstellt sich die Seele mehr und mehr dem Geist, so daß dessen Wille das Tun und Denken des Menschen bestimmt. Die *Einung von Geist und Seele,* wie ich den damit erreichten Entwicklungsstand nenne, bedeutet eine Lebenswende, auch ohne daß sie dem Menschen – etwa in einem Erleben der »Geisttaufe« – bewußt wird.

Für Menschen, welche in echt religiösem oder wenigstens ernsthaft sittlichem Streben an sich gearbeitet und so die geistige Wiedergeburt erreicht haben oder dieser beträchtlich nahegekommen sind, ist das Weiterleben nach dem Ablegen des Körpers eine zwar ernste, aber keine erschreckende Erfahrung. Die Seele wird frei aus der Gebundenheit des Erdenlebens und öffnet sich freudig ihrem Geist; und der Geist hat es seinerseits nun sehr viel leichter, sie mit seiner Strahlung zu durchdringen, sie zu reinigen und zu sich emporzuziehen. So gelangt die Seele zu immer innigerer Verschmelzung und schließlich zu vollkommener Einswerdung mit ihrem Geist; die *erste Auferstehung* ist eingetreten.

Leider ist dieser harmonische Übergang vom Diesseits ins Jenseits nicht die Regel, sondern die Ausnahme. Die meisten Menschen machen in ihrer inneren Entwicklung während des Erdenlebens nur ungenügende Fortschritte, ihre Seele hat sich dem Geist nur wenig oder gar nicht geöffnet. Trotzdem bleibt der Geist im jenseitigen Leben der Führer der Seele. Je mehr er selbst sich Gott zuwendet, desto stärker fühlt er sich veranlaßt, seiner Seele auf allen Stufen der Schulung und Reinigung, die sie durchlaufen muß, nahe zu bleiben und darauf hinzuwirken, daß sie sich seiner Liebesstrahlung öffnet und schließlich mit ihm eins wird.

Damit ist ein weiterer großer Schritt getan, das Ziel aber noch nicht erreicht. Denn das eigentliche Entwicklungsziel ist die Wiedergeburt des *gesamten* Menschen. Nicht nur der wiedergeborene Geist und die Seele sollen zu einer Einheit verschmelzen, sondern *Geist, Seele* und *Körper* sollen ein einheitliches, neues Wesen werden; erst dadurch wird der Mensch zu einem freien Gotteskind und zum Bürger im Reich Gottes. Der Körper wird also mit dem Tod nicht endgültig abgetan; auch er ist zur Teilnahme am ewigen Leben berufen, wie das die christlichen Kirchen in ihrem Glaubenssatz von der Auferstehung des Fleisches*) von jeher zum Ausdruck gebracht haben. Nur hat die Menschheit bisher noch keine Gelegenheit bekommen, über den Hergang der leiblichen Auferstehung solche Einzelheiten zu erfahren, wie ich sie auf

Grund meines geistigen Erlebens in diesem Buch berichten kann.

Wenn der Körper am geistigen Leben teilnehmen soll, kann seine Materie nicht in ihrem natürlichen Zustand von niedriger Schwingungsfrequenz verharren; durch Tod und Verwesung wird ihre Umwandlung eingeleitet. Dabei findet in ihr unter der Leitung von Geistern höchster Sphären eine Sichtung und Scheidung statt zwischen den wirklich wesenseigenen Bestandteilen des betreffenden Menschen und den Fremdstoffen, welche als Krankheitsbelastung oder sonstige Unreinheiten in den Körper gelangt sind und einer wahren Angleichung an das Wesen im Sinne einer Vergeistigung widerstreben. Diese werden ausgeschieden und kehren in den Kreislauf der Materie zurück.

Die wesenseigenen Materiegeister aber bleiben im Zusammenhang mit dem individuellen Menschengeist. Wie dieser dem lebenden Körper ununterbrochen Lebenskraft zugeführt hatte, so hält er während des nun folgenden Entwicklungsabschnittes die Materiegeister wie ein Magnet in seinem Strahlungsbereich. Die Schrecken des Todes und der Verwesung machen den starren Eigenwillen der Materiegeister mehr und mehr gefügig, so daß der Geist sie ganz allmählich in seelische Substanz umwandeln und der Seele nachführen kann. Solange die Seele sich ihrem Geist noch nicht geöffnet hat, vollzieht sich das ohne ihr Zutun und wird ihr nicht klar bewußt. Erst wenn die Seele dem Bemühen des Geistes, sie zu durchdringen und sie auf die Ebene seiner eigenen Schwingungsfrequenz emporzuheben, nachgegeben hat, tritt das Wissen des Geistes in ihr Bewußtsein ein. Wie am Himmel zeitweilig Wolken die Sonne verdecken, so trüben die feinstofflichen Nachzügler immer wieder die Atmosphäre der Seele, und die Sonne des Geistes muß diese Trübungen mit ihrer Strahlung allmählich verteilen, aufhellen und auflösen. *Je mehr Geist und Seele miteinander verschmelzen* und sich dem Willen Gottes unterordnen, desto stärker kann *Gott* auf die Materiegeister einwirken und ihre Vergeistigung in Angriff nehmen, deren Ziel ihre Eingliederung in den Auferstehungsleib ist.

Erst wenn alles Irdisch-Menschliche, das dem Menschen in Körper und Seele mitgegeben wurde, vergeistigt und in den

»neuen Menschen« eingebracht ist, ist die *zweite Auferstehung* erreicht. Zu diesem Ziel führt Gott jeden den für ihn richtigen eigenen Weg, sowohl auf Erden wie im Jenseits. So ist auch nach irdischer Zeitrechnung die Zeitspanne ganz verschieden, die zwischen dem Tod des Körpers und der zweiten Auferstehung, dem Eintritt in das Reich Gottes, liegt. Gott will, daß *alle* dorthin gelangen. Die meisten aber sind dem Irdischen so stark verhaftet, daß ihre Vergeistigung langwierig und leidvoll vonstatten geht. Um dieses Verhaftetsein abzubauen, will Gott Seinen Liebeseinfluß auf die materielle Außenwelt ausdehnen. Dazu dient IHM die in mir sich abspielende Entwicklung, durch welche die Körpermaterie in den Vergeistungsvorgang miteinbezogen, also während des Lebens zu Geist umgewandelt wird.

*) Die neuere (ökumenische) Formulierung von der »Auferstehung der Toten« ist gegenüber der hier genannten unglücklich und mißverständlich. (Anm. d. Verlegerin)

KINDHEIT

Mein Erdenweg begann am 14. Dezember 1888 in dem kleinen Ort Gloden (Provinz Posen) im Osten des damaligen Deutschen Reiches. Mein Vater war dort Lehrer, und ich war das vierte von sieben Kindern.

Ich trug als Kind eine Welt in mir, wie ich sie in anderen Kindern nicht entdeckte. Sie verstanden nicht, warum ich mir stets vorkam, als wenn ich eine andere, schönere Welt verlassen hätte, ausgesetzt worden wäre, um sie zu suchen und wiederzufinden. Dabei fühlte ich mich oft erwachsen und brachte dies in kindlicher Einfalt zum Ausdruck. Ich ließ es mir nicht ausreden, daß ich einst »groß war« und von Gott und der Welt mehr wußte als aus Kindesverstand. Geradezu beunruhigend wurde mir dies bewußt, als ich später an das erste verstandesmäßige Aneignen von Wissen gehen mußte. Warum, so fragte ich, dieses mühsame Erlernen dessen, was wir im Innern doch schon alles wissen? Gibt es denn keinen Weg, um dieses große und vollkommene Wissen, anstatt es in unzulänglichen und mühseligen Versuchen von außen zu erwerben, in seiner Fülle aus dem Inneren hervorzuholen? Niemand konnte mir darüber Auskunft geben, niemand schien den Widerspruch zwischen der Vollkommenheit des inneren und dem Stückwerk des äußeren Lebens und Wissens überhaupt zu kennen.

Dann aber hatte ich noch andere Erlebnisse, in denen mich Erwachsene und Kinder ebensowenig verstanden: Ich wußte von einer anderen Welt nicht allein aus einem mehr oder weniger unbestimmten Gefühl, sondern ich nahm sie mit allen Sinnen wahr. Ich sah und fühlte vor allem geistige Wesen, Engel und niedere Geister. Bis zu meinem sechsten Lebensjahr etwa sah ich mich zum Beispiel oft in Begleitung eines geistigen Wesens von gutem Charakter, einer »großen Frau«. Sie spielte mit mir meist im elterlichen Wohnzimmer, verschwand aber, sobald andere Menschen herzukamen. Ich sagte dann wohl zu meiner Mutter: »Eben war die große Frau da und hat mit mir gespielt. Wenn du kommst, geht sie weg.« Ich hatte sie sehr gern. Große Furcht aber ergriff mich vor einer anderen Frau, die auch nicht aus dieser Welt kam und mir einst im Garten erschien. Sie trat kurz vor jenem Unfall zu mir, der mich um ein Haar mein Leben gekostet hätte, dem Verschlucken einer Bohne. Gewiß nicht mit Unrecht bringe ich die böse Frau in Verbindung mit diesem Ereignis. Nur zu deutlich steht mir beides, ihr Erscheinen und der schreckliche Unglücksfall, vor Augen: Ich bin eben aus dem Garten in die Küche der elterlichen Wohnung getreten, da sehe ich die hübschen, weißen Bohnen auf dem Fensterbrett liegen und habe nichts Eiligeres zu tun, als eine davon in den Mund zu stecken. Sie gerät in den Hals und, als ich zu schreien anfange, in die Luftröhre. Kein Brechmittel hilft. Nur der Luftröhrenschnitt rettet mich nach qualvollen Tagen in letzter Stunde vor dem Tod.

Zumeist waren es gute und schöne Wesen, die ich um mich fühlte und sah, und deren Hilfe ich unmittelbar erfuhr. Ich mochte zehn Jahre alt sein, da will ich, wie gewöhnlich, zu Spielkameraden gehen, zu Kindern eines Bauern unseres Dorfes. Unterwegs – ich bin allein – höre ich plötzlich laut meinen Vornamen rufen. Ich erschrecke, und es überfällt mich eine Angst vor etwas Bevorstehendem. Ich mache auf der Stelle kehrt und laufe nach Hause zurück, um im Zimmer still für mich zu spielen. Nach einiger Zeit kommt mein Vater, dem bekannt war, daß ich in jenem anderen Haus zu spielen pflegte, aufgeregt und voller Angst. »Wo ist Carl?« höre ich ihn rufen. »Gott sei Dank, daß er hier ist!« Und dann erzählt er, daß jener Junge, zu dem ich hatte gehen wollen, mit dem Gewehr seines Vaters gespielt und eine Spielkameradin mit der Schrotladung schwer verletzt habe.

Auf ähnliche übersinnliche, aber noch handgreiflichere Weise wurde ich als Junge vor dem Tod des Ertrinkens gerettet. In der Dunkelheit eines Novemberabends verlor ich die Gesellschaft meiner Spielkameraden und stürzte in schnellem Lauf in einen breiten, aus den abgelassenen Gewässern der Nachbarschaft hoch angefüllten Kanal. Des Schwimmens noch unkundig, sank ich in die Tiefe. In Todesangst kämpfend, aber nur tiefer sinkend fühlte ich mich gerade noch auf den Grund des Wassers stoßen. Dann verlor ich das Bewußtsein. Aber ich erwachte noch einmal, zu meinem Erstaunen mit beiden Armen an dem hohen und steilen Ufer hängend, das mir in bewußter Anstrengung unerreichbar gewesen wäre. Niemand war in der Nähe. Ich aber brachte mich im Klimmzug in Sicherheit und lief nach Hause.

So fühlte ich mich in steter inniger Berührung mit jenseitigen Welten. War es da nicht selbstverständlich, daß ich, von jeher das Krankheitsleid anderer wie mein eigenes empfindend, die Hilfe geistiger Mächte schon früh zur Heilung von körperlichen Leiden anderer im Gebet herabflehte? Ins stille Kämmerlein zog ich mich zurück, ohne irgend jemandem von meinem Vorhaben zu sagen, und rang dort im Gebet um die Heilung eines Menschen, von dessen ernster Krankheit ich gehört hatte. Und wenn ich mich dann davon überzeugen durfte, daß die Krankheit von Stund' an eine entscheidende Wendung zum Guten genommen hatte, so konnte mir nichts gewisser sein als die Nähe und die überlegene Macht einer geistigen Welt.

Das Sehen von Geistwesen hörte aber mit meinem sechsten Lebensjahr auf, um erst viel, viel später, in harmonischer Entwicklung meiner Hellsinne, wieder einzusetzen. Es ist ja auch keine entscheidend wichtige Gabe. Es ist vielmehr, ähnlich dem Hellhören, mehr als das Hellfühlen, eine spontan auftretende Fähigkeit und deshalb an und für sich noch ohne Wert für die geistige Entwicklung. Wird es freilich im Laufe einer jahrzehntelangen, allseitigen und harmonischen Entwicklung zu erworbenem Besitz, so ist es die letzte, abschließende Seite der Hellsinne. Dieser Ordnung entsprach ganz die Entwicklung meines Wahrnehmungsvermögens. Das gesteigerte Fühlen war mir bis zu einem gewissen Grad immer eigen, wenngleich es zum eigentlichen Hellfühlen, d.h. zum sicheren Erkennen stofflicher Beschaffenheit durch berührungsloses Fühlen, erst in späteren Jahren wurde. Als unwillkürlich übersinnliche Wahrnehmung war es eine angeborene Fähigkeit, die mir nie verlorenging. Schon im Kindesalter hatte das Hellgefühl sich spontan in bedeutender Stärke gezeigt. Der Religionsunterricht meines Vaters, das Lesen in der Bibel, das Hören von Bibelstellen, das Betrachten religiöser Bilder, alles das löste in mir Empfindungen aus, die unmittelbar in bestimmte höhersinnliche Wahrnehmungen übergingen.

Dabei wurde dann mein Kindbewußtsein nicht selten zum Bewußtsein eines erwachsenen Menschen und das einfältige, selige Empfinden zu ernster, fürs Leben bedeutsamer Erkenntnis. Diese merkwürdige Veränderung meines Bewußtseins und meine Fähigkeit zu hohem geistigen Erkennen gaben mir lange Jahre zu denken. Heute weiß ich, daß es mein Geist, der zu Seele und Leib gehörige, in ewiger Mannesjugend stehende himmlische Mensch war, der mir bewußt wurde, so oft er die Gelegenheit einer außergewöhnlich günstigen seelischen Einstellung zu Versuchen stärkeren Durchbruchs in die physische Ebene und in das Tagesbewußtsein benutzte. Die Heiligkeit solcher Erlebnisse ließ mich auch meinen Angehörigen gegenüber lange darüber schweigen. Das höchste, der Seele tief eingeprägte Erlebnis aus dem Verbundensein mit dem innersten Himmel, ja mit Christus selbst, bewahrte ich über meine Kindheit hinaus als stilles Geheimnis. Nur schwer kam es noch nach vielen Jahren selbst im Angehörigen- und vertrauten Freundeskreis über die Lippen. Und wenn es nun sogar fremden Menschen erzählt wird, so geschieht das gewiß nicht in überheblichem Sinn. Nur die Einsicht, daß in der heutigen Zeit geistiger Verlassenheit und inneren Suchens vieler Menschen derjenige, dem sie aus Gnade zuteil wurden, nicht zurückhalten dürfe mit den höchsten Erlebnissen, läßt mich reden. Zudem ist mir ausdrücklich aufgetragen worden, um der suchenden Menschenbrüder willen auch mit ihnen nicht mehr zurückzuhalten. So mag das kurze, aber bedeutsame Kindheitserlebnis hier folgen.

Ich war sieben Jahre alt – das Folgende liegt also einige Jahre vor den zuletzt beschriebenen Ereignissen – und saß an einem Wintertag gegen 4 Uhr nachmittags in der Schulstube meines Vaters. Vor mir lag ein religiöses Buch mit Bildern. Ich liebte das Buch sehr. Entführte es mich doch dem schon damals als schwer und ernst empfundenen Tagesleben, um mir die Pforten meiner geheimen Lichtwelt zu öffnen. War das Bewußtsein, aus einer besseren Welt gekommen zu sein, und das Verlangen, zu ihr zurückzukehren, wieder einmal zu einem tiefen, gar nicht mehr kindlichen Leiden unter dem Leben geworden und in der Frage ausgeklungen: warum das Leben, was soll ich hier?, dann griff ich zu meinem geliebten Buch. Mich darein versenkend, vergaß ich die Außenwelt und ließ mich von dem Zauber einer inneren Welt aufnehmen, in deren Strahlen immer deutlicher das Bild des Heilandes hervortrat. Er war mir der Inbegriff der Liebe, nach der es mich verlangte, aber auch der Inbegriff der Macht und der Hoheit, deren Triumph über alles Leid, über Krankheit und Bosheit dieser Welt ich täglich herabflehte. In dem innigen Versenken in seine Wunder- und Leidensgeschichte verlor sich mein eigenes frühes Lebensleid.

So habe ich mich auch an diesem Winternachmittag in die Stille der Schulstube zurückgezogen, dem Bild des Heilandes in den Evangelien nachgehend. Ahnungsvolle Schauer durchdringen mich mehr denn je, während ich von seinem Wunderwirken lese. Gewaltig erhebt mich eine Kraft von innen, als ich zu der Stelle komme, wo die Auferweckung des Jünglings von Nain beschrieben wird. Noch nie wurde ich so ergriffen, so durchdrungen von den Mächten aus der Höhe wie in diesem Augenblick. Ich fühle mich nicht mehr als Kind: Als Mann bin ich durch die plötzlich geöffnete Pforte einer geistigen Welt getreten. Ich nehme Wesenheiten wahr, höre himmlische Klänge und kann nur schwer in meinem Buch weiterlesen. Jetzt läßt das Gewoge von Kraft ein wenig nach. Ich bin wieder Kind, lese die Buchstaben, betrachte die Bilder. Wie eine gewaltige Welle hatte mich bei jener Auferweckungsgeschichte die Macht des Himmels ergriffen, um mich langsam wieder loszulassen.

Doch nun umfängt sie mich wieder, und ich erkenne, wie sie in engem Zusammenhang steht mit der Begebenheit, die ich soeben gelesen habe, mit der Auferweckung des Jünglings von Nain. Das Bild dieser Erweckung ist es, das mich jetzt von neuem der Erdenwelt entrückt und die gewaltigen Kräfte des Himmels entfesselt. Ich lese weiter, aber das Bild der Auferweckung läßt mich nicht los und mit ihm das Gewoge geistiger Strahlung. Kaum noch ist der äußere Verstand am Aufnehmen des Gelesenen beteiligt. Mehr mit der Seele, mit dem Geist aufnehmend folge ich den Zeilen und komme so zu der Stelle des Matthäus-Evangeliums, wo Jesus nach seiner Gefangennahme, vor dem Hohen Rat stehend, die Worte spricht: »Von nun an wird's geschehen, daß ihr sehen werdet des Menschen Sohn sitzen zur Rechten der Kraft und kommen in den Wolken des Himmels.« In diesem Augenblick bricht es übermächtig durch aus meinem Inneren: Mit wachen Sinnen wahrnehmend stehe ich im höchsten Himmel, umtönt von himmlischer Musik, umgeben von unzähligen Engeln, verbunden mit Christus! Und jetzt, das Bild der Auferweckung noch unverrückbar vor dem Geist, höre ich eine Stimme, nein, die Stimme einer geistigen Sphäre mit der Gewalt einer Offenbarung sprechen: »Auch du bist zu diesem Weg berufen und sollst dasselbe Ziel erreichen!«

Für mein kindliches Gemüt war Christus bis dahin der weit über allem Irdischen thronende Gott gewesen, wie ihn die Kirche sieht; um so tiefer erschrecke ich ob dieser Offenbarung. Aber dieses Erschrecken wird übertönt von der ungeheuren Macht der göttlichen Einwirkung, die eine durch nichts zu erschütternde Gewißheit in sich trägt.

Aber bin ich nicht ein Kind, ein siebenjähriges Kind in der Schulstube des väterlichen Hauses? Was ist es mit dieser Offenbarung, mit diesem himmlischen Verbundensein? Schon beginnt die Engelwelt zu verblassen, das Auge nimmt wieder mehr die irdische Umgebung auf, und eben noch sehe ich als Abglanz der Himmelsklarheit mit meinem leiblichen Auge den dämmerigen Schulraum von hellem Licht durchflutet. So verharre ich still in langsam schwindender, seliger Entrückung. Dann bin ich wieder das Kind in der Dunkelheit einer fremden Welt.

Heute noch, nach so vielen Jahren, ist mir dieses Erlebnis in allen Einzelheiten so gegenwärtig, als sei es erst gestern gewesen. Es waren ja auch keine menschlichen Worte, die im Ohr verklingen, in denen ich diese Offenbarung empfing. Ich war aber auch bei diesem Erleben nicht bloß ein Kind, sondern hatte aus meinem Geist, der in diesen Minuten mein irdisch-menschliches Wesen völlig durchdrang, das tiefe Verstehen eines reifen Mannes geliehen bekommen, mit dem ich klar bewußt erfaßte, daß nicht bloß einzelne Taten gemeint waren, die ich Ihm nachtun solle, daß vielmehr mein ganzer Weg und Auftrag für das Erdenleben von ganz ähnlicher Bedeutung wie der Seine sein werde. Auch ist mir deutlich gegenwärtig, daß mir währenddessen klar bewußt gewesen ist, daß nicht Christus allein zu mir sprach, sondern durch Ihn, wie in und hinter Ihm stehend, *Gottvater*. – Gerade weil diese Wahrnehmung Gottvaters meinem Kindbewußtsein gänzlich fernlag, ist sie mir besonders auffällig gewesen und daher auch besonders deutlich in Erinnerung geblieben.

Ich sprach zu niemandem von meinem Erlebnis, auch nicht zu meiner Mutter, der ich sonst alles anvertraute. Man mag mir äußerlich nichts angemerkt haben; ich spielte und gab mich ganz wie sonst. Aber das Erlebte begann sehr bald auf mir zu lasten. Die ernste Frage ließ mir keine Ruhe: Ist das der Sinn deiner Sehnsucht nach einer höheren und reineren Macht, als sie dir in dieser Welt entgegentritt? Liegt hier der Grund deines beständigen Leidens und Mitleidens? Wartet deiner eine ungewöhnlich frühe und schwere Aufgabe? Aber dann trat der Verstand auf mit seinen Zweifeln und seiner Frage: Wie soll denn das denkbar sein, daß du dergleichen tun wirst? Wie kannst du das jemals erreichen? So wurde das Bewußtsein einer über alles Deuteln erhabenen Offenbarung zurückgedrängt und der Zwiespalt zwischen zwei Welten im Herzen nur noch drückender fühlbar. Was sollte ich aber auch tun, um in meinem Kindesleben der prophetischen Stimme gerecht zu werden? Sollte ich dem Leben um mich entfliehen, mich von meinen Spielkameraden absondern? Verlangt nicht auch die Natur ihr Recht und vom Kind noch selbstverständlicher als vom Erwachsenen?

Ich war überdies ganz und gar nicht dazu geschaffen, um geistiger Erlebnisse willen dem natürlichen Leben aus dem Wege zu gehen. Wenn aber eine tiefe Liebe zu einem Kind oder Erwachsenen mein Herz berührte, konnte ich augenblicklich von jener anderen Welt umfangen, von seligen Empfindungen und starken überirdischen Kräften durchdrungen werden. Dann tauchte auch wohl mein Erlebnis in der Schulstube im Geist auf, ernst und mahnend wie ein Begleiter meines Lebens, der sich nun nicht mehr abweisen ließ und mir gerade über geistige Wirkungen im Natürlichen viel zu sagen hatte. Diese Erinnerung kam mir von außen nicht, denn sie war mir geradezu unbequem. Von selbst, wie meine Innenwelt in den Augenblikken tiefer geistiger Liebe oder großen seelischen Schmerzes sich erschloß, wurde mir auch jenes Erlebnis in dem Gewoge von Empfindungen gegenwärtig. Ohne Frage bestand auch eine innere Beziehung zwischen jenem Erlebnis und demjenigen, von dem ich im folgenden erzählen will, eine Beziehung, die zum mindesten schon durch den gemeinsamen Grund aller meiner geistigen Erlebnisse, das tiefe Mitgefühl mit dem Leid anderer, das Helfen- und Heilenwollen, gegeben war.

Ich mochte im elften Lebensjahr sein, da herrschte in unserem Dorf große Trauer. Eine Familie war von furchtbarem Schicksal betroffen worden. Kurz hintereinander waren den Kindern Vater und Mutter durch den Tod entrissen worden. Es waren gute Kinder, und ich weiß, wie auch in meinem Elternhaus die Trauer um das Schicksal der Ärmsten groß war. Nun soll die Mutter beerdigt werden. Wie üblich, findet die Trauerfeier im Haus statt. Wir Dorfkinder singen im Chor. Während der Geistliche die Ansprache hält und ich die verwaisten Kinder in ihrem Schmerz sehe, überwältigt mich mein Mitleid. Doch nichts von kindlicher Schwäche und Rührseligkeit ist darin. Ich kann es im tiefsten Herzen schlechthin nicht ertragen, nicht fassen, daß den Kindern ein solches Leid auferlegt wird. Ist das Unglück nicht noch abzuwenden? Ich kenne ja die Macht des Himmels aus meinen inneren Erlebnissen und weiß, daß sie alles vermag. Warum soll Christus nicht helfen können, wenn man Ihn innig darum bittet?

So bete ich zu Ihm, die Tote möge wieder lebendig werden. Eine Bitte, so tief und stark empfunden, daß sich der innerste Himmel ihr öffnen muß. Ein Strom von Liebe aus den Himmeln durchdringt mich. Ich bete noch inniger, Christus Selbst möge dem Tod gebieten und den Kindern die Mutter zurückgeben. Ich flehe darum in kindlichem Vertrauen und doch mit dem Ernst, den nur ein großes Leid einer Bitte verleihen kann. Ströme geistiger Liebe werden mir zurückgegeben, aber es heißt: »Es darf nicht so sein, wie du bittest. Wohl aber kannst du aus Christi Kraft das Wunder tun. In deiner Liebe wird sich Christus offenbaren. Tritt an den Sarg, rühre ihn an, und die Tote wird leben!« Zugleich mit diesen Worten schwillt der Strom der Liebe, der mich durchflutet, zu stärkster Kraft an. Unwiderstehlich treibt es mich von innen heraus, aus reinstem, übermächtigem Mitgefühl, an den Sarg zu treten, um allen Kummer auszulöschen und den Sieg der Liebe zu verkünden. Und doch hält mich etwas im letzten Augenblick zurück. Ich weiß noch in all dem Gewoge von Empfindungen und Kräften: Ich bin hier ein Mensch, ja ein Kind nur; wie kann ich tun, was von mir gefordert wird! Aber die Kraft wird nur noch stärker, die Stimme eindringlicher und überzeugender: »Du kannst es. Tritt an den Sarg und mache die Tote lebendig im Namen des Heilandes!« Könnte ich doch fortlaufen, der Kraft und der Stimme entfliehen! Aber ich muß ja bleiben, stehe doch mitten in der Menge der Trauernden. Unmöglich kann ich von hier fort. So halte ich mich mühsam in Empfindungen von Schmerz und triumphierender Liebe, von Angst, Zweifeln und übermenschlicher Kraft. Und ich trete *nicht* an den Sarg!

Oft habe ich mich später gefragt: Tat ich recht oder unrecht? Heute weiß ich, daß ich recht tat. Ich weiß zwar ebensowohl, daß die Kraft aus dem innersten Himmel kam, daß die Stimme die Stimme meines eigenen, gottverbundenen Geistes, nicht etwa die Stimme fremder, betörender Geistwesen war; und doch weiß ich, daß der Geist die Tat im Grunde nicht wollte. Er wollte meiner Seele nur eine Probe der Widerstandskraft, eine Probe der Stärke ihres Eigenbewußtseins auferlegen. Bis an die Grenze des Erträglichen hatte er die Seele des Kindes dem Ansturm geistiger Kraft preisgegeben und sie in um so größere Not und Zweifel getrieben, als ihr das prophetische Erlebnis der Schulstube sehr wohl gegenwärtig war und im Hinblick darauf ein Nichtfolgen in dieser Stunde ihr geradezu als Ungehorsam und Unglauben erscheinen mußte.

Eine bleibende, gesicherte Aufnahme geistiger Einflüsse ist ja nur möglich, wenn sie vollbewußt und frei, nicht halt- und kritiklos erfolgt. Von diesem Gesichtspunkt aus ist ein starker äußerer Halt und eine gesunde Kritik, ja Skepsis geradezu die unentbehrliche Grundlage einer in richtiger Ordnung verlaufenden höhergeistigen Entwicklung. Stärkung dieses kritischen Eigenbewußtseins, *das* war der Sinn meines Erlebnisses, und er wird davon nicht berührt, daß, wie ich damals trotz allem fühlte, und wie ich heute vollends annehme, eine Tat wie die von mir geforderte, falls mein Geist sie gewollt hätte, grundsätzlich möglich gewesen wäre. Denn für eine solche geistige Wirkung stand der Weg zur Leitung der göttlichen Kräfte ins äußere Geschehen in mir offen: Geist, Seele und Körper waren innig verbunden und durch das Band außergewöhnlich tiefer Liebe ein Mittler reiner göttlicher Kraft. Aber die Gesetze der persönlichen geistigen Entwicklung stehen über allem Geschehen und vom Gesichtspunkt meiner Entwicklung betrachtet, hätte eine sichtbare übersinnliche Wirkung in dieser Weise gewiß nicht sein dürfen.

DER WEG

Das Kindheitserlebnis in der Schulstube, der Wegweiser meines inneren Weges, war in den darauf folgenden Jahren durch die Anforderungen der Schule in den Hintergrund gerückt worden. Als es aber um meine Ausbildung für einen Beruf ging, konnte ich jenes Erlebnis nicht aus meinen Gedanken verbannen. So gut ich mich auch im täglichen Leben behauptete, so wenig täuschte ich mich darüber hinweg, daß meine angeborene Gefühlsoffenheit für jeden Beruf erhebliche Schwierigkeiten mit sich bringen mußte. Da schien mir eine kaufmännische Lehre die geeignetste Vorbereitung auf eine spätere Tätigkeit, die mir doch Zeit für die Versenkung und Lektüre lassen würde, zu der ich von innen her getrieben wurde. Die Arbeit als Lehrling im Ladengeschäft ging bei den damaligen langen Öffnungszeiten eigentlich über meine Kräfte. Da starb mein Vater, und ich gab die zu Lebzeiten von ihm streng geforderte berufliche Ausbildung kurzerhand auf, zumal er selbst mich nach seinem Tod deutlich dazu aufforderte.

Doch lag der nunmehr einzuschlagende Weg noch nicht klar vor mir. Erst als ich einmal krank wurde und mich von einem Heilmagnetopathen mit bestem Erfolg behandeln ließ, kam ich auf den Gedanken, mich der Heiltätigkeit zuzuwenden. Jener Heiler, der mich von meinen quälenden Beschwerden befreite, war der erste, der meine besondere Heilergabe richtig erkannte; er machte mir mit vernünftigen Gründen Mut, sie planmäßig auszubilden und anzuwenden. Den Ausschlag gab, wie stets in meinem Leben, die Weisung meines Geistes. – An Verlokkungen, es mir in einem weit weniger aufreibenden, bürgerlichen Beruf bequemer zu machen, hat es nicht gefehlt. Nicht nur von vermögenden Verwandten, sondern auch von zwei anderen Seiten erhielt ich äußerst günstige Angebote, die mir sehr gut zugesagt hätten. Aber jedesmal hieß es von innen her aus meinem eigenen Geist klar und bestimmt: Nein!, so daß ich ablehnte.

Der einmal betretene Weg stellte mich aber auch später vor immer neue Fragen. Die Lehrzeit bei Carl Huter, meinem unvergeßlichen Meister im Hellfühlen wie auch in einer umfassenden Menschenkunde, lag hinter mir. Der Weltkrieg hatte schon ein Jahr lang getobt und auch mich zeitweise nicht wenig durch den Gedanken beunruhigt, ich könnte von diesem Strudel mitgerissen werden. Wußte ich doch, daß dies bei meiner Sensibilität und meinen durch ständige geistig-übersinnliche Erlebnisse bedingten Anschauungen zu einer Katastrophe führen müßte. Hier rechtfertigte sich aber sichtlich mein Vertrauen auf die geistige Führung: Ich wurde durch diese äußeren Ereignisse in meinem eigentlichen Weg nicht gestört.

Um so mehr bewegte mich zu jener Zeit eine andere Frage. Ich hatte meine Heilkraft und mein Hellgefühl durch langjährige Schulung und vor allem durch den Unterricht wie überhaupt durch die persönliche Einwirkung Carl Huters zu einem recht brauchbaren Instrument ausgebildet. Damit hatte ich mich nicht nur beruflich auf eine einigermaßen sichere Grundlage gestellt, sondern auch den Forderungen meines Inneren, die ja ebenfalls ganz in der Richtung einer Heilbetätigung aus geistiger Kraft gingen, nachgegeben. Hier lag nun aber der Wunsch begreiflicherweise nahe, der inneren Kraft noch immer mehr von außen zu Hilfe zu kommen im Sinne einer möglichst eingehenden medizinischen Ausbildung und einer meine besondere Heil- und Hellfühlbegabung durch allgemein übliche Methoden auch praktisch unterstützenden Betätigung. Ich hatte ja bei aller Achtung vor dem innerlich gewiesenen Weg niemals engherzig von außen sich anbietende Hilfen abgelehnt. Warum sollte ich nicht alle Vorteile ziehen aus wissenschaftlichen Studien und Methoden? Bestand da etwa eine Gefahr, daß durch eine intensivere Pflege dieser mehr äußerlichen Hilfsmittel die innere Kraft in ihrer Auswirkung zu kurz käme? Meine innere Stimme sprach jedenfalls mit auffallender

Entschiedenheit ihr Nein zu meinen nur erst erwogenen Plänen. Sie wollte, daß ich auf meinem besonderen Weg geduldig fortschritte. Trotzdem beschäftigte mich immer noch der Gedanke, ob mir nicht eine medizinische Ausbildung günstige Entwicklungsmöglichkeiten eröffnen könnte. Diese Überlegungen ließen mir keine Ruhe, und so trieb es mich im Sommer 1915 fort aus der Stadt ins Gebirge, und ich fuhr nach Schreiberhau.

Es begann ein herrlicher Tag zu werden, als ich auf dem Weg in die Berge zu der hochgelegenen, kleinen Kirche des Ortes gelangte. Niemand war drinnen. Schon unmittelbar beim Eintreten wurde ich von einer Himmelsatmosphäre umfangen, die mich Ort und Zeit vergessen ließ. Ich wurde Christus verbunden, diesmal aber in einer Stärke, daß ich in Ihm völlig aufging. Es war die Erfüllung der von der Seele heiß ersehnten Gottesgemeinschaft, was ihr hier zu fühlen gegeben wurde. In solchem Verbundensein ist das geringste Empfangen eines geistigen Eindrucks eine Offenbarung. Ein kaum merklicher Gedanke, eine Mitteilung ist zugleich tiefste Erkenntnis. So wurde mir in der Klarheit einer Erleuchtung mein Kindheitserlebnis vor die Seele geführt und gesagt: »Dieses Erlebnis wird sich nun mehr und mehr erfüllen. Das ist dein Weg. So gib dich nun auch weiterhin ganz Meiner Führung anheim! – Daß du heute hierher kamst, mit schnellem Entschluß zu Hause alles stehen und liegen ließest und dich zu dieser Reise aufrafftest, von all dem bin Ich der Urheber, Ich, der Ich dich jetzt noch einmal rufe und dir deine ganz besondere Berufung klar und deutlich vor dein geistiges Auge stelle. Halte dir stets im Bewußtsein: Du bist von ›Oben‹ und nicht von ›Unten‹. Du hast nicht den Weg der Menschen, sondern den Weg Gottes zu gehen!«

Da war es seltsam für mich, in aller Tiefe meiner geistigen Entrückung noch meinen äußeren Menschen wahrzunehmen, als ob er unter dem Eindruck dieser Offenbarung überzeugt und kleinlaut zu seinem inneren Selbst spräche: »Ich sehe es ein, du hast einen anderen Weg.« – So war die innere Erkenntnis der Berufung nun auch dem natürlichen Menschen mit seinem gereiften Verstand zuteil geworden und mußte ihm fürs Leben gegenwärtig bleiben. Ich blieb noch einige Zeit in seliger Entrückung, verbunden mit Christus, mit dem innersten Himmel, inmitten von Heeren hoher Engel, die innig und in großer Freude an meinem Erleben teilnahmen.

Als ich das Kirchlein verließ, trat das äußere Leben mit nüchterner Wirklichkeit wieder an mich heran. Ich stand bei aller Gewißheit, aus einer besseren Welt gekommen zu sein, von jeher mit beiden Füßen auch in dieser Welt. Ich habe auch niemals meinen besonderen geistigen Weg zur Schau getragen. Das Auftreten als Christusjünger, gar als ein moderner Christus, das man in unserer Zeit hie und da beobachten kann, erschien mir auch bei hohem geistigen Streben und bedeutender geistiger Kraft als ein sichtbarer Beweis mangelhafter geistiger Durchbildung von Seele und Körper. Ich selbst konnte mich unschwer vor solcher Verirrung bewahren, denn mein Empfinden war zu offen, um sich der Natürlichkeit zu verschließen und in Einseitigkeit zu erstarren. Aber eben die Empfindungsoffenheit meiner Natur brachte es mit sich, daß sie ein stets offener Kampfplatz blieb, und dieser Kampf nahm gerade nach dem tröstlichen und prophetischen Erlebnis im Kirchlein unerhörte Formen an.

Natürlichkeit und Sinnenhaftigkeit waren in mir ebenso stark ausgeprägt wie Geistigkeit. Es war gewiß kein Zufall oder gar ein Widerspruch, daß mit meiner Fähigkeit zu höhersinnlichen Wahrnehmungen ein stark auf das Sinnenhafte reagierendes Empfindungsvermögen einherging. Ich begriff, daß beides durch eine Kraft innig verbunden war, nämlich durch die Kraft einer starken inneren Liebe, einer Liebe, die, aus dem Geist geboren, ins Sinnenleben hindurchdrang, auch dieses zu ungewöhnlich starkem Empfinden befähigte und mich so in beiden Welten, im Geistigen wie im Natürlichen, mit großer Empfindungs- und Auswirkungskraft ausstattete.

Wie die angeborene starke Sinnenhaftigkeit eines zu positiver Auswirkung geschaffenen Menschen in geistige Kraft umgewandelt wird, ohne etwa bloß asketisch niedergehalten und verschlossen zu werden, das ist schlechthin unbeschreiblich. Um diesen Kampf aber ging es in jenen Jahren. Dabei bedurfte es nicht etwa großen äußeren Erlebens, um den Impuls zu geistiger Durchdringung von Seele und Körper immer wieder in mir auszulösen. Die Seele war ja im Grunde schon in der Hand des Geistes, und zu jeder Stunde konnte der Geist in ihr sein Läuterungsfeuer entfachen. Hatten aber kleinere oder größere Anlässe das Herz oder die Sinne sonderlich berührt, so entbrannte der Kampf zwischen Geist und Sinnen aufs heftigste, und die Qual des seelischen Absterbens stieg ins Unerträgliche. Ich stand mit Leib und Seele buchstäblich in einem Fegefeuer. Aber für den Christo Nachfolgenden gibt es kein anderes Leben als das Leben aus Ihm, keine andere Liebe als die Liebe zu Ihm und durch Ihn. Er ist das Leben, Er ist die Kraft.

Dann aber kam ein Nachlassen. Das Ende des Weges, so sagte ich mir. Die Seele schien erstorben. Friede und Abgeklärtheit lag über ihr und über dem Wunschleben des Körpers. Ruhig und scheinbar ohne eine Spur von Widerstand aus menschlichem Eigenwillen gab der Geist seine strahlende Kraft, mit zunehmender Stärke auch für meine beruflichen Aufgaben. Jetzt mußte die Erfüllung, die Verleihung der letzten, höchsten Kraft kommen. Denn was blieb dem Geist am Menschen noch zu tun übrig? Nur noch ein letztes Abstoßen des Menschlich-Äußersten könnte und würde er, so sagte ich mir, mit Leichtigkeit vollbringen, und das Werkzeug für große, auch nach außen in Erscheinung tretende geistige Aufgaben müßte geschmiedet sein.

Wenn die Offenbarung, wenn die eigene innerste Erkenntnis, wenn die Marter der seelischen Zubereitung einen Sinn haben sollten, dann konnte und mußte jetzt Christus durch meinen Ihm verbundenen Geist die Kraft zu meiner Aufgabe mir in aller Fülle geben. »Auch du bist zu diesem Weg berufen!«, hatte es geheißen. Nicht, daß ich mich an Worte geklammert hätte! Nein, ihre Wahrheit war unentreißbares Erleben geworden, das nur seiner selbstverständlichen Verwirklichung nach außen harrte. So wartete ich in einem unbeschreiblichen Zustand zwischen Geistverbundenheit und Unbefriedigtsein, zwischen verhaltener überirdischer Kraft und menschlicher Schwäche. Tage und Wochen vergingen – aber alles blieb beim alten! Die Nüchternheit des Berufes wurde unter solchen Gefühlen unerträglich. Überhaupt konnte ich nicht an das Berufliche denken, ohne mich grenzenlos enttäuscht zu fühlen.

Ich mußte endlich Klarheit haben über mich und meinen Weg und betete inständig darum, was nun aus mir werden würde, was ich tun sollte, warum Sein Wort nicht zur Wahrheit an mir würde, warum ich nicht aus Ihm heilen könne. Da, es war der 3. Januar 1917, kaum zwei Jahre nach dem Erlebnis im Gebirge, wird mir geistig mitgeteilt, in der kommenden Nacht würde ich alles erfahren.

In dieser Nacht werde ich wach, gerade als meine Seele sich fast ganz vom Körper trennt und mit dem Geist vereint. Wohl war sie ihm schon vorher verbunden, soweit dies der Fall ist, wenn die Seele im Schlaf bemüht ist, als Mittlerin der Geistkraft die Schäden und den Kräfteverbrauch des Tages im Körper auszugleichen. Jetzt aber lockert sie die Verbindung mit dem Körper, so daß dieser wie leblos zurückbleibt. Die so gut wie losgelöste Seele kann der Geist besonders leicht und tief mit seiner Strahlung durchdringen und ihr Tagesbewußtsein erleuchten. (In diesem Zustand pflegen sich bedeutende geistige Erlebnisse abzuspielen. In ihm hat Swedenborg die meisten seiner Schauungen erlebt, weil dabei nachhaltigere Eindrücke geistiger Vorgänge vermittelt werden können als im Traum.)

In dem Augenblick, in dem ich, von meinem Körper mich trennend, wach werde, erkenne ich, wer mich gerufen hat: Eine Engelsgestalt steht vor mir, einen goldenen, siebenarmigen Leuchter in der Hand, und spricht: »Folge mir!« Unmittelbar darauf bin ich an einem Ort, von dem ich halb vor, halb unter mir eine weite Fläche erblicke, nicht Landschaft, nicht Meer, aber beidem ähnlich und endlos. Ein Punkt dieser Ebene hält mein Auge fest. Ich sehe einen thronähnlichen Sessel und auf ihm sitzend einen Menschen. Obwohl ich ihn noch kaum erkennen kann, zieht mich seine Gestalt unwiderstehlich an. Ich komme näher – mein Begleiter hat mich inzwischen verlassen – und sehe vor mir einen Mann von etwa dreißig Jahren. Wer ist dieser Mensch? Die große Einfachheit seiner Erscheinung verbindet sich mit einer ungeahnten Schönheit. Ich erstaune mehr und mehr. Was für ein wunderbarer Mensch! Sein Antlitz leuchtet und strahlt wie die Sonne! Noch nie sah ich einen so herrlichen Menschen! Aber mehr noch als seine Schönheit zieht mich an, was innerlich von ihm ausgeht. Es ist vollendete Liebe, Weisheit, ja Allmacht! Wie ist das möglich? Ein Mensch und allmächtig! Und noch nicht genug: In höchster Vollkommenheit folgen auch die anderen großen göttlichen Eigenschaften, eine nach der anderen die sieben Eigenschaften Gottes, ausgehend von diesem Menschen! Doch nun bricht die Erkenntnis in mir durch. Die Augen, die bis dahin gehalten waren, erkennen Ihn, Christus!

Meine Freude ist unbeschreiblich, und unwiderstehlich gezogen von Seiner Liebe falle ich Ihm zu Füßen. Er aber hebt mich zu Sich empor und spricht liebevoll zu mir: »Deine Gebete habe Ich erhört. Nun sollst du Mir persönlich noch einmal sagen, was du auf dem Herzen hast!« Ich tue es, spreche von der mir zugewiesenen Aufgabe, von meinem Weg und von dem Ziel, an dem ich jetzt zu sein glaube. Kann mir nicht gegeben werden, was mir verheißen wurde: die göttliche Heilkraft aus Ihm? Oder soll ich sie nicht erreichen? Da steht Er auf und spricht: »Stelle dich an Meine Seite!« Ich tue nach Seinem Wort – und reiche Ihm bis an die Hüfte! Er sieht es und blickt mich an: »Wenn du Mir bis an Mein Herz reichst, ist alles da, was du heute erflehst! Bis dahin aber hast du noch einen schweren Weg!« Und jetzt legt Er Seine Hände auf meine Schultern, sieht mich mit über alle Maßen tiefer Liebe an und sagt: »Nach Meiner Liebe möchte Ich dir geben, was du bittest, nach Meiner Weisheit darf Ich es noch nicht! Doch das Eine gebe Ich dir mit, wenn du jetzt in deinen Körper zurückkehrst: So oft auch immer du zu Mir betest, sollst du zu Mir persönlich sprechen, mit Mir persönlich verbunden sein!«

Ich erwache im Körper, wach im Geist, durchdrungen noch von Seiner Liebe und zitternd vor Freude über das Erlebte. Alles ist der Seele das Bewußtsein Seiner Nähe. Aber weiß ich nicht auch jetzt erst, wie nahe Er mir von jeher war? Auch dann, wenn ich mich verlassen fühlte? Weiß Er doch alles, was mich bewegt hat, was ich nicht einmal zum Gegenstand meines Bittens gemacht hatte, vor allem: daß ich trotz so häufigen innersten Verbundenseins, trotz vieler und hoher geistiger Erlebnisse die letzte, unerschütterliche Gewißheit Seiner persönlichen Nähe im täglichen Gebet vermißt hatte! Von nun an aber soll ich in meinen Gebeten vor Ihm stehen und zu Ihm persönlich sprechen, und es lag in den Worten, mit denen Er mir diese Gnade gewährte, die Gewißheit, daß ich auch in all meinem Tun Seiner Nähe mir stärker bewußt sein und Seinen Willen noch ganz anders als bisher vernehmen werde!

Diese Zusicherung Seiner persönlichen Gegenwart im Gebet mag manch einem als nichts Sonderliches erscheinen, da der Mensch, der zu Christus bete, doch selbstverständlich zu Ihm persönlich spreche und von Ihm gehört werde. Das ist wohl wahr und doch mit einer Einschränkung zu verstehen: Wohl erreicht jedes ernstliche Gebet den Christusgeist. Denn Sein Geist umfaßt ja alles, was da lebt, und so vor allem anderen unseren Geist, den Träger unseres Gebets. Insofern ist Christus ohne Zweifel jedem betenden Menschen geistig nahe. Aber ein anderes als die Nähe Seines allumfassenden, alles tragenden Geistes ist die menschlich-göttliche Gestalt, von der der Christusgeist ausgeht, die Person, unter der wir Gott schauen und lieben dürfen. Ihr sind wir im Grunde immer noch fern; zu ihr sollen und können wir immer noch näher vordringen. Ja, selbst dem selig heimgegangenen Christusgläubigen ist das heißersehnte Schauen des Herrn in der Regel noch nicht alsbald beschieden, weil seine Seele auch dann noch nicht hinreichend geläutert ist. So wird das Gebet zwar stets in dem Christusgeist Antwort und vielleicht Erfüllung finden, deshalb aber noch nicht eine Bitte sein, welche die Seele vor dem Thron Christi Seiner Person wie ein Mensch dem Menschen vorträgt. Das ist erst möglich nach einer außergewöhnlichen, in großen seelischen Leiden erfahrenen Läuterung; und diese wiederum ist bedingt durch den starken Impuls eines von selten tiefer Christusliebe getragenen Geistes.

Mir war die Christusnähe von jeher aus meinen übersinnlichen, gewiß nicht gewöhnlichen Erlebnissen bewußt, und doch genügte sie mir noch nicht; ich vermißte noch jene Gewißheit, die wie ein natürliches Erleben, wie ein ernstes Gespräch zwischen zwei Menschen dem Tagesbewußtsein sich einprägt. Und nun erfüllte Er mir gnädig auch diese unausgesprochene Bitte!

Ich überdachte immer wieder und im einzelnen das Erlebnis, und seine Bedeutung wurde mir bis ins kleinste klar. Alles hat ja bei solchen Schauungen seinen tiefen geistigen Sinn. So hatte es seinen besonderen geistigen Grund, daß ich Christus zunächst nur als einen Menschen sah, als ein scheinbar endliches Wesen in der Unendlichkeit, daß ich dann in der menschlichen Gestalt und Persönlichkeit das Göttliche an der Unbegrenztheit ihrer Liebe, Weisheit und Macht erkannte. Wie hätte auch eindringlicher und selbstverständlicher das Wunder des Menschlich-Göttlichen des Herrn meiner Seele faßbar gemacht werden können! Nun war kein Raum mehr für Zweifel, ob Christus dem Menschen auch mit menschlichem Verstehen nahe sei, und ob dem früheren Menschen Jesus wirklich die göttlichen Attribute der Allgegenwart und Allmacht zukämen und Er als ein all-liebender und all-wissender Gott über dem geringsten menschlichen Erleben wache. Und wie gut verstand ich den tiefen Sinn der Verheißung, daß ich erst mit dem Wachsen bis an Sein Herz zur Kraft aus Ihm hindurchdringen könnte! Was lag nicht alles in diesen Worten: »Wenn du Mir bis an Mein Herz reichst!« Ich fühlte darin die geheimnisvollen geistigen Zusammenhänge zwischen Mensch und Christusgeist, die das geistige Verbundensein und das Wirken aus dem Geist beherrschen. Denn so schlicht und verständlich das Wort dem menschlichen Verstand auch erscheint, so hat es doch einen unausdenkbar tiefen Sinn. Es umschließt eine von unzähligen seelischen Voraussetzungen und von fast übermenschlichen Kämpfen abhängige geistige Entwicklung, den Weg eines Menschen gegen eine Welt von Widersachern, unter ewigen und ehernen geistigen Gesetzen.

Aber so ist es ja mit allen aus göttlichem Geist gesprochenen Worten, vor allem mit Worten der Bibel. Sie sind schlicht und verständlich, umschließen aber eine Welt seelischer und geistiger Bedingtheiten, die nur der ergründet, der das Wort zur Wahrheit macht. Wie einfach klingt doch die Verheißung Jesu, daß der Glaube alles vermöge, daß er selbst Berge versetzen könne! Aber was liegt alles in dem Wort Glaube, wie Jesus es verstand, und wie ein Glaube eben beschaffen sein muß, wenn er wahrer Glaube sein soll! Und so aus der Tiefe verborgener Geistgesetze ist jede Verheißung Jesu zu verstehen, sei es die, daß wir noch größere Wunder tun sollen als Er, sei es das einfache Wort: »Bittet, so wird euch gegeben!« Wie viele Menschen sind schon irre geworden an Gott, an Jesus und der Bibel, weil sie die Worte Glaube, Liebe, Bitten nicht in ihrer Tiefe zu erfassen vermochten! Sie konnten zur Erkenntnis und zur Kraft der von diesen Worten umschlossenen Wahrheiten nicht durchdringen, weil ihnen die innige Verbindung mit ihrem eigenen Geist, der allein – nach dem Wort des Paulus – alle Geheimnisse ergründet, fehlte! Ich aber hatte wachbewußt im Geist vor Christi Thron gestanden und aus der Liebesverbundenheit mit Ihm den tiefen geistigen und doch so selbstverständlichen Sinn Seiner Worte erkannt. Es wurde mir durch sie in innerer Erleuchtung klar, daß ich bis an Sein Herz hinanwachsen *müsse*, ehe Er mir Seine Kraft ganz geben könne.

Wunderähnliche geistige Heilwirkungen, so hatte ich vernommen, könnten und dürften Menschen mit anderem Entwicklungsziel auch ohne das bis an Jesu Herz vollendete geistige Wachstum gegeben werden, je nach ihrem Geist und ihrer geistigen Aufgabe. Auch geschehe dies häufig durch Vermittlung eines Geistwesens, das, dank besonderer Eignung für die jeweilige geistige Wirkung, sich dem betreffenden Menschen verbinde und ihn zu der Tat befähige. Ich aber sei auf Grund der Beschaffenheit meines Geistes zu einer unmittelbaren und hierin vollendeten Wirkung aus Ihm ausersehen. Ich dürfe deshalb die Erfüllung meiner Aufgabe nur im tiefsten Verbundensein mit Ihm suchen. Es wurde mir nicht verhehlt, daß dies der schwerste aller Lebenswege sei, und daß ich deshalb noch einen dornenvollen Wegesteil vor mir hätte.

Noch vor der nächtlichen Begegnung mit Christus war mir ein neuer Entwicklungsabschnitt angekündigt worden durch das erstmalige, über alle Zweifel sichere Erleben meines Geistes, meines innersten Ich in Gestalt des himmlischen Menschen in völliger Reinheit und in unverkennbarem Unterschied zur Seele. Wie ein fremdes, hohes geistiges Wesen trat er mir entgegen, bis ich ihn erkannte als mein Selbst, den in Urschöpfung geschaffenen Engel, der durch Verbindung mit Seele und Leib ins Fleisch getreten ist, um beide zu sich zu ziehen und dadurch sein Teil zur Vergeistigung dieser Welt beizutragen. Das war ein Erlebnis von einschneidender Bedeutung sowohl für meine Weltanschauung mit ihrem Angelpunkt in der individuell-geistigen Vorexistenz als auch für die Theorie meines Heilens. Denn nun wußte ich, was ich immer schon gefühlt hatte, daß der Geist des Menschen grundsätzlich ein individuelles Vorleben hat, daß er sich nicht erst aus geistigen Keimen dieser Erde zur Individualität entwickelt.

Ich hatte ja in früher Kindheit schon meinen Geist als ein im Mannesalter stehendes, vollendetes Einzelwesen ahnend wahrgenommen. Jetzt erkannte ich ihn in aller Klarheit. Ich erkannte den Individualgeist nun auch in anderen Menschen, ja, was meine Erkenntnis noch mehr befestigte, auch in Kindern in der vollendeten Reife eines erwachsenen geistigen Menschen. Ich erkannte zweifelsfrei die tiefen Zusammenhänge zwischen Körper und Seele des betreffenden Menschen und seinem Geist, so daß eine Täuschung unmöglich war. Mein Fühlen reichte zu tief ins Reingeistige hinein, als daß ich das ewige, Seele und Körper übergeordnete individuelle Wesen mit irgendeinem fremden Geistwesen, gar mit der Seele eines Abgeschiedenen hätte verwechseln können.

Vom Gesichtspunkt meiner Lebensaufgabe betrachtet, war das erstmalige Wahrnehmen meines Geistes in Person ein entscheidender Abschluß in dem großen Ringen um die Vergeistigung. Nicht daß ich damit die Ewigkeitsstrahlung meines reinen Geistes erst kennen gelernt hätte, daß mir der Urgrund meines Wesens und damit der Welten- und Menschenursprung erst erschlossen worden wäre. Nein, das hohe Erleben des Ursprungs war mir schon vordem zuteil geworden. Das Kindheitserlebnis, jenes wegweisende Erleben des innersten Himmels in der Verbundenheit mit Christus selbst, war ja schon ein erstes Umfangenwerden vom Geist des Ursprungs, ein reines Gott- und Geist-Erleben gewesen. So war mir Ursprung und Endziel des Lebens, der die geistige Wesenheit aller Menschen und Engel umfassende göttliche Allgeist, im Grunde nicht verschlossen gewesen, obschon er mir auch wieder tief verborgen werden konnte. Das Bewußtsein dieser geistigen Einung und Gottverbundenheit war aber in allen Erlebnissen ein gradweise verschiedenes gewesen und hatte im Laufe meiner geistigen Kampfjahre an Stärke ständig zugenommen, um dann an jenem bedeutungsvollen Tag zum vollbewußten Erkennen des eigenen, individuellen Geistes in Person zu werden.

Jede wahre Erkenntnis ist eine Erleuchtung des Bewußtseins durch den Geist. Je tiefer der Geist in die Seele einzudringen vermag, je besser empfangsbereit die Seele für sein Einfließen ist, um so tiefer können auch die Erkenntnisse sein, die dem Bewußtsein vermittelt werden. Da nun mit dem endgültigen Erleben des geistigen, ewigen Selbst als Person die vollkommene Öffnung der Seele für ihren Geist erreicht ist, der Geist also jederzeit das Bewußtsein vollständig in Besitz nehmen kann, so ist damit grundsätzlich auch das Erkennen tiefster Geheimnisse, das Erforschen »der Tiefen der Gottheit« möglich geworden. Die Sonne höchsten Erkennens ist, wie Jakob Böhme von Augenblicken seiner innigsten Geistverbundenheit sagt, im eigenen Herzen aufgegangen, die wenigen Strahlen jeglicher anderen Erkenntnisweise mit ihrem vollen Licht überflutend.

Nur wenn das Bewußtsein vollendet geistdurchdrungen ist und ebenfalls nur wenn sich der Wille des Geistes auf den besonderen Erkenntnisfall richtet, ist auch letzte Erkenntnis des einzelnen Mitmenschen, tiefste Menschenkenntnis möglich. Im eigenen Geist liegt auch der Schlüssel zum geistigen Selbst des anderen. An dieser geistigen Ordnung ändert auch das mit dem Tod erfolgte Ablegen des grobstofflichen Körpers nichts. Denn auch wenn die Seele selbst davon noch nichts erfahren hat, bleibt der persönliche Geist ihr innerer Führer bis in alle Ewigkeit.

Mein eigener Geist konnte nun jederzeit vernehmbar zur Seele sprechen und vor allem, wann immer er wollte, sie mit seiner Kraft durchdringen, ohne daß sie vor der unvermittelt in Reinheit auftretenden Himmelsmacht verging. Jetzt erst war der Ursprung Besitz geworden, Geist und Seele geeint, der Mensch tief und bewußt verbunden durch sein höchstes Selbst, den Geist, mit Gott.

Damit war die Tür geöffnet für die Entwicklung, in der Gott, wie ER mir bald darauf offenbarte, auch die Materie meines Körpers mit Seiner Kraft vergeistigen wollte. Auch die letzte Zelle des Körpers sollte sich vom Geist durchdringen lassen. Auch hierbei nahm die Vergeistigung den Weg über die Seele.

Ich begann mir bewußt zu werden, daß dieser Vorgang der Geistdurchdringung der Materie ein ganz einzigartiges Aufeinanderprallen der großen Weltgegensatzmächte, ein Hart auf Hart von Himmel und Hölle darstellt. Ich begann zu begreifen, daß eine unermeßlich große Verantwortung, aber auch eine ebenso ungeheure persönliche Gefahr mit solcher Entwicklung verbunden ist. Niemand kann tiefer fallen als der, in dessen geringster Herzens- und Sinnenregung das Heilige und das Unheilige, Christus und Satan, in nie zuvor gekannter Nähe und offener Feindschaft um die Herrschaft streiten. Denn je höher die errungene geistige Stufe, um so verheerender die durch einen Fall hervorgerufene Vermischung von Heiligem und Unheiligem, ja die Verkehrung des Göttlichen ins Widergöttliche. Niemand aber, das wußte ich, ist vor einem Fall sicher, solange er Mensch ist, ja der hochentwickelte Geistesmensch vielleicht weniger als irgend ein anderer, weil bei der Empfindungsoffenheit seines Wesens der geringste, jedem anderen kaum gefährliche Fehltritt den Sturz unaufhaltsam machen kann. Dieses Bewußtsein, in schwerer Verantwortung auf des Messers Schneide zwischen Himmel und Hölle zu stehen, den wütenden Angriffen niederster Wesen ebenso ausgesetzt wie den verzehrenden Strahlen des Geistfeuers, ließ mich an der Durchführung meiner Aufgabe zweifeln.

Der Kampf für menschliche Einrichtungen, der Kampf um politische Ideale, um wirtschaftliche oder rein intellektuelle Probleme findet Beachtung, Anerkennung, Unterstützung. Der Kampf des einzelnen aber um den göttlichen Geist in seiner Reinheit, dessen Herabbringen auf unsere Erde alle anderen geistigen Güter in sich schließt, dieser einzigartige Kampf zwischen Himmel und Hölle, in dem der Mensch dem Widersacher in persönlichem Streit jeden Fußbreit Bodens mit Christi Kraft abringt, er findet den Kämpfenden allein. Doch nein, er ruft vielmehr, dank der Hetze und Macht satanischer

Gegensatzgeister, alles auf den Plan, was an menschlicher Niedertracht in erreichbarer Nähe ist. Es ist eine dem wahren Geisteskämpfer wohlbekannte, in meinem Leben hundertfach erfahrene Tatsache, daß mit der Tiefe des geistigen Verbundenseins auch die Tiefe und Stärke der sich entgegenstellenden Hölle zunimmt. Die Nähe Christi hat die Nähe Satans zur unmittelbaren Folge.

Die Weisheit der Vorsehung hatte mich gerade in den Jahren der beginnenden Körpervergeistigung in eine große Praxis als Heiler gestellt. Meine Vergeistigung nahm mit jeder Krankenbehandlung zu. Denn mit der Lösung und Ausscheidung grobstofflicher und seelisch-feinstofflicher Unreinheiten im Kranken erfolgte gleichlaufend die Reinigung meines eigenen Körpers. Mein Hellfühlvermögen gab mir darüber sicheren Aufschluß. Ich fühlte die Lösung noch vorhandener Unreinheiten des eigenen Leibes gerade in denjenigen Organen und Geweben, in denen die fremdstofflichen Belastungen des Kranken vorwiegend lagen und von mir zur Lösung und Ausscheidung gebracht wurden. Ja, ich konnte mich der Einsicht nicht verschließen, daß mir Kranke mit gerade solchen Leiden zugeführt wurden, deren Behandlung in mir selbst diejenige Läuterung hervorrief, deren ich in meinem jeweiligen Zustand der Körpervergeistigung bedurfte. Mein Körper wurde zunehmend reiner. Ich fühlte ihn, wenn ich, was freilich selten vorkam, gerade frei von stofflichen Belastungen durch andere war, ätherisch leicht, glasklar in seiner Reinheit und Geistigkeit, und ich fragte mich in solchen Augenblicken wohl, was der letzten Durchgeistigung und damit der vollendeten Heilkraft noch im Weg stehen könnte. Aber dann tauchten tief im Inneren des Körpers, im Inneren der Zelle, immer wieder neue stoffliche Schichten auf, deren Durchstrahlung und Reinigung noch vonnöten war.

Niemals vermag der in solcher Entwicklung Stehende zu sagen, wo auf seinem endlosen Weg er sich befindet. Auch die Fingerzeige, die mir mein Geist zum Trost im Kampf hier und da gab, konnten und sollten keine völlige Klarheit darüber geben. Ein Erlebnis im Jahre 1927 aber gab mir besonders zu denken und mag hier folgen.

Eines Tages erwache ich in einem Zustand geistiger Durchstrahlung, der mich meinen Körper kaum noch als Materie empfinden läßt. Das Fleisch scheint kein Fleisch mehr zu sein, es ist durch und durch geistig geworden, so wie bei anderen Menschen die feinstempfindende Zelle des Gehirns oder des Sonnengeflechts beschaffen sein mag, nein, noch viel feiner, strahlender und geistempfindender. Ich betrachte und betaste meinen Arm: ein Wunder! Er ist geistiges Leben; und so der ganze Körper. Was bedeutet diese neue Erscheinung in der Kette meiner geistigen Erfahrungen? Ein geistiger Wendepunkt ist sie, dessen bin ich gewiß. Aber da werde ich auch schon mit dem innersten Himmel verbunden und höre die göttliche Stimme sprechen: »Das ist die Auferstehung des Fleisches!« Und gleichzeitig wird mir der Sinn dieser Worte und die Bedeutung des Erlebnisses für meine Entwicklung zu fühlen gegeben: Der Geist, das ewige Leben ist für immer eingezogen in die Materie! Das Fleisch ist der Macht des Todes entrissen! Dieser Durchbruch des Geistes, so heißt es, solle mich nicht verwundern. Ich stände ja längst in der Periode, in der der Geist täglich tiefer ins Fleisch übergehe, und in der jene Worte an mir zur Wahrheit würden.

Ich selbst behielt an dem Tag dieses Erlebnisses ununterbrochen das starke Gefühl des Geistlebens im Fleisch, und das gab mir eine ungeheure Freude, nicht nur im Herzen, nein, eine Freude jeder Zelle über ihr auferstandenes Leben aus dem Geist, aus Gott. Und ging mir dieses Hochgefühl auch wieder verloren, so habe ich doch seit diesem Tag das Empfinden behalten, daß mein Körper nicht sterben könne, wenn der ja nun im Fleisch lebende Geist es nicht wolle.

Nach geistigen Gesetzen wird gerade über den letzten Abschnitt eines geistigen Weges immer wieder ein Schleier gelegt. So ist mir wohl schon als Kind meine Aufgabe unzweideutig gezeigt, die Gewißheit aber, daß ich sie erfüllen würde, durch Zweifel und schwere seelische und körperliche Erschütterungen immer wieder verdunkelt worden. Das darf, ich weiß es, nicht anders sein, wenn es sich um einen im höchsten Sinne geistigen Weg handelt.

Ich bin gewiß, daß selbst Jesus sich der Bedeutung seiner

großen Aufgabe erst im Laufe seiner Entwicklung und endgültig erst mit dem öffentlichen Auftreten bewußt geworden ist. Auch er hat gefragt und in Zweifeln gerungen: Wer bin ich? Was ist meine Aufgabe? Die weitverbreitete Darstellung eines vom Himmel herabgestiegenen, über alle menschlichen Zweifel und Kämpfe erhabenen Gottessohnes wird ihm nicht gerecht. Wie sehr verkleinert man ihn doch, wenn man ihm das Menschlich-Unvollendete, das nicht gleichbedeutend mit Sündhaftigkeit ist, nimmt. Wie gut verstehe ich das Nahe-Beieinander-Wohnen von menschlicher Gebundenheit und göttlicher Kraft in Jesus, bevor sein Menschliches restlos vergottet worden war. Der Gottgeist konnte ihn nahezu ganz erfüllt und ihm doch nicht die Macht zur Auswirkung gegeben haben, solange seine Stunde noch nicht gekommen war. Alles hat seine Stunde, und große geistige Ereignisse in ganz besonderem Sinne.

ERLEBNISSE 1907 – 1925

Tod des Vaters (9. April 1907)

Obwohl ich meinem gar zu strengen Vater niemals die volle Anhänglichkeit und Zärtlichkeit des Kindes hatte entgegenbringen können, wurde ich von seinem Hinübergang tief erschüttert. Nicht nur der Verlust des Vaters stand mir vor Augen, nein, Tod, Jenseits, Ewigkeit drangen mir machtvoll in die Seele und stellten mir ihre Fragen. Nie hatte ich gedankenlos in den Tag hineingelebt – schon mein geistiges Wahrnehmungsvermögen, dem auch das Jenseits nicht fremd war, ließ das nicht zu –, nie war ich ohne echte, geistige Liebe im Herzen gewesen, jetzt aber wurde ich vom Ernst des Lebens überwältigt.

Lange war ich fassungslos. Dann aber brach ein gewaltiger Wille durch, die Pforte zum Jenseits, wenn auch nur für kurze Augenblicke, weiter zu öffnen. Aus tief aufgewühltem Herzen kam dieser Wille, und er riß mich auch äußerlich fort. Es war Beten, Ringen, Hadern um Klarheit über Fragen, die bis dahin in meinem Herzen zwar nie geschlummert hatten, aber doch zurückgedrängt worden waren und nun mit dem Tod meines Vaters mich restlos beherrschten. So trat zu der Liebe, der tiefinnerlichen Liebe zu meinem Vater und zu dem innigen Wunsch, ihn noch einmal zu sehen und zu hören, ein starker Wille aus menschlichem Erkenntnisdrang hinzu, der unabweisbar eine klare Antwort heischte. Es war das erste und einzige Mal, daß ich mich auch in meinem äußeren Menschen durch die warnende Stimme des Inneren nicht beruhigen und abweisen ließ. Aber auch hier entstammte mein äußerer Wille im

Grunde nicht der äußeren, eigenwilligen Natur, sondern er stand in enger Beziehung zur geistigen Liebe. Wäre das nicht der Fall gewesen, ich hätte in der Gefahr für meine Seele schwerlich behütet werden können. Mein Wille war in all meiner seelischen Erschütterung fest und zielbewußt. Wenn ich heute daran denke, so steht mir die Seelenverfassung des Sadhu Sundar Singh vor Augen, als er am Wendepunkt seines Lebens ebenfalls dem Himmel sozusagen Bedingungen stellte.

Auch ich stand damals an einem solchen Wendepunkt, eine klare Antwort vom Himmel fordernd, koste es mein Leben. Ich hatte beschlossen, in den Tod zu gehen, wenn ich nicht mit meinem Vater klare Verbindung bekäme, dergestalt, daß er mir eine Reihe von Fragen, die mir keine Ruhe ließen, beantwortete. Daß er lebte, brauchte mir nicht gesagt zu werden; das persönliche Fortleben des Menschen war mir längst zur Gewißheit aus eigenen übersinnlichen Wahrnehmungen geworden. Das genügte mir aber nicht. Auch seine nächtliche Erscheinung zwischen Tod und Begräbnis, die mir – wie auch einem meiner Brüder – in vollem Wachzustand zuteil wurde und einen tiefen Eindruck hinterließ, hatte mir nichts über die mich quälenden Fragen gebracht. Mehrere Fragen hatte ich mir aufgeschrieben, deren Beantwortung ich von meinem Vater fordern wollte. Ich setzte Tag und Stunde fest, zog mich in ein Zimmer zurück und bat innig um das Erscheinen meines Vaters. Und er erschien mir, meinem leiblichen Auge sichtbar. – Dennoch war dies kein Erscheinen von außen. Vielmehr geschah auch hier, wie stets bei so hochbedeutsamem Erleben, die eigentliche Wahrnehmung über das unmittelbare Innewerden des Wesens auf der reingeistigen Ebene. Doch teilte sich die Wahrnehmung mit solcher Lebhaftigkeit und Klarheit auch meinem natürlichen Menschen mit, daß selbst die körperlichen Augen zu vollbewußtem Miterleben kamen und die Gestalt meines Vaters mitschauen konnten.

Er war sehr ernst, wußte aber, daß es auch mir bitter ernst war und machte mir darum keinen Vorwurf wegen meines Unternehmens, sagte freilich mit allem Nachdruck, daß ich nie wieder derartiges tun dürfe, es würde mir sonst zum Verderben gereichen. Dann beantwortete er mir der Reihe nach alle meine Fragen. Eine der ersten war, wie es ihm erginge. Er antwortete: Wenn er mir das sagen wollte, so wäre das dasselbe, als wenn er griechisch mit mir reden wollte; ich würde ihn nicht verstehen. Ich fragte weiter, ob er seinen Tod so empfunden habe, so schrecklich und quälend, wie für uns Angehörige der Eindruck seines Sterbens gewesen sei. Das bejahte er, fügte aber hinzu, das sei nun alles überwunden. Seine letzten Worte waren: »Aber der Tod war furchtbar!« – In seinem 54. Lebensjahr, in der Vollkraft des besten Mannesalters bei voller Lebensfrische hatte ihn ganz unvorhergesehen ein Schlaganfall getroffen. Er war gelähmt und der Sprache beraubt, behielt aber sein volles Bewußtsein bis zum letzten Augenblick, und der Vorgang des Sterbens zog sich bei ihm sichtlich qualvoll über 24 Stunden hin.

Dieses Erlebnis mit meinem Vater ist von seiten einiger sehr ernster Menschen, welche im übrigen ein weitgehendes Verständnis für mein Erleben hatten, beanstandet worden. Sie meinten, darin eine Entgleisung in die Unbotmäßigkeit sehen zu müssen. In gleicher Weise tadelten sie auch Sadhu Sundhar Singh wegen seiner gewaltsam dringlichen Forderung, mit der er vor seiner Bekehrung vom Himmel Erlösung aus seiner quälenden Ungewißheit und Unklarheit heischte.

Zu diesen Einwänden hat Christus Selbst mir erklärt: Diese Auffassung sei irrig. Es würde vielmehr in der Welt um sehr vieles besser stehen, wenn nur recht viele Menschen mit einem so tiefen Ernst den Himmel um Wahrheit und geistige Klarheit bestürmen wollten.

Eine Entgleisung ist also ein solch dringliches Fordern einer Antwort nicht zu nennen. Entscheidend über die Zulässigkeit oder Nichtzulässigkeit solch gewaltsamen Vorgehens ist freilich der Umstand, ob es mit wirklich tiefem, geistbetontem Ernst geschieht. Das war sowohl beim Sadhu als auch bei mir der Fall. Das dringende Verlangen nach Klarheit kam aus dem Geist selbst. Und wenn auch der äußere Mensch in seiner Qual drohte, sich das Leben zu nehmen, so hätte der Geist es doch nie zur Tat kommen lassen.

Würde ein Mensch aus rein seelischem Eigenwillen in kindischem Trotz solche Forderung stellen, so würde er darauf gewiß keiner Antwort gewürdigt werden. Ihn könnte sein Geist auch nicht davor bewahren, die Drohung wahr zu machen; und solch ein Unglücklicher zöge damit ein furchtbares Jenseitsschicksal auf sich herab.

Allein die Tatsache, daß der Sadhu, wie auch ich, die stürmisch begehrte Antwort erhielt, ist Beweis genug dafür, daß unser Vorgehen nicht unzulässig, sondern im Rahmen der den Menschen von Gott gewährten Willensfreiheit berechtigt gewesen ist.

Christi Wiederkunft

Althofnaß 1920

Schon tagelang ging ich wieder einmal umher in unablässigem, tiefem Nachsinnen über die Wiederkunft Christi. Von meinen Kindertagen an hatte gerade diese gewichtige und geheimnisvolle Frage mich mein ganzes Leben lang so brennend beschäftigt. Ich sann nicht nur immer wieder darüber nach; immer dringender sehnte ich mich nach ihrer Verwirklichung und rief und bat inständig um diese Hilfe, die doch unsere Zeit so dringend nötig hätte, um die unseligen Zustände der heutigen Menschheit grundlegend zu ändern. Und wenn das Elend dieser Welt mir ganz besonders schmerzhaft bewußt wurde und Leid und Not der Menschheit mir ins Herz schnitten, dann klangen mir in den Ohren beständig die Worte: »Sie sind wie Schafe, die keinen Hirten haben.«

So sann und sann ich auch in diesen Tagen unablässig mit innerlichem Fragen darüber nach, wie sich die Wiederkunft wohl verwirklichen werde. Denn so, wie die Menschen sich das gewöhnlich dachten, daß sie den Herrn auf den Wolken des sichtbaren Himmels würden herabschweben sehen, konnten die Worte der Verheißung nicht gut gemeint sein. Das war mir schon längst klar geworden. Als geistiger Vorgang mußte sie sich vollziehen, durch menschliche Werkzeuge. Aber wer und wo waren diese? Und wann würden sie endlich da sein? –

Da wurde ich vom Geist aufgenommen, und Christus Selbst gab mir Antwort auf mein Fragen:

»Es ist ganz richtig, wie du Meine Verheißung auffaßt. Nicht ein äußerlich sichtbares Wiederkommen, ›in den Wolken des Himmels‹, wie die Menschen es sich meistens vorstellen, ist gemeint. – Nach der einmal gesetzten Ordnung geht Mein Wirken für die Menschheit stets über Menschen, die mit ihrem Leib noch auf Erden leben, und die Ich Mir für ihre Mittler-Aufgabe innerlich zubereite, mit Meinem Geist durchdringe und völlig mit Mir eine.«

Und in voller Klarheit ließ Er mich nun im Licht der Offenbarung schauen, wie gerade mein schwerer Entwicklungsweg im engsten Zusammenhang steht mit eben dieser Seiner verheißenen Wiederkunft, die damit in vollem Gange ist.

Gar oft schon hatte ich mit sehnlichem Verlangen um sie gebetet. Aber trotz der vielen hohen Erlebnisse, die schon hinter mir lagen, war mir bis zu diesem Tag noch nie der Gedanke gekommen, daß ich mit meiner Person an diesem Vorgang irgendwie mitwirkend beteiligt sein könne. Doch dieser klare Einblick, den Christus Selbst mir hier gab, machte jeden Zweifel unmöglich. – Durch innere Offenbarung zeigte Er mir die großen Geheimnisse der schweren Aufgabe, in stellvertretendem Leiden der gefallenen Erdenwelt zu helfen, und ließ mich Seinen Kreuzesweg sehen. Da lag alles klar vor meinen inneren Augen, und ich sah auch die Vorbereitungen zu Seiner Wiederkunft – wie Er schon mehrere Vorboten gesandt, sie anzukündigen und vorzubereiten – wie aber nur wenige Menschen diese verstanden und zu würdigen gewußt. Dabei gab Er mir zu verstehen:

»Besinne dich darauf und frag dich selbst: Wie kam es denn, daß jedes Mal ein gar so tiefer Schmerz dein Herz durchschnitt, wenn du die Menschenbrüder so fern von Gott, so ohne Liebe in ihrem Elend sahst, in das der Irrweg, den sie gehen, sie immer tiefer führen muß?

Woher kam dir das tiefe Mitleid und das brennende Verlangen, die Ungerechtigkeit, das Leiden aus der Welt zu schaffen?

Was ließ dich flehn und hundert Mal am Tage rufen: ›Wann kommst Du Herr? Wann kommt Dein Reich? – Ach komm, Herr Jesu! Komme bald! Ich kann das Leben so nicht mehr ertragen!‹

Dein Menschliches allein, aus sich heraus, war dazu nicht imstande. Mit solcher tiefen Liebe liebt nur Gott.

Ich war in dir mit Meiner Liebe.

Ich gab den Drang und Antrieb dir, um Meine Wiederkunft zu beten.

Ich war es, der in deinen Ohren immer wieder die Worte von der hirtenlosen Herde neu erklingen ließ.

Das hättest eigentlich du selbst dir sagen können; doch wurde alles ganz geflissentlich vermieden, was selbst solch kleinen Trost klärender Erkenntnis bringen konnte.

Du bist Mein Werkzeug. Laß alle Zweifel fahren! – Denn nicht unmittelbar kann Ich mit Meiner Allmacht das Geschick der Menschheit wandeln, wenn frei des Menschen freier Wille bleiben soll. Zuvor muß ich Mich völlig mit dir einen, bis Ich als Gott und Mensch durch dich so wirken kann, daß zu erfüllen sich beginne, worum auf Mein Geheiß – zweitausend Jahre fast – schon so viel Menschen beten, und endlich unsers Vaters heiliger Wille geschehe wie im Himmel also auch auf Erden.

Du hast darum gebetet und gerungen, für die verirrte Menschheit einen Ausweg aus der Not zu finden. – Dazu mußt du nun selbst immer wieder zutiefst hinab ins Leiden steigen. Denn wie Ich Selbst als Mensch am Kreuze einst so tief um sie gelitten habe, so kann auch heut Ich nur durch allertiefstes Leiden eines Menschen wieder die Erlösung der gefall'nen Menschheit fördern.«

Und wenige Tage später geschah es, daß Er mir Seine Dornenkrone aufsetzte als nicht mißzuverstehenden Hinweis auf die martervolle Schwere meines weiteren Weges, auf dem ich Ihm als Werkzeug zu dienen berufen bin.

Bald darauf verlangte Gott von mir, daß ich mich solle kreuzigen lassen. Nach schwerem innerlichen Ringen willigte ich ein. – Nun erfuhr ich in mystischem Erleben das Gekreuzigtwerden ganz körperlich in allen Einzelheiten als furchtbare Wirklichkeit; das Niederlegen auf den harten Holzbalken, das Ausrecken der Glieder, das Einschlagen der Nägel durch Hände und Füße, die unsagbar schmerzhaften Zerrungen und Stöße am ganzen Körper, als das Kreuz aufgerichtet wurde, das alles empfand ich an meinem hellfühlenden Körper mit einer Eindringlichkeit, wie sie dieser Vorgang in der äußeren Wirklichkeit nicht grausamer und schmerzhafter hätte verursachen können. Und dann kam die lange Qual des Hängens bis zum langsamen Erstickungstod.

Es war nicht lange nach dem vorstehend berichteten Erleben, daß ich mich eines Tages zusammen mit Christus auf einer himmlischen Miniaturerde stehend fand. Auf dieser kleineren Erdkugel stand Christus schräg links hinter mir und hatte mir Seine rechte Hand auf die Schulter gelegt. So schwebten wir aus dem innersten Himmel auf die natürliche Erde hinab. Als wir diese erreicht hatten, teilte sich der kleinere Erdball, der uns hinabgetragen hatte, der natürlichen Erde mit und verschmolz mit ihr, sie in ihrer ganzen Größe durchdringend.

Dabei erfüllte mich unermeßliche Freude, und in mir klangen die Worte der Offenbarung Johannes': »Und ich sah die heilige Stadt, das neue Jersusalem, von Gott aus dem Himmel herabfahren, bereitet als eine geschmückte Braut ihrem Mann.«

Durchstrahlung

Schon vor meiner Reise in die Vereinigten Staaten hatte ich ein inneres Erlebnis, welches für mich damals von großer Bedeutung war.

Es ist Vormittag. Ein Tag wie jeder andere, ausgefüllt mit mehr oder weniger wichtigen Dingen, wie sie die Praxis eines Heilers mit sich bringt. Ich bin gerade für kurze Zeit nicht persönlich in Anspruch genommen. Da erfaßt mich der Geist. Mit seiner feinen, aber unwiderstehlichen Kraft durchdringt er in *einem* Augenblick Seele und Leib in nie dagewesener Stärke. Nichts mehr bleibt ausgeschlossen. Die letzte Faser erbebt unter seiner Macht und Hoheit.

Der Geist restlos im Körper! Aber auch nur für Augenblicksdauer. Denn unmittelbar darauf ist alle himmlische Herrlichkeit und gottgleiche Erhabenheit vorbei! So plötzlich wie der Geist in Leib und Seele eintauchte, so schnell hat er sich wieder zurückgezogen! Ich bin wieder Mensch. Nicht gerade verlassen vom Geist, aber doch weit entfernt von dieser einzigartigen, übermenschlichen Kraft und überirdischen Hoheit, die ich noch vor Augenblicken in mir trug.

Was war geschehen? Was wollte der Geist mit dieser kurzen, aber schlechthin vollendeten Durchstrahlung? Wie ein König war er auf die Erde herabgestiegen, und schnell und unvermerkt, als hätte er sich in eine unrechte Welt verirrt, war er in sein Lichtreich zurückgekehrt.

Ich brauche indessen nicht lange zu raten, was der Sinn des Ganzen sei: Eine *Selbstbeschauung* hatte der Geist abgehalten, eine Probe und Umschau, wie weit sein Werk am Menschen nun gediehen, wie weit er in der irdischen Ebene zu wirken vermochte. Nicht eher aber, als bis seine Stunde gekommen, wollte er bleiben. So zog er sich zurück, um weiter in unablässiger und mühevoller Kleinarbeit das göttliche Ebenbild aus der ungöttlichen Materie der Seele und des Körpers herauszumeißeln. Das wußte ich ja längst, daß er mehr, als es den Anschein hatte, in der irdischen Ebene wirken könnte, wenn er es nur wollte; daß er aber schon in solcher Machtfülle stand, wie es diese Selbstbeschauung erkennen ließ, das war mir noch nicht zum Bewußtsein gekommen.

Warum also gibt mir mein Geist nicht für längere Zeit und zu überzeugenden Wirkungen die einmal gefühlte, alles durchstrahlende und überwindende Kraft? Doch kaum frage ich so, da werde ich belehrt, daß auch mein Geist das wohl wünsche und an und für sich könne, daß aber noch eine *Gefahr* für mich damit verbunden sei, wenn er dem eigenen Wunsch nachgebe. Und eigenartig, wie die Antworten von geistiger Seite oft sind, werde ich innerlich getrieben, ein bestimmtes Buch zur Hand zu nehmen, einen Band jener nach hellhörend vernommenem Diktat geschriebenen Werke Jakob Lorbers, die ohne Rücksicht auf Geschichtlichkeit, aber in anschaulicher Form und ohne auch bei offenbar legendenhaftem Charakter der Erzählungen das innere Vorstellungsvermögen zu verletzen, tiefe geistige Wahrheiten enthalten. Ich schlage wahllos einen der vielen Bände auf und finde eine Stelle, in der die mir gegebene Antwort noch näher erläutert wird.

Es ist dort gesagt, daß bei einigen geschichtlichen Persönlichkeiten der Geist – also der himmlische Mensch, der als Gottes Ebenbild hinter dem seelischen und physischen Organismus steht – die letzte Entwicklung der Seele nicht abgewartet, sondern, ähnlich wie es bei mir für Augenblicke geschah, *für die Dauer* von Seele und Leib Besitz ergriffen hat. Er hat sich verleiten lassen, seine Macht in der irdischen Ebene zu gebrauchen, bevor die Seele des betreffenden Menschen restlos zubereitet gewesen ist; und das hat sich in der geistigen Entwicklung jener Menschen sehr nachteilig ausgewirkt.

Tritt der Geist vor letzter Läuterung von Seele und Leib als Person unmittelbar in die physische Ebene, in die Gebundenheit des körperlichen Ich – in der er zuvor nur mit einem Teil seiner strahlenden Kraft zum Ausdruck kam –, so ist er der Gefahr nicht mit Sicherheit gewachsen, die ihm aus dem Rest von Eigenwilligkeit der Seele in Verbindung mit der Ichsucht unvergeistigter Materiegeister, der Träger des Zelleigenwillens, droht. Besonders die letzteren mit ihrer naturgegebenen Macht über das Stofflich-Gebundene bringen es fertig, wesentliche Teile des Geistes geradezu gefangenzunehmen und für Lebensdauer ihrem Eigenwillen unterzuordnen. Solche Menschen treten dann wohl mit großer Geisteskraft und allen Fähigkeiten einer Führernatur auf, haben aber ihr letztes Lebensziel verfehlt.

Der tiefere Grund solcher Fehlentwicklung ist, wie ja bei allem Verkehrten im Leben von Menschen und Geistwesen, ein Mangel an Liebe. Hätte der Geist eines solchen Menschen mehr Liebe zu seinem Schöpfer gehabt, er hätte der Versuchung, von seiner Macht in der irdischen Ebene vorzeitig Gebrauch zu machen, widerstanden. Dank der nach Sphäre und Auswirkungskraft eigentümlichen Veranlagung meines Geistes, die eine besonders innige und in Augenblicken der Gefahr entscheidende Christusverbundenheit ermöglicht, vermochte er in dem oben beschriebenen Erlebnis sofort die große Gefahr einer Gefangennahme von Geistteilen durch die Materiegeister des Leibes zu erkennen und, hohen geistigen Gesetzen gehorchend, sich zurückzuziehen. Er sah, daß eine überlegene geistige Wirkung nach außen für die Mitmenschen wohl von großer Bedeutung wäre, aber auf meiner Seite das Erreichen des letzten geistigen Zieles in Frage stellen könnte.

Tierseelen

Chicago, 15. Mai 1925

Die berühmten stockyards, jene auch in Europa weit bekannten, aus Viehhöfen, Schlachthäusern, Fleischfabriken bestehenden Riesenwerke sollen besichtigt werden. Mr. Swift selbst, dessen Name als Besitzer der Swift & Co. uns trotz unseres kurzen Aufenthalts im Land schon durch die vielen Sondereisenbahnzüge mit den charakteristischen Kühlwagen der Firma Swift wohlbekannt war, will uns führen. Sein Wagen holt uns ab. Ihn selbst treffen wir in den Schlachthöfen. Er ist ein feiner, vornehmer, überaus ansprechender Mann.

Soll ein im Geistigen aufgehender Mensch, ein geistig Hellfühlender, das Abschlachten von Tieren betrachten? Ich bin gewohnt, über die Motive meines Handelns mir Rechenschaft zu geben. Reiner Neugier, noch dazu bei so grausigem Schauspiel, bin ich nicht fähig. Ich habe aber das Gefühl, hingehen zu sollen. – Und mein Gefühl sprach recht.

Schon bevor wir die großen Hallen betreten, in denen die Schweine abgestochen werden – heute sollen es »nur« zehntausend werden; hören wir das betäubende Geschrei der Tiere, riechen die warme, süßliche Luft des frischen Fleisches. Dann sehen wir alles aus nächster Nähe. Ich muß mich zusammenreißen, will mich in meiner Sensibilität nicht schwach zeigen vor den zarten Damen meiner Begleitung, die, wißbegierig und beherzt, die geringsten Vorgänge des grausigen Verfahrens genau verfolgen. Schweineschlachten ist mir, einem Landkind, nicht neu. Aber was ist das gegen diese Massenschlächterei!

Nicht nur das Tier erregt mein Mitleid. Auch der Mensch, dessen Tagewerk ein und derselbe Griff, Stich, Schnitt ist, tagaus, tagein. Die Geschicklichkeit freilich muß ich bewundern, mit der der Mann das an den Hinterbeinen hängende Tier absticht, augenblicklich, eins nach dem anderen in unabsehbarer Folge. Wir gehen durch die vielen und großen Räume, den Weg verfolgend, den das Fleisch des frischgeschlachteten Tieres nimmt bis zur sauberen, appetitlichen Verpackung. Ich bin froh, als ich diesen Teil unserer Besichtigung hinter mir habe.

Aber das Schlimmste kommt erst! Die Kälber! Tier ist nicht Tier. Ein Kälbchen ist etwas anderes als ein Schwein. Ich kann kaum hinsehen, wie die Ärmsten zur Schlachtbank geführt werden. Für mich ist das Sehen ja auch stets zugleich ein Fühlen! Und wie fühle ich die angstvolle Seele des Tieres! Sie weiß sich eins mit der Seele der anderen, und sie alle wirken zusammen zu einem entsetzlichen Weh. Ich habe schon manche Tierseele in ihrem Schmerz wahrgenommen. Treue Hundeseelen habe ich verstehen können, als wäre ich ihresgleichen. Hier aber überwältigt es mich. Ich muß weiter, heraus aus dieser Atmosphäre. Ich übergehe das Schicksal der armen, jungen Tiere, das Abschlachten der kaum weniger aufgeregten und in ihrer Sprache wehklagenden Rinder. Wir erholen uns bei der Besichtigung der Arbeits- und Speiseräume der Angestellten. Denkbar praktisch und sauber ist alles eingerichtet. Es bedarf aber gewiß der Gewohnheit, um in solcher Umgebung, nach solcher Arbeit essen zu können. Mancher wird sich nie daran gewöhnen! Ich kenne Menschen, Männer von Kraft, aber von Empfindung, die die Ausstrahlung der stockyards in der ganzen Millionenstadt fühlen und nicht überwinden können. Ich selbst kann in diesen Tagen kaum etwas zu mir nehmen. Am wenigsten das Frühstück, das uns Mr. Swift freundlicherweise an Ort und Stelle anbietet.

Ins Hotel zurückgekehrt, suche ich Ruhe. Eine Erregung, die nicht aus mir allein stammt, zittert in mir nach. Meine tägliche Fernbehandlung wird, wie so oft nach eindringlichem Erlebnis, mir zum ruhenden Pol. Der Geist kommt und durchstrahlt mich und meine Kranken in gewohnter Stärke. Aber noch etwas anderes kommt, – was ich geahnt habe! Die armen geschlachteten Tiere! Ihre Seelen wissen mich zu finden. Und was ich nun von ihnen erlebe, gehört zu dem Erhabensten, was mir in einem jahrzehntelangen Leben seelisch-geistiger Wahrnehmungen begegnet ist. Zu schildern, wie es auf mich gewirkt, bin ich außerstande. Ich müßte ein Dante sein. Die wenigen Andeutungen, deren ich fähig bin, mögen dem, der sich einzufühlen vermag, ein Bild meines Erlebens geben.

Scharen geschlachteter Tiere, Tausende, dringen auf mich ein, flehen zu mir, ihre Empfindungen von Angst und Schmerz mir übertragend. Sie *sprechen* zu mir, nicht anders als Menschen sprechen. Noch einmal erlebe ich ihr Schicksal. Aber was ich im Schlachthof, abgelenkt durch die äußeren Sinne, weniger empfand, das wird mir nun eingehämmert, daß ich es bis in alle Ewigkeit behalten werde. Eine Anklage spricht aus den zahllosen, aber in einem sich eins wissenden Seelen, eine Anklage, so eindringlich und herzbewegend, daß ich, im Bewußtsein, den Menschen zu vertreten, unter ihr erbebe. Und der Geist, der mich im selben Augenblick mit himmlischen Sphären verbindet – ja, ich fühle die persönliche Nähe Christi! –, läßt diese Anklage gegen die Menschheit in aller Wucht auf mich wirken. Er gibt ihr noch die *geistige* Bedeutung, zu der die Seele des Tieres, weil sie des Geistes entbehrt, sich nicht erheben kann. So wird die Anklage der Tiere zu einem hochgeistigen, einem religiösen Erlebnis, das ich den Menschen unauslöschlich ins Herz prägen möchte.

Sie, die Menschen der ganzen Welt, so lautet die Anklage, kennen wohl des Tieres Fleisch, aber nicht auch seine Seele. Sie wissen nichts von deren Gefühlen und von der Aufgabe des Menschen an ihr! Des Tieres Seele, der Seele des Menschen als reiner Seele nahe verwandt, verspürt in deren Untergrund, was ihr selbst versagt ist: das Ewig-Persönliche. Hier, im eigentlichen Menschentum, sucht sie aus ihrer Gebundenheit an die Triebgewalten Hilfe und höheren Halt. Sie ahnt im Menschen den eigenen Weg zu Freiheit und ewigem Leben. Sie schreit nach *Erlösung* durch des Menschen *Geist* und *Liebe*. Und diesen Schrei soll der Mensch vernehmen auch in einer der Selbsterhaltung entsprungenen, grausam erscheinenden Herrschaft über die Kreatur. Stets kann und soll er sich als des

Tieres Erlöser fühlen. Darum vergeht er sich schwer gegen die Gesetze des Geistes und des zum Geist strebenden natürlichen Lebens, wenn er in furchtbarer, zur Methode gewordenen Selbstverständlichkeit das Tier mordet um eines gedankenlos unnötigen Genusses willen. Grausamer als alle Maschinen des Tötens und Schlachtens ist darum sein sogenanntes Menschentum. Und das in solcher Entfremdung von natürlichstem seelischen Empfinden vergossene Blut des Tieres muß sich rächen. Es kommt zurück auf den Menschen.

So sprechen die Tiere, und so bestätigt es der Geist.

Niemals werde ich das Erlebnis der stockyards vergessen!

SATANAS

»Der Teufel gehet umher wie ein brüllender Löwe und suchet, welchen er verschlinge.«
1. Petrus 5,8

In nächtlicher Schauung lernte ich ihn kennen, jenen Grauen einflößenden Gegensatzgeist, an dessen Existenz in Person ich vordem nicht recht hatte glauben wollen. Aber muß nicht Gott, der seine Geschöpfe zu einer allseitigen Entwicklung in Freiheit bestimmt hat, auch das widergöttliche Streben gefallener Geister zulassen? Und muß nicht gerade der Mensch, dem aus Gnaden ein Gotteserleben zuteil wurde, auch das Widergöttliche erfahren? Nur in der Auseinandersetzung mit ihm kann das Verbundensein mit göttlichen Sphären erprobt und gefestigt werden. Doch führt die Vorsehung den ernstlich Strebenden gnädig durch alle Fährnisse. Im Traum, im Wachen und in jenem für höhersinnliche Erlebnisse besonders empfangsbereiten Zwischenzustand habe ich es gleichermaßen empfunden, daß die geistige Welt die Mächte des Lichts und der Finsternis immer nur in solcher Stärke an die Seele herankommen läßt, wie sie zu ertragen sind.

Es ist die Nacht zum 23. April 1920. Ich sehe mich durch weite Lande gehen. Öde Strecken wechseln ab mit grasbedeckten Flächen weit und breit. Ich habe an diesem Land eine Aufgabe: Wie segnend strecke ich im Gehen meine Arme zu ihm aus, und jedesmal erwächst ein herrliches Weizenfeld zu voller Reife. Weit bin ich schon gegangen und habe große Strecken Weizen tragender Felder erstehen lassen, da fühle ich plötzlich hinter mir einen entsetzlichen Einfluß, ein geistiges

Wesen so furchtbar, daß ich unter seiner vernichtenden Gewalt zusammenzubrechen drohe. Ich weiß sofort in blitzartigem Erkennen: Das ist das Böse in Person! Denn dieses Fühlen ist Gewißheit aus dem Geist, das sicherste, ja das einzig wirkliche Wissen. So weiß ich, daß Satan mir folgt.

Ich *sehe* ihn auch, wie man mit geistigem Auge auch hinter einem stehende Wesen sieht. Und sein Anblick kann wohl Furcht erregen. Halb schwarz, halb feurig, in weitem, wallendem Mantel trägt er in der Hand etwas schwertähnliches, ein Zeichen seiner gewaltigen Macht. Feuer haucht er aus dem Mund. Und das Feuer, das von ihm ausgeht, verbrennt jedesmal die Weizenfelder, die durch meine Hand erwachsen waren. Eine schreckliche Angst und Hilflosigkeit vor dieser Macht ergreift mich. Ich weiß nicht, wie mich und mein Werk vor der Vernichtung retten. Ich tue das Einzige, was meiner Seele übrig bleibt, ich rufe zu Christus! Fühle auch sofort Seine Gegenwart in großer Stärke. Aber der Böse bleibt mir auf den Fersen, und Angst und Grauen wollen mich überwältigen. Da greife ich zum Äußersten. Ich wende mich um, trete ihm entgegen und rufe laut: »Im Namen Christi, weiche von mir, Satanas!« Da weicht er zurück. Ich kann weitergehen, und alsbald erwachsen auch wieder Weizenfelder unter meiner ausgestreckten Hand.

Aber nicht lange, da sehe ich ihn von neuem mir auf dem Fuß folgen, meine Ernte mit Feuer verzehrend und zu meiner eigenen Vernichtung schreitend. Wieder erfaßt mich die unbeschreibliche Angst und das Grauen, und wieder muß ich mit aller Kraft mich ihm zuwenden und ihn Aug' in Auge weichen heißen. Das wiederholt sich noch mehrere Male. Drohe ich vor seiner Macht zu vergehen, so läßt ihn die Kraft des Namens Christi jedesmal zurückweichen. Aber ich fürchte, die Worte, die ihn zurückgetrieben, nicht mehr aussprechen zu können. Denn mit aller Macht, durch magische Kraft, versucht er, mich daran zu hindern. Und das weiß ich gewiß: Gelingt ihm dies, so bin ich verloren. Denn nur im *Aussprechen* der Worte, nicht allein in ihrem Denken, liegt ihre sieghafte Kraft. Das fühle ich. Und so gehe ich, in beständiger Angst, aber immer an Christus mich haltend, mit Satan den Weg durch eine

Welt. Was ich erschaffe, verzehrt wieder sein höllisches Feuer. Mich aber kann er nicht treffen. Nach einem als endlos empfundenen Wege sehe ich in der Ferne ein großes Haus und weiß: Das ist mein Ziel; wenn ich das erreicht habe, bin ich geborgen. Aber auch Satan weiß das; und noch ein letztes Mal und mit Aufbietung aller Kraft versucht er, mich zu vernichten. Aber auch diesmal gelingt es ihm nicht. Auch ich nehme meine letzte Kraft zusammen, wende mich ihm zu und befehle ihm mit ausgestreckter Hand: *»Im Namen Christi, weiche von mir, Satanas!«* Da versinkt er im Erdboden. – Ich aber habe mein Ziel erreicht. Jetzt sehe ich erst die große Schönheit des Hauses. Und ich sehe vor allem gute Freunde; sie alle wissen um meinen Weg und begrüßen mich mit großer Freude.

Danach habe ich ihn noch oft wahrgenommen, den grausigen Begleiter meines Lebens, am überraschendsten und vielleicht gefährlichsten an jenem trüben siebzehnten Oktober, auf ödem Wiesen- und Feldweg, als ich, innerlich zermürbt und gereizt, ihn unverhofft und zum ersten Mal voll wachbewußt sah und fühlte. Ich erschrak vor der augenblicklichen Erkenntnis, hier den Widersacher meiner nächtlichen Schauung, den Fürsten der Finsternis in Person vor mir zu sehen. Ein Grauen durchfuhr mich und ließ mich nicht los, solange er, in seinen weiten Mantel gehüllt, mir auf dem Fuß folgte, beständig darauf lauernd, sich bei der geringsten Schwankung meiner verzweifelten Gemütsstimmung in meine Seele einzuhaken.

Dann traf ich ihn in einer seiner stärksten Hochburgen, als welche die Großstädte allgemein sich dem geistigen Menschen deutlich zu erkennen geben. Besonders stark empfand ich dies in jener Millionen-Stadt Amerikas, gegen die mir selbst New York geruhsam erschien – Chicago! Der Aufenthalt dort im Herzen Amerikas wurde zu einer harten Probe für mich.

Aber kann ich etwas dagegen tun, daß sich meine Strahlkraft nun einmal mit allem auseinandersetzt, was ihr entgegentritt, seien es Mächte des Geistes oder der Materie, Gesundheit oder Krankheit, Verwandtes oder Gegensätzliches? So beginnt von selbst mein Kampf mit der Strahlung dieser Stadt. Wie elektrische Schläge treffen mich die Widerstände der Atmosphäre. Ihre Spannung zerreißt mich förmlich. Dazu der ohrenbetäubende Lärm, das Gift der Abgase und das bedrückend Fremdartige der Umgebung. Die Seele, mir ja nicht mehr unbewußt, sondern der stets weit offene Kampfplatz aller Gegensätze, bäumt sich auf gegen die unerhörte Pein. Da tritt er zu mir! Wieder einmal weiß er den rechten Augenblick zu erfassen, um den Angriff auf die gehetzte Seele persönlich zu übernehmen. Und wie tritt er zu mir! Wie ein König in seiner Macht! »Was suchst du hier? Willst du auch hier mein Werk stören? Welche Anmaßung! Hier, in diesem Land, in dem ich unumschränkter Herr bin?« Mit unbeschreiblicher Herrschergeste weist er über die Stadt, und es liegt etwas in seiner Gebärde wie das Bewußtsein eines Königtums über die ganze Welt! Ich fühle den Äther erzittern unter der Wucht und der Wahrheit dieser Worte. Und wie erbebe ich selbst schon beim Anblick seiner Erscheinung! Faszinierend in Gestalt und Gebärden, erinnert er mich an den gewaltigen, Geistesblitze schleudernden Moses des Michelangelo, übertrifft ihn aber, in der Vollbewußtheit seiner Herrschermacht dahinschreitend, noch an Leidenschaftlichkeit des Ausdrucks. Wahrlich, er ist hinreißend in der Großartigkeit seiner Erscheinung und in der Stärke der von ihm ausgehenden Kraft!

Wie anders spricht er doch als jene Fratzen unter seinen Kreaturen, die nichts als Widerwärtiges fühlen lassen! Hat Satan nicht beinahe eine Moral? Wie gut versteht er doch die Schwere eines geistigen Weges! Ja, *er ist Luzifer*, der herrlichste aller Lichtengel, der im Fall zum Satan wurde! *Das* ist die Hoheit, die aus jeder Geste, jedem seiner Worte spricht! Aber welch gefährlicher Fallstrick liegt gerade darin, daß seine ehemalige Geistesgröße noch durch die Dunkelheit seiner Hölle leuchtet! Er hat seinem verlorenen Geistesfürstentum Kräfte entlehnt, die ihm auch im Reich der Finsternis eine einzigartige Überlegenheit sichern, Kräfte, die den reinen Lichtkräften so ähnlich sind, daß es auch dem unverderbten Menschenherzen schwer fällt, das Zeichen des Bösen darin zu erkennen.

Nur wer in allen Sphären des Lichtes und der Finsternis bewandert ist und dabei niemals das Gefühl des Verbundenseins mit Christus verlor, nur der trägt in seinem Herzen das ursprüngliche Unterscheidungsvermögen. Wie schwer es aber auch für ihn ist, in seelisch-geistiger Ebene recht zu erkennen, mag daraus erhellen, daß Satan die Macht gegeben ist, über geistige Gesetze hinwegzuschreiten, denen sich jedes Himmels- oder Höllenwesen sonst beugen muß. So ist es eine dem Seher bekannte Tatsache und eine tausendfach in meinem Leben bestätigte Erfahrung, daß die Jenseitigen, verstorbene Menschen, Dämonen und Engel, je nach ihrer geistigen Höhe von rechts oder von links nahen. Bis zu einer bestimmten Stufe ihrer geistigen Entwicklung kommen sie von rechts, auf höherer Stufe von links. Der Grund hierfür liegt in der feineren Betonung und höheren geistigen Entsprechung der linken Körperseite. Noch niemals sah oder fühlte ich einen weniger hohen oder gar ausgesprochen niederen Geist von links nahen. Nur Satan vermag sich über dieses in allen geistigen Sphären geltende Gesetz hinwegzusetzen! Er kommt von links und beherrscht damit grundlegende Gesetze der geistigen Strahlung kraft seines widergöttlichen Willens! – »Glaubst du wirklich«, höhnt er überlegen, »an meiner Macht rühren zu können? Siehst du nicht«, und er weist wieder auf die unübersehbare Menge gehorsam geschäftiger Menschen, »wie mir die Kreaturen untertan sind? Wie sie suchen und hasten nach dem, was ich ihnen zum Ziel setze? Nach dem, was ich hier mehr als irgendwo nach meinem unumschränkten Willen vergebe, nach dem *Geld*? Wie leicht lenke ich hiermit ihre Herzen und Gedanken! Und wie gern dienen sie mir, meine treugehorsamen Untertanen! Was willst du mehr: *Habe ich nicht ihre Liebe?*«

Er hat recht. Die Menschheit liebt ihn und dient ihm, und fremd bleibt ihr, wer seine Liebe und sein Leben einem anderen, Höheren gibt!

FÜHRUNG VON INNEN UND HEILTÄTIGKEIT

»Und ob mir's gleich ein Engel vom Himmel sagte, so würde ich's doch nicht glauben können, viel weniger fassen, denn ich würde immer zweifeln, ob sich's auch also verhielte; aber so gehet mir die Sonne selber in meinem Geiste auf, darum bin ich des gewiß...« Diesen Worten Jakob Böhmes im 11. Kapitel seiner »Aurora« entspricht meine eigene Erfahrung der *inneren Offenbarung*: Gottvater und Christus einen Sich mit Ihrem ganzen Wesen meinem Geist; und im innigsten Verein mit meinem eigenen Geist dringt Ihr göttlicher Einfluß über meine Seele bis in das wache Tagesbewußtsein meines natürlichen Menschen vor. Bei solch unmittelbarer *Wesensvereinigung* bleibt dann wirklich kein Raum mehr für irgendeinen Zweifel. Kein Erleben über die Sinne und Hellsinne kann solch unverrückbare Gewißheit bringen.

Je bedeutsamer eine Erfahrung für mich und meine Entwicklung ist, um so strenger wird von Gott darüber gewacht, daß mir nichts davon von außen her über die seelisch-geistigen Hellsinne, sondern allein von innen her aus dem tiefsten, allerunmittelbarsten Innewerden meines Geistes bewußt wird. Im tiefsten Inneren hat der Geist unmittelbarste Fühlung mit dem Ursprung und Wesen aller Dinge. Von dorther herabfließend in den seelischen und körperlichen Außenmenschen muß bei mir die Erkenntnis kommen, um so von innen her schließlich die äußersten Sinne in Bewegung zu setzen und ihnen die Wahrnehmung mit der gleichen Lebhaftigkeit zu vermitteln, als ob sie von außen käme. Dies ist der Weg der inneren Offenbarung, den auch Jesus als Mensch geführt worden ist. Keine menschliche Weisheitsschule, allein Gott kann einen Menschen auf diesem Weg führen; darum sind alle Vermutungen über eine Schulung, welche Jesus bei indischen Weisen oder sonstigen Eingeweihten erhalten haben soll, völlig haltlos.

Es ist also ein sehr weiter Weg, den die Erkenntnis aus dem tiefsten Inneren her bis in das Tagesbewußtsein meines äußeren Menschen zurückzulegen hat. Obwohl es in jedem Fall derselbe lange Weg ist, auf dem mir die Erkenntnis kommt, kann doch ihr Kommen sehr verschieden sein. Überkommt mich die Gotteinung, so ist die Erkenntnis in überströmender Fülle auch meinem irdischen Bewußtsein sofort gegenwärtig, ohne daß ich mich zu bemühen brauchte. Will ich aber als Mensch im Alltag zu einem mir erstrebenswerten Zweck eine Erkenntnis gewinnen, dann bedarf es von meiner Seite vieler Mühe und großer Geduld, um aus der Unruhe der irdischen Außenwelt unter tiefer und tiefster Versenkung an den innersten Urgrund aller Erkenntnis vorzudringen, um mir dort die Antwort zu holen, welche befriedigende Sicherheit gibt.

So ist die unmittelbare Führung durch göttliche Mitteilungen über meinen Geist zwar die allerzuverlässigste, aber durchaus nicht die leichteste und bequemste; sie ist vielmehr die allerschwerste und mühseligste. Das hat seinen sehr natürlichen Grund in dem unermeßlichen Gegensatz zwischen dem Innen und Außen, zwischen Geist und Materie, zwischen Gott und der Welt.

Der natürliche Mensch kann die unmittelbare Gegenwart Gottes nicht ertragen, wie Gott zu Mose sagt: »Kein Mensch wird leben, der MICH sieht!« – Auch mein natürlicher Mensch hätte dem Geistfeuer Gottes nicht ein einziges Mal standhalten können, wenn nicht mein eigener Geist dabei mitgewirkt und den göttlichen Einfluß so weit abgemildert und gemäßigt hätte, daß er für den Außenmenschen gerade noch ertragbar wurde. Trotzdem durfte die göttliche Einwirkung anfangs nur kurze Augenblicke währen. Darum waren diese Offenbarungen immer nur wie plötzlich aufleuchtende Blitze. Sie gaben zwar meinem ganzen Menschen, also auch dem äußeren Verstand, seinen geistigen Weg in klarstem Licht zu schauen. Aber wie in finsterer Nacht ein Blitzstrahl dem Wanderer hinterher die Dunkelheit noch dunkler erscheinen läßt, so ist nach solch geistiger Erleuchtung der ratlose Mensch noch ratloser. Klar und übersichtlich ist im Zustand der göttlichen Durchdringung selbst dem äußeren Menschen alles erschienen. Gleich darauf jedoch sieht er sich restlos geistig verlassen; und obwohl nach solch überwältigendem Eindruck das Erleben unauslöschlich bleibt, erscheint doch dem verlassenen Menschen das gezeigte Ziel unwirklich wegen seiner offensichtlichen Unerreichbarkeit, die gestellte Aufgabe unerfüllbar wegen der übermenschlichen Anforderungen, und der Mensch selbst erlebt sich der erhaltenen Offenbarung gegenüber als die verkörperte Ratlosigkeit. – Was kann und soll ihm solch Erleben sagen? Was kann und soll er tun, um diesem unerhörten Ziel auch nur um einen einzigen Schritt näher zu kommen? – Daß sein Tun einzig und allein darin bestehen kann, daß er an sich und mit sich tun läßt, was Gottes Kraft an ihm vollbringen will, das wird ihm wohl gesagt; wie er das aber anstellen soll, dahinter muß er ganz allmählich selbst kommen. Er soll also stillhalten lernen und an sich geschehen lassen, was Gott für gut befindet, an ihm zu wirken.

Dennoch darf er die Hände nicht in den Schoß legen und untätig abwarten, was nun mit ihm werden wird. Christus Selbst hat mich in der Zeit nach dem Erlebnis in der Schroth-Kirche in Schreiberhau ermahnt, daß ich nicht passiv werden dürfe: »Du wolltest nie etwas aus dir selbst. Du bist auf dem Weg, ein leeres Gefäß zu werden, in das Ich einfließen kann. Du sollst aber kein Medium werden, sondern du sollst mit deinem eigenen Willen in derselben Richtung aktiv sein, in der du Meinen Willen am Werke siehst. Bei aller Hingabe an Mich darfst du den eigenen Willen nicht aufgeben, sondern mußt ihn Meinem Willen einordnen und mit Mir zusammenwirken, in gleichem Sinne, wie Ich es auf Erden aussprach: ›Mein Vater wirket, und Ich wirke auch.‹«

In den folgenden Jahren geschah es dann auch, daß mein von Christus geleiteter Geist gar nicht so selten für Stunden von der Seele Besitz ergriff und aktiv und positiv durch sie hindurch wirkte, wobei ich eine heilige Machtfülle in mir fühlte. Als aber die Entwicklungsstufe, zu der diese Zustände gehörten, durchlaufen war, nahm die göttliche Führung und Einwirkung wieder andere Formen an. Um für sie aufnahmefähig zu sein, muß ich mich täglich stundenweise ganz von der Außenwelt abkehren und mich im Gebet Gott zuwenden, wobei ich ohne eigene Gedanken mich IHM völlig überlasse. Werde ich aber sonst im Laufe des Tages dazu gedrängt, Gott um Hilfe zu bitten, so bemerke ich, daß ein *inneres, unablässiges Beten* eigentlich immer in mir ist, ohne daß es mir bewußt wird; dieses Beten kommt aus meinem gottverbundenen Geist. Das Gegenstück dazu ist das Beten ohne Unterlaß, das, als zielbewußte Übung willensmäßig begonnen und mit dem nötigen Ernst beharrlich durchgeführt, auf dem Weg von außen nach innen mit der Zeit zum selbsttätigen inneren Gebet werden kann, wie das von einem namenlosen russischen Bauern berichtet wird.

Im äußeren Leben aber habe ich zwischen inneren Weisungen und menschlichen Verstandeserwägungen den Entschluß zu jeglicher Handlung mit großer Mühe selbst finden müssen. Immer erst wenn ich selbst die Entscheidung getroffen hatte, bekam ich von Gott her die Bestätigung, daß sie richtig gewesen sei. Was mir das Tasten nach der richtigen Entscheidung von jeher besonders erschwert hat, das ist eine beständige, Mark und Bein durchdringende Angst. Sie schweigt und schwindet nur in den Augenblicken und Stunden der bewußten Gottverbundenheit, stellt sich aber sofort wieder ein, sobald der hohe Zustand vorüber ist. Schon in der Kindheit riefen große Geisterchöre mir beharrlich zu: »In der Welt habt ihr Angst!«

Für andere Menschen gar nicht wahrnehmbar, für mich jedoch als greifbare Wirklichkeit, bedrohen mich ständig die Gestalten der dunklen Gegenmacht, bald näher, bald ferner, immer aber mit erschreckender Boshaftigkeit, mit der sie auch im sichtbaren Geschehen großes Unheil anrichten würden, wenn ich dieser Angst nachgäbe und sie nicht beharrlich niederzuringen vermöchte.

Manchen anderen Menschen ist es gegeben, sich von vornherein bewußt mit Furchtlosigkeit gegen solche Einflüsse zu wappnen, indem sie diese gar nicht in sich einlassen. In mich jedoch kann die Angst jederzeit hemmungslos eindringen, wenn nicht gerade die göttlichen Kräfte ihr von innen her Halt gebieten. Mein natürlicher Mensch ist *allen* geistigen Einflüssen in gleicher Weise weit geöffnet und kann und darf sich ihnen gar nicht verschließen; denn dann wäre auch für die göttlichen Kräfte der ungehinderte Zustrom nicht in jedem Augenblick sicher gewährleistet. Nur gestützt auf Gottes Kraft, die in der Tiefe meines Wesens immer gegenwärtig ist, auch wenn mein irdisches Bewußtsein sie nicht wahrnimmt und sich deshalb verlassen wähnt – nur gestützt auf Gottes Kraft kann ich dieser beharrlich in mich dringenden Angst widerstehen und sie niederringen.

Gott aber nutzt diese Angst als Erziehungsmittel; sie dient vorzüglich dazu, den natürlichen Menschen in der Demut zu erhalten. Denn *Demut* ist die erste und unerläßliche Vorbedingung für das Gelingen einer Führung, wie Gott sie mit mir vorhat. Der äußere Mensch darf nicht einen Augenblick wähnen, daß er irgend etwas aus sich selbst vermöchte.

Dies hatte ich schon in jungen Jahren erfahren, bis ich nach mancherlei Nöten im Heilberuf die Betätigung fand, welche sowohl meiner Veranlagung wie dem Willen der geistigen Führung gemäß schien. Mein Geist hatte mich in meinem Drang nach Helfen und Heilen aus dem Geist Christi bestärkt und mir die Kraft zu mancher augenblicklichen Heilung gegeben. Als ich dann 1910 in Bromberg eine Praxis als geistiger Heiler eröffnete, war mir meine Hellfühlveranlagung so weit bewußt geworden, daß ich mit meinen Fingerspitzen durch berührungsloses Fühlen deutliche Wahrnehmungen machen konnte. 1912 kam ich zu Carl Huter, und er gab mir Anweisungen, wie das Hellfühlen nach der von ihm entdeckten Kraftrichtungsordnung zweckmäßig zu gebrauchen sei. Aus den Übungen, die er mir aufgab, lernte ich hellfühlend, die feinstofflichen Krankheitsgifte mit Sicherheit zu unterscheiden und durch das Einstrahlen geistiger Lebenskraft in die Organe und Gewebe zu lockern und zur Ausscheidung zu bringen. Nach der Lehrzeit bei Huter verlegte ich meine Praxis nach Breslau, wo ich in der Folge täglich viele Patienten persönlich behandelte. Dabei führte ich mit meinen Händen Streichungen und Kreisungen in einigem Abstand vom Körper des Patienten aus, legte ihm aber zuweilen auch die Hände auf. Schon mit dieser Nahbehandlung hatte ich bedeutende Erfolge, die aber noch viel auffälliger wurden, nachdem ich wenige Jahre später zur Fernbehandlung übergegangen war. Anstatt mit den körperlichen strahlte ich nun mit meinen geistigen Händen die Lebenskraft in den Patienten ein.

Diese Änderung meiner Heilweise ergab sich aus meiner inneren Entwicklung, die mir die Fähigkeit zur Wahrnehmung des persönlichen Menschengeistes gebracht hatte. Seit dem erstmaligen Erleben meines eigenen Geistes stand er mir zu meinem eigenen Erstaunen in den Behandlungszeiten regelmäßig mit seiner Kraft voll zu Gebote. Ich konnte jetzt unabhängig von jeder Entfernung mit sicherem geistigen Willen dem Kranken eine reinere und tiefer wirkende Kraft geben, als sie ihm in der Nahbehandlung bisher hatte zuteil werden können. Hierbei nahm meine Geistkraft den Weg über den Geist des Kranken. Sie verband sich seinem Geist und brachte diesen zu einer innigeren Verbindung mit der Seele und auf diese Weise zu einer ungekannt starken Durchwirkung in den Körper.*) Ich stellte aus meiner eigenen, in schweren inneren Kämpfen errungenen Verbundenheit von Geist, Seele und Körper diese geistige *Ordnung* bis zu einem gewissen Grad auch im Kranken her und befähigte ihn auf diese Weise, sich gleichsam aus eigener Kraft zu durchstrahlen und zu heilen. Die Krankheitsbelastung, die von beinahe jedem Patienten auf mich eindrang und die mich manchmal geradezu vergiftete, konnte ich dank der Hilfe Christi wieder ausstrahlen und mich so von ihr befreien. Der Schmerzen, die meine oft wochen- oder monatelange Behandlung mir selbst – auch noch in späteren Lebensjahren – eintrug, habe ich kaum je geachtet.

In vielen Fällen haben meine Bemühungen zu ganz ungewöhnlichen und aufsehenerregenden Heilerfolgen geführt, gerade auch dort, wo alle anderen Behandlungen erfolglos geblieben waren. Bei drei oder vier von 100 Patienten trat spontan die Heilung ein, selbst nach mehr als zwanzigjähriger Krankheit. Gar manchem schwer geplagten Rückenmarksleidenden habe ich wirksam helfen dürfen, ebenso in zwei Fällen tuberkulöser Hüftgelenksentzündung, an denen sich chirurgische Hilfe bereits als verfehlt erwiesen hatte. Durch Netzhautablösung erblindete Augen, erfolglos operiert, wurden unter meiner Behandlung wieder gebrauchsfähig. Mehrere von den Ärzten aufgegebene Patienten mit Nierenschrumpfung und Herzwassersucht erfuhren innerhalb weniger Tage eine entscheidende Besserung und haben noch viele Jahre gelebt. Auch von manchen Tuberkulose- und Krebsheilungen könnte ich berichten. Durch die Hilfe, die ich sehr vielen habe bringen dürfen, habe auch ich selbst viel Freude und Befriedigung gehabt.**)

Wenn dennoch ein Gefühl der Enttäuschung in mir lebendig geblieben ist, so hat das seinen Grund lediglich in dem großen Abstand zwischen meiner Erwartung, zu der ich mich nach der mir gewordenen Verheißung berechtigt glaubte, und dem Verlauf meiner Heiltätigkeit. Stundenlang vom göttlichen Geist durchstrahlt, hatte ich die Kraft Christi in aller Fülle in mir gegenwärtig erlebt und wußte, welche Wirkung hätte entfaltet werden können. Aber es waren doch nur seltene Fälle, in denen der Wille Gottes mir die Vollmacht dazu gab. Sonst aber wurde ich auf das Mühen und Sorgen in einer Praxis beschränkt, die sich kaum von der eines anderen Heilers unterschied. Sah so die Erfüllung einer göttlichen Verheißung aus?

Schwer nur läßt sich der äußere Mensch belehren, und wenn ich auch schließlich einzusehen vermag, daß der Grund für meine Enttäuschung nur in einem falschen Verstehen der Verheißung meinerseits liegt, so bleibt doch das Gefühl immer noch haften, weil eine Verheißung, auch wenn sie falsch aufgefaßt worden ist, einen unauslöschlichen Eindruck hinterläßt. Doch ich sollte diese Verheißung zunächst so auffassen; sonst wäre ich schwerlich auf den Weg des Heilers zu locken gewesen. Und außerdem: Wie hätte ich denn früher verstehen sollen, was mir erst nach jahrelanger weiterer Erfahrung zu begreifen möglich werden konnte? Wenn auch im Gefühl des äußeren Menschen die Enttäuschung noch nicht verwunden ist, weiß ich in meinem höheren Bewußtsein schon längst, wie die Verheißung gemeint war, und daß sie sich mit göttlicher Zuverlässigkeit verwirklicht, aber ganz anders, als ich in meinem menschlichen Verstand mir das gedacht hatte.

Etwa 1925 bekam ich von innen her die ersten Hinweise darauf, daß ich nicht das Heilen als die Hauptaufgabe meines Erdendaseins zu betrachten habe, sondern berufen sei, durch innere Entwicklung als Mystiker ein Werk zu vollbringen, woraus der Menschheit ganz im Verborgenen ein viel größerer Segen erwachse, als wenn ich täglich viele Kranke geheilt hätte.

Mit dem Übergang zur Fernbehandlung hatte sich meine Praxis allmählich geändert. Das Untersuchen der Patienten wurde immer seltener und das Versorgen mit Arzneiverordnungen und sonstigen Vorschriften wurde an meiner Stelle von ärztlichen Helfern übernommen. Nur das Spenden der geistigen Lebenskraft blieb auch weiter meine ständige Aufgabe. Wollte ich sie einem Hilfsbedürftigen aus der Nähe oder aus der Ferne zukommen lassen, so bedurfte es dazu jeweils meines bewußten Willenseinsatzes. Anders bei der allwerktäglichen 18-Uhr-Behandlung, welche mir schon früh von Christus aufgetragen worden war. Bei ihr kommt der göttliche Strom, den ich, einem Sender ähnlich, weitergeben soll, ganz ohne mein Zutun und mit strenger Pünktlichkeit, auch wenn ich selbst nicht auf die Uhrzeit geachtet habe.

Während der Haft, die im Dezember 1934 meiner sonstigen Heiltätigkeit zwangsweise ein Ende setzte, wurde ich von Christus ausdrücklich dazu angehalten, die 18-Uhr-Behandlung weiterzuführen. Sein Geist fließe dann durch meine Vermittlung in die irdischen Sphären. Dieses Einströmen göttlicher Kraft geschehe nicht nur für meine Patienten und alle anderen, die ich einschließe, sondern für alle, sogar auch zugunsten ganzer Gesellschaften von Verstorbenen, welche noch außerhalb der himmlischen Sphären weilen. Nicht nur während meines Erdenlebens müsse ich Ihm für diese Wirkung als Mittler dienen, sondern auch nach meinem Ableben die 18-Uhr-Behandlung fortführen.

Nach Beendigung der Haft wurde eine Wiederaufnahme meines Heilerberufes zunächst durch politischen Zwang und später durch die Not des Flüchtlingsdaseins verhindert. Wohl habe ich denen, die mich kannten oder kennenlernten, mit meiner Lebenskraftstrahlung helfen dürfen, aber es ging dabei mehr um ihre geistige Entwicklung als um ihre körperliche

Gesundung. Doch ist mir bis ins hohe Alter des öfteren entscheidende Hilfeleistung bei akuter Erkrankung möglich gewesen, die in manchen scheinbar aussichtslosen Fällen auch die behandelnden Ärzte zu dem Ausspruch veranlaßte, es sei ein *Wunder Gottes* geschehen.

*) Näheres dazu in der Schrift von Dr. med. Wilhelm Beyer, »Vom Wesen des Menschen – Heilung durch Geisteskraft« (Geistfeuer-Verlag, Überlingen 1992)

**) Uwe Beyer, »Carl Welkisch – Geistiger Heiler und Wegweiser zu Christus« (Geistfeuer-Verlag, Überlingen 1990)

GABE UND AUFGABE

Im Mittelpunkt meines Lebens steht seit Jahrzehnten die Körpervergeistigung, genauer gesagt: die Hingabe an Gott, damit ER mit Seiner Kraft die Materie meines Körpers in Geist umwandeln, durchgeistigen kann. Dazu mußte sie aus Veranlagung so beschaffen sein, daß sie für das Durchwirktwerden vom Geist her offen und bereit war. Mit dem Voranschreiten der Körpervergeistigung verstärkte sich auch die mir auf den Lebensweg mitgegebene Fähigkeit zu bewußter Wahrnehmung mittels des Hellgefühls.

Im allgemeinen ist der Bereich bewußter Wahrnehmung durch die Funktionsfähigkeit der körperlichen Sinne begrenzt; der mit Hellgefühl begabte Mensch aber nimmt viel mehr von den vielfältigen Strahlungen wahr, die ihn von seiner Umwelt her treffen. Das Hellgefühl äußert sich bei jedem in anderer Art; ob es über Schwingungen aus dem seelischen Bereich hinausreicht und auch geistige Strahlungen wahrnehmen kann, hängt davon ab, wieweit der individuelle Geist jeweils die Seele des Hellfühlenden zu erleuchten vermag.

Bei mir ist dank der engen Verbundenheit von Geist und Seele das *geistige Hellgefühl* stets vorhanden, so daß ich durch innere Wahrnehmung die unverwechselbare persönliche Strahlung jedes geistigen Wesens fühlen und erkennen kann. Dies ist auch die weitaus häufigste Art meiner Verbindung mit dem Geist anderer Menschen, noch lebender oder bereits verstorbener; für mich sind sie alle Geister. Es kommt immer wieder vor, daß der Geist eines Menschen sich mir kundgibt und meine Aufmerksamkeit fordert, auch dann, wenn der weitentfernt Lebende sein Denken völlig auf die gerade zu leistende Arbeit konzentrieren muß oder wenn er schläft.

Nur wo der individuelle Geist seinen natürlichen Menschen in besonders hohem Maße durchdringt, teilt sich das geistige Hellgefühl auch dem Körper mit; dieses geistige Hellgefühl des Körpers bezeichne ich der Einfachheit halber als »körperliches Hellgefühl«. Diese seltene Gabe ist mir erstmalig begegnet bei meinem Lehrer Carl Huter. Er war allerdings zu einer anderen Aufgabe als der der Körpervergeistigung berufen, sah aber voraus, daß mein körperliches Hellgefühl mir ein unvorstellbares Maß an Leiden bringen werde, und bedauerte mich deswegen sehr. Er hatte nur zu recht, denn meine Feinfühligkeit wurde zu einer willentlich nicht abzustellenden Empfänglichkeit für alle auf mich zukommenden Strahlungen. Mit zunehmender Körpervergeistigung wurden mein Körper und meine Aura zu hochempfindlichen Instrumenten der Wahrnehmung, mit deren Hilfe die vom Geist erleuchtete Seele alle empfangenen Strahlungen unterscheiden kann.

Die *Aura* ist die Ausstrahlung des Lebenden oder des Abgeschiedenen und umgibt sowohl den Körper als auch den Seelenleib als feinstoffliche Hülle, die gleich einem Mantel Schutz gegen fremde Einflüsse gibt. Sie ist vom körperlichen Kräftezustand abhängig, bei Ermüdung oder Krankheit also geringer. Ein geschulter Sensitiver kann aus der Aura den Gesundheitszustand, aber auch den Stand der inneren Entwicklung erkennen, denn die Aura spiegelt das Zusammenspiel der materiellen, seelischen und geistigen Schwingungen wider. Sie erstreckt sich auf geringe Entfernung oder auf wenige Meter, während die Strahlung des individuellen Menschengeistes grundsätzlich von der Entfernung unabhängig ist.

Infolge meines körperlichen Hellgefühls empfinde ich jede Strahlung, die meine Aura trifft, als körperliche Einwirkung, wie man sonst nur eine unmittelbare Berührung oder Verletzung der Haut fühlt. Tritt jemand vor mich hin, so fühle ich das Zusammentreffen meiner Aura mit der seinen, als wären unsere Körper zusammengestoßen. Aber auch bei jeder starken geistigen Verbindung bringt der Geist die gesamte Strahlung des anderen mit, die ich in meiner Aura fühle, ja oft schmerzlich erleide. In den allerletzten Jahren kommt es viel öfter vor, daß ich die Gestalt eines Geistwesens oder eines Verstorbenen sehe, wenn sie in meine Aura eintritt.

Jedes Wesen hat – wie im 1. Kapitel ausgeführt – eine mehr oder weniger feine Stofflichkeit. Auch dort, wo die Stofflichkeit nicht sichtbar oder tastbar ist, läßt sie an der von ihr ausgehenden Strahlung erkennen, ob das Wesen der geistigen, der seelischen oder der materiellen Daseinsebene angehört. Unabhängig und getrennt von etwa vorhandener physikalischer Strahlung nimmt der Hellfühler nicht nur in der belebten Materie, sondern auch in den scheinbar toten Dingen eine Strahlung wahr, die aus deren seelisch-geistigem Inneren kommt. Ein Mann wie Goethe hat diese besondere Strahlung geahnt, als er die Worte fand: »Die Stätte, die ein guter Mensch betrat, die ist geweiht.«

Selbst die in ihrem Eigenwillen erstarrten Materiegeister in der anorganischen Materie haben sich die Fähigkeit bewahrt, menschliche Strahlung aufzunehmen und festzuhalten. Huter hat dieses Empfindungsvermögen der Materie entdeckt und in zahlreichen Versuchen nachgewiesen. In meinen zwanziger Lebensjahren war es mir dank dem Hellgefühl möglich, Vorgänge und menschliche Handlungen, deren stumme Zeugen sie gewesen waren, aus toten Gegenständen (altes Mauerwerk, Möbel, Schmuckstücke u. a.) zu erfahren, indem die Geschehnisse wie in einem Film vor meinen Augen abrollten.

Meine Erfahrung geht aber noch weiter. Die lebendigmachende Strahlung des Geistes ist ihrem Wesen nach Liebe; und wo geistige Liebesstrahlung auf die Umgebung sich auswirkt, da findet sie Antwort; denn Liebe weckt Gegenliebe. Diese Gegenliebe auch der toten Dinge erlebe ich täglich und bin an sie gewöhnt, so daß sie mir zur Selbstverständlichkeit geworden ist. Ganz allgemein ist wohl jedem Menschen geläufig, daß er an den Dingen hängt, die ihm lieb geworden sind. Ich aber fühle deutlich, daß die Dinge diese Liebe erwidern, was ich als starkes Liebessehnen wahrnehme.

Habe ich eine Reise vor, und fange ich an, meine Sachen zum Einpacken zusammenzusuchen, so beginnen die Wände und die Möbel des Zimmers, das ich bisher bewohnte, ganz deutlich mir ihren Abschiedsschmerz kundzugeben, dessen Äußerung sich bis zum Augenblick der Abreise noch steigert. – Als am 22. November 1943 unser Berliner Heim dem schweren Fliegerangriff zum Opfer gefallen war, hatte ich, weit entfernt davon lebend, furchtbare Tage, in denen all die vertrauten Sachen sich mir fast wie verstorbene Freunde tieftraurig und unglücklich fühlbar machten. Derartige Wahrnehmungen gehören für mich zu dem Alltäglichen, so daß ich sie nur selten erwähne.

Die Möglichkeit, mit geistigem Hellgefühl erkennend in die geheimnisvollen Tiefen des Innenwesens aller Dinge dringen zu können, mag manchem, der von meiner Fähigkeit erfuhr, reizvoll und gar beneidenswert erscheinen. Er danke seinem Schöpfer dafür, daß er nicht mit hellfühlendem Leib durch das Erdenleben gehen muß. Denn mit einem geistig hellfühlenden Körper unter irdischen Verhältnissen leben zu müssen, bedeutet eine nie endende Qual.

Durch meine körperliche Empfindlichkeit sind mir von frühester Kindheit an Bedürfnisse aufgenötigt worden, von denen andere Menschen gar nichts ahnen, und die daher auch so schwer verstanden und leicht mißdeutet werden. Im Fortschreiten der Entwicklung ist diese Empfindlichkeit immer größer geworden, und so ist schon längst der Körper bei mir weit empfindlicher als bei den meisten Menschen die Seele, denn er ist durch und durch bewußtes Leben.

Die Mahlzeiten, welche doch sonst jedem Menschen neben der Befriedigung des Nahrungsbedürfnisses in der Regel auch einen Genuß bringen, sind für mich eine unerschöpfliche Quelle immer neuer Qualen und Peinigungen. Gerade weil es bei meiner Entwicklung um die Vergeistigung oder Verlebendigung des stofflichen, sterblichen Leibes geht, kann und darf mir nicht gewährt werden, was schon manchem anderen Mystiker gewährt worden ist, welcher über lange Jahre hin – wie ja auch die zeitgenössische Therese Neumann in Konnersreuth – keiner irdischen, stofflichen Nahrung bedurfte.

Die Verarbeitung der eben genossenen Mahlzeit ist eine

schwere Auseinandersetzung, geradezu ein heftiger Kampf, den die Organe mit den neu eingeführten Stoffen zu führen haben, und sie haben dafür die Hilfe der höchsten, innerlichsten Kräfte nötig, wenn sie diesen Kampf siegreich bestehen sollen. Darum muß der Geist mit seiner Strahlung gerade zu dieser Zeit ganz besonders tief Eingang finden können in die Stofflichkeit des Leibes, und ich muß daher gerade dann die Verbindung mit dem Geist ausdrücklich suchen. – Jedem in der Mystik Bewanderten wird das sofort begreiflich sein, wenn ich ihn daran erinnere, daß der Vorgang des Essens ja die Entsprechung zu innigster Vereinigung ist. – Während der *Mittagsverbindung* nach der Mahlzeit brauche ich möglichst ungestörte Ruhe, um mich mit meinem ganzen Gefühl nach innen zurückzuziehen und den Anschluß an den geistigen Lebenskraftstrom in aller Vollkommenheit herstellen zu können.

Denn kann ich während der Mittagsruhe die Geisteinung nicht bis zur Vollkommenheit erreichen, dann entstehen bei den Stoffumsetzungsvorgängen in den Organen die schmerzhaftesten Störungen, die sich als Spannungs- und Krampfzustände darstellen. In erster Linie betroffen sind die großen Leibdrüsen, Milz und Leber, in denen es dabei zu akuten, hochgradigen Schwellungen kommen kann. Es hat Zeiten gegeben, wo ich mich viele Stunden von solchen überaus schmerzhaften Zuständen habe plagen lassen müssen, bis die geistige Lebenskraftstrahlung dann ganz allmählich eine Entspannung und den Rückgang der Schwellung zustande brachte.

Die Milz ist ein ebenso geheimnisvolles wie wichtiges Organ, über dessen Leistungen die Wissenschaft bisher mit den ihr zur Verfügung stehenden Erkenntnismitteln nur schwer Klarheit gewinnen kann. Die Milz hat die Aufgabe, aus den frisch aufgenommenen Nahrungsstoffen die feineren Bestandteile zu ätherischen Feinstoffen umzuwandeln und so zur Aufnahme in den Seelenleib vorzubereiten. – Auch erlebe ich mit aller Deutlichkeit die Beziehungen, welche die Milz zu den Gemütszuständen hat. Dieser Zusammenhang ist ja aus der ärztlichen Erfahrung bekannt. Wirken stofflich-körperliche Störungen in der Milz bedrückend aufs Gemüt, so ist auch umgekehrt eine Gemütsbedrückung infolge schwerer Erlebnisse Anlaß zu Hemmungen der Milztätigkeit, welche mir schwere körperliche Beklemmungen, ja bohrende Schmerzen verursachen.

Die Stoffumsetzung in meinen Organen hat also durch die immer stärker werdende unmittelbare Mitwirkung der Geiststrahlung ganz ungewöhnliche Formen angenommen. Alle Nahrungs- und Arzneistoffe, welche ich mir einverleibe, werden hoch potenziert und in viel höherem Maße als bei anderen Menschen in den Seelenleib aufgenommen. Daher kommt es, daß selbst Nahrungsmittel bei mir wie starke Arzneien wirken können und die Nachwirkung von einer einzelnen Arzneigabe sich über viele Wochen, ja Monate hin ausdehnen kann. So fühlte ich einmal die Wirkung einer kleinen Tasse Leinsamentee ganz deutlich 21 Tage lang. Als ich vor vielen Jahren einmal eine noch geschlossene Packung Uricedin hellfühlend in die Hand nahm, löste diese kurze Fühlungnahme bei mir eine Nierenkolik aus und machte mir für eine Woche heftige Gelenkschmerzen.

Ich weiß längst, daß der Zwang zur regelmäßigen Nahrungsaufnahme und das Angewiesensein auf naturgemäße Arzneien und Behandlungen zu den Umständen meines Lebens gehören, die mich täglich zu der Geduld und Demut anhalten sollen, welche für meinen Weg unerläßlich sind. Demselben Zweck werden alle Mißhelligkeiten und Unebenheiten der irdischen Außenwelt dienstbar gemacht, die jeder andere mit Selbstverständlichkeit erträgt, die für mich aber infolge des Hellgefühls eine Quelle ständiger Pein sind. Schon allein das Zusammensein mit mehreren Personen, mögen sie mir noch so nahestehen und lieb sein, in einem geschlossenen Raum macht mir Unbehagen und oft Beschwerden. Denn jeder trägt in der Materie seines Körpers ererbte oder erworbene feinstoffliche Giftbelastungen und strahlt sie aus. Die Qual, die mir daraus so oft erwächst, muß ich auf mich nehmen, denn ich brauche Gesellschaft als Gegengewicht zu den Stunden, wo ich mich ganz zurückziehen und ausschließlich der göttlichen Durchstrahlung hingeben muß.

Außerhalb dieser Stunden der Konzentration und des Gebetes bin ich ständig einer Mannigfaltigkeit von Eindrücken ausgesetzt, die mir nicht nur aus der jedem Menschen wahrnehmbaren äußeren Erscheinungswelt zukommen, sondern auch aus seelischen und geistigen Daseinsebenen, deren Einflüsse mich oft viel stärker in Anspruch nehmen als Wirkungen von der materiellen Außenwelt her. Häufiger als von Lebenden gehen jene Einflüsse von Verstorbenen aus, deren jenseitige Wege ich dank meines geistigen Hellgefühles zweifelsfrei verfolgen kann. Seit dem Erleben meines eigenen Geistes ist es mir etwas ganz Natürliches geworden, die geistige Strahlmaterie Abgeschiedener aller Sphären in mich aufzunehmen und als Ausdruck ihrer geistigen Entwicklungsstufe festzustellen. Meiner Wahrnehmung entsprechend bezeichne ich diejenigen als »Geister«, die, in Geist und Seele wiedergeboren, in himmlische Sphären aufgestiegen sind, alle anderen aber als »Seelen«.

Bei letzteren kann ich – ebenso wie bei lebenden Menschen – neben ihrem noch vorwiegend seelischen Wesen die Strahlung des von innen her wirkenden individuellen Geistes erkennen. Aber auch Jenseitige, bei denen Geist und Seele geeint sind, geben sich mir gelegentlich noch mit ihrer menschlichen, also seelisch betonten Strahlung, zu anderer Zeit jedoch mit rein geistiger Liebe kund. Mit zunehmendem Alter hat sich mein Wahrnehmungsvermögen so gesteigert, daß ich schon beim Anhören des mir gerade Vorgelesenen geistige Verbindung mit den Angehörigen der verschiedenen jenseitigen Sphären bekomme. Von einzelnen Personen ferner und naher Zeit empfange ich dabei eine unerhört hohe Liebestrahlung und erkenne daraus, daß sie – in der Einswerdung von Geist, Seele und vergeistigtem Leib wahrhaft auferstanden – jetzt ganz hohen Himmelssphären angehören. Es bleibt dem menschlichen Begreifen aber verborgen, wie diese Sphären beschaffen sind und welche Geister sonst sich in ihnen befinden – so verbietet es sich von selbst, die Namen derer zu nennen, die mir erkennbar geworden sind. In meinen jüngeren Jahren geschah es häufiger, daß ich – ganz ähnlich wie Swedenborg – Personen der Geschichte wahrnehmen durfte und dabei erfuhr, wie sie sich weiter entwickelt haben, in welchen Sphären sie weilen und wie ihre Ansichten heute sind. So gab mir zum Beispiel Immanuel Kant sein großes Mißfallen darüber kund, daß seine Bewunderer auch heute noch dem Irrtum anhängen, den er selbst Swedenborg gegenüber begangen hat.

Während eine von mir aus gesuchte Verbindung mit einem Verstorbenen seit Jahrzehnten zur Ausnahme geworden ist, ist die ungewollte Verbindung schon ebensolange meine fast tägliche Erfahrung. Solche, die mich gekannt haben, machen sich fast immer bald nach ihrem Tod bemerkbar. Meist suchen sie bei mir Hilfe während der ersten Stadien ihres Jenseitsweges, und oft übertragen sie mir wochen-, ja monatelang ihre Gefühle der Trauer und der Reue und verursachen mir dadurch schwere Leiden. Zudem nehme ich hellfühlend die stoffliche Beschaffenheit ihres Seelenleibes mit der gleichen diagnostischen Sicherheit wahr wie die des irdischen Körpers eines Lebenden. Die Feststellung, daß auch der Seelenleib nicht immer gesund im Sinne von geistdurchstrahlt ist, beweist nur, daß alles im Diesseits und im Jenseits dem Gesetz der Entwicklung unterstellt ist. Für mich ist dieses Wahrnehmen der weiteren Entwicklung des Seelenleibes greifbar wirklich durch die schmerzhaften Belastungen, denen es mich häufig aussetzt. Besonders quälend empfinde ich dabei das in den Seelenleib eingedrungene Tabakgift.

Mein körperliches Hellgefühl vermittelt mir aber noch andere Erfahrungen. Von einigen wenigen mir sehr Nahestehenden spüre ich – wie ich später berichten werde – nach ihrem Tod die Strahlung an einer bestimmten Stelle oder in einem Organ meines eigenen Körpers mit besonderer Stärke. Gemäß Swedenborgs Einsichten in die Entsprechungen zwischen dem Makrokosmos des »Homo maximus« und dem Mikrokosmos des Einzelmenschen dürfte diese Erfahrung mit dem Entwicklungsstand des Abgeschiedenen und zugleich mit meinem eigenen Entwicklungsstand zu dem betreffenden Zeitpunkt zusammenhängen.

Menschen, die zwar nicht mit körperlichem, wohl aber mit seelischem Hellgefühl begabt sind, nehmen mitunter die Verstorbenen wahr. Sie können ihnen dadurch helfen, daß sie für sie beten und sie an Christus als die Quelle allen Heils verweisen. Jedoch soll niemand von sich aus die Verbindung mit den Abgeschiedenen suchen, er soll nur in Liebe an seine vorangegangenen Freunde und Verwandten denken.

Meine täglich bewußte Hingabe an Gott macht mich zu dem geeigneten Mittler, durch den ER Seine Liebe den noch weit von IHM entfernten Seelen zuleitet. So sind es schon lange nicht mehr nur mir bekannte Verstorbene, sondern sehr oft einzelne, die mich nicht gekannt haben, aber auch ganze Gesellschaften von hilfsbedürftigen Seelen, mit denen ich von Gott her verbunden werde. Mein Mitleiden vermittelt ihnen die göttliche Strahlung und gehört, wie ich habe einsehen müssen, unweigerlich zu der mir übertragenen Aufgabe. Die Körpervergeistigung ist zwar meine Hauptaufgabe, aber ebenso dienen die vielfältigen Verbindungen zu Lebenden und Verstorbenen, die von Gott bewirkt werden, als Wege für das Vordringen Seiner Liebe in die noch zu erlösenden Sphären.

Durch das geistige Hellgefühl meines Körpers unablässig zur Auseinandersetzung mit den mich treffenden Strahlungen gezwungen, konnte ich mich nicht etwa von dem Außenwesen der Welt abkehren. Im Gegenteil, mich innigst liebend seiner anzunehmen, darauf wurde ich mit aller Macht hingewiesen. Also keine Askese, keine Weltflucht, keine Abtötung der Sinne durch äußere Zwangsmaßnahmen konnte und durfte für mich in Frage kommen. Wie bei der Vergeistigung meines Körpers keine Schicht der Materie ausgeschlossen bleiben darf, so darf auch kein Bereich des menschlichen Gemeinschaftslebens von mir umgangen, vielmehr muß alles durchlebt und dabei durchgeistigt, veredelt und geheiligt werden. Auch an dem wichtigen Gebiet des Geschlechtlichen durfte ich nicht achtlos oder gar geflissentlich ablehnend vorübergehen. Vielmehr war mir gerade hier eine besondere Aufgabe zugedacht, für die ich von Christus Selbst vorbereitet wurde. Schon im Alter von 11 Jahren erhielt ich von Ihm die erste gewaltige, darauf bezügliche Offenbarung. Sie bedrückte mich schwer, und ich konnte zu niemandem davon sprechen, ganz allein für mich mußte ich innerlich damit fertig werden. War es zunächst auch nur ein erster Hinweis, der noch keine Einzelheiten enthüllte, so eröffnete er mir doch schon einen klaren Ausblick auf einen schweren, dornenvollen Weg: »Nicht vorbei sollst du gehen, sondern hindurch, alles reinigen, erhöhen, heiligen durch Meinen Geist in dir und die so tief gefallene geschlechtliche Liebe wieder zurückbringen in den reinen Zustand, in dem sie vor dem Fall gewesen ist. Dadurch wirst du Erlöser für diese tief gefallene Sphäre.«

Auf diesem gefährlichen Weg wußte ich mich aber stets unter der persönlichen Führung Christi, und Schritt für Schritt, wie dies für meine innere, geistige Entwicklung notwendig und zweckdienlich war, hat Er mir alle Einzelheiten gezeigt und erklärt. Gerade auf dem Gebiet des Geschlechtlichen ist mir deutlich erkennbar geworden, mit welcher Freiheit und Großzügigkeit der Christusgeist alles Menschliche versteht und wie Er von *allem* bis ins einzelnste hinein genaue Kenntnis hat.

Das menschliche Wissen von der Aufgabe der Geschlechtlichkeit ist noch sehr unvollkommen. Die weithin übliche Betrachtung vom physiologischen Gesichtspunkt, sozusagen von unten her, ist einseitig und hat zu falschen Anschauungen geführt. Es gilt wieder zu erkennen, welche Bedeutung die Geschlechtlichkeit für die Entwicklung des Menschen zu dem Ziel der Einswerdung von Geist, Seele und Körper hat. Bei jedem geschlechtlichen Erleben greifen diese drei Wesensschichten eng ineinander, wodurch die Naturgeister der Seele und die Materiegeister des Körpers in eine besonders starke Verbindung mit dem individuellen Menschengeist kommen. Die natürliche Kraft zur Fortpflanzung vereint sich mit der Kraft des Geistes, welcher der innerste Lebens- und Liebesquell des Menschen ist. Immer ist der Geist bestrebt, seine Liebe auszustrahlen und die Körper-Seele-Einheit seines natürlichen Menschen mit ihr zu erfüllen. Deren Geschlechtlichkeit soll die Wegbereiterin für eine stets tiefere geistige Liebe sein.

Von dieser hohen Bedeutung der Geschlechtlichkeit wissen jedoch die meisten Menschen nichts. Der Sinnengenuß ist zum Selbstzweck und das bedenkenlose Ausleben der geschlechtlichen Triebe ist verbreiteter Brauch geworden. Gott aber will dem Verfall des geschlechtlichen Liebeslebens entgegenwirken, weil dieser – wie mir oft offenbart worden ist – dasjenige Hindernis ist, welches der Menschheit die Rückkehr zu Gott am meisten erschwert. Darum will ER der geistigen Liebe wieder zum Durchbruch bis in den Körper verhelfen, zunächst in mir als dem von IHM berufenen Bahnbrecher. Unter dem Druck des Geistfeuers Gottes ist in mir der Eigenwille der Natur- und Materiegeister von Seele und Leib völlig zermürbt und zerbrochen worden. Auf diese Weise wurde jede fleischliche Leidenschaft ertötet, so daß im Irdischen von irgendeinem Verlangen überhaupt nichts mehr vorhanden ist. Ich kann einen Menschen nur noch lieben, wenn und soweit Gott Seinen Liebesstrom durch mich fließen läßt. Dann aber liebe ich mit der ganzen Empfindungstiefe Gottes, immer und in jedem Fall, also sogar dort, wo ich aus meinem Menschlichen heraus zu einer tieferen Neigung niemals fähig wäre.

Nachdem ich so zu einem leeren Gefäß geworden war, das von der göttlichen Liebe jederzeit erfüllt werden konnte, gab Christus mir eine Schau: Ich sah mich einen sehr schmutzigen Weg gehen. Mit bloßen Füßen watete ich bis zu den Knöcheln im Morast. Doch mit Staunen gewahrte ich: Sobald ich einen Fuß hob, um den nächsten Schritt zu tun, sprudelte eine Quelle auf und spülte mir den Fuß völlig sauber. Auf meine Verwunderung darüber erklärte mir Christus: »Dies bedeutet, daß du vom heutigen Tag an durch jeden Schmutz der Welt und ganz besonders auch durch den Schmutz der tief gefallenen Geschlechtlichkeit gehen kannst und sollst, ohne fürchten zu müssen, daß davon etwas an dir haften bleibe. Die Quelle aller Reinheit und Heiligkeit ist Meine Liebe, welche in dir das sichere Übergewicht über alle niederen, gefallenen Naturtriebe bekommen hat.«

Seitdem bin ich durch den Strom der göttlichen Liebe mit zahlreichen jungen Menschen in *geistige Verbindung* gebracht worden. Wie zu Anfang dieses Kapitels ausgeführt, wird mir dann die gesamte Strahlung des anderen, auch die geschlechtliche, *körperlich* fühlbar, und ich erlebe die Verbindung aus der Ferne mit derselben Intensität wie andere eine körperliche Begegnung. Alle Unreinheit und Gefallenheit im Geschlechtlichen überträgt sich mir, und ich habe in stellvertretendem Leiden ihre Reinigung und Umwandlung durch die göttliche

Liebe zu erdulden. Aber auch dort, wo ich die geschlechtliche Strahlung nicht als unrein empfinde, ist sie doch irdisch und muß geläutert werden, damit sie zum Ausdruck der selbstlosen geistigen Liebe werden kann. Deshalb bedeutet die Aufgabe der Vergeistigung des Sexus, in die Gott mich stets von neuem hineingezwungen hat, daß ich in Geist, Seele und Leib die Auseinandersetzung zwischen der göttlichen Liebe und der irdischen Natur, hinter der oft sogar ein starker satanischer Widerstand zu fühlen ist, aushalten muß.

DIE GROSSE VERSUCHUNG

Ende April des Jahres 1925 reiste ich in die Vereinigten Staaten von Amerika in Begleitung eines gleichaltrigen Mannes, der mir als Freund und Mitarbeiter bereits seit dem Jahr 1917 zur Seite stand. – Er war mir von seinem Vater als Patient zugeführt worden und war, als er zu mir kam, überzeugter Buddhist. Hochbegabt und von besonders scharfem Verstand, wußte er seinen buddhistischen Standpunkt äußerst geschickt zu begründen und zu verteidigen. Doch schon nach den ersten drei Tagen unserer Bekanntschaft, in denen wir allerdings stundenlange Gespräche geführt hatten, mußte er sich für überwunden erklären, und er vertrat von nun an mit demselben Eifer und der gleichen bedingungslosen Ausschließlichkeit wieder die christlichen Wahrheiten, denen er im elterlichen Pfarrhaus durch den etwas starren Dogmatismus seines Vaters ganz entfremdet worden war.

Obwohl wir ganz verschiedener, ja geradezu gegensätzlicher Natur waren und ich mich menschlich ganz und gar nicht zu ihm hingezogen fühlte, auch viele und gewichtige, persönliche und familiäre Hindernisse sich dem entgegenstellten, kam es nach wenigen Wochen doch zu einer festen Freundschaft und engen Lebensgemeinschaft zwischen uns. – In erster Linie war es seine verstorbene und hoch entwickelte Mutter, die mir immer wieder ihren Wunsch zu erkennen gab, daß eine dauernde Bindung zwischen uns zustande kommen sollte. Auch bekam ich von Christus Selbst nicht nur die klare Weisung, ihn als Freund und Mitarbeiter anzunehmen, sondern wurde gleichzeitig aus dem Himmel her in einer tiefen geistigen Liebe mit dem neuen Freund verbunden, so daß ich der Gegensätzlichkeit unserer menschlichen Naturen gar nicht mehr achten konnte. Christus hatte mir auch ausdrücklich erklärt, daß wir eine gemeinsame Aufgabe mit- und aneinander hätten.

Es konnte gar kein ungleicheres Gespann geben als uns beide, die wir in solcher Weise aneinander gebunden worden waren. Es hat wohl auch keinen Menschen in meinem großen Bekanntenkreis gegeben, der diese Verschiedenheit zwischen uns nicht deutlich gefühlt hätte; und allgemein war das Verwundern darüber groß, daß ich mir gerade diesen Mann zum Freund und Mitarbeiter genommen hatte. Wie oft bin ich von wohlmeinenden Bekannten geradezu im Sinne einer Warnung daraufhin angesprochen worden!

Ich war mir aus meinem eigenen Gefühl heraus und auf Grund vielfacher geistiger Schauungen dieses krassen Wesensunterschiedes sehr wohl bewußt, wußte aber ebenso sicher, daß unser Zusammengehen von der göttlichen Vorsehung zu einem zunächst nur ihr bekannten Zweck gewollt war. – Wir rieben uns ständig aneinander, und es kam häufig zwischen uns zu heftigen Auseinandersetzungen, meist aus ganz nichtigen Anlässen. Auch meine Angehörigen litten allmählich schwer nicht nur unter diesen anhaltenden Spannungen zwischen uns beiden, sondern auch ganz unmittelbar unter der Herrschsucht und Rechthaberei des Freundes.

Es wäre aber ungerecht, wenn ich nicht ausdrücklich betonte, daß Hermann in guten Stunden im persönlichen Umgang sich nicht nur von äußerst liebenswürdiger Seite zeigte, sondern auch aus innerster Überzeugung mir treu ergeben war, mich in meiner geistigen Aufgabe und in meinen schweren Leidenszuständen so tief verstand, wie sonst wohl damals kein anderer, und sich mit seiner hervorragenden Begabung ganz und gar in meinen Dienst stellte. So hatte ich denn wiederum allen Grund, ihm volles Vertrauen zu schenken.

Schon gleich in der ersten Zeit unserer Bekanntschaft hatte Hermann mir erzählt, daß er von der Studienzeit her einen Freund in Amerika habe, der ein bedeutender Mensch sei und es dort zu großem Wohlstand und Einfluß gebracht habe. Da durch den Krieg der Briefverkehr mit ihm unterbrochen worden war, hatte er nun schon jahrelang nichts mehr von diesem Freund erfahren und war sich nicht einmal sicher, ob er überhaupt noch lebe, da er in der letzten Zeit ihres Nachrichtenaustausches von einer recht bedenklichen Erkrankung an einem Magengeschwür berichtet hatte. Ich ließ mir daraufhin ein Lichtbild dieses Amerikaners geben, um hellfühlend nach ihm zu forschen. Da nahm ich nun mit einer für mich wenig angenehmen Deutlichkeit wahr, daß der Gesuchte wohl am Leben war, aber zur Zeit gerade mit einer akuten Grippe krank lag. Selbst bekam ich sofort durch die Fernverbindung einen schlimmen Fieberzustand und hatte große Mühe, die durch das Hellfühlen aufgenommenen Stoffe wieder loszuwerden. – Ich hatte den Kranken aber auch in seinem Wesen durch und durch erfühlt und konnte persönliche Eigentümlichkeiten und vor allem einen besonderen Zug seines Wesens, den ich unmöglich anderswoher erfahren haben konnte, von ihm aussagen. Diese Feststellungen wirkten auf Hermann äußerst überraschend und trugen begreiflicherweise nicht wenig dazu bei, ihn in seinem Vertrauen zu mir zu festigen.

Hermann berichtete dann, sobald der Briefverkehr mit Amerika wieder möglich geworden war, seinem Freund, daß er die Juristenlaufbahn verlassen und sich mir als Mitarbeiter angeschlossen habe. Mich schilderte er ihm als einen Mann von ganz besonderer Geistigkeit. Wenn auch der Versuch, den ganz weltlich eingestellten Amerikaner aus der Ferne für mich zu gewinnen, nicht gleich gelingen konnte, so waren doch die Berichte und ganz besonders die so treffend gemachten Feststellungen über seine Person eindrucksvoll genug, um dessen Aufmerksamkeit und Wißbegierde zu wecken und rege zu halten. Nach mehrfachem Hinundher lud er uns schließlich beide ein, zu ihm hinüberzukommen.

Unser Gastgeber brachte uns dann sehr bald mit verschiedenen einflußreichen Menschen seines Bekanntenkreises zusammen, und es überraschte mich nicht wenig, im allgemeinen eine gute Aufnahmefähigkeit und -bereitschaft für meine religiös-geistige Gedankenwelt vorzufinden. Unter anderem machte ich hier die Bekanntschaft eines Professors der Medizin, der weitgehendes Verständnis für mein Wirken als geistiger Heiler hatte und gern zu einer Zusammenarbeit bereit gewesen wäre. Als selbst sehr wohlhabender und daher unabhängiger Mann konnte er sich ein solches Abweichen von den Bahnen der Schulmedizin leisten.

Im Juni fuhren wir nach Chicago, wo wir weitere wichtige Bekanntschaften machten und in Häuser zu Gast gebeten wurden, in die Zutritt zu erhalten schwerer ist, als bei einem europäischen Fürsten zur Tafel geladen zu werden. Auch bei diesen gesellschaftlichen Veranstaltungen fand ich zahlreiche Menschen, welche gutes Verständnis bewiesen, und mir wurde von allen Seiten lebhaft zugeredet, doch ja in Amerika zu bleiben.

Nach einer solchen Abendgesellschaft erschien am nächsten Morgen einer der ganz großen Industriellen in Begleitung seines Sohnes bei mir im Hotel. Stark beeindruckt von unserem Gespräch am Abend zuvor hatte er die ganze Nacht keine Ruhe gefunden und kam nun, um mir in großzügigster Weise seine geldliche Unterstützung anzutragen, wenn ich mich entschließen wolle, in Amerika zu bleiben und zu wirken. – Er war nicht der einzige, der mir seine Hilfe anbot. Ich hätte mit solchem Rückhalt an diesen Finanzgewaltigen in kürzester Zeit völlige wirtschaftliche Unabhängigkeit gewinnen können, die mir in zweifacher Hinsicht erstrebenswert war: Erstens hätte ich nur mit Hilfe eines wirklich bedeutenden Vermögens mir das Leben in meinem hellfühlenden Körper einigermaßen erträglich gestalten können; und zweitens hätte mich solche Unabhängigkeit der leidigen Notwendigkeit enthoben, für meine Heiltätigkeit Geld zu nehmen, und ich hätte mir eine großzügige Wirksamkeit zum Wohl der kranken Menschheit schaffen können.

Auch mehrere Gesellschaften traten an mich heran und warben um mich. Ich sollte mich ihnen für eine Reise durch das Land mit regelmäßigen Darbietungen von Hellfühlversuchen verpflichten, und man bot mir als Entgelt für ein Jahr mehrere Millionen Dollar.

War dies alles nicht ungeheuer verlockend? War es nicht die greifbar deutliche Bestätigung einer Voraussage, die mir der jenseitige Carl Huter in einer schon mehrere Jahre zurückliegenden Schauung gemacht hatte? Tröstend und ermunternd hatte er mir zu verstehen gegeben, daß für mich in Amerika viele Millionen bereit lägen. – Doch horchte ich nach innen und fragte nach dem Willen und der Meinung meiner geistigen Führung, so kam stets deutlich die Antwort im Sinne einer glatten Ablehnung. Durchdrungen von dem Wissen, daß ich meinen Weg nur in rückhaltloser Hingabe an die göttliche Führung gehen kann, lehnte ich alle verlockenden Angebote ab und entschloß mich zum Verzicht auf ein Wirken in Amerika und zur Rückkehr nach Deutschland.

Für meinen Freund war dies eine Enttäuschung. Nicht nur die Auffrischung der persönlichen Beziehung zu seinem Studienfreund war es, was ihn sich in Amerika wohl fühlen ließ; auch das Land selbst mit seiner spannkräftigen Atmosphäre, der Geist des großzügigen Unternehmertums und rastlosen Erwerbs gab seiner Unternehmungslust besonders starken Auftrieb. So ließen denn er und unser Gastgeber nicht ab, weiter für meine Wirksamkeit dort zu planen. Auch der amerikanische Freund war nunmehr ganz für mich gewonnen und hatte in aller Form unserem gemeinsamen Freund Hermann, gewissermaßen als einem Mittelsmann zwischen sich und mir, die Hälfte seines großen Vermögens überschrieben. Es sollte als Grundlage für unser gemeinsames Unternehmen dienen und mir ein Leben und Wirken in völliger wirtschaftlicher Unabhängigkeit sichern.

Auch ich selbst konnte aus meinen menschlichen Erwägungen heraus gar nicht anders, als die so günstigen Bedingungen für ein vielleicht später auch geistig gebilligtes Wirken in Amerika im Auge zu behalten. So widerstrebte ich dem Plan der Freunde nicht, sondern bestätigte vor unserem amerikanischen Freund in aller Form Hermanns gleichberechtigte Teilhaberschaft an dem Ertrag meiner beruflichen Heiltätigkeit, die schon seit Jahren wie selbstverständlich praktischer Gebrauch zwischen uns geworden war. Auf diese Weise war Hermann nun als Mittler zwischen uns auch gleichberechtigter Teilhaber an dem Unternehmen seines amerikanischen Freundes wie an meiner Praxis. Mich selbst aber an Amerika binden, das konnte ich nicht.

Dagegen sprachen klar nicht nur die Stimme meines Geistes, sondern auch meine natürlichen Empfindungen gegenüber der Strahlung des Landes. Aus welch ursprünglichen und noch stark ungeistigen Kräften dieses Land schöpfte, ließ ein mir völlig fremder Ton in seiner Strahlung besonders klar erkennen. Ich kann ihn nur als die sphärisch gebundene Psyche der Ureinwohner bezeichnen. Ich fühlte sie ganz deutlich. Sie gibt der Seele dieses Landes das Gewaltsame und in Verbindung mit anderen, feineren Schwingungen eine außerordentliche Spannung. Fast schmerzhaft empfand ich diese, als ich in New York amerikanischen Boden betrat, und mußte mich erst langsam an sie gewöhnen. Anderseits fand ich eine Kräftigung besonders in der Bodenstrahlung. Ein kurzes Ruhen auf der Erde eines Parkes konnte mir die Nachtruhe ersetzen. Das ist die Jungfräulichkeit des Bodens, im Vergleich zu der die alte Erde der Heimat verbraucht erscheint. Aber im Bereich des Häusermeeres tritt das Kraftvolle von Land und Volk als Disharmonie in Erscheinung. Dieser disharmonischen Strahlung war ich während der Wochen in New York und Chicago dauernd ausgesetzt, was mir bei meiner Offenheit des Empfindens schwer zu schaffen machte. Erst als wir für den Rest unseres Aufenthaltes in einem Bungalow auf Coney Island Wohnung nahmen, ging es mir etwas besser. Hier am Meer in frischer Luft und Sonne war es für mich noch am erträglichsten. Immer aber sehnte ich mich nach der Heimat und den Angehörigen, und immer stärker fühlte ich, daß mein Geist mich nach Hause zurücktrieb. Den Entschluß zur baldigen Rückkehr hatte ich bereits seit längerem gefaßt, da offenbarte mir Gott in einem gewaltigen und eindrucksvollen Gottvatererlebnis den eigentlichen Zweck meiner Reise in dieses Land.

Auf einem Felsenriff der Küste von Coney Island sitzend, mit dem Blick auf das weite Meer, von dem her gerade ein Ozeanriese der Einfahrt in den Hafen von New York zustrebte, erlebte ich, wie sich der Himmel über mir öffnete und mir Gott in unbeschreiblich herrlichem Licht und Glanz als riesige Sonne sichtbar wurde. – Von dieser Gottvater-Sonne ging eine gewaltige Strahlenwirkung aus, welche durch mich hindurch das ganze Land Amerika und darüber hinaus die ganze Welt und die Menschheit durchdrang und durchflutete. Dabei wurde ich aus dieser Sonne angesprochen:

»ICH zeige dir hier den Zweck und die Aufgabe deiner Reise in dieses Land. Durch deine persönliche Gegenwart und Vermittlung sollte Amerika dieser Strahlung und Einwirkung aus dem Himmel teilhaftig werden. Die damit bezweckte innere Umwandlung seines Geistes und seiner Atmosphäre ist nun geschehen. Deine Aufgabe an diesem Land ist erfüllt. Die Früchte deines Wirkens werden erst in späterer Zeit offenbar werden. Deinem äußeren Menschen muß die eigentliche Bedeutung dieses inneren Geschehens noch verborgen bleiben. Es kann dir heute nur soviel darüber gesagt werden, daß es sich dabei um die Auslösung unerhörter innerer Wirkungen und Kräfte handelt, welche für die zukünftige Entwicklung dieses Landes und der Menschheit von weittragender Bedeutung sein werden. Amerika wird dadurch zu einer besonderen Sendung in der Völkerwelt und im Schicksal des christlichen Abendlandes zubereitet.«

Diese rein göttliche Wirkung sollte ich also dem Land vermitteln; das war der eigentliche Zweck meines Aufenthaltes hier in Amerika. Erst mit diesem Gotteserlebnis wurde mir das klar.

Im Oktober fuhren wir nach Deutschland zurück und begannen die Herausgabe eines Buches vorzubereiten, welches über meinen Entwicklungsgang und mein geistiges Erleben einen ersten Überblick geben sollte. Im Frühjahr 1926 fuhr Hermann allein hinüber nach Amerika, um persönlich unsere Pläne für ein zukünftiges Unternehmen dort zu fördern. Er kam im Herbst desselben Jahres wieder zurück, und wir vollendeten das Buch, welches 1927 unter dem Titel »Vergeistigung« im Otto Reichl Verlag, Darmstadt erschienen ist.

Die Sommermonate 1927 verlebten wir an der Ostsee, wohin auch meine Familienangehörigen mitkamen. In dieser Zeit steigerten sich die unerfreulichen Spannungen zwischen uns, da Hermann mit immer dringlicheren Gründen in mich drang, um mich zum Mitgehen nach Amerika zu bewegen. Dort wollte er mich berühmt machen – durch eine große Wirksamkeit nach außen. Selbstverständlich wußte er, daß ich mein Handeln letzten Endes immer von den Weisungen meines Inneren abhängig machte und geistig geführt wurde. Jedoch glaubte er, meine Zurückhaltung gegenüber seinen Amerikaplänen käme nur aus meiner Bindung an meine Angehörigen, besonders an meine Mutter, und er bestärkte sich mehr und mehr in dem Gedanken, daß er mir diese vermeintliche Schwäche abgewöhnen müsse. Dabei hatte er selbst mir einen Traum erzählt, in welchem er Christus als Steuermann eines Bootes gesehen und die Worte gehört hatte: »Hermann, du steuerst falsch!«

Im Anschluß an unseren Aufenthalt an der Ostsee wollte Hermann – nun schon Anwärter auf die amerikanische Staatsangehörigkeit – wieder in die Vereinigten Staaten zurückfahren; und ich sollte hierzulande die Brücken langsam abbrechen und möglichst bald nachkommen; so war es der Wunsch und Plan der Freunde. – In diesen Sommerwochen war auch äußerlich immer deutlicher zutage getreten, was ich innerlich schon längst wahrgenommen hatte: daß Hermann in seiner Einstellung zu mir stark verändert war. Seine Bereitwilligkeit, sich meiner Einsicht und Meinung möglichst vollkommen unterzuordnen, die im Anfang unserer Freundschaft bei ihm in übertriebenem Maße vorhanden gewesen war, hatte jetzt auch mir gegenüber einer hochmütigen Selbstsicherheit Platz gemacht. Schon während unseres gemeinsamen Aufenthaltes in Amerika hatte ich oft Mühe gehabt, sein Hochgefühl zu dämpfen. Nun war ihm der zweite Aufenthalt dort – allein, ohne meinen mäßigenden Einfluß – geradezu zum Verhängnis geworden und hatte seiner Neigung zu Hochmut und Herrschsucht nur allzu sehr Vorschub geleistet. Er meinte, die Zusammenhänge besser durchschauen zu können als ich, und hielt sich für berufen, mir meinen Weg von nun an nach *seiner* Einsicht zeigen zu sollen.

Am letzten Abend vor unserer Abreise von der Ostsee hatten wir beide eine sehr ernste und bedeutungsvolle Aussprache über unsere Pläne und ganz besonders über unsere gegenseitige Stellung zueinander. Ich konnte und mußte ihm erzählen von einem wichtigen Erlebnis vom Tag zuvor, in welchem mir Christus Aufschluß gegeben hatte über ihn und seine Rolle, die er im Zusammenhang mit meiner Entwicklung zu spielen habe. Ich mußte ihm sagen, daß er auf dem geradesten Weg sei, an mir zum Verräter zu werden, was sich ja bereits in seiner veränderten Haltung mir gegenüber ankündige. »Wie Ich den Judas brauchte, so brauchst du ihn«, waren die letzten zusammenfassenden Worte Christi gewesen.

Das traf ihn tief, und er war so stark erschüttert, daß er in Tränen ausbrach und mir versicherte, das wolle er gewiß nicht, und das könne doch nicht sein. Auch ich war tief ergriffen, fühlte mich ihm in starker himmlischer Liebe verbunden und konnte ihm aus ehrlichster Überzeugung sagen, daß ich keinen aufrichtigeren Wunsch hätte als den, ihn als meinen engsten Freund und Lebensgefährten zu behalten und keines anderen zu bedürfen. – Es war ein letztes Rütteln meines persönlichen Einflusses an ihm, der in seinem Hochmut schon stark verrannt und verblendet war. Als er sich tags darauf auf die Reise begab, um nach Amerika zurückzukehren, war seine Reuestimmung bereits verflogen; und der Geist Amerikas bestärkte ihn dann vollends in seiner starren, eigensinnigen und hochmütigen Haltung mir gegenüber, so daß die Dinge folgerichtig ihren Lauf nehmen mußten, wie Christus es mir vorausgesagt hatte.

Die Schilderung seiner Bemühungen, mich durch wirtschaftlichen Druck zum Nachgeben und Eingehen auf seine Wünsche zu zwingen, möchte ich mir ersparen. Sie gipfelten in der Drohung, mir die Freundschaft aufzukündigen und damit alle verlockenden amerikanischen Aussichten für mich zunichte zu machen, wenn ich mich seinen Wünschen nicht endlich fügen wolle. Dieser schärfsten brieflichen Drohung ließ er, wie angekündigt, ein Kabel folgen, in dem er meine endgültige Entscheidung herausforderte mit den kurzen Worten: »einverstanden oder Bruch!« Es blieb mir gar keine andere Wahl, und ich kabelte zurück: »mit Bruch einverstanden!«

Das hatte er nicht erwartet. An andere schrieb er dann auch: »Schlimmeres konnte mir nicht passieren.« Trotzdem konnte er sich nicht zu einem Einlenken durchringen und strengte den angedrohten Prozeß an, durch den er mich zwingen wollte, seinen Wünschen nachzugeben. Er hatte aber damit keinen Erfolg.

Wie schwer ich unter diesem Zusammenbruch einer so ernst gemeinten Lebensgemeinschaft gelitten habe, kann ich nicht beschreiben. Im August 1949 ist mir von Gott dazu gesagt worden: Auch wenn mir alle anderen Nöte und Schwierigkeiten hätten erspart werden können, sei es bei meiner geistigen Erschlossenheit und Empfindungstiefe fast übermenschlich schwer gewesen, mit dem Verrat des Freundes fertig zu werden.

Nach Beendigung des Rechtsstreits hörte ich nichts mehr von ihm, bis mich im Sommer 1936 die Nachricht von seinem Tod erreichte. Kurz bevor es zu dem Prozeß gekommen war, bekam ich eines Tages ungewollt eine Hellfühlverbindung mit ihm und nahm ihn dabei auch in seiner Körperlichkeit wahr, die mir wie erstorben und hart wie Stein erschien. Darauf öffnete sich der Himmel und Christus sprach zu mir: »Wie er sich von dir gelöst hat, so hat er sich auch von Mir gelöst. Er wird vertrocknen wie eine Rebe, welche die Verbindung mit ihrem Weinstock verloren hat.« – Ganz so ist es auch mit ihm zu Ende gegangen. Ein langsam fortschreitender Muskelschwund auf Grund eines Eintrocknungsvorganges in den ernährenden Nervenbahnen hat ihn langsam hinsiechen lassen. Obwohl er dabei sein Ende deutlich kommen sah, hat er es auch dann nicht über sich gebracht, einen Schritt zur Versöhnung zu tun oder auch nur ein Wort des Bedauerns zu äußern.

Seiner Verstocktheit entsprechend war dann sein Jenseitsweg über viele Jahre hin sehr schwer. Eine harte Kur mußte ihn von dem Hochmut, der in seinem Geist lag, heilen, aber sie gelang dank der weiterbestehenden inneren Bindung an mich. Als er nach jahrelanger, leidvoller Läuterung endlich auf den Aufwärtsweg gelangte, wurde er mir beigesellt mit den Worten: »Aus deiner Kraft!« 1948 erlebte ich innerlich die Aussöhnung mit ihm. Im Laufe der folgenden Jahre machte er sich nur sehr selten bemerkbar, mich aber beschäftigte es zuweilen, wie seine Entwicklung wohl weitergegangen sei. Als ich am

27. Dezember 1976 wieder einmal darüber nachdachte, fühlte ich ihn und konnte wahrnehmen, daß er dauernd mit mir verbunden, sozusagen immer in mir ist und an meiner Entwicklung teilnimmt. Deshalb gibt er sich auch fast nie kund. So wie ich ihn fühlte, mußte ich annehmen, daß er es noch schwer hat. Zwei Tage später jedoch zeigte er mir, wie weit er ist. Entgegen meinem ersten Eindruck ist er in Geist und Seele durch meine Vermittlung doch schon gut weitergekommen. Im Juni 1977 erschien er mir sichtbar und bestätigte zu meiner Freude nochmals, welch große Fortschritte er gemacht hatte.

Man hat mich gefragt, ob dieser Freund wohl auch so sehr versagt hätte, wenn er nicht mir, sondern einem anderen Menschen mit weniger wichtiger Lebensaufgabe beigegeben worden wäre. Darauf wäre zu erwidern: Zu meinem Weggenossen bestimmt, wurde er den kürzesten, aber auch den steilsten Weg zu dem Punkt geführt, an dem sein Versagen offenbar und sein Hochmut ihm selbst mit aller Deutlichkeit bewußt werden mußte. Jede weniger ernste Prüfung hätte für ihn eine Verzögerung des Weges bis zur entschiedenen Umkehr bedeutet.

Schon viele Jahre zuvor hatte ich ein geistiges Erlebnis, das ich hier noch berichten will. Ich erlebte mich an einer großen Kiesgrube stehen. Sie war zum Schutz für unachtsame Vorübergehende mit einer einfachen Schranke abgesperrt. An diese Schranke gelehnt stand ich und schaute auf den schönen gelben Kies hinab. Da begann der Kies sich zu bewegen wie ein brodelnder Brei. Die Bewegung wurde immer stärker und stärker, als quelle aus der Tiefe immer mehr herauf, und ich gewahrte zunächst mit Staunen, dann aber mit Schrecken, daß es ja gar kein Kies mehr war, was dort von unsichtbarer Gewalt um und umgewälzt wurde, sondern gemünztes Gold. Voller Entsetzen wandte ich mich ab und lief davon. – So war sie mir in geistigem Erleben vorherzuschauen gegeben worden; aber sie galt nicht nur mir, sondern auch dem Freund – die große Versuchung.

EIN FRÜHVOLLENDETER

Im November 1928, kurz vor der Rückreise nach Berlin, bekam ich während eines Konzertes im großen Meraner Konzertsaal in überwältigend hohem, himmlischem Erleben zu schauen, wie Christus unmittelbar nach Seinem Tod am Kreuz in die geistige Welt einzieht.

Christus, »der einfache Mensch«, hat durch Seinen Kreuzestod auf Golgatha die höchste Stufe göttlicher Vollkommenheit erreicht. Mit Seiner erlösenden Tat der Weltüberwindung sind in Ihm die göttliche Liebe, Weisheit und Allmacht zur letzten Vollendung gelangt und verleihen Ihm eine Macht und Herrlichkeit, welche allen Glanz selbst der höchsten Erzengel überstrahlt. Dennoch ist Ihm die menschliche Schlichtheit auch in der geistigen Welt inmitten der höchsten Engel noch eigen und bringt gerade Seine Gottes-Ebenbildlichkeit in Vollendung zum Ausdruck. – Alle Geister und Engel neigen sich in tiefster Ehrfurcht vor diesem »einfachen Menschen«, der unter den Klängen machtvoll brausender, himmlischer Musik Seinen Einzug hält.

Etwa eine Stunde währte dieses gewaltige Erleben, und die menschliche Sprache ist viel zu ärmlich, um auch nur im entferntesten anzudeuten, was ich hier sah und hörte. – Ganz besonders wurde dabei deutlich gemacht, daß im Vergleich zu der unfaßbaren hohen Bedeutung dessen, was Christus errungen hat, selbst Sein furchtbares, menschliches Leiden und Sterben wie ein Nichts erscheint.

Gerade dieser Hinweis auf die Nichtigkeit allen irdischen Leides gegenüber dem, was dadurch erreicht werden kann, verursachte meinem natürlichen Menschen einen furchtbaren

Schrecken; denn nach vielfachen früheren Erfahrungen mußte ich darin ein Vorzeichen vermuten, welches auf neue, schwere Leiden deutete, die meiner warteten. Und in dieser Vermutung sollte ich mich auch nicht getäuscht haben. Mit meiner Reise nach Berlin fuhr ich wenige Tage später einer schicksalsschweren Zeit entgegen.

Es war im zeitigen Frühjahr 1927, als ich vor dem trübseligen Wetter unseres Landes nach dem klimatisch so viel glücklicheren Monaco geflohen war. Da hatte ich eines Tages eine geistige Schau von einschneidender Bedeutung. Ich sah mich in einem Zimmer, mir gegenüber eine Tür. Diese öffnete sich, und es trat ein junger Mann herein. Sobald ich ihn nur erblickt hatte, wurde ich auch schon von Gott in tiefster Liebe mit ihm verbunden. Dabei wurde mir gesagt: »Dieser Jüngling wird für dein Leben von der allergrößten Bedeutung sein.«

An jedem der darauf folgenden drei Tage wurde mir das Schloß seiner Eltern zu schauen gegeben.

Fast zwei Jahre später erst sollte ich diesem jungen Menschen im äußeren Leben begegnen. Vermittelt wurde mir seine Bekanntschaft durch seinen ehemaligen Hauslehrer. Dieser hatte damals mein eben erschienenes Buch »Vergeistigung« in die Hände bekommen und an mich geschrieben. Als ich einige Wochen später nach Berlin zurückgekehrt war, suchte er mich persönlich auf, und bald danach brachte er eines Tages seinen früheren Zögling mit zu mir.

Sofort beim ersten Sehen wurde ich durch Christus mit diesem jungen Menschen in tiefer Liebe innerlich geeint und erkannte in ihm den mir in der Schau vor knapp zwei Jahren Gezeigten. An diesem ersten Abend saßen wir bis spät in die Nacht zusammen in lebhaftem Gespräch über religiöse Dinge, an dem er ganz besonders regen Anteil nahm und mit Fragen kein Ende finden konnte. Den ganzen Abend über durchwirkte ihn wie mich beständig eine starke Christuseinstrahlung. So wurde ich mit Peter unlöslich verbunden.

Peter war damals noch nicht ganz 19 Jahre alt, befand sich also noch in jenem glücklichsten Lebensalter, das zwischen dem 12. und 20. Lebensjahr für die geistige Erschließung des Menschen die günstigsten Voraussetzungen bietet. Verstand und Gemüt sind dann noch jugendlich elastisch und aufnahmefähig, soweit nicht bereits anerzogene starre Lehrmeinungen und Glaubenssätze oder auch ungünstige Gewohnheiten ein Hindernis bilden. Jedenfalls sind in diesen Jahren die besten Bedingungen gegeben, um den eigenen Geist des jungen Menschen dazu anzuregen, daß er seine irdischen Gewänder stärker durchdringe. In diesem Alter ist es für mich auch am leichtesten, den individuellen Geist zu erreichen; und so fühlte ich auch in Peter gleich seinen hohen Liebegeist, der aus dem innersten Himmel stammte.

Die persönliche Begegnung mit mir hinterließ auch bei ihm einen tiefen Eindruck, und er suchte mich täglich auf. In sehr wohlhabenden Verhältnissen aufgewachsen, schon weit in der Welt herumgekommen, war er an große persönliche Freiheit gewöhnt und außerordentlich selbständig. Sein äußerst liebenswürdiges Wesen und eine ausgesprochene Schönheit seiner äußeren Erscheinung machten es leicht verständlich, daß er überall beliebt und gern gesehen war. Sein eigener innerer Liebereichtum erschloß ihm alle Herzen, und so war es kein Wunder, daß gerade die Herzen der Mädchen und Frauen ihm zuflogen. Sehr verständlich also, daß er schon mit 17 Jahren die Frauenliebe kennengelernt und erfahren hatte und, wie er mir gestand, ihr leidenschaftlich verfallen war. Im übrigen war er sehr mäßig und beherrscht, rauchte nicht und hatte auch sonst keine mich störenden Gewohnheiten.

Für die Tiefe seiner Erschlossenheit, mit der er mir ergeben war, ist das klarste Zeugnis die Tatsache, daß er mir nach drei Tagen bereits erklärte, er sei fest entschlossen, sein Leben grundlegend zu ändern und sich ganz und gar im Anschluß an mich auf den religiösen Weg einzustellen. Er machte vollen Ernst mit seinem Entschluß, und seine innere Entwicklung ging nun von Woche zu Woche erstaunlich schnell voran. Aber der so glückliche, in sich ausgeglichene Junge, der bisher fröhlich und unbekümmert durchs Leben gegangen war, wurde nun gleichzeitig immer ernster, ja bedrückt im Gemüt und von trüben Vorahnungen geplagt. Immer tiefer fühlte er meine Leidenszustände, die ihn ähnlich schwer bedrückten wie mich selbst. »Wie kannst du nur immer noch lachen? Ich fühle doch nur zu deutlich, daß dir ganz anders zumute ist.« Das hat er mir manchmal gesagt. Er bekam aber auch ein klares Gefühl für meine hohen Erlebnisse, und wiederholt überraschte er mich damit, daß er ganz zutreffend angab, daß er soeben einen einsetzenden Christuseinfluß spüre. Weiter hatte er bedeutsame Träume und Schauungen und erreichte in wenigen Monaten einen Entwicklungsstand, der mir wegen seiner ganz außergewöhnlichen Höhe geradezu beängstigend wurde. – Mitte Dezember 1928 hatten wir uns kennengelernt, und im Mai darauf sah ich dann auch sein elterliches Heim, das mir aus der zwei Jahre zurückliegenden Schau bekannt war.

Unser gegenseitiges Verhältnis war der allseitigen, vollkommenen Anpassung entsprechend ganz ungewöhnlich schön und wohltuend. Jeder hatte nur auf den anderen Bedacht und wollte nichts für sich. So hatte ich endlich einen Lebensgefährten gefunden, wie er für mich nötig war, um mir mein schweres Los erträglich und das Leben lebenswert zu machen. – Da es mir ja gegeben ist, den individuellen Geist des Menschen zu fühlen, ja zuweilen ihn auch zu sehen, kann ich mich für andere Menschen wohl am besten verständlich machen in meinem Glücksgefühl über diese Freundschaft, indem ich sage: Es war mir, als sei der höchsten Engel einer herabgekommen und ins Fleisch gestiegen, um mich als tief verstehender und mitfühlender Freund durch das Erdenleben zu begleiten. Meine Dankbarkeit für das Glück einer solchen Freundschaft war ebenso groß wie meine Angst, diesen über alles geliebten Gefährten wieder zu verlieren. Denn die gar zu rasche Vervollkommnung seines ganzen Menschen mußte mich bald argwöhnisch machen, nicht minder aber ein geistiges Bild, das ich etwa vier Wochen nach unserem Bekanntwerden gehabt hatte.

Bei jenem geistigen Erleben sah ich mich mit einem unfertigen Pelzmantel durch die ganze Welt fliegen, um einen passenden Überzug dafür zu suchen, und nirgends konnte ich einen solchen finden. Endlich sehe ich mich über Berlin und lasse mich auf die Tauentzienstraße hinab, wo mir Peter begegnet. Da öffnet sich über uns der Himmel. Eine goldene Schere senkt sich herab und zerschneidet kunstgerecht Peters alten Mantel.

Aus diesem entsteht sogleich ein Überzug für meinen Pelz, der im nächsten Augenblick damit tadellos passend vervollständigt ist. Peter, der den Vorgang mit Staunen verfolgt hat, sagt dazu: »Ausgerechnet mein alter Mantel! Da hätte es doch für dich bestimmt etwas Besseres gegeben.« »Nein, Peter«, erwidere ich, »ich bin durch die ganze Welt geflogen und habe keinen passenden gefunden. Nur der deine paßt.«

Die sinnbildliche Bedeutung des Pelzes war mir aus der Entsprechungslehre Swedenborgs so weit bekannt, daß ich wußte: Der Wärme spendende Pelz meint meine Liebeskraft. Für sie suchte ich die passende Ergänzung, den noch fehlenden Überzug, der mir aus Peters altem Mantel gefertigt wurde, und zwar vom Himmel her. Diesen Mantel konnte ich mir nur als seinen äußeren Menschen deuten. Und das Zerschneiden desselben war nicht gut anders zu verstehen als sein Tod. Und diese Deutung war leider nur allzu genau zutreffend.

Nur knappe sechs Monate war mir dieses unerhörte Freundschaftsglück vergönnt. Am 11. Juni 1929 nach einem kurzen, aber furchtbaren Krankheitsvorspiel kam die Auflösung, die mich menschlich völlig vernichtete. Aber das gerade war so gewollt. Mit welchem Schmerz ich, wie ein zu Tode Verwundeter, die nächsten drei Jahre, die zu den allerschlimmsten meines Lebens gehören, verbracht habe, das läßt sich in menschlichen Worten nicht schildern. Wie war er mir aber auch zugetan gewesen! – »Du bist für mich gar kein Mensch wie andere Menschen; du bist für mich die Verkörperung alles Religiösen, des Göttlichen.« Das hat er mir des öfteren gesagt. – »Wenn du aus dem Leben gingest, stürbe ich unfehlbar gleich hinter dir her; ich könnte das Leben ohne dich nicht mehr ertragen.« Das sagte er mir gar nicht lange, bevor die grausame Trennung kam. Aber nicht ich, sondern er mußte gehen. Zwar fühlte ich meinen Peter als Abgeschiedenen beständig in meiner Brust und erlebte dabei seine hohe Liebe noch tiefer, noch stärker als zu seinen Lebzeiten. Aber meinem äußeren Menschen fehlte doch das äußere Gegenüber. Bei allem Erleben der hohen Liebe ging mein natürlicher Mensch leer aus und sehnte sich um so schmerzlicher nach dem Verlorenen, je tiefer ich im Inneren seinen Liebereichtum erlebte.

Wie glücklich wäre ich, wenn ich meine Lieben so klar bewußt in mir fühlen könnte, so mag mancher Leser denken und kopfschüttelnd sich wundern, warum denn trotz der mir gewährten Bevorzugung im Fühlen ich so über alle Begriffe schwer und schmerzlich unter einem solchen Verlust leide. – Wird der natürliche Mensch infolge der beständigen Durchdringung mit dem göttlichen Geist erst so weit aufgelockert und verlebendigt wie bei mir, dann vertieft sich damit auch sein Empfinden so unvorstellbar, daß jede erneute Fühlungnahme mit der Liebe des Abgeschiedenen den Verlust für das äußere Bewußtsein von neuem wachruft und die Wunde neu aufreißt, so daß sie nie zur Ruhe, nie zur Heilung kommen kann. – Bei anderen Menschen nimmt doch im Laufe der Zeit der Schmerz über solchen Verlust allmählich ab, und die Wunde heilt schließlich. Bei mir ist das ganz anders. Der Schmerz vertieft sich zunächst von Tag zu Tag und erreicht gewöhnlich nach einem Jahr seinen Höhepunkt, um dann im Laufe vieler weiterer Jahre ganz allmählich abzuklingen. Der Verlust hört erst auf zu schmerzen, wenn der Abgeschiedene im Zuge seiner Entwicklung durch göttliches Wirken immer tiefer mit mir geeint wird, so daß er schließlich auch meinem körperlichen Menschen als gegenwärtig fühlbar wird. Aber auch dann bleibt immer noch ein Rest schmerzlicher Empfindung, begründet in dem Fehlen der Verständigungsmöglichkeit in menschlich natürlicher Unterhaltung, wie man es gewöhnt war. Diesen Mangel verspüre nicht nur ich in meinem Menschlichen, sondern auch der Abgeschiedene als quälende Beschränkung. – Es ist ja nicht etwa so, daß solch ein natürliches Sprechen überhaupt unmöglich wäre. Es wird aber aus Entwicklungsrücksichten nur ganz ausnahmsweise und selbst dann nur mit sehr enger Begrenzung erlaubt. So bleibt für meinen äußeren Menschen eben doch immer, trotz allerinnigster Nähe, die Tatsache des Abgeschiedenseins fühlbar.

In den furchtbaren Leiden der ersten Tage nach Peters Tod kam Christus mit ihm zusammen zu mir und sagte: »Jetzt ist der Punkt erreicht, wo du Mir bis ans Herz reichst.« Einige Tage später kam Er ebenso wieder und nahm unendlich liebreich uns beide an Seine Brust mit den Worten: »Selig sind, die da Leid tragen, denn sie sollen getröstet werden.« Das sind zwar Tröstungen von unermeßlichem Wert; aber unter was für unsagbaren Schmerzen der äußere Mensch vor dieser Liebesstrahlung wie Schnee vor der Sonne zerschmilzt, das ist Menschen mit nur natürlichem Empfindungsvermögen gar nicht begreiflich zu machen, weil für sie gar nicht vorstellbar.

Drei Wochen später durfte ich Peter zum ersten Mal sehen, wenn auch nur für kurze Augenblicke; und zwar sah ich ihn in vollkommener Verklärung. Mein höchstes Erstaunen weckte die unsagbare, geradezu göttliche Schönheit seines Halses. Dabei mußte ich an ein Erlebnis denken, welches Angela von Foligno gehabt hat. Sie berichtet darüber, daß sie bei einer persönlichen Begegnung den Hals Christi von einer ganz unbeschreiblichen Schönheit sah.

Diese auffällige Erscheinung steht in Zusammenhang mit dem »verlängerten Mark«, das den Übergang vom Rückenmark zum Gehirn bildet und in den Halswirbeln seinen Sitz hat. Wie der Hals die Verbindung zwischen dem Leib und dem Haupt ist, so stellt das verlängerte Mark den Übergang von dem natürlichen zu dem höheren, geistigen Leben dar. Die Schönheit des Halses zeigt also an, wie weit der Mensch auf seinem Weg zum Reich Gottes bereits gelangt ist.

Beständig also fühlte ich Peter in meiner Brust, doch stand während der ersten Monate für meine Wahrnehmung ausschließlich sein Geist im Vordergrund. Sein Menschliches wurde aus Entwicklungsgründen von mir ferngehalten, bis es im September einen Zustand erreicht hatte, der für den Abgeschiedenen selbst als eine Auferstehung fühlbar ist. Es war in Meran, da machte Peter sich mir in seinem gesamten menschlichen Wesen durch und durch bemerkbar und sagte zu mir: »In dir bin ich gestorben, in dir erlebe ich meine Auferstehung.« Von nun an war auch sein Menschliches mir immer gegenwärtig. Aber immer wieder kann ich nur versichern, daß die Leiden, in denen ich mich unablässig um seines Verlustes willen befand, so grausig waren, wie keine menschliche Vorstellung sich das ausmalen kann. Unausgesetzt befand ich mich im Tod, war ein Sterbender unter den entsetzlichsten Qualen. Alle tröstende Liebe vertiefte meinem äußeren Menschen die Schmerzempfindung nur immer mehr.

Ostern 1930 gab mir Christus dann nähere Erklärungen über die Bedeutung und den Zweck meiner Leiden. Ich war völlig am Ende meiner Kräfte und in heller Verzweiflung. Ohne die mir nun durch Ihn vermittelte Einsicht hätte ich meinen Weg nicht mehr weitergehen können. Zunächst sagte Er mir: »Du hättest unmöglich am Leben bleiben können. Deine Liebesverbundenheit mit Peter ist so über alle Maßen tief, daß du ihm mit Notwendigkeit sogleich nachgestorben wärest. Nur Meine Kraft hat dich am Leben erhalten.« – Dann erklärte Er mir weiter, daß dieses kurze Freundschaftsglück für mich gerade nur so lange vorgesehen gewesen sei. Gott habe damit erreichen wollen, daß ich in meinem Menschlichen auf Grund dieser tiefen Liebesbindung wahrhaft mitsterben und nachsterben sollte.

Der natürliche Mensch muß völlig ersterben, wenn er geistig werden soll. Darum ist mein ganzer Entwicklungsweg nichts anderes als ein unablässiges, wahrhaftes Sterben in tausend und abertausend Toden; nur ist dieses Sterben, das ich jedes Mal bei lebendigem Leib überleben muß, viel qualvoller als jeder noch so grausame Tod für einen anderen Menschen. Denn ein Mensch, der nicht körperlich hellfühlend ist, kann überhaupt niemals derartig tiefe Leiden haben. Solche Leidenstiefe ist nur dort möglich, wo der Geist mit seinem Empfinden die Körpermaterie so zu durchdringen vermag, wie es bei mir der Fall ist. – Mit einem jeden derartigen Sterbevorgang wird – stufenweise von innen nach außen vordringend – ein neuer Durchbruch des Geistes in immer niederere Schichten der groben Leibesstofflichkeit erreicht.

Hier nun in diesem Fall, wo ich mit Peter mitsterben und ihm nachsterben sollte, auch dieses Sterben aber wieder bei lebendigem Leib überleben mußte, ist durch die besonders gesteigerten Qualen ein ganz außergewöhnlich bedeutsamer Durchbruch erreicht worden: Nun war mein geistiges Wachstum so weit gediehen, daß ich Christus bis ans Herz reichte. Todesfälle von Menschen, welche mir schon zu ihren Lebzeiten besonders tief verbunden waren, bezeichneten – wie Marksteine an meinem Entwicklungsweg – jeweils den Beginn eines neuen Abschnitts und brachten mir jedesmal erneute Steigerung der Leiden.

ERLEBNISSE 1929 – 1934

Warnemünde, Sommer 1929

An einem sonnigen Vormittag stand ich in der Badeanstalt auf dem Laufsteg, als ganz überraschend eine Gotteinung über mich kam und zwar unmittelbar aus dem Ur-Gottgeist, ohne jede Vermittlung des Menschlich-Göttlichen der Person Christi. Diese Gotteinung war schlechthin vollkommen und auch meinem Körper und allen seinen Sinnen bis ins Letzte voll bewußt.

Ich war im Vollbesitz aller göttlichen Eigenschaften und hätte aus göttlicher Vollmacht handeln und jedes Wunder tun können, welches in der Absicht des göttlichen Willens gelegen hätte. Für mich deutlich wahrnehmbar gingen die göttlichen Kräfte, welche mich durchströmten, auch in die Erde und in den Äther.

Dieser unbeschreiblich hohe Zustand hielt etwa eine Viertelstunde an. Schließlich sprach die göttliche Stimme in mir: »Hiermit ist dir gezeigt worden, wie der Mensch ganz und gar Stellvertreter Gottes auf Erden sein kann.« – Und ich fühlte daraus deutlich den Hinweis darauf, daß Christus sich in der gleichen Weise als Stellvertreter Gottes erlebt hat.

Locarno, September 1929

Es war in der Zeit schwerer Leiden um den Tod Peters. Wir befanden uns auf der Reise und hatten zu kurzer Rast in einem Hotel in Locarno Unterkunft gefunden. Mir ging es an jenem Abend ganz besonders schlecht. Gänzliche Verlassenheit und

Trostlosigkeit ließen mir das Leben unerträglich erscheinen, und ich fühlte mich völlig am Ende meiner Kräfte.

Als ich aus solcher Verzweiflung heraus um Befreiung aus dieser Qual betete, kam Christus und sprach tröstend zu mir: »Dein gegenwärtiger Zustand ist ganz ähnlich dem Meinen in Gethsemane vor Meiner Kreuzigung, als Ich aus Meinem Menschlichen heraus darum betete, ob der Leidenskelch nicht an Mir vorübergehen dürfe. Da ließ Gott Mich schauen, wie Ich vor Meiner Menschwerdung aus eigenem, freien Entschluß Meines Geistes Meine Aufgabe auf Mich genommen habe. Jetzt will Ich dich sehen lassen, daß es sich bei dir ebenso verhält.«

In demselben Augenblick befand ich mich mit Christus im Himmel und erlebte und sah mich selbst in meinem vorgeburtlichen Daseinszustand in herrlich strahlendem Lichtleib des Geistes mit jener höchsten, himmlisch klaren Bewußtheit, im Vergleich zu der das hellste Tagesbewußtsein des Erdenmenschen ein traumartiger Dämmerzustand zu nennen ist. In welch vollendeter Glückseligkeit ich dabei den Himmel als Heimat erlebte, das läßt sich in keiner menschlichen Sprache beschreiben.

Was hier nun vor sich ging, war auch für das himmlische Leben ein Ereignis von ganz besonderer Bedeutung. Es handelte sich um die Verteilung äußerst wichtiger Aufträge, welche auf Erden erledigt werden sollten.

Außer mir waren noch zwei weitere, ähnliche Engelgeister dazu ausersehen, und jetzt sollten die verschiedenen Aufträge an uns drei verteilt werden.

Aus Christi Hand zog jeder von uns ein flaches, schwarzes Stäbchen. Damit war über die Verteilung der verschiedenen Aufgaben entschieden, und ich erhielt nun von Christus ein Pergamentblatt überreicht, von der Art einer Urkunde, nur wesentlich länger als die jetzt gebräuchlichen Aktenbogen. Darauf war in hebräischen Schriftzeichen das schwere Erdenschicksal, das meiner bei Erfüllung meines Auftrages wartete, bis in die kleinsten Einzelheiten hinein verzeichnet. Was ich da las, war so grauenhaft, daß ein Beben des Entsetzens und der Furcht durch meinen Geistleib fuhr und ich in verzweiflungsvolle Angst geriet.

Nachdem ich das Blatt aufmerksam durchgelesen hatte und mir über alle Einzelheiten klar geworden war, fragte Christus mich noch einmal, ob ich auch gewillt sei, das alles auf mich zu nehmen. In dem Bewußtsein, um welches gewaltigen, erhabenen Zieles willen solch schwerer Opfergang durch das Erdenleben getan werden müsse, antwortete ich mit »Ja«.

»Nun hast du selbst gesehen«, sagte Christus darauf, »daß du deine Aufgabe im Geist freiwillig übernommen hast, und wirst daher verstehen, daß Ich dich jetzt nicht vorzeitig davon entbinden kann.«

Nach diesem überaus eindrucksvollen Erlebnis in den Bewußtseinszustand meines trostlosen Erdendaseins zurückgekehrt, fand ich zwar die Verzagtheit meines äußeren Menschen durch das hohe Erleben durchaus nicht beseitigt, doch gab dies mir wenigstens soviel Trost und Kraft, daß ich über die tiefe Mutlosigkeit Herr werden konnte und mir das weitere Durchhalten auf meinem Weg nicht mehr so gänzlich unmöglich schien.

Frühjahr 1930

Als ich zum ersten Mal nach Rom fuhr, hatte ich ein besonderes Erlebnis, welches ich eigentlich hier nicht berichten wollte, doch wurde ich von Gott ausdrücklich angewiesen, es in diesem Buch zu erzählen.

Ich saß allein hinten im Auto. Als wir noch eine knappe Stunde von Rom entfernt waren, kam Satan und setzte sich zu mir, wie ich ganz deutlich in meiner Aura wahrnahm. Er begann ein Gespräch mit mir, das sich so lange ausdehnte, bis wir die ersten Häuser der ewigen Stadt erreichten.

Satan sprach nicht in menschlicher Rede zu mir; unsere ziemlich lange Unterhaltung fand auf innerer Ebene von Geist zu Geist statt, und ich durfte von ihr in meinem natürlichen Gedächtnis nur sehr wenig behalten. Nur so viel ist mir deutlich in Erinnerung geblieben, daß Satan diesem meinem ersten Rombesuch eine ganz besondere Wichtigkeit beimaß. Er selbst gab sich bei dieser Begegnung als großmächtiger, Achtung gebietender Fürst, der mir zeigen wollte, daß er auch heute, nach fast 2000 Jahren christlicher Ära, immer noch der Fürst dieser Welt und Herr des äußeren Lebens auf Erden sei.

Berlin, Winter 1931

Bei gelegentlichen Besuchen einer eleganten Gaststätte, wo ich mich schon mehrmals mit Bekannten zu Besprechungen getroffen hatte, war mir ein Kellner besonders aufgefallen. Dieser junge Mann trug in sich einen ganz ungewöhnlichen Liebereichtum, und dementsprechend machte auch seine Persönlichkeit einen sehr angenehmen und gewinnenden Eindruck. Sein innerster Wesenskern war ein hoher und reiner Liebegeist, der aus himmlischen Sphären stammte. Ich empfand seine Nähe stets wie die Gegenwart eines Engels. Mit Wohlgefallen verfolgte ich ihn bei seinem Tun und beobachtete, wie er die Gäste bediente.

Da kam es an einem anderen Tisch, an welchem weniger angenehme Zeitgenossen, krasse Ich-Menschen, es sich wohl sein ließen, für diesen Kellner zu einem recht unliebsamen Auftritt. Aus irgendeinem nichtigen Anlaß fuhr ihn einer der Gäste grob an. Daraufhin erfaßte mich ein tiefes Mitleid mit dem so unberechtigt Gescholtenen, und zugleich meldete sich die göttliche Stimme in mir und sprach: »Dort werden Teufel von einem Engel bedient. Siehe, so habe ICH es eingerichtet, daß sich auch ihnen unmittelbar himmlische Liebe dienend zur Hilfe anbieten kann. Aber anstatt sich dem gewinnenden Wesen dieses liebevollen Menschen zu erschließen und etwas von dem Licht, das sein Liebegeist ausstrahlt, in ihr dunkles Innere einzulassen, stoßen sie seine Liebe mutwillig und eigensinnig zurück.«

Nur hier auf Erden bietet sich den Geistern aus gegensätzlichsten Sphären die einzige und nie wiederkehrende Möglichkeit, unmittelbar miteinander zu verkehren, voneinander zu lernen und einander zu helfen. Diese Tatsache gibt dem Erdenleben einen ganz besonderen Wert von gar nicht abschätzbarer Höhe.

Meran, Herbst 1932

Nach einem Zustand tiefster Gottverbundenheit, wobei ich mich als Teilhaber aller göttlichen Hoheit und Machtvollkommenheit erlebt hatte, widerfuhren mir überaus heftige Anfeindungen von satanischer Seite. Der Versucher wußte sehr wohl, daß er gar keine Aussicht hatte, mich auf Grund der soeben erlebten Hochgefühle zum Hochmut zu verleiten. Waren doch die hohen Erlebnisse immer nur kurze Erholungspausen in einem Marterdasein, in dessen furchtbaren Ängsten ich mir meiner menschlichen Ohnmacht und Nichtigkeit nur allzu deutlich bewußt blieb und beständig in der Demut geübt wurde. Darum mußte er ganz andere Mittel gebrauchen, wenn er mich beirren wollte.

So stellte er mir den Abstand, welcher zwischen mir und allen anderen Menschen bestehe, als eine unüberbrückbare und erschreckend tiefe Kluft so übertrieben dar, daß ich vor Angst schier verging in dem Gedanken, mich nun wieder in den irdisch-natürlichen Verhältnissen zwischen den, ach, so unvollkommenen Menschen meiner Umgebung zurechtfinden zu müssen. – Wie weltenweit entfernt waren sie doch alle von dem, was mich erfüllt! Bis zur Verzweiflung unglücklich fühlte ich mich gerade in meiner Liebe zu ihnen im Hinblick auf die Unmöglichkeit, mich ihnen jemals verständlich machen zu können.

In solcher Angst und Not flehte ich um Hilfe, und sie wurde mir gewährt. Zwei Engel kamen herbei. Der eine trug unter dem Arm, zu einem großen Knäuel aufgerollt, einen unendlich langen Streifen weißen, strahlend leuchtenden Tuches. Der andere Engel begann sogleich, meinen Kopf mit diesem Tuchstreifen zu umwickeln. Dabei ertönten immer wieder die Worte: »Es wird verhüllt. Es wird verhüllt.« Unter diesem Vorgang, der geraume Zeit in Anspruch nahm, wurde mir die Rückkehr in mein irdisch-menschliches Bewußtsein und die Einstellung auf den grauen Alltag ganz allmählich erträglich. Unwillkürlich aber kam mir dabei die Erinnerung an jenen Bericht des Alten Testaments, in dem erzählt wird, wie Moses bei seiner Rückkehr vom Sinai, nachdem er Gott geschaut hatte, sein Antlitz verhüllen mußte, um seinem Volk wieder begegnen zu können.

Frühjahr 1934

In einer Varieté-Darbietung wird schwerlich jemand eine Veranlassung zu hohem geistigen Erleben vermuten. Und doch wurde mir bei dem Besuch einer Nachmittagsvorstellung in der Scala in Berlin ein ganz besonders eindrucksvolles und hochbedeutsames Gottvater-Erlebnis zuteil.

Die Glanznummer des Tages bildete die Vorführung zweier Pferde in hoher Schule. Zuerst erschien der Reiter auf einem zierlichen, feingliedrigen Falben. Völlig überraschend und zu meinem größten Erstaunen wurde ich nun sofort von einer tiefen Liebe zu diesem Tier erfaßt und mit ihm verbunden, gar nicht anders als ich geistige Liebesverbindungen mit Menschen erlebe.

Ich selbst habe Pferde sehr gern. Doch was ich jetzt in dieser Liebesverbindung für das Pferd dort auf der Bühne empfand, das war etwas ganz anderes als die Zuneigung eines Pferdeliebhabers, der an der Wohlgestalt und dem Charakter eines edlen Tieres Freude und Gefallen findet. Es war eine völlig überirdische Liebe, die mich durchströmte und auch das irdische Tierwesen durchdrang, bis sie auf die Strahlung des göttlichen Geistes traf, die als Lebenskraftstrom im tiefsten Inneren alles Geschaffenen wirksam ist. Und nun sprach Gottvater in mir:

»Nicht du, sondern ICH liebe durch dich hindurch dieses Pferd und zeige dir damit, wie ICH nicht nur den Menschen, sondern auch jedes andere Meiner Geschöpfe liebe.«

Darauf gab Gott mir in einer völlig unbeschreiblichen Offenbarung einen umfassenden Überblick über den Werdegang, das Wesen und die Bestimmung der Tierseele und beleuchtete im besonderen die Aufgabe, welche dem Menschen als Halter und Pfleger von Tieren zufällt und ihm eine hohe Verantwortung für sie vor Gott auferlegt. Im Hinblick auf das Pferd dort auf der Bühne, mit dem ER mich durch Seine göttliche Liebe so tief verbunden hielt, sprach Gott in mir nun weiter:

»Hier siehst du, wie weit eine Tierseele durch den Menschen

gefördert und veredelt werden kann. Dieses Pferd hat von seinem Reiter, der es stets mit großer Liebe behandelt, so viel angenommen, daß es selbst an seiner Erziehung, den Künsten, die es erlernt, den Vorführungen und dem Beifall der Zuschauer Freude empfindet. Seine Seele ist für die Aufnahme Meiner Liebeskraft weit besser geöffnet als viele Menschenseelen, und seine Liebesfähigkeit wird durch solch ein Einströmen Meiner Gottesliebe noch weiter stark vertieft. So beschämt dieses Pferd mit seiner Liebesfähigkeit gar manchen Menschen, der es hier bewundert, aber selbst seine Liebe nicht zu solcher Tiefe entwickelt hat.«

Nachdem der Falbe sein Können gezeigt hatte und abgetreten war, verdunkelte sich die Bühne. Als dann nach einigen Minuten die Scheinwerfer wieder eingeschaltet wurden, stand da inmitten strahlender Helle die stattliche Gestalt des Reiters auf einem blendend weißen Pferd. Auch mit diesem Pferd verband mich Gottes Liebe sogleich zutiefst; doch was bei meinem weiteren Erleben im Vordergrund stand, das war nun nicht mehr so sehr die Wahrnehmung dieses Tieres als vielmehr die Entsprechung zu dem weißen Pferd in der Offenbarung Johannes' (6,2).

Auch dieses Tier besaß eine ganz außergewöhnliche Fähigkeit zu tiefer Liebe, obwohl es in seiner weit wuchtigeren und massigeren Gestalt nicht so empfindsam schien wie der Falbe. Jedenfalls hielt das gewaltige Wogen der göttlichen Liebeskräfte zwischen dem Pferd und mir unter gleichzeitiger, erhebender Entsprechungswirkung unausgesetzt an, solange der Schimmel sich auf der Bühne befand, und war das beste Zeugnis für die Freude Gottvaters über das schöne Verhältnis, welches hier zwischen dem Menschen und seinen Tieren bestand.

Frühjahr 1934

Als ich eines Tages nach der Mittagsverbindung noch auf dem Balkon lag, trat ganz unvermittelt ein Engel des innersten Himmels zu mir und führte mit mir eine lange Unterhaltung von wenigstens einer Stunde Dauer. Der Inhalt unseres Gesprächs wurde mir wieder entzogen, weil er meinem äußeren Menschen nicht bewußt bleiben sollte. Was sich dabei aber meiner menschlichen Erinnerung tief und unauslöschlich eingeprägt hat, das ist die völlig unbeschreibliche Freude, welche ich dabei erlebte.

Diese Freude wurde ausgelöst durch die unerhörte Schönheit und Klarheit, mit welcher sich mir während des Sprechens in den Gesichtszügen meines himmlischen Besuchers sein ganzes Wesen zu erkennen gab. Jeder Gedanke, jedes Gefühl, ja, jede kleinste Regung und Schwankung des Empfindens in jeder möglichen Tönung und Abstufung wurde sichtbar und erzeugte einen Wechsel des Ausdrucks, dessen Mannigfaltigkeit völlig unendlich sein muß. So gibt sich die wunderbare Einheit des Menschen kund, zu der er im himmlischen Zustand gelangt. Nicht nur erschien mir bei jedem Wechsel des Ausdrucks das Antlitz immer noch schöner, sondern jede bemerkbar werdende Veränderung gab zugleich eine neue Anregung, rief neue Gedankenverbindungen wach und erhöhte das Lebens- und Glücksgefühl in unbeschreiblicher Weise.

In solchen hohen Erlebniszuständen sehe ich mich auch selbst; und ich gewahrte dabei, daß auch an mir der gleiche Wechsel des Ausdrucks alles das widerspiegelte, was mich bewegte. Doch richtet man bei einem solchen Erleben begreiflicherweise seine Aufmerksamkeit nicht so sehr auf sich selbst, sondern hat seine Freude an dem anderen.

So haben die Seligen des Himmels aneinander ihre Freude. Jeder sieht und erkennt im anderen die ganze Fülle der Mannigfaltigkeit in vollendeter Einheit und durchschaut sein Wesen bis auf den tiefsten Grund. Da gibt es nichts mehr von innerem Widerspruch, keine Unklarheiten, keine Täuschung oder Verstellung; alles strahlt und leuchtet in heiliger Reinheit und himmlischer Klarheit.

Meran, 28. März 1934, Mittwoch vor Ostern

Ich lag in der Mittagsverbindung auf dem Balkon. Nachdem die Geisteinung hergestellt war, erlebte ich wieder einmal in der letzten äußersten, irdischen Sphäre, also ganz im Körper, den Gottgeist. Ich wurde zunächst, etwa 20 Minuten lang, IHM geeint, und diese Einung ging unsagbar tief ins Menschliche, in die Nerven und alle Gewebe des Körpers.

Plötzlich wurde ich angesprochen mit den Worten:

»ICH bin DER, von DEM die Schöpfungsgeschichte berichtet: Und der Geist Gottes schwebte über den Wassern.«

Bei diesen Worten wurde ich ganz in die göttliche Sphäre emporgehoben und erlebte nun den allgegenwärtigen, alle Welten durchdringenden Gottgeist, mehr unpersönlich, und gewahrte ganz deutlich, wie der Gottgeist Selbst mich sucht und Sich mit mir vereinen will, um wieder in einem Menschen persönlich zu werden. Und dann sprach ER weiter:

»Ich bin der Ewige, Unerschaffene, DER da war und DER da ist und DER da sein wird von Ewigkeit zu Ewigkeit. Und ICH bin gekommen, MICH mit deinem körperlichen Menschen bis ins Äußerste zu einen. Auch dein Leib soll unsterblich und ewig werden, wie ICH ewig bin.«

Meran, Frühjahr 1934

Die Tage besonders schwerer Leiden sind stets auch Tage härtester Versuchungen; nicht nur dadurch, daß die unsagbar schweren Gemütsbedrückungen und körperlichen Beschwerden den äußeren Menschen so zermürben, daß er vor Qual nicht mehr ein und aus weiß; auch die Hölle tritt dann auf den Plan, und ihr Fürst persönlich erprobt seine Meisterschaft in den Künsten der Lüge und Verwirrung immer von neuem an mir. Unzählige Male habe ich solche grauenvollen Versuchungen über mich schon ergehen lassen müssen, und was ich hier berichte, ist nur ein Beispiel für viele andere ähnliche Erlebnisse.

Als ich im Frühjahr 1934 eines Tages inmitten der paradiesisch schönen Natur Merans wieder einmal ganz besonders grausam leide, tritt Satan zu mir und spricht:

»Was hast du denn nun bisher auf deinem qualvollen Entwicklungsweg mit deinem Gehorsam erreicht? Immer wieder mußt du dich nur fügen und nach allen Seiten bist du abhängig! Das ist doch kein Leben für einen freiheitlichen Geist! Glaube doch ja nicht, daß sich das ändert, wenn du in die geistige Welt hinübergetreten sein wirst. Ewig wirst du abhängig bleiben. Das ist dort nicht anders als an einem irdischen Fürstenhof. Christus ist der König, und ihr anderen alle seid und bleibt die Diener. Nie wirst du dein eigener Herr sein! Du wirst auch mich noch verstehen lernen; denn auch du bist doch im Grunde, wie ich, ein freiheitlich selbständiger Geist, dem es nicht liegt, sich unterzuordnen und dem hohen Herrn immer nach dem Munde zu reden. Ich habe diese ewige Abhängigkeit nicht ertragen können und bin freiwillig aus dieser schönen Hofhaltung ausgeschieden, weil mir nichts über meine Freiheit geht und ich mein eigener, freier Herr sein will. Auch du wirst diese ständige Unterordnung nicht ertragen können, und was du jetzt hier in deinen furchtbaren Gemütsbedrückungen durchmachst, das ist nur ein kleiner Vorgeschmack von dem, was drüben im anderen Leben deiner wartet.«

Wie ein Pesthauch, der den ganzen Menschen durchseucht und todkrank macht, dringt Satans Gedankenstrom unablässig auf mich ein und treibt die Verzweiflung meines gequälten natürlichen Menschen auf die höchste Spitze. Es packt mich eine rasende Empörung über die sichtbare Härte und Schwere meines Weges und die angebliche Aussichtslosigkeit, jemals aus der Abhängigkeit herauszukommen. Aus dieser Empörung erwächst ein abgründiger Haß gegen mein Dasein, so daß ich überhaupt nicht mehr leben will, weder hier noch jenseits. – Inmitten der tobenden Verzweiflung dringt schließlich aus der Tiefe meines Wesens von meinem Geist her das Verlangen nach Hilfe und wird zum inbrünstigen Gebet um Klarheit. Darauf gibt Christus Selbst mir zur Antwort:

»Es ist nicht so, wie Satan es dir hinstellen will. Es ist der Geist der Lüge und des Unglaubens, der solche Verzweiflung und das Nichtmehrlebenwollen in dir hervorbringt. Am Ende deiner Entwicklung wirst du – und ebenso jeder andere, der zur vollen Einung mit Mir gelangt – gleich Mir wahrhaft frei sein.«

Und in einer tiefinnigen Verbindung mit Ihm Selbst läßt Christus mich die Wahrheit dessen, was Er mir soeben gesagt hat, erleben, so daß in einem Nu alle Not und Verzweiflung völlig ausgetilgt sind.

DIE HAFT VOM 4.XII.1934 BIS 14.X.1935

Von Bildern her, die man ja überall zu sehen bekam, hatte ich gefühlsmäßig gegen Hitler von vornherein eine starke Ablehnung. Stets empfand ich ein höchst unangenehmes Gefühl, wenn ich ein Bild von ihm betrachtete. Dieser Eindruck verstärkte sich nur noch, als ich ihn zum ersten Mal leibhaftig sah und reden hörte. Das war im Frühjahr 1932, als mich Freunde veranlaßten, mit ihnen eine Versammlung im Berliner Sportpalast zu besuchen, bei welcher Hitler sprechen sollte. Die ganze Veranstaltung hatte für mich etwas außerordentlich Unbehagliches. Aus meinem Menschlichen heraus konnte ich gar nicht anders: Ich lehnte Hitler von Anfang an ab und hatte im Gegensatz zu all denen, welche große Hoffnungen auf ihn setzten, gleich das Gefühl, daß er und seine nationalsozialistische Bewegung dem deutschen Volk und der Welt nur Unheil bringen werde. Kurz vor der Machtübernahme sah ich das Dritte Reich aus dem Abgrund der Hölle aufsteigen und immer unheimlicher, immer drohender die satanischen Mächte sich entfalten. Ich ahnte schon sehr bald, daß sie auch mir persönlich zu schwerem Verhängnis werden könnten.

Bevor ich 1933 von Meran nach Berlin zurückkehrte, wurde mir innerlich gesagt, ich müsse drei Tage in Berlin bleiben. Als ich nach meiner Ankunft dort vom Bahnhof nach Hause fuhr, sah ich vor mir lauter dämonische Zeichen und fühlte den Himmel über der Stadt gänzlich verschlossen. Durch ständiges Gebet während der nächsten drei Tage gelang es mir, die dämonischen Wolken zu vertreiben und so den Himmel wieder zu öffnen.

Der Sommer 1934 kam und mit ihm am 30. Juni der Beginn

des blutigen Aufräumens unter den wirklichen und vermeintlichen Gegnern und Rivalen des neuen Machthabers. Schon gleich darauf, in der Nacht zum 1. Juli, hatte ich ein ebenso gewaltiges wie grausiges Erleben: Unter anhaltendem, machtvoll dröhnendem, dumpfem Trommelwirbel aus dem Übersinnlichen, in dem das ganze Grauen der Massenhinrichtungen zu fühlen war, erlebte ich den Übertritt der Genossen Röhms wie der übrigen Scharen von Erschossenen auf die jenseitige Ebene und wurde aufgefordert, für sie zu beten. Den so unvorbereitet und plötzlich aus dem Leben Gerissenen mußte ich auf diese Weise helfen, sich ihres Hinüberganges bewußt zu werden und sich in ihrem neuen Daseinszustand zurechtzufinden. – Wüßte die Welt, was für furchtbare Wirkungen und Rückwirkungen es hat, wenn unter solchen Umständen ungeistige Menschen unvorbereitet und gewaltsam auf die jenseitige Ebene versetzt werden, kein noch so blutgieriger Gewalthaber würde weiterhin die Torheit begehen, sich seiner Gegner so entledigen zu wollen. Leidenschaftlicher Haß und unersättliche Rachsucht halten die gewaltsam Getöteten in der Erdsphäre fest, und sie sind ihrem Mörder weit gefährlichere Feinde von jenseits her, als sie es diesseits je sein konnten. – Es ist nicht zu schildern und zu beschreiben, wieviel Mühe und Aufwand an Geduld und Kraft es mich gekostet hat, den glühenden Haß, den brennenden Rachedurst dieser gewaltsam ums Leben Gebrachten zu dämpfen und zu beschwichtigen. Nicht nur in dieser einen ersten Nacht, über Monate hin hatte ich mit ihnen zu tun.

Durch geistige Einwirkung kann ich den von ihrem Geist noch getrennten Seelen – ob diese als Menschen im Körper leben oder als schon Abgeschiedene noch der Erdsphäre verhaftet sind – die ordnende und erlösende Kraft der göttlichen Liebesmacht vermitteln. Diese kommt wie ein natürlicher Einfluß von einem Menschen her auf sie zu und bietet sich ihnen als Hilfe für ihren eigenen Aufstieg an. Darin besteht meine geheime und deshalb so undankbare Aufgabe, weil die Menschen nichts davon sehen und in ihrer Weltklugheit nicht einmal das Vorhandensein der sie bedrängenden und heimsuchenden Scharen erdgebundener Seelen wahrhaben wollen, um deren Erlösung der Mystiker in schweren Mühen ringt, gerade zum Segen der gesamten Erdenmenschheit.

Jener erlebnisschweren Nacht zum 1. Juli 1934 folgte sogleich die nächste als eine zweite mit nicht minder erschrekkendem Erleben. Ich sah mich in einer Gefängniszelle auf dem Bett liegend, mir gegenüber die Tür; über dieser in der Wand eine Lüftungsöffnung mit einer siebartig durchlöcherten Metallplatte verschlossen, durch welche von außerhalb der Zelle jeder Schall hereindrang. Dabei hörte ich beständig viel Lärm im Haus, bald schwere Tritte auf Steinplatten, bald lautes Sprechen oder Klirren von Schlüsseln und Türenschlagen. Dieser Zustand war von schier endloser Dauer; es vergingen Wochen und daraus wurden Monate, und immer war noch kein Ende abzusehen. Schließlich kam doch eine Änderung; aber es war nicht die Entlassung. Es war mir undeutlich bewußt, daß ich anderswohin kam. Deutlich sah ich das Dach des Hauses, das mich dann aufnahm. Den weiteren Verlauf sah ich nicht. Doch was ich gesehen, war übergenug, um mir schwere Sorgen vor kommendem Unheil zu verursachen.

Als der Sommer zu Ende ging und das Wetter herbstlich zu werden begann, fuhr ich, wie schon seit Jahren, nach Meran und kehrte von dorther Anfang November zurück. Es ist nicht zu beschreiben, unter was für grauenhaften Gefühlen ich diese Fahrt zurücklegte. Als ich durch Luzern kam, hatte ich ein ganz besonderes geistiges Erleben über die Freiheit im Leben der Schweiz. In geistiger Schau sah ich aus der gesamten Natur ihrer Berge und der Atmosphäre urwüchsige Freiheit und Lebensfreude strahlen; und ein unversieglicher, ewig frischer Lebensstrom umrauschte sie als Schutz gegen die satanischen Gewalten rücksichtsloser Machtgier, die in Deutschland eine bedrückende Atmosphäre geschaffen hatte, in der ich kaum noch zu atmen vermochte. Mein menschliches, seelisches Gefühl warnte mich davor, daß dort das Gefängnis, das mir in dem nächtlichen Erleben angekündigt worden war, jetzt auf mich warte. So hatte ich einen harten Kampf zu bestehen gegen die Versuchung, in der Schweiz zu bleiben, und es kostete mich einen entsetzlich schweren Entschluß, die Fahrt fortzusetzen. Tief im Innern drängte mein Geist mich dazu, entgegen allen warnenden Gefühlen nach Hause zu fahren. Dort war mir noch eine kurze Frist von wenigen Wochen vergönnt, dann wurde ich in die Drangsal hineingeführt.

Innere Notwendigkeit und äußere Umstände fügten den Gang des Geschehens so, daß ich, obwohl ich das Unheil greifbar deutlich nahen fühlte, ihm nicht ausweichen konnte, sondern geraden Weges in mein Verhängnis hineinfuhr. Bei meiner Ankunft in Breslau wurde ich am Abend des 4. Dezember 1934 verhaftet und in einen der berüchtigten SS-Keller gebracht. Ein Gestapo-Beamter, der mich – wie ich später erfuhr – seit Jahresfrist im Auftrag Himmlers bespitzelt hatte, unterzog mich dort zunächst einem Verhör. Mit gleisnerischer Freundlichkeit versuchte er in ungezwungenem, sehr liebenswürdigem Unterhaltungston mich auszufragen. Über meinen äußeren Lebensgang während des letzten Jahres, wo ich überall gewesen war, wer mich besucht hatte und dergleichen Umstände mehr, war er weitgehend im Bilde. Er hatte durch weibliche Spitzel aus Parteimitgliedern, die sich bei mir ausgesprochen hatten, auch bis zum Wortlaut getreu herauszulocken gewußt, wie ich mich über Hitler geäußert hatte. Wie sich leicht denken läßt, war meine Beurteilung seines Charakters nicht gerade schmeichelhaft gewesen, und mein Urteil über seine Eignung zum Führer und Staatslenker war vernichtend ausgefallen. Diese meine Äußerungen hielt mir der Vernehmende vor, und ich konnte ihm nur bestätigen, daß ich sie so getan hatte und auch aufrecht erhalten müsse. Es waren ja auch keine persönlichen Beschimpfungen gewesen, sondern sachliche Kritik. – Vor allen Dingen kam es dem Gestapo-Mann darauf an, von mir etwas über die Menschen zu erfahren, die bei mir gewesen und der Parteileitung irgendwie unliebsam aufgefallen waren. Es gelang dem Vernehmenden nicht, auch nur das Geringste von dem, was er gern hören wollte, aus mir herauszulocken. Seine Enttäuschung über seinen Mißerfolg verwandelte seine Freundlichkeit schließlich zu zähneknirschender Wut, und er beendete unsere ergebnislose Unterhaltung mit drohenden Worten in dem Sinne: »Na, warten Sie nur! Sie wissen ja selbst, was Sie über den Führer gesagt haben, und können sich auch selbst denken, was Ihrer daraufhin wartet.«

Nun wurde ich wieder in einen Keller geführt und mußte mich, mit dem Gesicht ihr zugekehrt, an die Wand stellen. Hinter meinem Rücken stand ein SS-Posten, der von Zeit zu Zeit immer wieder mit seinem Gewehr hantierte, den Ladehebel knacken ließ und dann – wie ich, auch ohne es zu sehen, genau fühlte – das Gewehr auf mich anlegte. In meinem Menschlichen hatte ich nur den einen einzigen Wunsch: Wenn er doch nur abdrücken wollte, damit ich endlich aus dieser furchtbaren Welt und aus dem verhaßten Leben käme! – Im Inneren aber erlebte ich hier zum ersten Mal einen Zustand, der mir in dieser Form bisher noch nie vergönnt gewesen war: Ganz ebenso wie Er in der Zeit der ersten Christenheit Seine Blutzeugen gestärkt und gestützt hat, wenn sie sich um Seines Namens willen zu Tode quälen und – gelassen, ja mit innerer Freude – alles über sich ergehen ließen, war Christus ganz und gar in mir mit Seinem Frieden, und alle Angst und Furcht war verbannt. Nur einzig der Gedanke an meine Angehörigen beeinträchtigte mir die Ruhe; denn ich wußte nur zu gut, wie furchtbar es auf sie wirken würde, wenn ich auf solche Weise endete. – So stand ich die ganze Nacht hindurch, bis bei grauendem Morgen meine Körperkräfte nachließen und ich vor Schwäche umfiel. Man hielt mich auch den ganzen Tag danach noch in diesem Keller und lieferte mich erst am Abend in das Polizeigefängnis ein. Hier bezog ich nun die Zelle, die ich mit allen Einzelheiten schon in der Nacht zum 2. Juli ganz deutlich gesehen hatte, und erlebte jetzt das Haus mit seinem Lärm und allen seinen Schrecken auch in der äußeren Wirklichkeit ganz so, wie meine Vorschau es mir gezeigt hatte.

Ich quälte mich mit Selbstvorwürfen darüber, daß ich meinen warnenden Gefühlen nicht besser gefolgt war; zergrübelte mir den Kopf im Nachdenken, an welchem Punkt ich hätte vorsichtiger sein und anders handeln müssen, um den Häschern nicht in die Arme zu laufen. Maßlos war mein Ärger darüber, daß ich mich überhaupt auf diese verhängnisvolle Fahrt eingelassen hatte. Und daneben machte ich mir schwere Sorgen um den Kummer meiner Angehörigen, von denen ich nur allzu gut wußte, wie sie sich über mein Mißgeschick aufregen und grämen mußten. Auch handgreifliche Belästigungen durch Haussuchungen mußte ich für sie befürchten, wie solche auch tatsächlich stattgefunden haben. – Wie es für mich selbstverständlich ist, war ich dabei tief im Inneren unablässig im Gebet und schrie zu Gottvater und Christus um Hilfe. Doch es kam mir keine Antwort, bis am 7., also am dritten Tag meiner Haft, zwischen 10 und 11 Uhr vormittags Christus mir erschien. Er war sehr ernst, und Sein Gesicht zeigte einen ganz ungewohnten Zug von Strenge, als Er mir sagte: »Glaubst du denn wirklich, daß du lediglich durch einen Zufall hier hereingekommen bist? Ich will, daß du das durchmachst!« Und das sagte Er mit einer Schroffheit, die ich bisher nie an Ihm wahrgenommen hatte, und die mich schwer verletzend traf, so daß sich in meiner menschlichen Natur alles gegen Ihn empörte. – Was hatte ich denn getan, daß Er mir solch ein grausiges Schicksal zudiktierte? Wußte Er denn nicht ebenso gut wie ich selbst, wie über alle Maßen furchtbar mich gerade solche Haft quälen mußte? Und nun versagte Er mir gar noch Sein Mitgefühl, das Er mir bisher in allen meinen Nöten doch immer bewiesen hatte und auf das ich mich unbedingt verlassen zu können geglaubt hatte! Gerade Er, der stets Verständnis für mein schweres Leben gehabt, gerade Er stieß mich jetzt so rauh in dies Furchtbarste, was mir geschehen konnte, hinein und versagte mir ganz offenkundig jeden Trost! Das war mehr, als mein natürlicher Mensch hinnehmen konnte. Eine wilde Empörung gegen Ihn stieg in mir hoch, wie ich selbst sie nicht für möglich gehalten hatte. Damit ließ Er mich allein zurück, und die Trostlosigkeit und Verlassenheit, die nun folgte und zunächst ohne die geringste Verminderung mehrere Tage anhielt, während derer ich weder von Gottvater noch von Christus auch nur den leisesten Hauch zu spüren bekam, ist schlechthin unvorstellbar und unbeschreiblich. – Heute weiß ich, daß es gerade auf die Erregung dieser Empörung abgesehen gewesen war. Alles, bis ins Letzte hinein, *sollte* in mir aufgewühlt und in Aufruhr gebracht werden. Denn wenn sie so in besinnungsloser Erregung ratlos und verzweifelt sich gar nicht mehr zu helfen wissen, sind die Materiegeister des Leibes für den Gottgeist am ehesten und leichtesten zu fassen und ihrer Wandlung zuzuführen. – »Die letzte Verzweiflung ist MEIN Feld, da wirke ICH Wunder!« So sprach Gottvater später einmal zu mir. In diesen Worten liegt auch die Erklärung für Christi scheinbar mitleidloses Auftreten mir gegenüber an jenem dritten Tag meiner Gefangenschaft.

Auch mein Körper war sofort in schwere Unordnung geraten; denn allein schon die Kost, die mir gereicht wurde und für mich ganz ungeeignet war, verursachte mir in allen inneren Organen entsetzliche Zustände. Zudem konnte ich keinen Schlaf finden, sondern lag Nacht für Nacht die ganze Zeit hindurch hellwach, den furchtbarsten Grübeleien und Leidensgefühlen ausgeliefert. So hatte ich nach weiteren sieben Tagen das Gefühl, schon ebenso viele Wochen gelitten zu haben, als am 14. Dezember Christus mir wieder erschien. – Nichts von der Strenge wie neulich, nichts von Gekränktsein ließ Er fühlen; Er war ganz und gar alles verstehende Liebe und endlose Güte, der mitfühlende, tröstende Freund, und verband sich zutiefst mit mir. Der ganze Mensch bis in die letzte Zelle des Körpers war restlos von Ihm durchdrungen. Nun sprach Er liebevoll mit mir und warb um meine Zustimmung und Einwilligung in die Haft. Drei Tage und die dazwischen liegenden Nächte hindurch, bis zum 17. Dezember einschließlich, dauerte dieses innige Verbundensein mit Ihm, währenddessen Er unablässig Zwiesprache mit mir hielt, mich über die unumgängliche Notwendigkeit dieser Haft belehrend und über die gewaltige Tragweite dessen, was dadurch bewirkt werde. Nie ungeduldig, immer unendlich liebevoll und freundlich stellte Er Sein Verlangen an mich beharrlich darauf ab, ich solle mich zu dem Entschluß durchringen, in diese Haft einzuwilligen. Vieles von diesen Gesprächen konnte mein äußerer Mensch nur gefühlsmäßig erfassen und kam dem natürlichen Verstand nicht zur vollen Klarheit. Aber dieser eine wichtigste Punkt der freiwilligen Einverständniserklärung wurde gerade dem *äußeren* Menschen und allen Materiegeistern des Körpers immer wieder als dringendste Notwendigkeit nahegelegt und ihnen gütig zugeredet, ihre Einwilligung zu geben.

Unannehmbar, unerträglich erschien mir diese Zumutung, und ich hatte gar viele Einwände dagegen, denn nicht nur bis Weihnachten, viel, viel länger sollte die Haft dauern. Ich konnte mich nicht entschließen, in das schlechthin Unerträgliche einzuwilligen, und erwiderte Christus unumwunden: »Ohne zu zögern verzichte ich auf alle Vorteile, die sich etwa für mich persönlich im künftigen Leben aus dieser Quälerei ergeben. Ich verzichte auf alles! Nur ein Ende dieser furchtbaren Leiden, heraus aus dieser Pein!« – Mit unendlicher Geduld und Güte belehrte Er mich, daß es durchaus nicht bloß um meine Entwicklung gehe, sondern daß weit Größeres damit bezweckt werde und erreicht werden könne. Auch gerade die Überwindung der nationalsozialistischen Gewaltherrschaft hänge davon ab, daß ich als Mensch inmitten des Brennpunktes der irdischen Hölle längere Zeit lebe und die göttliche Geiststrahlung durch mich hindurch dort zur Wirkung komme. Gleichzeitig käme dieses Opfer als stellvertretendes Leiden den immer zahlreicher werdenden Unglücklichen zugute, welche die Gewaltherrschaft mit Vernichtung bedrohe oder auch schon umgebracht habe; und schließlich gehe es dabei um die Überwindung der Lieblosigkeit allgemein in der Welt. – Da verlangte ich von Christus nochmals die ausdrückliche Zusicherung, daß mein Opfer wirklich eine entscheidende innere und vielleicht auch äußere Hilfe für andere, für viele Menschen bringen werde. Ich wolle das genau wissen, denn wenn ich glauben müßte, die Früchte meines Leidens kämen im Jenseits nur mir allein zugute, dann erschiene mir meine Einwilligung beinahe als Egoismus, so bitter die vor mir liegende Leidenszeit auch sein werde. Erst nach Christi wiederholter Bestätigung, daß es nicht in erster Linie um meine eigene Seligkeit, sondern um göttliche Hilfe für die leidende Menschheit gehe, willigte ich schließlich, aus Liebe zu Ihm, ein.

Nach Christi Fortgang überfiel mich sehr bald die trostlose Verlassenheit wieder, die nun ohne Unterbrechung drei volle Monate dauern sollte, die mir zu Jahren wurden. – Nichts geschah, um meinen Fall zu klären. Niemand kümmerte sich um mich. Nicht ein einziges Mal wurde ich ordnungsgemäß vernommen. Die Menschen schienen mich ebenso vergessen zu haben wie Gott und Christus, die mir auf kein Gebet, auf keinen Hilfeschrei auch nur die leiseste Antwort gaben. Erst um die Mitte des März, als meine Verzweiflung übermächtig zu werden drohte, erschien mir Christus wieder. Diesmal kam Er ganz anders als sonst, in unaussprechlicher Pracht und überwältigendem Farbenglanz. Flehentlich bat ich Ihn: »Nimm mich mit!« Liebevoll nahm Er mich in Seine Arme. In Seinem Schoß geborgen fühlte ich, wie ich mit Ihm empor schwebte. Doch das Glück war sehr kurz. Gleich darauf fand ich mich in meiner trostlosen Zelle wieder, und die Verlassenheit umfing mich von neuem.

Der Gefängnisvorsteher und auch der Arzt, die mit menschlicher Teilnahme meine Leiden sahen und dabei gewahr wurden, daß ich ganz anders litt als sonstige Gefangene, hatten schon verschiedentlich versucht, eine ordnungsgemäße Untersuchung meines Falles anzuregen und auf meine Entlassung zu dringen, und sie begannen nun nachdrücklicher, höheren Orts für mich vorstellig zu werden. Auch erklärte mich der Arzt für haftunfähig. Durch solche verschiedentlichen Anträge und Nachfragen war mein Fall bei Himmler frisch in Erinnerung gebracht worden. Das hatte zur Folge, daß gegen Ende der ersten Aprilwoche endlich eine Vernehmung mit mir vorgenommen wurde. Man holte mich dazu eines Abends gegen 6 Uhr herauf und ließ mich zunächst einmal bis Mitternacht warten, wohl um die nötige Mürbigkeit für das Verhör zu erzielen. Elend und ausgehungert, wie ich war, wartete ich in quälender Erregung und Spannung auf diese Vernehmung, von der für mich und mein weiteres Schicksal doch so viel abhing, volle sechs Stunden. Endlich war es so weit. Ein Regierungsrat leitete das Verhör, und ein SS-Sturmführer – derselbe, welcher mich am Abend der Verhaftung auszuhorchen versucht hatte – assistierte ihm dabei. Teils waren es ganz haltlose Verdächtigungen der erbärmlichsten Art, die bald zu entkräften waren, hauptsächlich aber hatte ich sophistische Spitzfindigkeiten bezüglich »meiner Lehre« zu widerlegen; wenigstens versuchte ich das, indem ich mit meinen letzten Kräften immer wieder gegen die heimtückischen Entstellungen und Verdrehungen des Protokolls Einspruch erhob.

Ich wußte recht gut, worum es ihnen zu tun war. Einige junge Leute aus ihren Reihen waren durch mich zum Glauben gekommen, und Himmler hatte darauf bezüglich gesagt, ich sei durch mein geistiges Erleben der gefährlichste Mensch. So wollte man mir durchaus eine besondere, womöglich staatsgefährdende »Lehre« aufreden und mich darauf festnageln. – Meine Gegenwehr gelang mir nicht im entferntesten so, wie ich es wollte, und wie ich es mit Leichtigkeit hätte tun können, wenn ich mich nicht so auffällig gehemmt gefühlt hätte und sogar von Satan persönlich dabei stark bedrängt worden wäre. Ich war so schwach und elend, daß ich bei der Unterzeichnung des Protokolls nur das dumpfe Gefühl hatte, etwas zu unterschreiben, was eigentlich gar nicht stimmte, konnte mich aber nicht mehr dagegen wehren. Das Gefühl, hier überlistet und überrumpelt worden zu sein und etwas unterschrieben zu haben, was die Wahrheit völlig entstellte, ist mir lange Jahre quälend nachgegangen, und ich habe mir, wie das immer meine Art ist, jedesmal, wenn ich an diese Vernehmung dachte, schwere Selbstvorwürfe gemacht in dem Sinne, daß ich trotz meiner körperlichen Schwäche hätte besser achtgeben müssen und nicht unterschreiben dürfen. Einen ganz klaren Überblick über die tiefsten Zusammenhänge der Vorgänge von damals erhielt ich erst viele Jahre später in einem geistigen Erleben, über welches ich in einem Brief an meine Angehörigen folgendermaßen berichtete:

»Gestern, am 18. April 1943, wurden mir die schrecklichen Vorgänge von damals bei meiner Verhaftung und bei der nächtlichen Vernehmung aus dem Himmel beleuchtet. Da wurde klar gezeigt, daß dem Satan regelrecht die Macht gegeben worden war, mit mir nach seinem Willen zu verfahren. Er lähmte mich so, daß ich mir Dinge aufreden lassen mußte, die gar nicht vorhanden waren. In aller Deutlichkeit wurde mir zu erkennen gegeben: Was damals mit mir geschah, war die getreue Entsprechung zu Christi Verhör und Verurteilung vor dem Hohen Rat – der Unschuldigste mußte die schwerste Ungerechtigkeit erfahren. Erst das löste das – leider notwendige – ungeheure Maß des Leidens aus.

Es war also nicht zu umgehen und lag in meiner Aufgabe. Auch spielte sich das große Erleben, wie bei Jesus, in der Nacht ab, wo die dunklen Mächte die meiste Gewalt haben. Nie werde ich den Augenblick vergessen, als Satan mich anfuhr: ›Halt dein Maul!‹ In dem ganzen Vorgang lag für mich eine so gewaltsame Entstellung und Verkehrung in den Unsinn, daß ich in meinem Menschlichen auch bis gestern noch, wo mir nun dies alles in seinen innersten Zusammenhängen im Himmelslicht offenbart wurde, nie damit fertig werden konnte. Ich wurde auch bei allen erdenklichen Gelegenheiten von aufhetzenden Geistern damit angefochten, daß sie mir ins Ohr bliesen, es hätte doch alles nicht so verkehrt und unsinnig zuzugehen brauchen, nur meine körperliche Schwäche sei daran schuld gewesen.«

Von heute her auf diese ganze Zeit zurückschauend, erkenne ich klar und deutlich, wie meine Haft der ersten Monate in Breslau eine allmähliche Vorbereitung, geradezu ein planmäßiges Training auf die unvergleichlich viel schlimmere Zeit im Konzentrationslager Columbia-Haus in Berlin gewesen ist. Das alte Militärzuchthaus am Tempelhofer Feld war so getauft worden und barg unter diesem harmlos klingenden Namen den Mittelpunkt und Brennpunkt der nationalsozialistischen Hölle. Dort hinein führte mich meine Aufgabe zielbewußt. Doch wurde dabei alles so geführt, daß ich schließlich aus eigenem Willensentschluß den letzten Schritt dorthin tat. Und das kam so:

Im Anschluß an die endlich stattgehabte Vernehmung erhob sich die Frage, ob ich in Breslau bleiben oder mich nach Berlin versetzen lassen sollte. Die Entscheidung darüber schien ganz und gar in meine Hand gegeben; und wie es von jeher meine Art ist, die größten Schwierigkeiten zuallererst in Angriff zu nehmen, neigte ich von vornherein stark dazu, meine Verlegung nach Berlin zu betreiben, weil dort weit bessere Aussicht bestand, endlich die Klärung meines Falles und meine Entlassung zu erreichen. – Ich beriet mit dem Vorsteher das Für und Wider täglich neu. Er, der es sehr gut mit mir meinte, riet zum Bleiben. Schon allein die Beförderung in einem der üblichen Sammeltransporte, meinte er, müsse für mich vollends unerträglich sein, da diese Transporte, zu vielen Menschen, doch ein jeder einzeln in einen engen Käfig gezwängt, ja nicht einmal in einer glatten Fahrt durchgingen, sondern mit Unterbrechungen und Übernachtungen in fremden Gefängnissen unzählige Widerwärtigkeiten mit sich brächten. Hier in Breslau sei ich in seinen Händen und hätte nur mit der alten, ordnungsmäßigen Polizei zu tun; er könne mir allerlei Erleichterungen gewähren. In Berlin seien die Wachmannschaften ausschließlich SS-Männer, und ich wäre ihrer rücksichtslosen Willkür ausgeliefert. – Blieb ich in Breslau, dann bestand freilich wieder die Gefahr, daß man mich von neuem vergaß und mich unabsehbare Zeiten sitzen ließ. Wenn ich nach Berlin ginge, so hatte es geheißen, stehe für mich in Aussicht, daß ich nach kurzer Überprüfung meines Falles bald entlassen würde. Aber irgendeine Sicherheit dafür, daß dies auch wirklich zutreffe, hatte niemand mir zu geben. – So war es sehr schwer für mich, den rechten Entschluß zu finden, und ich wurde tagelang von diesen Erwägungen hin- und hergerissen.

Da setzte am Montag der Karwoche frühmorgens gegen halb sechs Uhr, bevor der Lärm in dem erwachenden Haus stärker wurde, ein Gotteserleben ein von einer so überwältigenden Größe und Eindringlichkeit, die es mir ewig unvergeßlich macht. – Ganz unvermittelt fand ich mich auf dem Schoß einer kraftvollen und vollkommenen Mannesgestalt von weit mehr als Menschengröße sitzend und schaute an ihr empor in das majestätische Antlitz – *Gottvaters*. Heiligkeit und Allmacht gingen am stärksten von IHM aus; aber es war der liebevolle persönliche Gott, der zu mir sprach. Mit dem gleichen liebevollen Verständnis wie am 14. Dezember 1934 Christus legte Gottvater mir dar, daß ich unbedingt auch noch nach Berlin in das schreckliche Lager müsse, daß mir das nicht erspart werden könne. ER gab mir zu fühlen, daß ER mich in meinen Leiden und in meiner Angst vor dieser Zumutung zutiefst verstehe. Doch aus Seiner Weisheit müsse ER auch dieses Schwere noch von mir verlangen, und ich solle mich freiwillig dazu entschließen. Nach der Ordnung, die ER Seiner Schöpfung gegeben habe, könnten bestimmte Wirkungen Gottes in der Menschheit allein durch die *Vermittlung von Menschen* geschehen, von Menschen, die sich dem Einströmen Gottes restlos hingeben. Auch der Widersacher könne nur durch ihm willfährige Menschen wirken. In der großen Auseinandersetzung zwischen der Kraft göttlicher Liebe und dem satanischen Vernichtungswillen hätte sich schon öfter in der Geschichte jede Seite eines menschlichen Werkzeuges bedient, wobei allerdings das innere Wirken der göttlichen Liebe meist verborgen geblieben sei. Jetzt sei Hitler mein Gegenpol, und die Überwindung der nationalsozialistischen Gewaltherrschaft erfordere nun meinen Aufenthalt im Mittelpunkt dieser irdischen Hölle für längere Zeit. Zugleich aber wolle ER in Entsprechung zur Vergeistigung meines natürlichen Menschen auch das Geschehen in der materiellen Welt immer mehr mit Seiner Liebe erfassen und lenken. – Nach dieser in überströmender Liebe gegebenen Darlegung sahen auch die Materiegeister meines Leibes ein, daß Gott einen Menschen als Mittler braucht, wenn ER Seinen Willen in der irdischen Natur auf glattem Ordnungsweg durchsetzen und wirksam werden lassen will. Sich solch hohem Zweck dienstbar zu machen und damit der Welt zu besseren Zuständen zu verhelfen, schien ihnen doch wohl der Mühe wert. So gab auch mein äußerer Mensch, wenn auch nicht ohne Bangen und Zagen, seine Einwilligung, dem Verlangen Gottvaters nachzugeben.

Als dann der gewaltige Strom des Gottvater-Einflusses schon im Abebben war, doch bevor er ganz verschwand, sah ich plötzlich drei Karten in meiner Hand, auf denen blühender Flieder, Rosen und andere Sommerblumen abgebildet waren, und es wurde mir dazu gesagt: »Das alles wirst du in diesem Sommer nicht zu sehen bekommen.« – Damit sollte gerade meinem äußeren, körperlichen Menschen noch besonders sinnlich greifbar klar gemacht werden, daß er einem trostlosen Sommer entgegengehe, in dem er all das werde entbehren müssen, was ihm von jeher als unentbehrlich erschienen war. – Von Kind auf ist mir der Aufenthalt in geschlossenen Räumen schwer erträglich, und besonders im Sommer war es mir geradezu unmöglich, längere Zeit im Zimmer zu bleiben. Vor allen Dingen ist mir die Sonne dringendstes Lebensbedürfnis, ist sie doch *die* Entsprechung des Göttlichen. Außerdem bin ich sehr wärmebedürftig. – Was mich jetzt in Berlin erwartete, das war eine enge, dunkle und dumpfe Zelle mit dicken Mauern, in die nie ein Sonnenstrahl hineinkam, und die so kalt war, daß ich den ganzen Sommer hindurch meinen Pelz tragen mußte. Es gab im Sommer 1935 nur etwa vier bis fünf Tage, an denen es auch in meiner Zelle warm wurde, dann aber auch gleich drückend heiß. – Wer sich mit einigermaßen lebhaftem Mitempfinden vorstellen kann, wie entsetzlich einem freiheitgewohnten Naturkind das Eingesperrtsein in solcher Zelle vorkommen muß, der hat immer noch keine blasse Ahnung von der Furchtbarkeit meiner Empfindungen, die ich dort beständig in mir getragen habe. Nicht bloß für das Gemüt und meinen seelischen Menschen, sondern auch gerade ganz besonders meinem hellfühlend geistempfindenden *Körper* sind Freiheit, Sonne, Luft, Licht und Wärme in gar nicht faßbar gesteigertem Maße dringendstes Lebensbedürfnis. Das alles sollte ich auch noch den ganzen Sommer hindurch entbehren. Bisher hatte ich mich noch immer damit getröstet, daß es ja wenigstens Winter war; und im Sommer hoffte ich doch wieder draußen und frei zu sein. Wer könnte da nicht begreifen, daß ich mit meinem äußeren Menschen selbst auf das liebevolle Zureden Gottvaters nur mit Zagen und Bangen meine Einwilligung geben konnte? – Aber noch war ich nicht dort, sondern es drohte mir erst. Und wie würde ich den mir so furchtbar geschilderten Transport überstehen? Kein Wunder, daß mein äußerer Mensch auch hinterher immer noch mit dem Gedanken spielte, ob ich nicht doch lieber in Breslau bleiben sollte. Aber im Innern hielt mein Geist strenge Wacht, und seine Weisung an den äußeren Menschen hieß kurz und klar: Fahre nach Berlin! – Und nun geschah noch etwas ganz Ungewöhnliches, in Breslau Nochniedagewesenes im Bereich nationalsozialistischer Gewaltherrschaft, was den Gefängnisvorsteher und alle seine Beamten in das höchste Erstaunen versetzte: Der Regierungsrat erschien mit der Weisung aus Berlin, mich zu fragen, ob ich im Abteil 1. Klasse fahren wolle, oder es vorzöge, im Flugzeug befördert zu werden. – Hier war Gottvaters helfende Hand deutlich sichtbar. – Ich wählte die Fahrt auf der Eisenbahn und wurde, von einem Gestapo-Beamten begleitet, am Gründonnerstag nach Berlin gebracht und im Columbia-Haus eingeliefert. Bei der Anfahrt erkannte ich zum Erschrecken deutlich das Dach des Hauses, das mir in jener Schau in der Nacht zum 2. Juli 1934 gezeigt worden war. – Es ist kein blinder Zufall, daß ich gerade in diesen Tagen, an denen die Christenheit des Kreuzigungsleidens Christi besonders gedenkt, an den Ort meiner furchtbarsten Leiden gebracht worden bin. Genau zehn Jahre später sollte sich dasselbe noch einmal wiederholen, so auch äußerlich sichtbar die Entsprechung betonend, die Christus Selbst mir bei allen möglichen Gelegenheiten immer wieder aufgezeigt hat zum Nachweis, daß sie zwischen Seinem und meinem Weg durch die Leiden dieser Welt bis in Einzelheiten hinein bestehe.

Hier im Columbia-Haus wehte ein ganz anderer, ein scharfer und eisigkalter Wind. Schon der Empfang unter militärischen Kommandos war schrecklich für mich. Schwach und elend wie ich war, so daß ich mich kaum auf den Füßen halten konnte, sollte ich noch militärisch stramm stehen. »Hier sind Sie nicht mehr im Gefängnis, sondern im Konzentrationslager«, brüllte man mich an. Ich durfte mich auch in der Zelle nicht hinlegen. Ich verlangte, dem Arzt vorgeführt zu werden, um mir die Erlaubnis zum Niederlegen nach Bedürfnis auch bei Tag zu erwirken. Doch der Arzt war an diesem Tag nicht mehr erreichbar.

Die weitgehende Rücksichtnahme, die man mir im Gefängnis in Breslau gewährt hatte, hatte es mir ermöglicht, meine Kost regelmäßig von außerhalb her zu beziehen. Eine Schwägerin, die mir das Essen nach meinen Wünschen und Bedürfnissen bereitete und brachte, versorgte mich damit. Aber meine furchtbaren Leiden und schweren Gemütsbedrückungen durch die trostlosen innerlichen Verlassenheitszustände nahmen mir jede Eßlust; meist sträubte sich alles in mir geradezu gegen die Nahrungsaufnahme. Die Tage, an denen ich einigermaßen ausreichend zu essen vermochte, waren ganz seltene Ausnahmen. Gewöhnlich gab ich den größten Teil meiner Gerichte zur Verteilung an Mitgefangene weiter. Oft auch bestellte ich mir von vornherein nur grünen Salat, weil ich schon wußte, daß ich gar nichts anderes werde essen können. So war ich im Laufe der vier Monate körperlich so elend und hinfällig geworden wie noch nie zuvor in meinem Leben. Aber es sollte in dieser Hinsicht noch sehr viel schlimmer kommen.

Die Kost im Columbia-Haus war für mich völlig unbrauchbar. Jeder, auch der vorsichtigste Versuch, davon etwas zu genießen, trug mir die schwersten Koliken ein. Eigentlich haben diese äußerst schmerzhaften Krämpfe in den verschiedenen inneren Organen des Leibes überhaupt nicht mehr aufgehört und quälten mich die nächsten Monate hindurch unausgesetzt. Zu Zeiten nahmen sie solche Heftigkeit an, daß ich vor Schmerzen nicht die kleinste Bewegung machen konnte und vollkommen regungslos liegen mußte. So wurde der äußere Mensch in einer Weise zermürbt, daß ich eigentlich ein Sterbender war. Und im Innern herrschte in mir eine ganz entsprechende trostlose Leere und Verlassenheit. Ich war völlig verlassen und von allem abgeschnitten. Weder Gottvater noch Christus ließen das Geringste von Sich vernehmen, noch meldete sich irgendeiner der vielen Freunde, die ich drüben hatte, und für die doch Gefängnismauern kein Hindernis mehr bedeuteten. Ich war restlos verlassen. Einzig mein Vater ging aus und ein bei mir, litt schwer mit mir unter meinem trostlosen Zustand und konnte mir von sich aus auch keinen Trost geben.

Vergebens wartete ich auf die mir in Aussicht gestellte Nachprüfung meines Falles, die mir die Entlassung bringen sollte. Bei allen möglichen Gelegenheiten suchte ich zu erfahren, ob denn diese Nachprüfung wohl bald zu erwarten sei, und was ich oder vielleicht meine Angehörigen dazu tun könnten, sie in Gang zu bringen. – Da ich in Einzelhaft gehalten wurde und sogar Sprechverbot hatte, so daß weder ich mit jemandem sprechen durfte noch jemand mit mir, waren die Gelegenheiten, Nachfrage zu halten, recht spärlich und auch nicht ungefährlich. Aber im Laufe von Wochen war dann doch einiges zu erfahren. Ich war bei meinen Nachforschungen auf einen Gestapo-Spitzel gestoßen, der mir versprach, sich nach meinen Akten zu erkundigen. Er hielt auch Wort; doch was er in Erfahrung bringen konnte, war alles andere als tröstlich für mich: Irgendein Grund zu gerichtlicher Anklage liege gegen mich nicht vor, und somit sei keinerlei Verfahren gegen mich zu erwarten. Ich sei »verriegelt«, gehöre zu denen, die nie wieder herauskommen sollten. Himmler allein, ganz persönlich, bestimme über mein Schicksal.

Alle, welche mit diesen Dingen Bescheid wußten und dabei sahen, wie furchtbar ich litt, gaben mir den gutgemeinten Rat: Bring dich um, mach Schluß! Es ist völlig aussichtslos für dich, du kommst nie wieder raus. Das hältst du ja doch nicht aus, und verhungern mußt du sowieso. Wozu also die lange Quälerei? Mach Schluß so bald wie möglich! Wir wollen sehen, daß wir dir dazu verhelfen können.

Es war gar nicht so leicht hier, sich selbst umzubringen; denn was irgend dazu brauchbar sein konnte, sich aufzuhängen, war einem abgenommen worden, auch jeder Nagel oder Haken aus der Wand entfernt. Da war es schon nötig, daß einem jemand zu dem verhalf, was man notwendig dazu brauchte. – Da kam mir das Schicksal ganz offensichtlich im rechten Augenblick zu Hilfe.

Meine Angehörigen hatten einen Topf mit frischen Himbeeren für mich abgegeben, und es war sogar gestattet worden, daß er mir ausgehändigt wurde. Natürlich nach gründlicher Prüfung. Und er war dabei durch wenigstens fünf verschiedene Hände gegangen. Als ich diesen Topf leer gegessen hatte, fiel mir an seinem oberen Rand eine Verzierung auf. Bei näherer Betrachtung erkannte ich diese Verzierung als eine in mehrfachen Windungen herumgewickelte starke Schnur. Ich wickelte sie ab und hielt eine recht derbe Kordel in der Hand, gerade fest und lang genug, um mich daran aufzuhängen. Da hatte ich ja, was ich brauchte. Ganz offensichtlich hatte niemand von meinen Angehörigen diese feste Schnur bemerkt. Daß sie mir in die Hände gelangte, war doch gewiß kein blinder Zufall – und gerade jetzt im rechten Augenblick, wo das Maß der Verzweiflung zum Überlaufen voll war. Ich probierte an den übereinander stehenden Betten herum; es reichte, es konnte gar nicht besser passen. So war es nun wirklich an der Zeit, Ernst zu machen.

Zum Selbstmord versucht worden bin ich unzählbare Male, und es ist keineswegs übertrieben, wenn ich sage, daß mein Leben seit Jahrzehnten ein beständiger und erbitterter Abwehrkampf gegen Versuchungen zum Selbstmord ist. – Wenig Freude hat dieses Leben mir zu bieten, immer bin ich gequält und bis zur Verzweiflung gepeinigt. Da hat Satan es nicht schwer, mir wieder und wieder den Selbstmord als den einfachsten und kürzesten Ausweg aus meiner Not anzuempfehlen. Und er hätte auch gewiß sein Ziel schon längst erreicht, wenn ich nicht einerseits die Nutzlosigkeit und das Widersinnige solcher Tat zu genau kennte, und anderseits mir die Ausführung ebenso schwer wäre, als müsse ich einen anderen Menschen umbringen. Aber selbst diese starken Hemmungen sind kein ganz sicherer Schutz. Denn wenn die Leiden gar zu groß wurden und der äußere Mensch in völliger Verlassenheit vor Qual gar nicht mehr ein und aus wußte, dann konnte es mir manchmal so vorkommen, als habe ich nun aber doch das gute Recht, mit Gewalt ein Ende zu machen.

In der Hoffnung, daß hier in Berlin durch eine Nachprüfung meines Falles die Grundlosigkeit meiner Verhaftung zu Tage kommen müsse und so meine Entlassung zu erreichen sein werde, hatte ich mich zu diesem schweren Schritt entschlossen und war selbst mit vollem Bewußtsein in die Höhle des Löwen gegangen. Nun hatte sich diese Hoffnung als schwerer Trug erwiesen, der schwere Entschluß als ein nicht wieder gut zu machender Fehlgriff. Es gab wirklich keinen anderen Ausweg mehr, als die Schnur so zu gebrauchen, wie es jedem verzweifelten Menschen in meiner Lage einzig richtig erscheinen mußte. Als ich noch so mit mir zu Rate gehe, werde ich von ›Oben‹ angesprochen, und es heißt: »Es ist jetzt so weit. Tue es! Gerade weil es dir so schwer wird, sollst du dir jetzt das Leben nehmen, um so in Stellvertretung für alle Unglücklichen, welche Selbstmord begangen haben und noch begehen werden, die schweren Folgen dieser unseligen Tat auf dich zu nehmen und ihnen ihr schlimmes Los zu erleichtern, sie zu erlösen.«

Daraufhin war nun mein Entschluß schnell und endgültig gefaßt, und ich schreite zur Tat. Doch im allerletzten Augenblick vor ihrer Vollendung heißt es: »Es ist genug! Es ist, als sei es geschehen!« – Und ich werde an die Opferung Isaaks erinnert, bei der auch die Willensbereitschaft Abrahams für die vollbrachte Tat genommen wurde. – Danach nun kamen ganze Engelheere, und ich wurde für etwa eine halbe Stunde von aller Qual befreit und in einen Zustand vollkommener Leidlosigkeit versetzt, so daß ich gar nicht mehr wußte, daß ich in einer Gefängniszelle steckte. – Dann aber kam die Verlassenheit und Trostlosigkeit mit voller Schwere wieder über mich, und ich erfuhr keine Erleichterung mehr.

Die mit Unterstützung eines Obersturmführers vom Lagerarzt angeordnete Verlegung in das Staatskrankenhaus brachte keine Erleichterung; die ärztliche Behandlung sollte mich nach Anweisung Himmlers zum Essen zwingen, denn man glaubte mir meine Krämpfe nicht und hielt mein notgedrungenes Fasten für Hungerstreik. So griff man hier also zum Insulin; dieses aber wirkte schädigend, weil ich trotz großen Hungergefühls nur wenig Nahrung hinunterbringen konnte. Auch meine Krämpfe gingen beständig weiter. Ich war jedoch genötigt, diese Behandlung über mich ergehen zu lassen, denn eine Weigerung meinerseits hätte meine sofortige Zurückbringung ins Lager zur Folge gehabt. – Meines Bleibens hier im Krankenhaus war aber sowieso nicht sehr lange. Obwohl einer der Chefärzte mich für haftunfähig erklärte und bei Himmler meine Entlassung beantragte, verfügte dieser schon nach knapp drei Wochen meine Rückverlegung, und das furchtbare Columbia-Haus umfing mich wieder mit seiner höllischen Atmosphäre, wo ich nun wieder in strenger Einzelhaft bei Sprech- und Leseverbot die trostlosesten Verlassenheits- und Todeszustände auszuhalten hatte.

An den Ernährungsschwierigkeiten war also nichts geändert, und man wollte mich nun mit schärfsten Zwangsmaßnahmen von meinem vermeintlichen Hungerstreik abbringen. Eines Tages kamen zwei Posten zu mir in die Zelle und befahlen mir, mich zu rasieren. Auf meine Frage, was denn los sei, sagten sie, ich solle entlassen werden. Ich fühlte jedoch, daß dies eine Lüge war. Sie hatten geglaubt, ich werde daraufhin nun gleich mich anders bewegen und laufen können. Gleichzeitig bekam ich innere Hilfe. Ohne daß ich sonst etwas Besonderes zu erleben bekam, wurde ich aus dem schwer bedrückenden Leidenszustand herausgenommen. Das bedeutete für mich eine Erholungspause, doch ich ahnte auch sogleich, daß sie mir nur zur Stärkung dienen sollte, weil mir etwas ganz besonders Schweres bevorstand. – Ich wurde zum Lagerkommandanten geführt, der mir in schärfstem Ton befahl, den Hungerstreik aufzugeben; wenn ich mich weiterhin weigere zu essen, werde man mir nun auch das Trinkwasser entziehen. Ich konnte ihm darauf nur erwidern, daß ich alsdann erst recht nichts essen könne und eben zugrunde gehen müsse. Er wies mich darauf hin, daß das Verdursten ein sehr schwerer, langsamer und qualvoller Tod sei. Das wisse ich sehr wohl, erwiderte ich ihm darauf; und dann hielt ich ihm in sehr bestimmtem und ernstem Ton vor, daß ich hier doch völlig unschuldig in Haft gehalten werde und gar nichts gegen mich vorliegen könne, sonst wäre doch gewiß schon längst ein Verfahren gegen mich in Gang gebracht worden. Ob er sich denn nicht vorstellen könne, wie furchtbar bedrückend eine solche Ungerechtigkeit auf den Gemütszustand wirken muß, und daß es mir in solcher Verfassung ganz unmöglich sei, etwas zu essen. Meine Verzweiflung sei längst übergroß, und wenn mich nicht meine Lebensauffassung daran hinderte, hätte ich mich schon lange umgebracht, wie das gewiß jeder andere Mensch in meiner Lage getan hätte. – Das blieb auf den Kommandanten nicht ohne Eindruck, und das Wasser wurde mir nicht entzogen. Er hatte mich auch angefahren: »Warum schlafen Sie nicht?«, worauf ich ihm erklärte, daß das ständige Auf- und Abgehen der Posten in ihren schweren Stiefeln so widerhalle, daß ich keinen Schlaf finden könne. Erstaunlicherweise erhielten dann die Posten, die in dem Gang vor meiner Zelle patrouillieren mußten, Filzpantoffeln. – Bald nach dieser Aussprache kam der Adjutant zu mir in die Zelle. Er sagte mir, eigentlich dürfe er gar nicht allein meine Zelle betreten; aber weil er wisse, wie schwer ich leide, wolle er mir nur zum Trost sagen, der Kommandant habe zusammen mit dem Obersturmführer soeben ein schriftliches Gesuch an Himmler gerichtet, mit dem sie meine Entlassung beantragt hätten; nun würde es schon werden. Aber diesem Gesuch wurde nicht stattgegeben.

Doch nun tat der Kommandant etwas, was in diesem Haus wohl ziemlich einzig gewesen sein dürfte und womit er sich selbst der Gefahr einer Maßregelung aussetzte: Er erteilte mit einem besonderen Ausweis die Erlaubnis, daß mir fortan täglich ein zu Hause von meinen Angehörigen bereitetes Gericht in einer Thermosflasche gebracht werden dürfte. Das ist dann auch regelmäßig geschehen. Das Gefäß ging jedes Mal durch viele kontrollierende Hände; aber ich habe es immer richtig bekommen. So erhielt ich nun täglich von zu Hause ein mit aller Sorgfalt und Liebe bereitetes Gericht geliefert, das wenigstens für mich genießbar war, und ich gab mir auch Mühe, es zu essen. Aber unter welch furchtbaren Gefühlen ich diese Speisen verzehrt habe und wie unsagbar ich weiter gelitten habe, das kann ich in Worten nicht beschreiben.

Nach menschlichem Ermessen bestand gar keine Aussicht darauf, daß sich an meiner trostlosen Lage etwas ändern könnte. Und doch war von einer höheren Macht bestimmt worden, wann sie enden sollte. Am frühen Morgen des 14. Oktober 1935 erhielt ich in meiner Zelle den Besuch Christi. Durch eine vollkommene Einung mit Ihm, die etwa zehn Minuten anhielt, erlebte ich unerhörte Seligkeit und Freude und erhielt innerlich die Gewißheit, daß ich entlassen werden sollte. In Worten aber hatte Christus es dem äußeren Menschen nicht mitgeteilt, so daß ich mich trotz des Erlebnisses sehr vorsichtig verhielt, als ich drei Stunden später aufgefordert wurde, mich für die Entlassung zurechtzumachen. Ich wollte dem Posten keine Handhabe geben, weil man mir schon zweimal die bevorstehende Entlassung vorgespiegelt hatte. Erst unter seiner ernsthaften Versicherung und seinem entschiedenen Zureden begann ich allmählich an die Wahrheit der guten Botschaft zu glauben und mich für das Verlassen des KZ vorzubereiten.

Es widerstrebt mir, von meiner Entlassung als von einem Wunder zu sprechen, zumal nichts Aufsehenerregendes, geschweige denn ein Durchbrechen von Naturgesetzen geschah.

Und doch drängt sich das Wort Wunder bei genauer Kenntnis der damaligen Verhältnisse geradezu auf. Meine gerichtliche Vorladung als Zeuge in einer polnischen Erbschaftssache wurde zwar von meiner Schwester bei ihren Bitten um meine Entlassung kräftig ins Feld geführt, doch hätte damals kein Richter, kein Minister, kein Diplomat diese erreichen können, wenn der oberste Polizeichef bei seiner Absicht blieb, mich »verriegelt« zu halten. Wie das Eingreifen Gottes erfolgte, ist mir unbekannt geblieben; jedenfalls verfügte Himmler meine Entlassung. Natürlich mußte ich mich unter Androhung sofortiger Wiederverhaftung zu strengstem Stillschweigen über alles in der Haft Erlebte verpflichten und auch dazu, »still und zurückgezogen zu leben und keine Menschen an mich zu ziehen«.

Äußerlich war ich nun also dieser Hölle glücklich entronnen; aber ihr Einfluß ging mir beständig nach. Die Angst vor erneuter Verhaftung stand als schreckliche Drohung stets hinter mir und wurde von höllischen Geistern beim geringsten Anlaß weidlich dazu ausgenutzt, mich geradezu lebensgefährlich zu erschrecken. Solange es eine nationalsozialistische Gewaltherrschaft gab, konnte es für mich keine ruhige Stunde mehr geben.

GOTTVATER

Die Haft erwies sich als ein tiefer Einschnitt auch in meiner inneren Entwicklung. Durch Jahre hindurch hatte ich alles in jener Zeit Geschehene geistig zu verarbeiten, und zugleich wurde von mir eine ständige geistige Auseinandersetzung mit den hinter der Gewaltherrschaft stehenden dämonischen Mächten gefordert. Aber auch später noch hatte ich die äußeren Ereignisse der Haft von dem jeweils gerade erreichten Stand tieferer Geisterschlossenheit aus neu zu bewältigen. So qualvoll das jeweils war, es brachte auch die Gotteserlebnisse jener sonst so dunklen Zeit ins Gedächtnis zurück, vor allem jenes, dessen Bedeutung ich auf göttliches Geheiß besonders hervorheben soll: die *Begegnung mit Gottvater in Person*.

Ich hatte sie nicht erwartet, nicht erträumt, geschweige denn angestrebt. Von Kind an war ich sowohl durch die Erziehung als auch durch das eigene Gefühl ganz auf Christus eingestellt. Der Heiland, den ich auf den Bildern unserer Bibel sah, von dem ich auf ihren Seiten las, zog mich mit unwiderstehlicher Gewalt an. Das erste große Himmelserleben in der väterlichen Schulstube brach in mein Tagesbewußtsein durch, als ich las, wie Jesus sich vor dem Hohen Rat zu seinem himmlischen Vater bekannte. Bei allen wegweisenden Erlebnissen war mir Christus persönlich wahrnehmbar, oft sichtbar. Wie hätte ich, dem diese große Gnade zuteil wurde, nach etwas anderem streben sollen? Christus war mir genug. Er hatte mir gesagt: »Wenn du mir bis an Mein Herz reichst...« Das war das Ziel, welches Er mir gesetzt hatte. Welche Kraft aber, welche Erleuchtung mir dann gewährt werden sollte, ich wußte es nicht, ich dachte auch nicht darüber nach, die schweren Mühen des

Weges nahmen mich voll in Anspruch und, wenn sie gar zu schwer wurden, erfuhr ich Trost aus der Nähe Christi. Nachdem Er mir aber 1929, nach Peters Tod, bestätigt hatte, daß ich Ihm nun bis ans Herz reiche, kam etwas völlig Unerwartetes: die Einung mit dem Ur-Gottgeist ohne Vermittlung der Person Christi.

Gott ist der Urquell und Urgrund allen Seins. In der Gottgeist-Sphäre umfaßt, durchdringt und erhält Gott alles Geschaffene. Diese Sphäre ist der Schöpfung gegenüber gleichzeitig transzendent und immanent. In dieser höchsten Sphäre stellt sich Gott für unser menschliches Begreifen unter einem doppelten Aspekt dar: Sein Wirken in der Gottgeist-Sphäre ist überpersönlich; andererseits ist hier das Zentrum der Liebe Gottes, von dem aus ER in Person Seinen Geschöpfen, Engeln und Geistern, als *Vater* gegenübertritt. Darum bezeichne ich diese Sphäre auch als Gottvater-Sphäre. Die Verbindung meines Geistes mit ihr hatte von jeher bestanden, denn in ihr hatte er – wie Gott mir später, am 27. Juni 1949, zu erleben gab – seinen Ursprung und seine Heimat. Mit dem Erleben im Sommer 1929 aber war diese Verbindung erstmals auch meinem natürlichen Verstand bewußt geworden. Von da an wiederholte sich das Emporgehobenwerden in die Gottgeist-Sphäre und hatte jedesmal eine beglückende und stärkende Wirkung. Wie hätte ich noch mehr erwarten sollen?

Da wird mir plötzlich die höchste Gnade gewährt: In der tiefsten Not *schaue ich Gottvater* und fühle, wie Sein Wesen mich von innen her bis in meinen körperlichen Menschen durchdringt, und zwar so, daß alle körperlichen Sinne und jede einzelne Zelle des Leibes bewußt Anteil daran haben. Noch klarer, noch bewußter kann überhaupt kein Erleben sein; und *so gewaltig* es ist, *so völlig gewiß* wird es dem Menschen dabei bis in die Materiegeister seines Körpers hinein, daß *Gott* insofern auch *Mensch* ist, als ER für uns Menschen bis in unsere letzten Regungen hinein volles Verständnis hat. Aber es besteht doch ein deutlicher Unterschied zwischen diesem Menschsein Gottvaters und dem Menschwesen Christi, ein Unterschied, für den es keine Worte gibt, so daß ich ihn nicht einmal andeuten kann.

Erst nach der Entlassung aus der Haft erkannte ich mit zunehmender Klarheit, daß die persönliche Begegnung mit Gottvater zwar auf mein Einverständnis mit der vor mir liegenden Leidenszeit abzielte, in ihrer Bedeutung jedoch über den damals zu fassenden Entschluß weit hinaus ging. Das Durchdrungenwerden vom Wesen Gottes und die gleichzeitige Schau Seiner Gestalt sollten meinem Geist und meinem irdischen Tagesbewußtsein einprägen, daß fortan *Gottvater in Person* meinen Weg bestimmen und mich zu Seinem Werkzeug machen werde.

Unauslöschlich blieb die Erinnerung daran, daß ich bei Seinem Anblick die Macht gefühlt hatte, welche die Welt regiert. Das half mir einsehen, daß die Liebe Gottvaters auch der Strenge nicht entbehren kann. Denn unerbittlich führt Gott mich seit Jahrzehnten von Leiden zu immer schwereren Leiden und fordert eine solche Hingabe und Geduld, daß der Mensch immer wieder meint, sie unmöglich noch länger aufbringen zu können. Aber gerade dazu gibt Gott die Kraft und den Ansporn; der Mensch jedoch bleibt in der Demütigung solch vernichtender Leiden vor jeglicher Anwandlung von Hochmut bewahrt.

Die Welt Gottvaters ist so hoch erhaben über die irdische Welt, daß sie mit menschlichen Begriffen und Vorstellungen nicht zu erfassen ist. Wie oft habe ich mich gefragt, ob es denn überhaupt einen Sinn habe, von meinem Gotteserleben und meinen von Gott mir auferlegten Leiden zu berichten. Aber Gottvater will die Menschen wissen lassen, daß ER *Selbst* es ist, dessen Liebe mich trägt und dessen Kraft an mir und durch mich wirkt. Auf Sein Geheiß also habe ich versucht, in diesem Buch davon Zeugnis zu geben.

Visionen Gottvaters haben andere vor mir gehabt, aber solche Visionen sind sehr selten. Auch mir ist die Schau Seiner Person in den folgenden Jahrzehnten nur wenige Male gewährt worden. Das innere Erleben Gottes jedoch, die Wesenseinung mit IHM, kann jederzeit über mich kommen. Ausgelöst wird es oft dadurch, daß ein tiefes Unglücklichsein über die geistige Finsternis und die daraus kommenden Nöte der Erdenmenschheit mich zur Fürbitte drängt. Mein Gebet wird dann zu stundenlanger, innerer Zwiesprache mit Gott, wobei mir oft Gründe, Zweck und Ziel meiner Aufgabe an der gottfernen Menschheit zu erkennen gegeben werden.

Die Mitteilungen bei diesen Gotteserlebnissen geschehen meist ganz ohne Worte; es sind Erleuchtungen, Offenbarungen, unmittelbare Einsicht in das geheime Wirken Gottes für Seine Schöpfung. In den meisten Erlebnissen fluten diese göttlichen Einstrahlungen durch mich hindurch und bewirken ein gewaltiges Geschehen. Ich komme mir dabei oft wie ein großer Sender vor, nur daß ich nicht als bloßes Werkzeug, sondern stets mitwirkend daran beteiligt bin.

Wie jämmerlich kleinlich, elend und erbärmlich erscheint mir besonders nach solcher stundenlangen Gottverbindung das leidige Gezänk der Konfessionen, der Sekten, der Politiker und politischen Parteien. Gott ist der Urquell der Liebe, und ER bemüht Sich, diese Liebe über die Menschheit auszugießen. Doch die Menschen begreifen und fassen es nicht; vor allem sind sie noch so weit entfernt von dem rechten Begreifen des Gebotes Christi »liebe deinen Nächsten«, und erst recht weit davon entfernt, danach zu leben. Sonst gäbe es längst schon keine Kriege mehr und keine Glaubenskämpfe; wir hätten schon hier auf Erden ein halbes Paradies, in welchem die Menschen ein gottergebenes Leben führen und sich in Ruhe und Sammlung auf das Leben jenseits des Grabes vorbereiten könnten.

Immer wieder erlebe ich, wie auch Christus und Gottvater Selbst leiden, weil sie die Herzenstür der meisten Menschen verschlossen finden. Dabei ist gleichzeitig gewiß, daß trotz wahrhaftem Leiden die Glückseligkeit und der Friede Gottes beständig ungetrübt bleiben.

Dieser Widerspruch hat auch mir viel zu schaffen gemacht, und so bat ich einst darum, mir zu zeigen, wie denn das möglich sei, daß Gott die entsetzlichen Leiden der Menschheit mit ansehen und dennoch in Glückseligkeit und Frieden beharren könne.

Daraufhin stellte Gott Sich mir dar als der *große Mensch* mit allen Organen und Zellen Seines Leibes und ließ mich in symbolischen Bildern schauen und erleben, wie die Leideinflüsse durch die göttliche Vollkommenheit in IHM ihren Ausgleich finden. – Ich habe es erlebt und weiß, wie das vor sich geht; ich bin aber außerstande, diesen Vorgang in Verstandesbegriffen darzulegen, weil solche göttliche Vollkommenheit für den natürlichen Verstand völlig unfaßlich ist.

Noch eine andere Frage von größter Bedeutung für uns Menschen beantwortete Gott mir damit gleichzeitig, die Frage nämlich, ob Gott auch wirklich die Bitte und den Notschrei jedes einzelnen Menschen, der sich im Gebet an IHN wendet, höre und zur Kenntnis nehme. Die Antwort auf diese Frage erhielt ich nicht in Worten; auch sie erschaute ich und sah, wie der ernsthafte Ruf jeder einzelnen Seele nicht nur Gott erreicht, sondern auch von IHM sogleich mit einem vermehrten Zustrom Seiner Liebeskraft beantwortet wird. Nun wird zwar auch derjenige Beter, welcher sich in vollkommenem Vertrauen an Gott wendet, die Erfüllung seiner Bitte nicht immer als die erhoffte Änderung seiner äußeren Notlage erfahren. Denn wenn ihm die Not für seine Entwicklung von gutem Nutzen ist, dann kann auch Gott nach Seiner Weisheit sie ihm nicht abnehmen. Oft erlebt der Mensch jedoch die göttliche Hilfe als eine Kraft inneren Halts mit dem Gefühl der Geborgenheit inmitten aller Not.

Wer allerdings in der Nachfolge Christi leben will, dem bleibt die »dunkle Nacht der Seele« nicht erspart, jener Gemütszustand, in dem er sich ganz von Gott verlassen wähnt und kein Gebet erhört zu werden scheint. Diese ihm von Gott auferlegte Prüfung muß er ertragen. – Ein Mensch dagegen, der sich ungläubig und verbittert von Gott abwendet, kann der göttlichen Hilfe nicht teilhaftig werden, weil er die helfende Kraft ja gar nicht in sich einläßt. Und gerade diejenigen, welche sich gegen Seine erbarmende Liebe verschließen, beklagen sich gar noch über Gott und geben IHM die Schuld an all dem Jammer, den sie selbst durch ihren Unglauben und ihre Lieblosigkeit heraufbeschworen haben. Die Liebe würde auf der Erde völlig erkalten, wenn nicht Gott beharrlich in den Mystikern und Heiligen immer wieder Mittler schickte, welche Seine Liebesströme auf die Erde herableiten.

Das Bild des »Großen Menschen« kommt auch bei Böhme, Swedenborg und Lorber vor, aber meistens in bezug auf die Schöpfung. Ich habe deren Schriften erst kennengelernt, nachdem mir die wegweisenden Christuserlebnisse bereits zuteil geworden waren, und habe seitdem all die vielen Menschen, die zu mir kamen, auf sie hingewiesen. Allerdings sind ihre Ausführungen wegen der zu ihrer Zeit anderen Sprache uns nicht leicht zugänglich. In dem umfangreichen Schrifttum, das jeder von ihnen hinterlassen hat, finden sich wertvolle Einsichten, an denen ein nach Erkenntnis Strebender nicht vorübergehen sollte. Er möge sich aber nicht von den Widersprüchen abschrecken lassen, die zwischen ihren Aussagen zu bestehen scheinen.

Beim Vergleichen geistiger Schauungen verschiedener Seher muß man die Verschiedenheit ihres Standpunktes berücksichtigen. Denn es ist beim geistigen Schauen nicht anders als beim natürlichen Sehen; mit dem Wechsel des Standortes verschieben sich für den Betrachter die Dinge in ihrer Lage zueinander. Ebenso wie auf der Erde der Überblick weiter wird, je höher man auf einen Berg hinaufsteigt, erweitert sich in der geistigen Welt der Einblick des Sehers, eine je höhere Stufe die zunehmende Gottverbundenheit seines Geistes ihn erreichen läßt. Auch innerhalb der Gottheitssphären gibt es Stufen der Erleuchtung, und jeder Seher erhält die Offenbarung aus derjenigen, zu der sein eigener Geist erhoben werden kann. Daraus erklären sich die widersprüchlichen Angaben der Seher und erweisen sich als nur scheinbare.

Gott ist das große Geheimnis und bleibt menschlichem Denken unerforschbar. Alles, was der von Gott erleuchtete Menschengeist erfassen und seinem irdischen Verstand vermitteln kann, sind Ausschnitte und Bruchstücke aus einer unvorstellbaren Fülle. Selbst der höchste Geist muß sich den Fähigkeiten seines menschlichen Sprachrohrs anpassen und findet in dessen Begrenztheit auch stets eine Grenze für seine Offenbarungen. Außerdem ist in Betracht zu ziehen, daß kein Seher alles, was er geschaut, kein Mystiker alles, was er erlebt, seiner Mitwelt ohne weiteres mitteilen kann und darf, weil diese ja nicht für alles reif ist.

Wenn bei Lorber immer nur vom Vater in Jesus gesprochen wird und wenn Swedenborg sagt, daß in dem Menschen Jesus Gott Jehova Selbst sich ins Fleisch begeben habe, so empfinde ich das in beiden Fällen als durchaus der Wahrheit entsprechend, weil ich ihrer beider Einssein erlebe, ohne daß sich jedoch die klare Unterscheidbarkeit zwischen ihnen als zwei gesonderten Personen im geringsten vermischte. Von dieser gehen auch katholische Heilige und Mystiker aus, wenn sie berichten, daß sie von dem ihnen erschienenen Christus aufgefordert wurden, mit Ihm zum Vater zu beten, ER möge den Menschen die Beleidigungen verzeihen, die sie IHM antun.

Wie schwer es ist, das Verlangen des denkenden Verstandes nach Klarheit über das Verhältnis zwischen Gottvater und Christus zu befriedigen, habe ich oft genug erfahren. Einst kam ein evangelischer Theologe zu mir als Patient. Dieser war ein sehr kluger und freidenkender Mann. Sein Pfarramt hatte er aufgegeben, weil er sich durch die dogmatische Enge seiner kirchlichen Oberen zu sehr gehemmt und bedrückt fühlte. Er war zum Schulfach übergegangen und beschäftigte sich nebenbei sehr eifrig und ernsthaft mit okkultistischer Forschung. Ich empfahl ihm, sich vor allen Dingen auch in Swedenborgs Schriften zu vertiefen, worauf er auch bereitwilligst einging. Doch schon bei unserer nächsten persönlichen Begegnung erklärte er mir, daß er Swedenborg wieder beiseite gelegt habe, es sei ihm unmöglich gewesen, weiterzulesen, nachdem er an die Stelle gekommen sei, wo Swedenborg behauptet, Gott Jehova sei in Jesus als Mensch auf die Erde herabgekommen. Über solchen Unsinn komme er nicht hinweg. Es sei doch eine vollkommene Unmöglichkeit anzunehmen, daß der allmächtige und unendliche Gott sich in eine kleine menschliche Gestalt hineinbegeben haben sollte. Ich erzählte ihm darauf von meinen Erlebnissen und erklärte ihm, wie sich für mich damit dieses Rätsel unschwer löse.

Jesus ist als natürlicher Mensch geboren, ganz ebenso wie jeder von uns. Was ihn von anderen Menschen unterscheidet, ist allein Sein Geist, der unmittelbar in lauterster Reinheit aus Gott kam, während die individuellen Geister der Menschen allgemein – mit verschwindend geringen Ausnahmen – vor dem Erdenleben ihre Reinheit mehr oder weniger stark eingebüßt haben. So heißt es auch mit vollem Recht, daß Jesus schon als Sohn Gottes auf die Welt gekommen ist. In Seiner menschlichen Natur war Er mit allen echt menschlichen Unvollkommenheiten behaftet wie jeder andere Mensch auch. Doch über Seinen reinen, gottverbundenen Geist konnte die allmächtige Kraft Gottvaters die Seele und den Leib des Menschen Jesus durch eine innere Entwicklung umwandeln, dem Geist immer mehr angleichen, vergeistigen, vergotten, so daß der gesamte Mensch zu einem völlig reinen Gefäß wurde, in das Gottvater die ganze Fülle Seiner Gottheit einfließen lassen konnte. Damit wurde der Mensch Jesus zum Gott. Er ist und bleibt in alle Ewigkeit die einmal ausgeprägte, eigenbewußte, gottmenschliche Persönlichkeit, ein Gott aus Gott, in Gott und neben Gott und dennoch in völliger Einheit mit Gottvater; gleichwohl ewig als Sohn vom Vater unterscheidbar, wie Er ja auch selbst gesagt hat: »Der Vater ist größer als ich.«

Obwohl meine Einsicht hier und auch in anderen Fragen eine andere ist als die Swedenborgs, schätze ich ihn ungemein und wünschte sehr, daß seine Schriften mehr Beachtung fänden. Swedenborg war Seher und Prophet mit dem Auftrag, der Menschheit von den Zuständen und Lebensverhältnissen auf den verschiedenen jenseitigen Daseinsebenen ausführlich zu berichten. Er erhielt seine Offenbarungen aus der Sphäre Christi und macht daher keinen Unterschied zwischen Christus und Gottvater.

Über den Himmeln, die Swedenborg beschreibt, steht – wie mir schon vor langen Jahren erklärt worden ist – die Gottvater-Sphäre. Aus ihr fließen die Offenbarungen Jakob Böhmes, denn zu ihr ist er in seinem Geist erhoben worden und erschaute dabei, daß auch in Gott eine dreifache Schichtung des Wesens besteht, wie wir sie an uns Menschen als Geist, Seele, Körper kennengelernt haben. Demzufolge hat er in seinen Schriften von den Sphären des Gottgeistes, der Gottseele und des Gottleibes gesprochen, aus denen heraus die geistigen, seelischen und materiellen Welten in Erscheinung getreten sind.

Nur von der Gottvater-Sphäre aus hat Böhme diesen Überblick über Gottheit und Schöpfung erhalten können. Wieso er dazu fähig war, ihn in seinen Schriften im einzelnen weiterzugeben, das hat Böhme mir begreiflich gemacht, als er mir am 20. Dezember 1975 in einer bis ins Körperliche fühlbaren inneren Verbindung zeigte, daß er ein ungewöhnlich ausgebildetes Gehirn besessen habe. Das Gehirn ist das Instrument, durch das der Geist dem irdischen Verstand die Erkenntnis zuleitet, und dieses Instrument muß um so feiner organisiert sein, je höhere Einsichten der natürliche Mensch erfassen soll.

Böhme sah im Verhältnis von Gott und Schöpfung eine ständige Bewegung und Weiterentwicklung. Um diese Sicht sinnfällig zu machen, sprach er von den »Geburten« Gottes oder von den »Prinzipien des göttlichen Wesens«, womit er einen Durchbruch Gottes, den Beginn eines göttlichen Wirkens ausdrücken wollte. Er schreibt: »... denn ein Prinzip ist nichts anderes als eine neue Geburt...« Wenn ich mir seine Ausdrucksweise zu eigen mache, muß ich – gleich ihm – sagen: Die *bedeutendste Geburt Gottes* in der Schöpfung vollzog sich in der Menschwerdung, dem Sterben und der Auferstehung Jesu Christi. Hier wurde die Scheidewand zwischen dem Reich Gottes und allen anderen Sphären durchbrochen. Diese konnten erst jetzt von der Liebe Gottes ergriffen und durchstrahlt werden, und zwar zuerst diejenigen, deren Schwingungsfrequenz jener der göttlichen Welt am nächsten kam. Damit schuf Jesus Christus die Grundlage für die Erlösung. Ohne sein Opfer hätten die widergöttlichen Mächte die Oberhand über die Menschheit erlangt und diese schließlich vernichtet. Mit dem Vordringen des Christusgeistes in immer gottfernere Sphären wurden die dämonischen Mächte, welche diese seit Luzifers Fall beherrscht hatten, mehr und mehr zurückgedrängt, auch wenn der Augenschein dem zu widersprechen scheint. Denn die Auswirkung der Geburt Gottes vollzieht sich *im Verborgenen* und wird den Menschen nur selten bewußt.

Anderseits hören sie die »frohe Botschaft«, die Jesus gebracht, und viele glauben, daß die Liebe Gottes in Ihm Gestalt angenommen hat. Der Sieg Christi über die Dämonen hat die menschliche Seele grundsätzlich aus deren Gewalt befreit. So ist es für den wahrhaft gläubigen Christen möglich, durch ernstliche Berufung auf den Namen Jesu Christi die dämonischen Gewalten in sich und um sich niederzuhalten und abzuwehren.

Die irdische Außenwelt jedoch ist bisher unerlöst geblieben, sie ist heute erlösungsbedürftiger denn je. Hier nämlich suchen die zurückgedrängten dämonischen Mächte sich zu behaupten und finden dabei einen Stützpunkt in der ungeheuren Menge noch ganz eigenwilliger Materiegeister von sehr niedriger Schwingungsfrequenz.

Auch wenn die große Mehrheit der Menschen es nie begriffen hat und es auch heute nicht begreift, Gott führt Sein Werk zum Besten aller stets weiter, wie ER mir am 28. August 1949 gesagt hat: »Die Entwicklung kann sich durch das Nichtverstehen einzelner Menschen nicht aufhalten lassen, und es kann in der ewigen Schöpfung nie einen Stillstand geben.« Wir erleben in unseren Tagen eine Zeit der größten Gärung. Wer wie ich die gewaltigen inneren Wirkungen zu verfolgen vermag, der weiß, daß die Entwicklung von Gott vorwärts gedrängt wird. Aber noch ist der Kampf gegen die entfesselten Dämonen nicht entschieden und sein Ausgang für menschliches Ermessen noch ganz ungewiß. Klar und gewiß ist nur, daß die Rettung aus der Not und dem Wirrwarr der Gegenwart einzig und allein von innen her durch ein *göttliches* Wirken geschehen kann. Daß ich dabei Gott und Christus als eines Ihrer Werkzeuge zu dienen habe, das ist mir schon in dem oben berichteten Erleben von 1920 über die Wiederkunft Christi bedeutet worden. Eine besondere Bestätigung erhielt ich dadurch, daß ich mich zusammen mit Christus auf der geistigen Miniaturerde aus dem innersten Himmel zur Erde herabschweben sah. Meine Aufgabe und ihre Bedeutung ist mir wiederholt von Gott klar vor Augen gestellt worden, und am 29. September 1944 sprach Gottvater zu mir: »Du stehst noch immer in der Zeit der Dürre, der Öde, der Verlassenheit, und der Tod ist dein Geselle. Bedenke, daß du Gottgebärer sein mußt!«

Durch diese *Neue Gottgeburt* will Gott für alle Zukunft der Menschheit in einem näheren, engeren, persönlichen Verhältnis gegenübertreten. Sie vollzieht sich in der Durchgeistigung und Durchgottung meines natürlichen Menschen und kann nur so geschehen, wie Gott mir am 9. April 1949 sagte, als ich IHM mein schweres Leid klagte: »Freue dich doch, denn du hast alle Ursache zur Freude, bin ICH doch in dir *ein ganz natürlicher, menschlicher Gott* geworden und mußte es werden, um das gefallene Wesen der irdischen Welt und Materie zu durchdringen, zu heiligen und zu erlösen. Wenn ICH MICH in Meiner Göttlichen Majestät sogar tief in die gefallene Welt herablasse, wie hätte ICH da deinen irdischen Leib etwa übergehen können? Er mußte zu allererst gereinigt, geheiligt und durchgottet werden, damit ICH über ihn und durch ihn alles andere vollbringen kann. Er ist die Welt im Kleinen.«

Hier wird deutlich, daß meine Person zwar zunächst im Mittelpunkt steht, aber dennoch nur Mittel und Werkzeug für Gottes Liebeswirken an der Menschheit ist.

VERGEISTIGUNG DER KÖRPERMATERIE

In meiner Vorstellungswelt ist der Begriff der Körpervergeistigung erstmalig aufgetaucht, als der erste große Abschnitt meiner Entwicklung, die Vergeistigung der Seele, zu Ende ging. Die erreichte Einung mit der Seele hatte mein machtvoll eintauchender Geist bestätigt, als er mir kundgab: »Von nun an bin ich der Herr! Du kannst nicht mehr anders handeln, als ich es will.« Nach diesem Erlebnis erwartete ich, daß mir aufgrund des Erreichten nun ein Wirken nach außen aufgetragen werde. Da wurde ich bei jener großen persönlichen Begegnung am 3. Januar 1917 von Christus Selbst zunächst darüber belehrt, daß ich noch nicht an meinem Ziel sei, sondern noch einen weiteren, langen und recht schweren Wegesteil vor mir hätte. Doch erst vier Monate später wurde der Beginn eines neuen Abschnittes deutlich. In schlimmsten Leidenszuständen befand ich mich auf einem Spaziergang, als ich die geistige Mitteilung bekam, es werde jetzt ein neuer, anderer Zustand in mir eröffnet, doch solle ich noch drei Stunden warten. Dann ließ Sich die göttliche Stimme in mir hören: »Du hast jetzt zwar die Einung von Geist und Seele erreicht und könntest dieselben Wirkungen entfalten wie Jesus; aber du bist zu einer anderen Aufgabe ausersehen: Die Kraft Gottes soll auch deinen ganzen Leib durchdringen und erlösen.« Dabei wurde ich für kurze Zeit aus allem Leiden herausgehoben, und danach setzte dann die eigentliche Vergeistigungsarbeit am Körper ein.

Ihren Fortgang hat mich mein Geist über das Hellgefühl erfahren lassen und hat mir dabei das innere Wesen der Materie enthüllt, so daß ich ihre Kleinstteile – wie im 1. Kapitel dargelegt – als kleinste, primitivste Geistwesen mit selbständigem Empfindungsvermögen und ausgeprägtem Eigenwillen erkenne und als »Materiegeister« bezeichne. Sie stammen – wie alles Geschaffene – aus einer ursprünglich geistigen Schöpfung, sind aber durch ihren Eigenwillen in die äußerste Gottferne und damit in die Beschaffenheit als scheinbar leblose Materie geraten. Auch als solche bleiben sie der Schöpfermacht Gottes unterworfen, die sie in einer äußerst langsamen Entwicklung aus ihrer Starre herauslöst, bis die jeweils zugänglichsten eine höhere Schwingungsfrequenz erlangen und damit zu Naturgeistern der Seele werden. Aus Materie und seelischer Substanz hat der Geist Gottes im Laufe der Evolution immer vielfältigere und feiner organisierte Formen des Lebens geschaffen, die uns in nahezu unfaßbarer Fülle im Mineral-, Pflanzen- und Tierreich entgegentreten. In diesen Stufen zunehmender Belebung beginnt die Wiederannäherung der Natur- und Materiegeister an die geistige Welt. Aber erst seit der natürliche Mensch auf unserer Erde zum Gefäß für die Aufnahme eines individuellen Menschengeistes geworden war, konnte Gott in eine ganz neue Verbindung mit ihm treten, wovon die religiöse Überlieferung im Alten Testament berichtet.

Es bedurfte aber noch eines weiteren Vorstoßes der göttlichen Liebe, um die trennende Mauer zwischen der Menschheit und dem Reich Gottes zu durchbrechen. Dazu mußte der Gottmensch Jesus das Erdenleben auf sich nehmen. Im Laufe der 30 Jahre bis zu seinem öffentlichen Auftreten hat sich in Ihm eine überaus leidvolle innere Entwicklung vollzogen, durch welche Sein Geist sich Schritt für Schritt zur Herrschaft über seine irdische Menschennatur hindurchrang. Die Seele war schließlich dem Geist völlig angeglichen und mit ihm eins geworden. Selbst der Körper war ständig vom Geist mit durchwirkt und für seine endgültige Umwandlung grundlegend vorbereitet worden; hatte er doch auch an dem Zustand der Verklärung schon Anteil gehabt. Hätte Jesus lediglich seiner persönlichen Entwicklung leben können und nicht die besondere Erlöser-Aufgabe gehabt, dann hätte er wohl überhaupt nicht sterben müssen, sondern hätte seinen physischen Leib mehr und mehr durchgeistigen und schließlich in feinstofflichen Zustand überführen können, wie das von einigen indischen Gurus glaubhaft berichtet wird. Er hätte einen hohen Grad von Vergeistigung und damit Macht über die Materie erreicht. Für seine Aufgabe der Welterlösung jedoch sollte und mußte Jesus sein irdisch-natürliches Menschliches in einem viel höheren Grad von den Kräften Gottes durchdringen und umwandeln lassen, um zur vollständigen Durchgottung zu gelangen. – Nur so konnte Gottvater *Jesu gesamtes Wesen* erfüllen und zur Wesensgleichheit mit Sich erheben. Um dieses Ziel auf dem kürzesten Weg zu erreichen, war das Leiden und Sterben Jesu nicht zu umgehen.

Christus Selbst hat mir gezeigt, daß sein Innenmensch nach der Kreuzigung die Wesenseinheit mit Gott erreicht hatte, dank welcher Er die Verbindung mit dem Herzen seines erstorbenen Körpers bewahren konnte. Von hier aus ergriff die Kraft Gottes die Materiegeister des physischen Leibes, vergeistigte sie vollends und gliederte sie dem Auferstehungsleib ein. Die *Auferstehung* ist also kein Wiederlebendigwerden des entseelten materiellen Körpers gewesen, sondern dessen Auflösung und Überführung in den geistigen Daseinszustand. Jesus hat nichts Verwesliches zurückgelassen, das Grab war leer. Er konnte aber den in den Geistzustand überführten Leib vorübergehend wieder in die materielle Erscheinungsform zurückverwandeln und in solcher greifbaren Gestalt vor seine Jünger treten.

Die eigentliche Leistung des Menschen Jesus war eine passive; er gab sich in bedingungslosem Gehorsam dem Willen Gottes hin und ließ sich durch die furchtbarsten Leiden führen. Diese rein passive Leistung, welche Gott nicht selbst übernehmen kann, die ER aber nötig hat, wenn ER der Menschheit auf dem Weg zurück zu IHM voranhelfen will, machte dem Menschen Jesus die damit an ihm verwirklichte Durchgottung zu redlich verdientem Besitz.

Dank der Erlösertat Christi ist für alle Menschen die Rückkehr in das Reich Gottes möglich und zum Endziel ihrer Entwicklung geworden, denn alle sollen Kinder Gottes werden. Dazu aber muß jeder nach dem Wort Christi »von neuem geboren« werden, zunächst in seinem individuellen Geist und dann in seinem ganzen natürlichen Menschen. Das bedeutet für ihn eine schmerzhafte Wandlung und Läuterung, aber er wird dabei von Gott den Weg geführt, der für ihn der richtige ist. Jeder wird einen anderen Weg geführt; so ist auch die Zeitspanne jeweils eine andere, welche zur Erlangung der Wiedergeburt des Geistes, zur Vergeistigung der Seele und zur Umwandlung der Materiegeister in Seelensubstanz erforderlich ist. Alle diese Vorgänge aber sind unerläßliche Vorstufen zum Aufbau des *Auferstehungsleibes*: Erst in ihm wird der Mensch zu einem Bürger im Reich Gottes. Die Wiedergeburt von Geist und Seele genügt dazu nicht, auch die Materiegeister des Körpers sollen am weiteren Leben teilnehmen. Ihre Vergeistigung ist der letzte und schwerste Abschnitt in der Entwicklung des Menschen zu einem Kind Gottes.

In unseren Tagen hält nun Gottes Weisheit offenbar die Zeit für gekommen, einen weiteren Schritt in der Rückführung aller Kreatur in Sein Reich zu tun. Damit zuerst die Menschheit auf eine neue Stufe gehoben werden kann, führt Gottvater in Gemeinschaft mit Christus mich meinen schweren Entwicklungsweg, auf dem ER meinen grobstofflichen Körper in den Durchgeistigungs- und Durchgottungsvorgang einbezieht. Dadurch soll zugleich die ganze materielle Außenwelt für den Geisteinfluß so weit erschlossen werden, daß Gott hinfort auch das äußere Geschehen hier auf Erden nach Seiner Liebe lenken und leiten kann. Das ist in unseren Tagen erst möglich geworden auf Grund der Tatsache, daß Christi Geist jetzt schon fast 2000 Jahre die seelische Innenwelt der Menschheit durchwirkt hat.

Gottvater will die Kluft zwischen dem Reich Seiner Liebe und der Welt verringern, und zwar durch eine neue Gottgeburt, zuerst in mir als dem Bahnbrecher und dann auch in anderen Menschen. Durch die Vergeistigung der Materie meines Körpers soll der Weg gebahnt werden, auf dem jeder, der zu Gott strebt, leichter und schneller nicht nur die Wiedergeburt und Einung von Geist und Seele, sondern auch die Eingliederung der Körpermaterie in den Auferstehungsleib erreichen kann.

Die Vergeistigung meiner Körpermaterie kann nur geschehen durch die Kraft der Liebe Gottes. Sie ist ein Feuer, das brennt, aber nicht verzehrt, das alles Irdische an mir zerschmilzt, nicht um es zu vernichten, sondern um es geläutert weiterleben zu lassen. Ich aber erlebe das in meinem Körper als ein sich immer wiederholendes Sterben. Denn um den Körper lebensfähig zu erhalten und ihn in seinem Bestand nicht zu gefährden, kann der von Gott gelenkte Geist nur schrittweise vorgehen. Von innen nach außen vordrängend, nimmt er jeweils nur eine dünne Schicht der Körpermaterie in Angriff. Indem der Geist sie mit seiner Lebensstrahlung durchdringt, weckt er zunächst die Materiegeister aus ihrer trägen Ruhe. Sie werden nicht nur wach, sondern bekommen Anteil an seinem tiefen Empfinden, so daß ihnen ihre Gebundenheit als Kleinstteile der Körpermaterie und die Öde ihres Daseins in trostloser Gottferne drükkend fühlbar wird. Zwischen der Außenwelt mit ihren Unebenheiten und dem Wirken des Geistes von innen her werden sie nun unter einen solchen Leidensdruck gesetzt, daß sie ihren Eigenwillen mehr und mehr aufgeben. Damit nähern sie sich der höheren Schwingungsfrequenz der Seele und werden schließlich zu seelischem Feinstoff. Nun erst können sie von der Liebeskraft Gottes erfaßt werden, die sie zu Geist umwandelt.

Etwa 12 Jahre nach der Eröffnung von 1917, daß mir die Aufgabe gestellt ist, auch meinen physischen Leib von Gott durchgeistigen zu lassen, wurde mir das inzwischen Erreichte in einem eindrucksvollen Erleben angedeutet. Es war in der schlimmen Leidenszeit nach Peters Tod. Eines Tages sah ich meinen Körper als Leiche liegen. Aber dieser tote Leib wurde plötzlich von oben her von göttlichem Feuer durchglüht, verzehrt und umgewandelt. Mit höchstem Erstaunen betrachte ich diesen Vorgang; da tritt ein hoher Engel zu mir und spricht: »Du wunderst dich über das, was du siehst. Es soll dir zeigen, daß du jetzt in deinem eigenen Wollen und Begehren vollständig erstorben bist. Von morgen ab wird der göttliche Geist noch unmittelbarer auf deinen Körper einwirken und das letzte Eigene in dir umwandeln.« Und wirklich fühlte ich danach deutlich, wie die göttliche Einwirkung wie ein Bohrer noch unmittelbarer im Körper einsetzte und das göttliche Feuer alle Gewebe bis in jede einzelne Zelle auf das schmerzhafteste durchdrang und bis heute durchdringt.

Die zu Geist umgewandelten Materiegeister meines Körpers werden von Gott dem Auferstehungsleib eingegliedert. Das aber ist gleichbedeutend mit »Auferstehung des Fleisches«. Von der Auferweckung des sterblichen Leibes zu ewigem Leben am jüngsten Tag spricht zwar von jeher die christliche Glaubenslehre. Daraus hat aber wohl noch niemand den Schluß gezogen, daß es sich um einen lebensgesetzlichen Vorgang handelt. Gerade dies aber läßt Gottvater mich auf dem ganz neuen Entwicklungsweg erleben, den ER mich führt. Ich gehe ihn nun schon seit Jahrzehnten, und immer wieder muß ich erkennen, daß ich noch nicht an seinem Ende bin, daß es immer noch Schichten in meinem Leib gibt, die erschlossen, aufgelöst und umgewandelt werden müssen.

Ungeachtet dieser Umwandlung der Materiegeister bleibt mein Körper in seinem Bestand erhalten und muß erhalten bleiben, solange die Aufgabe, die ich als Erdenmensch zu erfüllen habe, noch nicht beendet ist. Die Körpervergeistigung ist so weit fortgeschritten, daß ich bei jeder stärkeren Durchwirkung Gottes erfahre, wie auch in den Zellen meines Körpers das Gefühl der Ewigkeit und Unvergänglichkeit vorherrschend geworden ist. Dieses Gefühl kann aber nicht für längere Zeit erhalten bleiben, denn zum Aufbau neuer Zellen nimmt mein Körper immer neue Materiegeister niederer Schwingungsfrequenz mit der Nahrung in sich auf. Unmittelbar danach werden auch sie in den Vergeistigungsvorgang einbezogen, wozu ich mich jedesmal der gesteigerten Einwirkung meines Geistes auf den Organismus hingeben muß.

Damit ich auf meinem schweren Weg an meiner Aufgabe nicht irre werde, haben Christus und Gottvater es an Bestätigungen und Aufmunterungen nicht fehlen lassen. So sprach Gottvater im Mai 1933 in Meran zu mir: »Sei froh, daß ICH deine irdischen Leibgeister vergotte! Befleißige dich der Geduld und Sanftmut! Wie kannst du noch Zweifel an Meiner umfassenden Vorsorge hegen bei MIR, dem Höchsten Wesen des Weltalls! – Das Leben hat sich mit dem Tod vereinigt!« –

Und Ostern 1934, wiederum in Meran, hieß es in einem überwältigenden Gotteserleben: »ICH bin DER, von DEM die Schöpfungsgeschichte berichtet: Und der Geist Gottes schwebte über den Wassern. ICH bin der Ewige, Unerschaffene, DER da war und DER da ist und DER da sein wird von Ewigkeit zu Ewigkeit. Und ICH bin gekommen, MICH mit deinem körperlichen Menschen bis ins Äußerste zu einen. Auch dein Leib soll unsterblich und ewig werden, wie ICH ewig bin.«

Mag das Geistfeuer Gottes auch meinen schon vergeistigten Innenmenschen erheben, so verursacht es den noch umzuwandelnden Materiegeistern meines Körpers eine unnennbare Pein. Doch damit nicht genug, die vom Geist aus ihrer trägen Ruhe geweckten Materiegeister sind so empfindlich und reizbar geworden, daß sie auch alle Einwirkungen der Umwelt wie Kälte, Lärm, Abgase, Tabakrauch als Schmerz empfinden. Worüber sich andere leicht hinwegsetzen können, das wird für mich durch das geistige Hellgefühl meines Körpers zu unablässiger Qual. Den tieferen Grund dafür offenbarte mir Gottvater in dem – schon am Ende des vorhergehenden Kapitels erwähnten – großen Erleben vom 9. April 1949.

Gottvater einte mich durch Seinen Geist mit dem innersten Wesen der ungöttlichen Materie, ganz ähnlich wie ich sonst bei den Verbindungen mit Gott oder mit Menschen völlig geeint werde. *»Du kannst kein Ding erlösen und aufwärts ziehen, mit dem du nicht durch Meinen Geist der Liebe geeint und tief verbunden bist.«* So sprach Gott zu mir und ließ mich in einer vollkommenen Einswerdung die innigste Liebesverbundenheit mit der gesamten Natur, auch mit allen »toten« Dingen der Außenwelt bewußt erleben.

Gott betonte dabei, daß ich mit meinem äußeren Menschen ganz besonders von der Materie abhängig sein muß, damit Sein Geist sie tiefer durchdringen kann, als dies bisher jemals erreichbar gewesen ist.

Es ist also Gottes heilige Liebe und nicht mein menschlicher Wille, was bei solchem Erleben die völlige Einswerdung zustande bringt. Die Liebesbindung an die Materie bestand aber in meinem menschlichen Wesen aus Veranlagung von Geburt an, dieses Erlebnis brachte sie mir nur erstmalig in solcher vollkommenen Klarheit zum Bewußtsein und enthüllte mir dadurch, daß Gott nicht nur die Materie meines Körpers, sondern auch alle Umwelt, mit der ich in Berührung komme, durchgeistigen will.

Es ist offensichtlich, daß meine Liebesverbundenheit mit der natürlichen Umwelt nichts gemein hat mit der Weltliebe, die den Menschen an die Welt fesselt und ihn von Gott wegführt. Was mich an die Welt bindet, ist die Liebe, mit der Gott die Welt liebt, die Liebe, die sich aus Erbarmen der Welt annehmen will, um sie aus der Not und dem Elend ihres Zustandes der Gottferne herauszuheben.

Mag diese Liebe Gottes sich auch den Mystiker als ein besonderes Werkzeug für ihre Wirkung auf die materielle Welt zubereiten, so ist doch grundsätzlich jeder Mensch dazu berufen, Gott als vermittelnder Helfer an Seinem Erlösungswerk zu dienen. Durch die Verbindung des aus Gott kommenden Menschengeistes mit der irdischen Leib-Seele-Einheit wird der Mensch zur Brücke zwischen der göttlichen und der irdischen Welt. Er wird das aber nur in dem Maße, als er sich aus eigenem Antrieb Gott zuwendet und sich in Seinen Willen ergibt. Dann wirkt die Strahlung der göttlichen Liebe über den wiedergeborenen Innenmenschen sowohl auf die Materiegeister seines Körpers als auch auf die seiner unmittelbaren Umwelt und nimmt sie in die Vergeistigung mit hinein. Auf diese Weise will Gott den Widerstand der Materie überwinden und die Rückführung alles Irdischen in das Reich Seiner Liebe vorantreiben.

STELLVERTRETENDES LEIDEN

Kein Mensch will *gern* leiden. Er strebt vielmehr mit aller Macht danach, aus dem Leiden herauszukommen oder ihm aus dem Wege zu gehen. Dennoch kann er ihm nicht ausweichen, so gern er es möchte. Das Leiden spielt offensichtlich eine überaus wichtige Rolle in dem Erziehungsplan Gottes für seine Kinder. Es ist der Stachel und die Peitsche, womit der Mensch immer wieder angetrieben wird, die ihm verliehenen Fähigkeiten im Sinne einer aufwärtsstrebenden Entwicklung zu gebrauchen, ohne daß er dabei in der Wahlfreiheit seines Willensentschlusses beeinträchtigt würde. Gehört also das Leiden unvermeidlich zum menschlichen Erdendasein, so erst recht zum Leben des Mystikers, wie ich mein ganzes Leben lang nur allzu fühlbar habe erfahren müssen. »Du bist nur zum Leiden geboren!«, dies haben mir in einem geistigen Erleben vor vielen Jahren Himmel und Hölle wie aus einem Munde bestätigt.

Nicht nur haben mich Angstgefühle – wie weiter oben erwähnt – von jeher begleitet, auch das geistige Hellgefühl im Körper macht mein Leiden so peinvoll. Als sei mein Körper von Kopf bis zu den Füßen eine einzige offene Wunde, so berührt mich alles von außen auf mich Zukommende mit einer Schmerzhaftigkeit, die dem mit gesunder Haut bedeckten Körper fremd ist. Schon in der Lehrzeit litt ich derart, daß ich immer vor dem Selbstmord stand. Zu den Mißhelligkeiten des täglichen Lebens, die mich ungleich tiefer quälen als andere Menschen, traten mehr und mehr die übersinnlichen Leiden, welche aus der mir zugeteilten mystischen Aufgabe erwachsen. Aus eigenem hohen Erleben weiß ich, daß mein Geist sich zu ihr aus freiem Willensentschluß – jedoch im ernsten Bewußtsein ihrer Schwere nicht leichten Herzens – bereit gefunden hat. Mein natürlicher Mensch in Seele und Leib dagegen ist um seine Einwilligung nicht gefragt worden, sondern hat stillzuhalten und den leidvollen Hergang seiner Umwandlung zu Geist zu erdulden.

Die Folge der beständig fortschreitenden Körpervergeistigung ist eine entsprechend immer wacher werdende Lebendigkeit des ganzen Leibes und seiner Organe. Das vegetative Nervensystem, welches die Organtätigkeit in Gang hält und steuert, ist in mir im Laufe der Entwicklung zu wachem Tagesbewußtsein erweckt worden, so daß ich auch die geringste Störung darin bewußt empfinde. Solche Lebendigkeit des Körpers lernt ein anderer Mensch nie kennen. Jeder ernsthaft nachdenkende und teilnehmende Leser wird begreifen, daß *jedes* Erleben auf mich mit einer für andere nicht vorstellbaren Eindringlichkeit wirken muß. Mit solcher hohen Empfindlichkeit sind meine körperlichen Sinnesempfindungen an allen hohen mystischen Erlebnissen wachbewußt beteiligt. Dieses Miterleben wird von innen her durch die seelischen und geistigen Schwingungen ausgelöst. Während ich es körperlich schmerzhaft empfinde, wird für einen Zuschauer oder Gesprächspartner nichts davon ersichtlich, und erst recht ist es mir nicht möglich, jemandem das Gefühl der Qual zu übertragen, welches die übersinnlichen Leiden in mir auslösen.

Die Umwandlung der Körpermaterie verläuft nun keineswegs als ein gleichmäßig fortschreitender Vorgang. Es gibt vielmehr Zeitspannen stark gesteigerter Leiden, und zwar immer dann, wenn eine neue Schranke durchbrochen, eine weitere Stufe oder ein höherer Grad der Durchgeistigung erreicht werden soll. In solchen Zeiten zieht Gott sich zurück, und jede fühlbare Bestätigung der göttlichen Liebe bleibt aus, während in mir die Sterbe- und *Todeszustände* vorherrschen. Was kann sich aber der Leser darunter vorstellen, wenn ich ihm sage, daß dabei mein Geist selbst sich in die Todeskammer begibt? Der individuelle Geist, selbst ein lichter Strahl göttlichen Lebens, der freie Himmelsmensch als innerster Wesenskern des natürlichen Menschen – dieser menschliche Geist macht sich in solchen Zuständen seinem äußersten Gegensatz, nämlich der todesstarren Materie, in tiefster Demut untertan, indem er sich mit ihr verbindet und mit ihr eins wird.

Was ich in meinem menschlichen Empfinden bei diesen Vorgängen des mystischen Todes erlebe, das ist schwer zu schildern. Soweit sich so etwas überhaupt andeuten läßt, ist das Joseph von Görres gelungen in dem Bericht über die Verlassenheitszustände der Mystikerin Rosa von Lima, den ich hier folgen lasse:

> »Als die Jungfrau schon bis zu den höheren Graden der Einigung gestiegen, wurde sie alltäglich von den entsetzlichsten Umnachtungen des Gemütes heimgesucht, die nicht etwa bloß vorübergehend über sie kamen, sondern sie stundenlang also ängstigten, daß sie oft nicht wußte, ob sie in der Hölle sitze oder im harten Verließ des Reinigungsortes, oder in welchen Kerker sonst man sie hinabgeworfen. Plötzlich wie in einem Nu befand sie sich dort, wo keine Erinnerung an die Lieblichkeit der Gottheit, kein Geschmack göttlicher Anwesenheit, keine Spur und kein Schatten irgendeines Trostes zu finden. Es war eine Wüste der Finsternis, der Zerschlagenheit, der Stumpfheit, die Höhle des Jammers, in dem die Jungfrau, wie fern von Gott, so nahe sich selbst, in ihrer Einsamkeit sich fand. Sie lag seufzend unter der furchtbaren Last der Finsternis; unvermögend, sich zu einem übernatürlichen Gegenstand, ja auch nur zu einem natürlichen zu erheben. Ihr Geist mühte sich, auch nur den kleinsten Funken der Gottheit zu erspähen, aber alles Licht war davon geflohen. Der Wille wollte nach Liebe ringen, aber er erstarrte, wie zu Eis geronnen; das Gedächtnis strengte sich an, auch nur das Bild früherer Tröstungen zu verspüren, aber umsonst. Um die Pein zu schärfen, erinnerte sie sich wohl wie durch einen Nebel, einmal Gott gekannt und geliebt zu haben, aber sie fühlte zugleich, daß sie IHN jetzt weder kenne noch liebe und IHN als einen ganz Unbekannten, Abwesenden,

Weltfremden nur von ferne anstiere. Sie mühte sich dann, den zu ihrem tiefsten Schmerze ihr so ganz Entfremdeten wenigstens in der Spur, die ER in Seinen Geschöpfen zurückgelassen, auszufinden; aber sie erschienen ihr nimmermehr in der Gestalt, in der sie in Analogie ihren Schöpfer ausdrückten. Schrecken und Angst bemeisterten sich ihrer daher ganz und gar; ihr bedrängtes Herz schrie auf: Gott, mein Gott, warum hast du mich verlassen! Aber in der Leere der gehöhlten Seele antwortete Niemand, nicht einmal der Widerhall. Sie warf sich wieder in neue Anstrengungen, aber alle Wärme der Affekte war erloschen, alle Geisteskraft abgestumpft, jegliche Empfindung von Frömmigkeit war wie im betäubenden Schlaf begraben, die Jungfrau von ihrem Geliebten hinweg gerissen, und zugleich in sich zerrissen, wußte nicht mehr, was in diesen Martern beginnen. Das aber war ihrer Schmerzen größter, daß sich dieses Übel anließ, als sollte es ewig dauern, daß sich des Elends kein Ende absehen ließ und da eine Mauer von Erz jedes Entrinnen unmöglich machte, kein Ausgang aus dem Labyrinth zu entdecken war: so daß die Bestürzte keinen Unterschied zwischen ihrem Jammer und der Höllenstrafe auszufinden wußte. Sie suchte sich zwar damit zu trösten, daß sie unter diesen Peinigungen notwendig erliegen müsse; weil es unmöglich schien, daß ein schwaches Leben auf die Länge sich gegen sie zu behaupten vermöge; aber da war ihr die Unsterblichkeit zuwider, die keine Not zerstören, keine Hölle erlöschen kann. Sie war oft nahe daran, um Hilfe zu schreien; aber sie unterdrückte den Aufschrei, wohl wissend, daß ihr niemand helfen könne in einem Unheil, das sie nicht mit Worten auszusprechen, und niemand, wie weise er sei, zu ergründen wisse. Durch 15 lange Jahre wurde sie, einmal wenigstens an jedem Tage, zitternd und bebend in diese Nacht der Desolation gestoßen und wand sich mindestens eine Stunde, oft länger, in diesem Todeskampfe; weit gefehlt, daß die Gewohnheit seine Schrecken gemildert hätte, schien sie dieselben vielmehr zu vermehren: denn wenn am anderen Tage das Entsetzen unter der bleichen Larve der Ewigkeit wiederkehrte, versagte das gebundene Gedächtnis ihr den Dienst, sie dessen zu erinnern, daß sie am vorhergehenden Tage schon einmal entronnen. Nur bisweilen fiel, wie durch eine enge Ritze, ein Lichtstrahl in ihren Zustand, der sie darauf brachte: er werde nicht ewig dauern, und sie trage die Peinen des Reinigungsortes und nicht der Hölle; aber auch dann ängstete sie die Ferne des Geliebten, die Härte der Verbannung aus Seiner Gegenwart. Sie suchte IHN und wollte IHN lieben, vermochte es aber nicht; ihr Geist irrte, tastete wie blind um sich; der Grund ihres Herzens war verdorrt, die Kraft gebrochen, der Sinn abgestumpft: sie klopfte an, seufzte, weinte, wehklagte; alles umsonst bis sie zuletzt mit den Worten: Nicht mein, sondern dein Wille geschehe! sich ergab.«*)

Diese Art Leiden, die ich Todeszustände nenne, bleiben bei mir nicht auf eine Stunde täglich beschränkt, sondern dauern viele Stunden, ganze Tage, zuweilen sogar mehrere Tage lang an. Sie bewirken jeweils eine erste Lockerung der Schicht, deren Verarbeitung vom Geist in Angriff genommen wird. Durch die Geisteinung wird den Materiegeistern ihre Gebundenheit und trostlose Gottferne mehr oder weniger deutlich zum Bewußtsein gebracht und in ihnen eine gewisse Bereitwilligkeit geweckt, sich dem Geisteinfluß zu überlassen. – Materie ist zwar mit dem Geist im tiefsten Grunde gleichen Wesens, das »nur« aus dem Zustand des Todes in den Zustand wirklichen Lebens gebracht zu werden braucht, um dem Geist auch in Form und Erscheinung gleich zu sein. Doch was dabei »nur« zu geschehen hat, diese Zustandswandlung ist eine Leistung, zu welcher die Eigenkräfte selbst des allerstärksten Menschengeistes nicht ausreichen. Zu solcher Überwindung des Todeszustandes der Materie oder – was dasselbe ist – zu ihrer Umwandlung zu Geist, ist allein *die Macht der Liebe Gottvaters* imstande. Darum muß der Menschengeist, welcher sich mit Aussicht auf Erfolg an die Vergeistigung seines irdisch-menschlichen Körpers machen will, Gott Selbst für sich zum Bundesgenossen und Mitarbeiter an diesem Werk gewinnen. Diese Bundesgenossenschaft Gottes kann aber nur dann voll wirksam werden, wenn der Menschengeist selbst alle Eigenwilligkeit aufgibt und sich rückhaltlos Gott hingibt und nur Gottes Willen gelten läßt. Erst recht hat der dazugehörige natürliche Mensch in Leib und Seele sein Wollen und Meinen vollkommen zurückzustellen, so daß der gesamte Mensch sich willig von Gott führen läßt.

Bei den allerersten Gottvater-Erlebnissen erschien ER mir als die geistige Sonne hoch über mir schwebend, aus der heraus ER mich ansprach. Doch bald drang dann Gottvater als fühlbarer Einfluß mit Seinem Wesen unmittelbar über meinen Geist durch die dem Geist völlig angeglichene Seele bis in die Materie des Körpers. Dessen Materiegeister erfaßte bei den ersten Malen ein furchtbares Todesgrauen und unsagbarer Schrecken vor der Hoheit und Heiligkeit des allmächtigen Gottes, und sie widerstrebten in höchstem Entsetzen. Ganz allmählich nur gewöhnten sich die zugänglichsten unter ihnen an den göttlichen Einfluß.

Welch ein furchtbarer Leidensdruck aber dazu nötig ist, die Materiegeister in immer weiteren Schichten so zu zermürben, daß sie sich endlich bereitfinden, auf die Forderungen der göttlichen Weisheit einzugehen, das erlebe ich täglich. Wie diese Leidenszustände von *geistiger* Seite her angesehen und gewertet werden, das wurde mir im Herbst 1939 während meines Aufenthaltes in Schweden zu erleben gegeben. Ich berichtete damals darüber:

»Hinter mir liegt ein Tag furchtbaren Leiderlebens in tiefster Verbindung mit dem Himmel. In diesem Zustand bietet der äußere Mensch seiner Umgebung das Bild der jämmerlichsten Schwäche und Hilflosigkeit dar. Da ertönte eine Stimme von ›Oben‹ und sprach: ›Dieser Mensch leidet so unsagbar schwer, daß er die Tiefe seines Leidens selbst gar nicht zu fassen vermag.‹ – Danach kamen dann den ganzen Tag hindurch immer neue, große Scharen von Geistern und Engeln, mich in meinen Leiden zu schauen; und sie erschauerten sowohl voller Entsetzen über die furchtbare Tiefe meiner Leiden als auch vor Ehrfurcht vor der gewaltigen Größe des Opfers. Dabei ertönte immer wieder der Ausruf: ›Sehet, welch ein Mensch! – Sehet, welch ein Mensch!‹«

»In tiefster Verbindung mit dem Himmel«, so berichtete ich ausdrücklich, befand ich mich in den schwersten Leiden. Zwar wird mein Geist durch diese Verbindung gestärkt; aber meinem Körper ist dieser Himmelseinfluß ein unbeschreiblich schmerzhaftes Feuer, das allen naturhaften Eigenwillen der Materiegeister, soweit es sie erfassen kann, schmilzt.

Das sind also völlig andersartige Leidenszustände als die des mystischen Todes. Bei welcher Art Leiden die Qual größer ist, das ist schwer zu sagen. Und wenn gar zu besonderer Prüfung der vergeistigte Innenmensch sich zurückzieht, dann ist mein Bewußtsein geprägt von der Qual der noch ungeläuterten Materiegeister, denen mein Dasein sinnlos erscheint. Das innere Wissen um die Bedeutung und Größe der Aufgabe tritt vollkommen zurück und versinkt spurlos in Vergessenheit. Nur der körperliche Mensch, der erbärmliche, hilflose Rest irdischer Menschennatur kommt noch zu Wort, und er will heraus aus dieser sinnlosen Folter, heraus um jeden Preis. Er möchte sogar auf jedes weitere Leben, diesseits wie jenseits, verzichten.

Wenn in solcher Weise meine äußere Natur in verzweiflungsvollen Aufruhr geraten war und weiteren Zumutungen empört widerstrebte, dann hieß es aus dem Munde Christi oder Gottvaters: »Deine fast übermenschlichen Leiden trägst du nicht allein um deiner Entwicklung willen! Deine Vergottung ist nicht Selbstzweck, sie ist das einzig verfügbare Mittel, um der gefallenen Erdenmenschheit auf dem Weg der Erlösung einen weiteren Schritt voranzuhelfen. *Deine Leiden sind stellvertretende Leiden*. Und wegen der gar zu großen Härte der Menschenherzen müssen diese stellvertretenden Leiden so überaus schwer sein. Anders ist der Bann des Bösen, der über der Menschheit liegt, nicht zu brechen.«

Als ich mich zum Beispiel am Anfang der Haft von Christus so unbegründet mitleidlos ins Unglück gestoßen fühlte, hat sich die Empörung meines Menschlichen tagelang nicht beruhigen können. Erst nach 7 Tagen, die ich in trostlosester Verlassenheit blieb, war Christus wiedergekommen, voll tiefsten Mitleids. Nichts von Unwillen über meine Empörung war von Ihm zu fühlen, denn Er versteht den Menschen in solchen Nöten sehr wohl. Aber Er konnte mir keinen anderen Trost geben als den Hinweis, daß mein Weg eben dieser wäre und ich ihn freiwillig gewählt hätte wie Er den Seinen. So hat Er mir ein andermal, am 17. September 1937 in Baden-Baden, bei ähnlich qualvollen Leiden gesagt: »Auch Ich habe genau so wie du geschrien und gehadert, war verzweifelt bis zum Letzten; darum fühle Ich auch alles mit dir und verstehe alles.«

Daß Jesus Christus Selbst stellvertretend für alle gelitten, daß Er die Schuld aller Menschen gesühnt hat, ist einer der Kernpunkte unseres Glaubens. Er wird nur oft dahin mißverstanden, als ob dadurch allen gläubigen Menschen ihr eigenes Leiden im vorhinein abgenommen worden sei, als ob ein wirklich gläubiger und mit Christus verbundener Mensch nicht mehr leiden müsse. Vor diesem Mißverständnis sollte uns schon der Ausspruch Christi bewahren: »Will mir jemand nachfolgen, der verleugne sich selbst und nehme sein Kreuz auf sich und folge mir.« (Matth 16,24)

Durch *Sein stellvertretendes Leiden* hat *Christus für jeden* den Weg in das Reich Gottes, den Weg zum Vater geöffnet. Das Leiden aber, welches die Verleugnung des eigenen Ich, das Absterben des »alten Menschen« unweigerlich mit sich bringt, dieses Leiden wird keinem abgenommen, jeder muß es durchmachen, im Diesseits und im Jenseits, bis er wirklich in Geist, Seele und Leib wiedergeboren ist. Jedoch hilft Christus auf diesem Weg jedem, der Ihn um Hilfe bittet.

Angesichts der Hilfe Christi, die durch die Jahrhunderte hindurch unzähligen Gläubigen fühlbar und bewußt geworden ist und die heute ebenso wirkt, mag es auf den ersten Blick befremden, wenn Er Selbst den Mystikern erklärt, daß ihre Leiden eben stellvertretende Leiden seien. In vielen Fällen wird hinzugefügt, sie trügen ein »Sühneleiden« für bestimmte einzelne Menschen oder bestimmte Gruppen, um deren »Sünde« im Sinne des Abfalls, der Absonderung von Gott, auszugleichen und die Abgeirrten in die gottgewollte Ordnung zurückzuführen. Andere aber werden dazu berufen, das Erlösungswerk, dessen unverrückbare Grundlage Christus Selbst gelegt hat, weiterzuführen und in seiner Nachfolge am Aufbau des Corpus Christi Mysticum mitzuwirken. So Paulus, der im Brief an die Kolosser (1,24) schreibt: »Jetzt freue ich mich in den Leiden für euch und fülle stellvertretend auf, was noch aussteht von Christi Leiden an meinem Fleisch, für Seinen Leib, der die Kirche ist...« Diese Nachfolger bahnen durch ihr stellvertretendes Leiden *für alle Menschen* einen Weg durch die Hindernisse, welche die menschliche Natur dem Streben zu Gott noch entgegenstellt. Gottvater hat mir keinen Zweifel daran gelassen, daß diese Aufgabe die schwerste ist und meine Leiden entsprechend bitter sein müssen. Mittels dieser besonderen Art der Nachfolge Christi dringt die Liebesmacht Gottes noch tiefer in die irdische Sphäre hinein und hilft hier gerade denen, die sich in ihrer Weltverlorenheit noch gar nicht dessen bewußt sind, daß sie der Hilfe bedürfen. Diese Hilfe erhalten sie dank Gottes gnädiger Zulassung durch das stellvertretende Leiden der Mystiker, denn sonst könnten sie auf ihrem weiteren Weg eine geistigere Strahlung niemals ertragen – genau wie Menschen, die lange in Dunkelheit waren, erst wieder an das helle Tageslicht gewöhnt werden müssen.

Jede *Nachfolge Christi* ruft unausweichlich den Widersacher auf den Plan, der seine Herrschaft auf Erden bedroht sieht. Auf jede denkbare Art greift er den Gott hingegebenen Menschen an; alle Mystiker und Heiligen haben das erleben müssen. Dem menschlichen Mittler fällt dabei die vor den Augen der Welt äußerst undankbare Aufgabe zu, stillzuhalten und immer nur zu leiden und wieder zu leiden. Dieses Leidensopfer, das er auf sich nimmt, weil Gott es dazu braucht, der Not und dem Elend der Erdenmenschheit entgegenzuwirken und das Kommen einer besseren Zeit anzubahnen, ist die einzige Hilfe, die der Mensch seinem Schöpfer zu leisten vermag. Darin liegt die unermeßliche Bedeutung des stellvertretenden Leidens: Es gibt dem göttlichen Willen die Möglichkeit, auf gewaltlosem Entwicklungsweg Einfluß auf das Geschehen in unserer Welt zu gewinnen und so allmählich alles das in die Ordnung zurückzuführen, was die Menschheit zur Entartung gebracht in dem Maße, wie sie sich mehr und mehr von Gott entfernt hat.

Der menschliche Kleinglaube stößt sich daran, daß der allmächtige Gott es nötig habe, einzelnen Menschen ein so schweres Leiden zugunsten ihrer Menschenbrüder aufzuerlegen. Der Widersacher tut das Seine, um solche Zweifel zu schüren. War ich selbst derartigen Einflüsterungen ausgesetzt, dann ließ sich die göttliche Stimme in mir vernehmen. So in Meran am 2. November 1937: »Wundere dich nicht, daß du so viel leiden mußt; du trägst das Leid der ganzen Welt in deinem Leib.« »Es gibt keinen Menschen, der so wie du eine solche Bereitschaft und eine solche Fähigkeit zum Leiden besitzt.« – In einer Gottesansprache, die ich am 7. Juni 1937 am Oderstrand erlebte, wurde mir gesagt: »Du bist ein Werkzeug in der Hand des allmächtigen Gottes. Dein Leben ist nur Tod und Todeskampf. Du bist immer im Sterben.« – Auf der Reise durch die Schweiz kommt am 23. November 1937 aus dem Himmel die Weisung: »Schreibe dies nieder, wie über alles Ermessen groß deine Leiden sind!« – Am Morgen des 5. September 1938 sagte Christus zu mir: »Ich zeige dir nun wieder, daß Ich Selbst es bin, der dir diese furchtbare Pein auferlegt. Dies sollst du dir allezeit merken. Die Hölle will dich in deiner menschlichen Natur in die letzte Verzweiflung treiben. In Mir und durch Mich halte ihr stand durch Geduld und die klare Gegenwart des gewaltig Großen, das durch diese Leidenszustände erreicht wird. Wenn dir auch die Hölle erklärt, diese furchtbaren Leiden seien viel zu grausig und als Zuchtmittel für den Menschen eines Gottes nicht würdig – wie es auch deiner menschlichen Natur vorkommen mag – so sage Ich dir immer wieder, daß kein Mensch elender und jämmerlicher verlassen sein muß, als der, in dem Ich vollends Wohnung nehmen will. Und darum muß die menschliche Natur gänzlich vernichtet werden und vor Pein und Qual völlig vergehen. Vor den Menschen erscheinen diese Zustände als Schwäche und übertriebene Empfindsamkeit. Ich aber sage dir: Darin stillzuhalten ist das *wahre Heldentum*. Es ist derselbe Zustand, den Ich vor Meiner Kreuzigung in Gethsemane hatte, als Ich bei Meinen Jüngern Trost suchte und sie schlafend fand.«

An besonderen Höhepunkten meiner Leidenszustände hat Christus mich darauf hingewiesen, daß mein ganzer, leidvoller Entwicklungsgang in genauer Entsprechung stehe zu Seinem eigenen Leidensweg. Dabei zeigte Er mir dann auch in geistiger Schau, welchen Stationen Seiner Marterstraße meine jeweiligen Zustände entsprachen. So zum Beispiel einige Wochen nach Peters Tod. Es war in Warnemünde. Als ich eines Mittags völlig zerbrochen und zermürbt von entsetzlichen inneren Qualen die Treppe zu unserer Wohnung hinaufstieg, kam Er mir blutüberströmt im Purpurmantel und mit der Dornenkrone im Zustand nach Seiner Geißelung entgegen und sagte mir: »Was du zur Zeit durchmachst, das ist die Entsprechung zu der Demütigung und der Marter, deren Folgen du hier an Mir siehst.«

Es gibt aber auch Höhepunkte meiner Leiden, deren Anlaß nicht in einem mich persönlich treffenden Schlag des Schicksals liegt, sondern wo mir das Leiden auferlegt wird, ohne daß mir ein Anlaß oder Grund dafür zunächst bewußt ist. Als ein kennzeichnendes Beispiel will ich hier kurz von einem solchen Erlebnis berichten, welches ich im Frühjahr 1933 in Meran hatte. – Schon seit einigen Tagen mehrten und steigerten sich meine Leidenszustände ganz auffällig und erreichten eines Tages einen so furchtbaren Grad, daß ich vor Angst und Not überhaupt nicht mehr wußte, wie ich noch leben sollte. Ich bat und flehte um eine Erklärung, da ich auch nicht den geringfügigsten Grund für solche Qual entdecken konnte. Endlich während des Konzerts im Kursaal erhielt ich Antwort, und es hieß: »Deine gegenwärtigen Qualen sind stellvertretende Leiden für die Juden.« – Der eigentliche Sinn dieser Worte wurde mir erst klar, als ich drei Tage später in den Zeitungen von dem ersten Judenboykott in Berlin las. – Aber ich fragte mich zugleich auch: Wozu war nun diese unglaubliche Quälerei? Was hat es denn für einen Zweck gehabt, daß ich so über alle Begriffe schwer habe leiden müssen, wenn dieses Häßliche, Gehässige, Gewaltsame, Grausame nun doch geschah? Auch darüber bekam ich Aufklärung und zwar in dem Sinne: »Hättest du nicht stellvertretend gelitten, dann wäre an jenem Tag in Berlin sehr viel Schlimmeres geschehen. Der Willensfreiheit wegen hindert Gott auch keinen *bösen* Willen daran, sich nach Gefallen auszuwirken. Die einzige Möglichkeit, ohne Beeinträchtigung der Willensfreiheit diese Auswirkungen zu mäßigen, bietet das stellvertretende Leiden eines gottverbundenen Menschen. Dadurch wird es einerseits möglich, auf die ausführenden, menschlichen Werkzeuge des Bösen so einzuwirken, daß ihr Mitgefühl angeregt wird und sie infolgedessen nicht gar zu hart verfahren; und anderseits kann auf diese Weise in den dafür Empfänglichen der Bedrängten und Verfolgten die innere Widerstandskraft gestärkt werden, damit sie nicht verzweifeln oder Selbstmord begehen, sondern, auch wenn sie hart betroffen werden, das ihnen auferlegte Leid zur eigenen Entwicklung nach bester Möglichkeit in sich verarbeiten.« – Bei dem heutigen Entwicklungsstand der Welt ist es – wenn die volle Willensfreiheit gewahrt werden soll – selbst für Gott unmöglich, solche Geschehnisse ganz zu verhindern; sie können nur auf dem Weg über stellvertretende Leiden gemäßigt und gemildert werden. Und selbst dann, wenn von solchen stellvertretenden Leiden keinerlei mildernde Wirkung auf das harte schicksalsmäßige Geschehen äußerlich sichtbar wird, und somit die Qual des stellvertretend Leidenden nutzlos erscheint, geschieht dennoch durch diese Leiden auf seelisch-geistigen Ebenen vieles, was im Verborgenen die Macht des Bösen hemmt und vermindert.

So gewiß hinter diesen Vorgängen eine strenge Gesetzmäßigkeit steht, so gewiß ist aber auch, daß die mir zugemutete und von mir geforderte Leistung stellvertretenden Leidens *nicht allgemein* menschliche oder auch nur christliche Pflicht und Aufgabe ist. Es handelt sich hier bei mir um eine ganz ungewöhnliche Sonderaufgabe, die zu meinem ganz neuartigen Weg gehört, wie sie ähnlich ja auch andere Mystiker, ihren Wegen entsprechend und angepaßt, haben auf sich nehmen müssen. Wenn auch auf solche Weise das Übel und das Böse in der Welt nicht aufgehoben oder aufgehalten werden kann, so wird es doch durch solch stellvertretendes Leiden, das ein geistig Starker auf sich nimmt, für die Schwächeren gemildert und erleichtert.

Gottes Weisheit macht aber ein und dasselbe Mittel stets mehrfachen Zwecken dienstbar. Und so ist das stellvertretende Leiden zugleich das hauptsächlichste Mittel, meinen natürlichen Menschen zu zermürben und den Sterbevorgang in ihm in Gang zu halten, der die unumgängliche Voraussetzung ist für die Umwandlung des materiellen Körpers zu Geist, die in mir erreicht werden soll.

*) Joseph von Görres, »Die christliche Mystik«, Druck und Verlag von Georg Joseph Manz, Regensburg 1879, 2. Band, S. 286 ff

AUS DEM REISETAGEBUCH

21. Juli 1936 — Während einer Dampferfahrt von Hamburg nach Blankenese erlebte ich ganz unvermittelt, daß mir aus dem Himmel ein einfacher weißer Faden gereicht wurde. Mit drei Fingern der rechten Hand ergriff ich ihn; und durch Hinundherbewegen der Hand schuf ich aus diesem immer länger werdenden Faden zu meinem maßlosen Erstaunen auf eine ganz unbegreifliche Weise eine Art Knüpfarbeit. Darin waren Menschen, Tiere, Bäume, Landschaften zu sehen. Das Gebilde war rund, wuchs mit großer Schnelligkeit zu einer gewaltigen Größe und war von einer unbeschreiblichen Pracht und Schönheit. Schließlich umschloß und umhüllte es die gesamte natürliche Welt.

Das war ein bildlicher Hinweis auf meine Aufgabe, mit dem mir angedeutet werden sollte, daß sie zum Ziel führen und auch die äußere, materielle Welt umfassen werde.

Dieses Erlebnis erinnerte mich an ein anderes, welches schon viele Jahre zurücklag. – Ich hatte mich damals in einer anscheinend ausweglosen Lage befunden und war ratlos. Da erschien mir ein weiser Mann und zeigte mir ein großes Netz, wie es die Fischer gebrauchen. Dieses Netz war zu zwei Dritteln zerrissen und demgemäß ganz unbrauchbar, so daß ein Flicken und Ausbessern gar nicht möglich schien. Doch der weise Mann ergriff einen Faden, bewegte ihn einige Male hin und her, und in einem Nu war das Netz wieder völlig heil.

Damit sollte mir angedeutet werden: So heillos zerrüttet und gestört dir deine Verhältnisse auch erscheinen mögen, Gott hat Mittel und Wege, alles zu ordnen und auszugleichen.

In einer anderen symbolischen Schau gleichen Sinnes sah ich einen Turm, der umgestürzt auf der Erde lag. Er hatte riesenhafte Ausmaße und reichte von einem Ende der Welt bis zum anderen; er mußte, aufgerichtet, weit über alle Wolken hinaus in den Himmel hinein geragt haben.

Alle guten Menschen waren tief unglücklich darüber, daß dieser Turm nicht mehr stand. Alle Versuche, ihn wieder aufzustellen, waren mißglückt; niemand konnte mehr hoffen, daß es jemals gelingen werde, ihn noch einmal aufzurichten.

Das Unglück und die tiefe Trauer der Menschen über diesen gestürzten Turm bewegte mich schmerzlich, und als ich in tiefstem Mitgefühl auf Hilfe sann, fuhr der Geist in mich und verlieh mir überweltliche Kraft, so daß ich mit Leichtigkeit den Turm aufzurichten vermochte.

Das löste bei allen guten Menschen eine unaussprechliche Freude und lauten Jubel aus.

Am 2. Mai 1937 bin ich im Auto auf der Fahrt nach Baden-Baden und erlebe bei herrlichstem Wetter eine ganz unerhörte Durchwirkung aus meinem eigenen Geist her, der wie eine Sonne strahlt und immer nur Liebe geben will. Diese Liebesstrahlung des Geistes richtet sich heute mit besonderem Nachdruck auf den eigenen Körper und durchdringt ihn in einer solchen Stärke, daß ich glaube, völlig aufgelöst zu werden. Wohl an vier Male muß ich mich während dieser Fahrt ganz der Geisteinung hingeben. So nah und klar wie heute meine ich meinen Geist noch nie erlebt zu haben. Dennoch kann ich nicht glauben, daß mein Geist jemals restlos von meinem Körper wird Besitz ergreifen können; wenigstens nicht in dieser Welt, weil dann der äußere Mensch innerhalb der irdischen Natur nicht mehr lebensfähig wäre.

3. Mai — Wir haben in Kissingen übernachtet und fahren weiter über Weinsberg, wo wir das Kernerhaus besichtigen. Ich erlebe dabei Friederike Hauffe, die Seherin von Prevorst, in einer tiefen Einung im Herzen. Während der Weiterfahrt wiederholen sich auch heute die starken Geisteinungen in der glei-

chen Weise wie gestern, so daß der Körper völlig aufgelöst zu werden scheint.

Baden-Baden, 6. Mai 1937 — Während der Mittagsverbindung setzt ein ganz außerordentliches Gotteserleben ein. Ich bin im Nachdenken über meine äußere Lebenslage, meinen leidvollen Weg und die schwer zu verstehende Aufgabe, die vor der Welt so undankbar ist und mir selbst mein Dasein nur allzuoft völlig sinn- und zwecklos erscheinen läßt. Auch über meine Beziehungen zu den verschiedenen Menschen meiner Umgebung sinne ich nach. Da werde ich vom göttlichen Geist ergriffen und ganz ins Göttliche erhoben.

Ähnlich wie bei den beiden großen Berufungserlebnissen – vor 22 Jahren in der Schroth-Kirche in Schreiberhau und noch weitere 20 Jahre zurück als Kind in der Schulstube – wird mir erneut die Bedeutung meiner Sendung und meines Weges auf Erden von Gott vor Augen gestellt und mit Worten Gottes und Christi aus der Bibel belegt. – Es besteht jedoch ein deutlicher Unterschied zwischen dem heutigen und jenen beiden oben erwähnten, früheren Erlebnissen. – Damals in der Schroth-Kirche wurde das Erlebnis zwar auch meinem äußeren Tagesbewußtsein kund; doch zur bleibenden Gewißheit wurde das Erlebte nur dem Geist und der Seele; und bei jenem ersten Kindheitserlebnis war es gar erst der Geist allein, dem das Erlebnis Gewißheit blieb, und dieser hatte nur in einem gewaltsamen Durchbruch auch der Seele und den wachbewußten Körpersinnen eine zwar tief beeindruckende, aber doch nur flüchtige Kunde davon geben können.

So ist mir der unverwischbar gewiß bleibende Eindruck, den das heutige Gotteserlebnis meinem ganzen natürlichen Menschen hinterlassen hat, zwar ein unbestreitbarer, neuer Beweis meines anhaltenden Fortschreitens auf meinem Entwicklungsweg; denn an dem, was Gott mir über mein Sendung zu schauen gibt und erklärt, ist nun ein Zweifel unmöglich geworden. Doch fast unverständlich will meinem Menschlichen noch erscheinen, was Gott jetzt über mein Wirken sagt; und mit höchster Verwunderung vernimmt mein natürlicher Mensch, daß ich ja schon jetzt inmitten meiner Hauptwirksamkeit stehe. –

»Was willst du denn«, so spricht die göttliche Stimme in mir, »du stehst ja schon in voller Wirksamkeit. Du bist das Licht der Welt! Das Licht scheint in der Finsternis; aber die Finsternis kann es nicht begreifen.«

Das eben ist das so schwer Verständliche und Undankbare an meiner Aufgabe, daß sich das Wirken Gottes durch mich ganz im Verborgenen, völlig unmerklich für die Welt vollzieht. Nicht in auffällig sichtbaren Wundern, sondern mit der Selbstverständlichkeit einer Naturkraft, ohne jede Abweichung von der naturgesetzlichen Ordnung will Gott Seinen Willen auch im äußeren Geschehen der Erdenwelt wirksam werden lassen und damit die dritte Bitte des Vaterunsers zur Erfüllung bringen. Die Leitungsbahn für die Gotteskräfte zu solch naturgesetzlichem Wirken ist der Mensch, der in rückhaltloser Hingabe an Gottes Willen sein Irdisch-Menschliches von IHM durchgotten läßt. Mich zu einem solchen Mittler durch unausgesetztes Leiden und Sterben in meinem natürlichen Menschen zubereiten zu lassen, *das* ist der Sinn meines schweren Weges, dessen Leidenstiefen für die Welt ebenso unsichtbar und unverständlich bleiben, wie der Welt auch die Höhen, welche ich auf meinem Weg erlebe, unfaßbar und unglaublich sind.

12. Mai — Ich erhalte von Gott her starke geistige Einstrahlungen, und ich fühle deutlich, wie diese göttlichen Kräfte durch mich hindurch und über mich hinaus in den Erdboden dringen und die ganze Welt durchfluten. Ich gewahre in diesen Kräften deutlich den Liebewillen Gottes und Seine Absicht, mit dieser weltdurchdringenden Strahlung der Weltliebe der Menschen entgegenzuwirken. – Die göttliche Fülle bleibt nicht auf meine Person beschränkt, sie durchströmt, über mich als Mittler, die ganze Welt und durchwirkt die ganze Menschheit im Verborgenen. Wer aber könnte von diesem unerhörten Geschehen an mir etwas wahrnehmen?

14. Mai — Während der Mittagsverbindung überkommt mich eine Gotteinung und die göttliche Stimme spricht:

»Wenn du nur das tust, was deine tägliche Aufgabe ist, nämlich Meine göttlichen Kräfte durch deinen Körper in die Welt zu leiten, dann tust du damit für die Menschheit mehr, als wenn du eine öffentliche Wirksamkeit hättest und sichtbare Wunder tun könntest.« – Auf meine Frage, wie ich das verstehen solle, erklärt mir die göttliche Stimme, daß entsprechend dem Fortschreiten des Vergeistigungs- und Durchgottungsvorgangs an meinem Körper Gottes Kräfte auch im großen Menschheitsleib mit ihrer verwandelnden Wirkung vorwärtskommen. Der Mensch sei doch in seinem ganzen Wesen die getreue Nachbildung des großen Weltalls, des Makrokosmos, und stehe somit als Mikrokosmos in Entsprechung zu jenem. Die Vergeistigungsarbeit an meinem Körper habe schon derartig wirksame Kräfte ausgelöst, daß dadurch bereits viele große Gesellschaften von Verstorbenen aus den Materiebanden befreit worden sind.

Am 30. Mai um ½ 11 Uhr betreten wir das große Volksbad in Freiburg. Schon gleich beim Eintritt ins Bad löst Musik eine starke geistige Erhebung in mir aus, und ich bekomme göttliche Verbindung. In starken Strömen ergießt sich die göttliche Liebe durch mich hindurch auf alle geistig empfänglichen der hier versammelten Menschen. Ich fühle die besondere Bedeutung der Stunde und erkenne in dem gegenwärtigen Zustand äußersten geistigen Wachseins ganz klar, daß sich das geistige Geschehen auf meinem Lebensweg und besonders auch bei dieser Reise nach vorgesehenem Plan mit bewundernswerter Genauigkeit abspielt.

Hier im Bad geben sich die Menschen natürlicher, ungezwungener und sind dementsprechend auch geistig empfänglicher. So kann die göttliche Geiststrahlung auch ihr Leibliches besser durchdringen. Als ich dann kurz vor dem Ankleiden von einem erhöhten Punkt aus die badenden Menschenscharen noch einmal überschaue, geht der göttliche Geiststrom erneut in voller Stärke durch mich hindurch, und Gott spricht zu mir: »Segne sie!« Das tue ich im Geist und werde dabei von der Gewalt der göttlichen Strahlung fast körperlich emporgehoben.

Am 2. Juni sind wir bereits auf der Heimfahrt. Vor mir liegen die Sommerwochen in unserem einsam gelegenen Sommerhäuschen an der Ostsee, und mir bangt etwas vor dieser Zeit, die wenig Anregungen bieten wird. In diese Gedanken hinein spricht die göttliche Stimme: »Diese Abwechslungen auf den Reisen hast du im Gegensatz zu den anderen Mystikern für deine Entwicklung unbedingt nötig, weil auch dein Körper für den Geist erschlossen und von ihm umgewandelt werden soll; er darf also nicht verödet und abgetötet werden, sondern er braucht die Anregungen von außen und die damit einhergehenden Geistesschwingungen für seine Erhaltung unbedingt.« – Schon vor mehreren Jahren hatte Christus mir einmal gesagt: »Weil du den Weg durch die Materie gehen sollst, brauchst du den Wechsel und die Anregungen von außen. Glaubst du, daß Ich dir die Mittel zu deinen Reisen geben würde, wenn diese dir schaden könnten und du sie nicht unbedingt für deine Entwicklung brauchtest?«

Der Herbst desselben Jahres sieht mich wieder auf der Reise nach dem Süden. Schlimme Verlassenheitszustände hatten mich in der letzten Zeit heimgesucht. Nun endlich am 12. September in Baden-Baden kommt mir ein erlösendes Gotteserlebnis. Es ist Gott Selbst, nicht Christus, den ich erlebe; und nicht als den unpersönlichen Gottgeist erlebe ich IHN, sondern als die göttliche Persönlichkeit, die Sich in gottmenschlicher Liebe zu den Menschen herabneigt. Es ist ein Erleben Gottes als der ewigen Heimat, des mütterlichen Schoßes, des absoluten Geborgenseins.

Am Morgen des 13. September, kurz bevor ich mich erheben will, hält mein Geist eine Beschauung über den Entwicklungszustand meines körperlichen Menschen. Dabei wird mir von der göttlichen Stimme gesagt: »Nun ist auch dein Leib ein leeres Gefäß.« Zugleich wird mir gezeigt, daß dies durch die Verzweiflungszustände der letzten Monate erreicht worden ist.

Nach der Entlassung aus der Haft hatte ich es zwei Jahre lang nicht gewagt, ins Ausland zu reisen. Doch im Oktober

1937 fuhr ich mit meinen Freunden nach Meran, wohin es mich mit Macht zog. Es war ganz gewiß kein Zufall gewesen, der mich im Frühjahr 1928 zum ersten Mal dorthin geführt hatte. Meran ist mir im Laufe der Jahre so sehr zu einer zweiten Heimat geworden, daß ich seiner belebenden Strahlung wegen immer dahin zurückkehre. Dabei ist jetzt infolge des großen Touristenstromes und der Motorisierung nur noch wenig von der unberührten Natur zu spüren, die mich in früheren Jahren durch die Fülle und Mannigfaltigkeit an Naturwesen, Elfen, Nymphen, Berggeistern und dergleichen entzückt hatte.

Nicht nur in Meran, auch an anderen Orten habe ich solche Naturwesen öfter bemerkt. Als ich im Frühjahr 1927 mit Hermann in Monaco war, saß ich eines Abends spät ganz allein am Meer. Da stieg vor mir eine Meerjungfrau halb aus dem Wasser und warnte mich, wir sollten nicht mehr an der Stelle ins Meer schwimmen, wo wir zu baden pflegten. Dort seien Wesen, die den Menschen nicht gut gesinnt seien. Ich achtete aber nicht auf diese Warnung, sondern schwamm zwei Tage später wieder an derselben Stelle. Plötzlich wurde ich mit aller Macht nach unten gezogen und wäre ertrunken, wenn mich nicht Hermann mit ein paar jungen Leuten auf meine Hilferufe hin gerettet hätte.

Gar nicht selten habe ich von anderen Leuten gehört, daß auch sie solche Naturwesen kannten. Manche Hilfe, die einen verirrten Wanderer den richtigen Weg wiederfinden ließ, manche Verhütung eines Unfalls ist ihrem Wirken zu verdanken. Sie sind gern gefällig gegen Menschen von guter Gemütsart; grobem, unflätigen Wesen und wüstem Lärm gehen sie aus dem Wege. Der zauberhafte Reiz schöner Landschaften, an dem aufgeschlossene Menschen ihre Freude haben, ist zum großen Teil eine Wirkung der dort heimischen Naturwesen. – Auch haben Sagen, welche an bestimmte Örtlichkeiten geknüpft sind, ihren Ursprung meist in wirklichen Erlebnissen, welche hellsehende Menschen dort mit solchen Naturwesen gehabt haben. Bei meiner ersten Fahrt durch das Rheintal hatte mich kurz hinter Kaub eine Bemerkung des Fahrers annehmen lassen, wir kämen jetzt zum Loreley-Felsen. Während wir dem Berg näherkamen, wunderte ich mich darüber, daß ich von dieser sagenumwobenen Höhe gar keinen sonderlichen Eindruck empfand. Als wir aber dann den nächsten Bergvorsprung vor uns hatten, bemerkte ich auf diesem schöne Gestalten mit blondem Haar, von denen eine eigentümlich reizvolle Wirkung ausging. Erst jetzt kamen wir also zur Loreley; und es hätte nicht noch der Bestätigung von seiten meiner Wagengefährten bedurft, um mir diese Gewißheit zu geben.

Meran, 9. Oktober 1937 — Gleich nach der Ankunft setzen hier wieder die entsetzlich schweren körperlichen Leiden ein, die mir die lösende Strahlung Merans immer verursacht. Da durchfährt mich ein göttlicher Blitz und Gott spricht: »Freue dich dessen, was du erreicht hast, denn es ist *einzigartig* in der Menschheitsentwicklung. Dank deiner körperlichen Erschlossenheit werden in dir alle Leiden der Welt verbrannt.« Und nun wird aus dem Himmel der Zustand der Menschheit beleuchtet: Nur wenige Menschen sehnen sich noch nach Gott. Die Welt und die Materie hält die allermeisten gebunden. Selbst die Alternden und Kranken betrügen sich mit allerlei ablenkenden Vorstellungen, um nur ja nicht der Ewigkeit bewußt ins Auge sehen zu müssen. »Um die Menschheit aus diesen weltlichen Schlingen zu befreien, ist dir dieses so tiefe Leiden auferlegt worden, das in Meran wegen der starken Strahlung auch das Körperliche in besonderer Stärke erfaßt.«

21. Oktober — Die ganze Zeit hindurch habe ich hier Tag für Tag eine Fülle göttlicher Verbindungen und Erlebnisse. Heute abend um 6 Uhr tut sich der innerste Himmel auf, und ein außergewöhnlich starker göttlicher Kraftstrom flutet auf mich herab. Gott tröstet mich in meinen Leiden und spricht zu mir: »ICH bin deine Stärke, ICH bin deine Kraft!« Ich fühle dabei den göttlichen Strom heute mit ganz besonderer Macht durch den Körper gehen und darüber hinaus in die Erde eindringen. Auch abends im Speisesaal ist der ganze Raum von der göttlichen Strahlung erfüllt. In diesen Zuständen fühle ich mit aller Deutlichkeit, welch große Kluft immer noch besteht zwischen Gott und der Welt, obwohl Gott durch Sein liebevolles Wirken über mich schon durch Jahrzehnte hin diese Kluft

bis zu einem beträchtlichen Grade überbrückt hat, wie ich ebenfalls deutlich wahrnehmen kann.

Am 8. November, vormittags 9.30 Uhr, als ich in meiner Pension wieder in großen Leiden auf dem Balkon sitze, durchdringt mich Gottvater mit Seiner Liebe. ER kommt als das »sanfte Säuseln« voller Mitleid mit meinen schweren Leiden und spricht zu mir: »ICH bin die Liebe und will nicht die Leiden der Menschen. Da sie sich aber von MIR abgekehrt haben, bin ICH genötigt, die Leiden zuzulassen, um die Menschen wieder zu MIR zurückzuführen.« Dann gibt Gott mir weiter zu verstehen, daß ER auch für mich kein übermäßiges Leiden wünsche, damit das zarte Instrument meines sich immer mehr vergeistigenden Leibes nicht verstimmt und für das Wirken in der Welt nicht untauglich werde. Denn es hieße, dem Wirken Satans Vorschub leisten, der in erbitterter Feindschaft gegen mich stehe und nichts unversucht lasse, um mir das Leben in dieser Welt unmöglich zu machen. Ich solle daher alle sich mir bietenden Hilfsmittel zur Erleichterung meiner Leiden sorgfältig wahrnehmen. Um die Willensfreiheit der Menschen nicht zu beeinträchtigen, dürfe Gott mir mit Seiner Allmacht solche Hilfe nicht schaffen, sondern könne nur mit Seiner Liebe auf die Menschen einwirken, um sie unauffällig über ihren Geist von tief innen her anzurühren und sie in dem Maße, wie sie für Sein Liebeswirken aufnahmefähig sind, hilfsbereit zu stimmen. Diese Liebe müsse ich von Gott her in mich aufnehmen und an die Menschen weiterleiten. Wer den göttlichen Geist in rechter Weise in sich aufnehme, dem werde dieser auch sicher durch alle Gefahren hindurchhelfen. Ganz besonders für mich selbst und den Kreis meiner Freunde müsse als Richtschnur für unser Handeln gelten: »Seid klug wie die Schlangen und ohne Falsch wie die Tauben!« Dann könne mir auf meinem schweren Weg bei dem mir aufgetragenen Werk des stellvertretenden Leidens gar manches in dieser Welt erleichtert und damit mancher teuflischen Bosheit die Spitze genommen werden.

14. November 1937 — Heute, Sonntag, bei der Mittagsverbindung bekam ich einen besonderen Aufschluß über mei-

ne Leiden. Es wurde mir dabei dargetan, daß nicht nur mein natürlicher Mensch in Seele und Körper, sondern gerade auch mein Geist an diesen Leiden vollsten Anteil habe und eben darum meine Leiden so über alle Begriffe tief und schwer seien. Andeutungen darüber hatte ich zwar auch früher schon gelegentlich erhalten, wie zum Beispiel bei Peters Tod. Heute aber wird mir mit voller Klarheit gezeigt, daß mein Geist nicht nur bei besonderen Todesfällen an den Leiden des natürlichen Menschen beteiligt ist, sondern schon von Jugend auf stets und ständig im Mittelpunkt aller Leiden steht. Gerade dadurch bekommt mein Leiden seinen besonderen Charakter, daß es als *Geistleiden* alle Welten durchdringt und jede Körperzelle von Grund auf erschüttert.

Nachmittags im Kursaal, als mein Leiden wieder einmal seinen Höhepunkt erreicht hat, werde ich plötzlich erneut vom göttlichen Geist erfaßt und mit meinem gesamten Innenmenschen zu Gott emporgehoben. Gott erzeigt mir Seine besondere Liebe und spricht zu mir: »ICH habe dich je und je geliebt.« Und nun gibt mir Gott zu schauen, wie ER mich hier auf Erden in Seiner Gnade erhält, wie Seine Hand beständig über mir ist, auch wenn ich nichts davon spüre. Mein Geist ist, als er ins Erdenleben kam, in das Kampffeld des Leibes und der Materie herabgestiegen und hat sich hier mit Aufbietung aller Kräfte gegen den Ansturm der satanischen Mächte zu behaupten. – Bei diesem Erleben ergoß sich die göttliche Liebe auch in alle Menschen, die hier im Saal anwesend waren, und Gott sprach: »Siehe all die anderen Menschen hier, wie haben sie in ihrer Gottferne es doch so viel schwerer als du, der du von Jugend auf in Meiner Kraft und Gnade gestanden hast!«

16. November — Heute mittag bekam ich weitere Erleuchtungen aus dem Himmel in Ergänzung zu meinem Gotteserleben am Sonntag. Dabei wurde mir gezeigt, daß das Besondere an meinem Wesen und Weg darin besteht, daß von Jugend auf auch Seele und Leib am Geistbewußtsein Anteil haben. Mein Geist steht inmitten der Kluft zwischen Gott und Welt und erlebt ganz unmittelbar alle Schrecken des Zwiespalts und alle Torheiten dieser gefallenen, gottfernen Welt. Dieses Erle-

ben des Geistes überträgt sich mit allzu eindringlicher Deutlichkeit dem äußeren Menschen. Demzufolge hat es in mir in der Jugend schon einen ausgeglichenen Gemütszustand nie gegeben, wie andere Menschen ihn erleben als Ruhepol zwischen den Erregungen und Mühsalen des Tages. Aber selbst die innere Ruhe und der himmlische Friede, den die Frommen und Heiligen dank ihrer inneren Verbundenheit mit dem Himmel fast ständig genießen, ist mir als Zustand auch von nur mäßiger Dauer nicht vergönnt. Nur in seltenen und kurzen Erholungspausen bekomme ich ihn zu erleben, wenn die Kraft des Widerstands bis zum Letzten erschöpft ist und zu versagen droht. Zu leiden und immer wieder zu leiden, ist mir zur Aufgabe gestellt. Mein ganzes Wesen liegt in allen seinen Schichten weit offen und ist ein Kampfplatz aller Gewalten. Als Gotteskämpfer ist mein Geist in die äußerste Welt und Materie gesandt; er soll hier geistiger Umgestalter der verworrenen und ungerechten Lebensverhältnisse der Menschheit im Alltäglichen sein.

17. November — Morgen wollen wir die Heimfahrt antreten. Heute plagen mich furchtbare Gemütszustände, verursacht durch Enttäuschungen, die ich hier mit Menschen erleben mußte. Besonders einer, dem ich nur Gutes tat, trägt sich, wie ich deutlich fühle, aus leichtfertiger Eigensucht mit dunklen Plänen gegen mich, die ihn zum Verbrecher werden ließen, wenn sie zur Ausführung kämen. Dieses Leiden steigert sich im Laufe des Nachmittags bis zu völliger Unerträglichkeit. Da greift Gott in Seiner Liebe ein. ER eint Sich mit mir, und nun läßt ER Sein ganzes Mitleid und Seine Liebe durch mich hindurch auf die Bewohner von Meran ausströmen und versucht, sie wie ein Vater zu Sich zu ziehen. Die göttliche Hilfe gilt dabei vor allem auch jenem Menschen, der in so schwerer Gefahr ist, ganz zu entgleisen. Unter der göttlichen Einwirkung besinnt er sich dann auch eines Besseren.

Am 14. Januar 1938, als ich vormittags meine Mutter behandle, habe ich ein hohes Erlebnis und sehe, wie eine himmlische Landschaft sich aus der geistigen Welt auf unsere äußere

Erde herabsenkt. Nun stehe ich plötzlich inmitten einer wunderbaren Sommerlandschaft; Bäume, Sträucher, Wiesen und Felder prangen in den herrlichsten Farben in sommerlichem Glanz. Doch befinde ich mich nicht in einer fremden Gegend, sondern nach wie vor in Schwusen, dem schlesischen Landgut meines Freundes. Zum Trost und zur Ermutigung soll mir der innere Verklärungszustand dieses Ortes gezeigt werden, den Gottes Wirken durch meine Vermittlung hier geschaffen hat. – Als der hohe Zustand geschwunden ist und ich zum Fenster hinausschaue, blicke ich wieder in schauervolle winterliche Öde.

Da meinen so viele Menschen in ihrer Einfalt, die Natur unserer Erde sei göttlich. Könnte ich sie nur einen einzigen Blick tun lassen in eine solche himmlisch-geistige Landschaft, sie könnten unmöglich bei ihrer Meinung bleiben. – Wohl ist auch die irdische Natur aus Gott hervorgegangen, und die ihr von Gottes Allmacht gegebene naturgesetzliche Ordnung verleiht ihr für immer eine gewisse Vollkommenheit; und überall, wo sie in ihrer Schönheit und Erhabenheit das menschliche Gemüt zu Ehrfurcht und Andacht anregt und erhebend wirkt, gibt sie noch Zeugnis von ihrem göttlichen Ursprung. Aber auch das schönste Fleckchen unserer Erde hält keinen Vergleich aus mit der Natur geistiger oder himmlischer Landschaften, wie ich sie soeben erlebt habe.

Eines der ersten von derartigen Erlebnissen hatte ich wenige Tage nach dem Tod einer jugendlichen Verwandten. Ganz unerwartet fand ich mich in ihre Sphäre, das sogenannte Paradies, versetzt. Dort traf ich sie mitten in blühendem Frühling. Über die unbeschreiblich schöne Landschaft ergoß sich helles, weißes Sonnenlicht, das ich als eine lebendige Ausstrahlung Gottes empfand. Die Atmosphäre tönte in Wohllauten, die Freude und Seligkeit einflößten. Ich sah mich im Zauber eines Märchenlandes. Da lebte alles und leuchtete aus sich heraus in einer Farbenpracht, die es auf unserer armen Erde nirgends gibt.

Das eindrucksvollste Erleben einer geistigen Landschaft jedoch wurde mir eines Sommertags in Warnemünde als erholsamer Trost gegeben. Schwer litt ich schon einige Wochen unter dem anhaltenden Regenwetter mit Kälte und stürmischem

Wind. Überhaupt war in jenem Jahr vom Sommer noch nicht viel zu merken gewesen; er geizte mit Sonnenschein und Wärme ganz erbärmlich und verschärfte mir so meine Leiden. Da werde ich eines Tages nach der Mittagsverbindung ganz unverhofft in eine Landschaft des innersten Himmels versetzt. Wo aber nehme ich die Worte her, um dieses Erleben auch nur annähernd anschaulich zu machen! – Die wohltuende Wärme der Himmelssonne durchdringt mein ganzes Wesen, und der Purpurschein ihres hellen und doch so milden Lichtes liegt über einer Landschaft, deren Liebreiz und Schönheit völlig unbeschreiblich ist. In ihrer Natur ist sie gänzlich anders als irdische Landschaften, aber doch ist in ihr alles vorhanden, was wir auch hier auf Erden haben: Berge und Täler, Flüsse und Seen, Wiesen und Felder, Bäume und Sträucher, Blumen und Früchte in unendlicher Fülle und Mannigfaltigkeit sowie Farbenpracht, an die keine menschliche Vorstellung heranreicht. Auch Gebäude sind vorhanden, sowohl kleine, hübsche Häuser in blühenden Gärten als auch große prächtige Schlösser in großen Parkanlagen; und alles ist durch und durch lebendig und leuchtet aus sich heraus. – Das ist nun nicht etwa eine flüchtige Traumerscheinung, wie mancher Leser vielleicht versucht ist, sich vorzustellen. Gegenüber dem Wachsein bei solchem Erleben ist das Wachbewußtsein im sonnenhellen Erdentag nur ein dumpfer Dämmerzustand, und alle irdische Wirklichkeit ist wie ein Schattenspiel im Vergleich zu dem, was ich geistig erlebe mit einer Eindringlichkeit, wie keine irdische Wirklichkeit sie der menschlichen Wahrnehmung vermitteln kann. – Ich lege meine Hände an einen herrlich blühenden Apfelbaum und fühle das Leben in ihm pulsen. In jedem Blatt sehe ich ganz unmittelbar das unermüdlich tätige Leben kreisen, denn alles ist durchscheinend, und beständig wechselt auch die Farbe. Aus jedem Wesen leuchtet das ihm eigene Leben mit wunderbarem Licht, und himmlische Düfte erfüllen die Luft und bieten mir eine unaussprechlich beglückende Erquickung. Selbst nach meiner Rückkehr in die schauerliche Wirklichkeit des irdischen Regenwetters bleibt dieser himmlische Duft noch einige Tage hindurch für mich spürbar. Doch wie nichtssagend sind alle diese beschreibenden Worte gegenüber der erlebten

Wirklichkeit! – Ja, *diese* Natur ist göttlich, nicht aber die Natur unserer Erde, die in große Gottferne geraten ist. – Immerhin haben manche naturschöne Gegenden, wenn sie von dem hastenden und lärmenden Treiben der Menschen noch verschont geblieben sind, für mein Hellgefühl noch eine verhältnismäßig hohe Reinheit. Und gerade dort gibt sich mir aus der Natur ein starkes Sehnen nach Gott kund, was sich in mir zu tiefer Wehmut steigern kann, weil die Natur sich geradezu an mich hängt und durch meine Vermittlung Gott näherzukommen strebt. – Das Verlangen der Natur nach Erlösung spüren viele empfindungsoffene Menschen als wehmütige Stimmung, nur wissen die wenigsten es sich zu deuten. Doch tief religiösen Menschen und vornehmlich Dichtern offenbart sich der Ursprung und Sinn solcher Empfindungen als das Sehnen der erlösungsbedürftigen Kreatur, von dem auch der Apostel Paulus im Römerbrief spricht.

Schwusen, 18. Januar 1938 — Heute morgen bin ich im Nachdenken über meine schweren Leidenszustände. Da eint sich Christus mit mir und spricht: »Deine Lebensverhältnisse können ja gar nicht anders sein als sie sind; denn durch deine Aufgabe in dieser Welt hast du den Satan und seine gesamte Hölle gegen dich. Durch dein geistiges Wirken auf die Erdenwelt mußt du ja die Wut der satanischen Mächte aufs Äußerste reizen und sie gegen dich aufstacheln. Die Gefahren dabei sind so riesengroß, daß du ihnen nicht einen Augenblick standhalten könntest, wenn nicht Mein Schutz dich dauernd umgäbe. Durch dein Wirken kommt eine grundlegende Neuordnung der Dinge auf Erden zustande. Was du vor wenigen Tagen erlebtest, als du die Sommerlandschaft aus der geistigen Welt sich auf die winterliche Erde herabsenken sahest, ist von einer ganz ähnlichen Bedeutung wie jenes Erlebnis, in welchem Ich mit dir auf der neuen Erde zu dieser alten Erde herabschwebte und diese uns aufnahm.«

Schwusen, 30. Juni 1938 — Wie alle Tage bei schönem Wetter liege ich auch heute wieder am Oderstrand, werde aber trotz Sonnenschein von schwer bedrückenden Gemütszuständen gepeinigt. Als ich mir darüber Rechenschaft gebe, daß ich auch unter den besten äußeren Lebensumständen immer noch wirklich triftigen Grund zu Klagen habe, kommt Christus zu mir herab. Er deutet auf einen Baum und spricht: »Wie dieser Baum seine Wurzeln tief in das Erdreich getrieben und dadurch einen festen Halt gewonnen hat, so ähnlich ist auch jeder Mensch mit seinem Wesen in der irdischen Welt verwurzelt und findet darin einen sicheren Ruhepunkt. Nur du hast solchen Halt in dieser Welt nicht, und daraus ergibt sich für dich die Unsicherheit in jeder Hinsicht; daraus kannst du selbst zugleich die Schwere deines Erdenlebens ermessen.« Dabei gibt Christus mir zu verstehen, daß es auch Ihm hier auf Erden so ergangen sei, und Er erinnert mich an Seine Worte: »Die Füchse haben Gruben, und die Vögel unter dem Himmel haben Nester; aber des Menschen Sohn hat nicht, da er sein Haupt hinlege.« Darauf werde ich vollkommen mit Ihm geeint, und Christus spricht: »Auch du kannst nur das Gleichgewicht zwischen Himmel und Erde halten, wie auch Ich in Meinem Erdenleben nur das habe tun können.« Ohne das Erscheinen Christi hätte das Böse auf der Erde überhandgenommen und wäre die Menschheit verlorengegangen. Die Erlösung, die Christus gebracht hat, besteht in der Befreiung der Seele aus der Gewalt der Dämonen. Gottvater aber will das begonnene Erlösungswerk weiterführen und sendet Seine Boten auf die Erde, damit das Gleichgewicht gegenüber den widergöttlichen Einwirkungen erhalten bleibt.

Poberow, 18. August 1938 — Der Leib ist wieder einmal ganz besonders schlimm, und die Gifte brennen darin lichterloh. Ich bin dadurch unsagbar gequält. Darin besteht nun meine wichtige Aufgabe, so spielt sich die Vergeistigung der Körpermaterie ab, ganz im Verborgenen, unbeweisbar für die Welt. So groß sie ist, so undankbar ist diese Aufgabe auch. Wer kann sich davon eine Vorstellung machen? Wer soll mich in meinen unbeschreiblichen Leiden verstehen können? – Als ich so über mein schweres Los nachsinne, spricht die göttliche Stimme: »So wie das Feuer in dir brennt, so habe ICH es auch in der ganzen Welt entzündet!« Und gleichzeitig werden aus dem Himmel die Christusworte gesprochen: »Ich bin gekommen, daß ich ein Feuer anzünde auf Erden; was wollte ich lieber, denn es brennete schon!« Und weiter spricht Gott zu mir: »Sei froh, daß das Gottesfeuer in dir brennt. Was wertvoll am Menschen ist, wird von diesem Feuer durchglüht und geläutert; was wertlos ist, wird verbrannt.« In dieser tiefen Gottverbundenheit gewahre ich deutlich, daß das göttliche Feuer von mir aus auch auf andere Menschen, ja auf die ganze Menschheit übergeleitet wird. So sehe ich mich wahrhaftig im Mittelpunkt des göttlichen Wirkens auf Erden. Kann ich mich wundern, wenn alle gottfeindlichen Mächte in riesenhaften Wellen auf mich einstürmen?

Poberow, 27. August 1938 — Meine Leidenszustände sind wieder einmal ganz unerträglich, und ich suche mit meinem Verstand nach einer Erklärung dafür, was denn wohl an der Verschlimmerung schuld sein könne, und meine immer wieder, es müsse doch einen Weg geben, sie abzustellen oder wenigstens zu lindern. Da vernehme ich plötzlich die Stimme Gottes: »Es gibt keine irdische Abhilfe für deine Leiden. ICH bin es doch, der sie dir gibt und geben muß. Schlage den Meister Ekkehart auf!« Ich tue es und finde in dem Kapitel »Von der Armut im Geiste« meine eigenen Entwicklungszustände beschrieben. Darin sagt Meister Ekkehart, daß der Mensch, wenn er über seine Individualität hinaus den Durchbruch in Gott hinein erreicht habe, »Gottes nicht mehr bedürfe«, weil er dann selbst gottgleich sei. Alsdann sei der Mensch »willen- und tatenlos«. – Das sind gefährliche Worte, so wahr sie auch sind; denn sie werden von unreifen Köpfen nur allzu leicht mißverstanden.

Meran, 30. Oktober 1938 — Bei der heutigen Mittagsverbindung befragte ich mich selbst innerlich über meinen Zustand; da erschallte die Stimme meines eigenen Geistes aus der Tiefe der Todeskammer empor: »Der Kampf mit dem Tod geht weiter!« – Die Gottesverbindungen der letzten Tage hatten in mir das Gefühl geweckt, daß es überhaupt keinen Tod gäbe. Nun stehe ich heute ganz unerwartet wieder mitten im Tod;

die Todesqual steigt mir bis zum Hals, und ich sehe nichts anderes als den Tod.

Meran, 1. November 1938 — Nach furchtbarem Leidenszustand hatte ich heute morgen beim Aufstehen ein hohes göttliches Erleben. Der gesamte Kriegsgreuel mit seinen Panzern, Kanonen und sonstigen Kriegsmaschinen wurde in mich hineingezogen und in den Mittelpunkt des Leidens, des stellvertretenden Leidens gestellt. In diesen Brennpunkt strahlte alsdann das göttliche Feuer hinein und verbrannte alles. Dabei war die göttliche Liebe so überwältigend stark, daß ich auch äußerlich die Tränen nicht zurückhalten konnte. – Später gegen 11.30 Uhr wurde ich auf der Promenade von der göttlichen Stimme angesprochen: »Das ganze Geheimnis deines Weges und der Unterschied zwischen diesem und dem Weg Christi liegt in der Tatsache, daß du lebend aus der Haft herausgekommen bist.«

Meran, 24. November 1938 — Während der Mittagsverbindung wird mir von Gott gesagt: »Du hast die Welt überwunden. Aber hier in Meran treffen die Strömungen der Welt in einem besonderen Brennpunkt zusammen; so wird hier in dir immer vieles wieder aufgerührt, was schon längst erstorben schien.«

Schwusen, 29. Dezember 1938 — In der vergangenen Nacht gegen 1 Uhr höre ich, noch in halbem Schlafzustand, mich selbst ständig zu Christus beten: »Erlöse mich von diesem elenden Leben!« Da setzt plötzlich eine tiefe Christus- und Gottesverbindung ein, wie damals in der ersten Zeit meiner Haft. Erfüllt von der göttlichen Liebe und göttlichen Kräften löst sich mein Innenmensch vom Körper und schwebt über ihm. Dabei empfinde ich mich völlig vergeistigt und voll göttlichen Lebens; nur der Rücken ist totenkalt. Das läßt mich erkennen, daß meine Aufgabe hier auf Erden noch nicht gänzlich vollendet ist und ich darum weiter leben muß; so kehre ich in den Körper zurück.

Florenz, 18. Februar 1939 — Bei der Betrachtung des Dante-Denkmals vor der Kirche Santa Croce bekomme ich starke geistige Verbindung mit Dante. Er ist hoch entwickelt; gleichzeitig nehme ich deutlich wahr, daß seine geistige Persönlichkeit auch heute noch Verbindung mit Florenz und seinen Menschen hat.

Meran, 30. März 1939 — Vor einigen Tagen begegnete mir auf der Straße eine Militärkolonne, welche mit zwei berittenen Offizieren an der Spitze vom Exerzieren heimkehrte. Inmitten der Abteilung sah ich einen jungen Mann, den ich persönlich kenne. Beim Anblick des Militärs wurde mir ganz sonderbar und erschreckend elend zumute. Da öffnete sich der Himmel, und Christus sprach zu mir: »Da siehst du, in welchem Zustand die Welt ist! Sie umgeben sich mit Eisen und Stahl, um einander gegenseitig umzubringen, und das alles noch 2000 Jahre nachdem Ich für sie gelebt und gelitten habe und nachdem auch du schon wieder so viel für sie gelitten hast.« Die göttliche Einwirkung war dabei so überaus gewaltig, daß ich all meine Kraft zusammennehmen mußte, um nicht laut herauszuschreien. Das war in unmittelbarer Aufeinanderfolge eine Begegnung mit Hölle und Himmel. – Als ich mir dann Gedanken machte über die geistigen Wege anderer Menschen, in denen kaum erst ein geistiger Funke glimmt oder die gar ganz falsche Wege gehen, sprach Gott zu mir: »Über allem steht Meine Gnade.« – Welch ein Trost im Hinblick auf das vielfältige menschliche Irren! Die Hauptsache ist, daß der Mensch sich ehrlich und ernstlich um seine innere Entwicklung und geistige Wiedergeburt bemüht, dann wird Gott ihm auch dazu helfen, daß er ans rechte Ziel gelangt.

AUFENTHALT IN SCHWEDEN 1939 – 1940

In ländlicher Zurückgezogenheit auf dem Gut eines Freundes lebend, fühlte ich mich ständig bedrückt und bedroht von der unerschütterlich scheinenden Gewaltherrschaft, welche sich immer rücksichtsloser durchsetzte und ihre Macht immer unangreifbarer zu festigen suchte. Um so stärker überraschte mich am 9. Juni 1939 auf einem Spaziergang, mitten in einer lebhaften Unterhaltung über ganz andere Dinge, eine Mitteilung der göttlichen Stimme mit den Worten: »Hitler ändert seine Einstellung nicht, sein Sturz ist nicht mehr aufzuhalten; es kommt zum Krieg.« Nähere Mitteilungen über Einzelheiten erhielt ich jedoch nicht, und der Zeitpunkt der angedeuteten Wendung blieb völlig ungewiß. Meine Angehörigen und Freunde rieten und drängten, ich solle sehen, so schnell wie möglich ins Ausland zu kommen, um allen Unannehmlichkeiten, die es im Zusammenhang mit der Mobilmachung für mich hätte geben können, aus dem Weg zu gehen.

An einem der nächsten Tage machte sich mir der 1918 auf Java verstorbene Max Dauthendey, mit dessen Witwe mich eine mehr als zehnjährige Freundschaft verband, bemerkbar und sagte mir, ich solle doch mit seiner Frau nach Schweden gehen. Meiner Bekanntschaft mit Frau Annie Dauthendey lagen geistige Beziehungen zu ihrem verstorbenen Gatten zugrunde. Während seiner Erdentage war ich Max Dauthendey nicht begegnet. Ich lernte ihn erst kennen, als ich im Sommer 1926 das Buch »Letzte Reise« las, das eine Sammlung von Briefen an seine Frau enthält, die er von seiner letzten Weltreise, welche in der Internierung auf Java ihr Ende fand, geschrieben hatte. Beim Lesen dieser Briefe bekam ich lebhafte Verbindung mit ihm und lernte in ihm einen bedeutenden, besonders tief mitfühlenden Geist kennen.

Auch er hatte schwer und mit wirklich geistigen Schmerzen unter dem Leben gelitten und nirgends einen Ruhepunkt finden können. So war er in hohem Maße befähigt, die Schwere meines leidvollen Daseins nachzuempfinden, und seine warme Anteilnahme tat mir sehr wohl. Er bat mich, seiner Frau zu schreiben und ihre persönliche Bekanntschaft zu suchen. Bevor ich dazu kam, dieser Bitte nachzukommen, meldete sich Frau Dauthendey selbst bei mir. Ihr Weg hatte sie nach Breslau geführt, wo sie von meinem gerade in Vorbereitung befindlichen Buch »Vergeistigung« erfahren hatte. Daraufhin hatte sie mich aufgesucht, und es war zwischen ihr und meiner ganzen Familie zu einer dauerhaften Freundschaft gekommen. – Für den Sommer 1939 hatte sie einen Besuch in ihrer schwedischen Heimat geplant und war schon mit Vorbereitungen für diese Reise beschäftigt. Sie zu begleiten, wie Max Dauthendey mir anriet, daran war mir gar nichts gelegen, sondern ich hatte gefühlsmäßig eine starke Abwehr gegen diesen Gedanken und sträubte mich dementsprechend sehr entschieden dagegen. Da kam wenige Tage später Christus persönlich; und ganz ähnlich wie seinerzeit im Gefängnis zu Breslau legte nun auch Er mir in einer über drei Tage hin währenden Einung liebevoll ratend und gütlich zuredend nahe, mich doch zu dieser Reise zu entschließen. Anfangs schien es mir so, als sollte diese Reise den Zweck haben, mich gewisse Gefahren umgehen zu lassen, die mir im Zusammenhang mit dem Krieg drohen könnten. Doch als Christus diese Gedanken in mir wahrnahm, deutete Er mir sehr fein und zart an, daß dies nicht der Zweck der Reise sei, sondern eine große und recht schwere Aufgabe in Schweden meiner warte.

So blieb mir schließlich nichts übrig, als dem liebevollen Werben Christi um mein Einverständnis nachzugeben; ich fuhr am 25. Juni 1939 mit Frau Annie Dauthendey nach Schweden, wo wir zunächst bei ihrem Bruder in Strömstad Aufenthalt nahmen. Meine Befürchtungen bewahrheiteten sich nur allzusehr. Obwohl es mir äußerlich an nichts fehlte und Frau Dauthendey und ihre Angehörigen alles taten, mir das Leben angenehm zu machen, kamen schreckliche Leiden über mich. Es waren stellvertretende Leiden für das Land Schweden und seine nordischen Menschen und Geister.

Der Ausbruch des Krieges brachte neue Schwierigkeiten und vermehrte meine Nöte. Deutschen gewährte das neutrale Schweden den Aufenthalt auf schwedischem Boden nur für die Dauer von drei Monaten, es sei denn, daß der Betreffende sich ausweisen konnte als ein von den Gewalthabern Bedrohter oder Verfolgter, der hier Zuflucht suchte. Dieses Asylrecht für mich in Anspruch zu nehmen, erschien mir jedoch in hohem Grade bedenklich insofern, als ich befürchten mußte, daß ich mir dadurch jede Rückkehr nach Deutschland unmöglich machte, solange die Gewaltherrschaft bestehen würde. Bei der bedenkenlosen Art und Weise der damaligen deutschen Staatsleitung, welche auch in vielen Nachbarstaaten ihre Spitzel unterhielt, war sehr wohl die Möglichkeit denkbar, daß die in Schweden zu Gast weilenden Deutschen vom deutschen Geheimdienst überwacht würden. Wurde ich solcherweise bemerkt und wurde dazu bekannt, daß ich mich als Verfolgter ausgegeben hatte, dann drohte mir bei meiner Rückkehr nach Deutschland mit Sicherheit neuerliche Verhaftung für die »ewige Dauer« des Dritten Reiches.

Um diesen folgenschweren Schritt zu vermeiden, versuchten einflußreiche Freunde, mir durch ihre Fürsprache eine Aufenthaltsverlängerung ohne diese Erklärung zu erwirken, was auch dreimal gelang. Aber schließlich ließ sich die Behörde nicht mehr darauf ein und stellte mich endgültig vor die peinliche Entscheidung. Berief ich mich auch jetzt nicht auf meine Eigenschaft als Verfolgter, dann war in kurzer Zeit die Frist für meinen Aufenthalt in Schweden abgelaufen, und ich mußte nach Deutschland zurückfahren. Natürlich redeten mir die Freunde zu, alle Bedenken beiseite zu lassen, die Erklärung abzugeben und bis zum Ende des Krieges in Schweden zu bleiben. Meine Befürchtung, daß nach Abgabe meiner Erklärung dann doch von mir verlangt werden könne, nach Deutschland zurückzufahren, hielten meine Freunde für völlig unbegründet und meinten, solch ein Verlangen könne doch unmöglich an mich gestellt werden. Obwohl mir ihr Zuspruch keineswegs meine Befürchtungen nahm, blieb mir kein anderer Ausweg, denn auch von seiten Gottes erhielt ich die ganz bestimmte Weisung, in Schweden zu bleiben; und es wurde von mir ausdrücklich das Vertrauen verlangt, daß schon alles richtig geführt werde. So entschloß ich mich also schweren Herzens dazu, den schwedischen Staat zu bitten, mir als Verfolgtem weiterhin Aufenthalt zu gewähren. Man hatte mir auf der Polizei versichert, daß bei ihnen nicht gespitzelt werde, auch sei Vorkehrung getroffen, daß alle diesbezüglichen Akten beiseite geschafft würden, falls Deutschland versuchen sollte, in Schweden Einfluß zu gewinnen, worauf man in Schweden durchaus gefaßt war.

Es mag manchem Leser heute vielleicht so erscheinen, als hätte ich auf diese Bedenken viel zu viel Zeit und Kraft verschwendet. Man vergegenwärtige sich dabei aber, daß diese äußeren Nöte mich zusätzlich zu meinen fast unerträglichen stellvertretenden Leiden überfielen und nun der Hölle Anlaß genug boten, mir alle erdenklichen schlimmen Folgen auszumalen und als unvermeidbar vor Augen zu stellen. Wie furchtbar meine Zustände damals waren, deutet ein Brief an, den ich unter dem 23. September 1939 nach Hause schrieb:

»Es wird täglich hohler und öder in meiner menschlichen Natur. Vorgestern vormittag wurden mir über mehrere Stunden hin beharrlich immer wieder dieselben Worte gesagt: ›Du leidest nicht aus deinem natürlichen Menschen!‹ Es lag eine unaussprechlich tiefe Weisheit in den Worten. Dann war es, als würde plötzlich ein Vorhang heruntergelassen, und ich lag in der Todeskammer, wurde vernichtet, zermalmt, über alles menschliche Ermessen gepeinigt, und so geht das weiter.« So litt ich unausgesetzt, gänzlich unverständlich für andere Menschen und auch von den Vertrautesten kaum verstanden.

Als ich in dieser Zeit wieder einmal in furchtbaren Leidenszuständen von der Polizei kam, hatte ich ein recht eigenartiges Erlebnis mit einem Hund. In einem der Villengärten, an denen ich vorbeiging, sah ich einen großen Bernhardiner, der mir völlig fremd war. Als er mich bemerkt hatte, stutzte er einen Augenblick; dann sprang er mit einem gewaltigen Satz über den Zaun, kam auf mich zugestürmt, sprang an mir hoch, umarmte mich mit seinen Vorderbeinen und leckte mir das Gesicht. Offenbar hatte er meine schwer unglückliche Verfassung gefühlt, denn sein Gebaren verriet deutlich sein Mitgefühl und die Absicht, mir seine Teilnahme zu zeigen. So kann eine liebevolle, unbefangene Tierseele schneller und leichter zum Mitfühlen bereit sein als die Menschen, denen der ewig und noch dazu ohne ersichtlichen Anlaß Leidende unverständlich ist und mit der Zeit mehr und mehr lästig wird; denn der Kopf mit seinem Denken steht den Gefühlen zu sehr im Weg.

Wenn auch nun zur Zufriedenheit meiner Freunde meine Lage als Gast in Schweden geklärt war und die Unruhe und Sorge darum zunächst wegfiel, wurden meine Leiden deshalb nicht geringer. Meine Aufgabe in Gestalt stellvertretender Leiden ging weiter. Aus dieser Zeit stammt die folgende Aufzeichnung:

Göteborg, 4. Januar 1940

Heute sprach die göttliche Stimme zu mir: »Nimm deinen Stift und schreibe! – Schreibe, daß ICH dir Leiden gab wie Sand am Meer – Leiden, die kein Mensch fassen noch begreifen kann. Jede Stunde deines Lebens war durchtränkt von Pein und Qual. Und das alles um der Saumseligen willen, die MICH, ihren Gott, vergessen haben, die sich in dieser Welt heimisch fühlen, die nichts mehr von ihrer geistigen Abstammung wissen und anders nicht zu retten sind!«

Eine nicht unerhebliche Vermehrung meiner Leiden brachten mir die Nachrichten aus der Heimat, die mir von der schweren Erkrankung meiner Mutter berichtet hatten und weiter meldeten, daß sie sich nur sehr langsam und ungenügend erholen könne. – Der Nachrichtenverkehr zwischen meinen Angehörigen und mir wurde natürlich durch die Briefzensur erschwert, die der Krieg ja mit sich gebracht hatte. Verschiedentlich mußte ich feststellen, daß Briefe von mir nicht angekommen waren, und auch ich vermißte Briefe, die an mich gerichtet gewesen waren. Nach dem Inhalt eines solchen verloren gegangenen Briefes gefragt, schrieb ich in einem nächsten unter dem 25. Januar 1940: »Sonst hatte ich geschrieben, daß ich in den letzten Tagen hohe Erlebnisse gehabt habe, in denen mir die ganz besondere Pein meiner Leiden von höchster Stelle her bestätigt und mir gesagt wurde, daß nichts schwerer sei, als dieses Walten Gottes ruhig hinzunehmen; gerade hierin liege das wahre Heldentum! – Wegen dieser Erklärung über das Wesen des wahren Heldentums wird wohl der Brief von der Zensur vernichtet worden sein, denn Hitler sieht ja nur im Gegenteil ein Heldentum.«

Am 9. Februar wurden mir große, geheimnisvolle Vorgänge angedeutet, die sich auf Meran bezogen. Es wurde mir dabei klar gezeigt, daß ich auch dort, so oft ich mich dort aufhielt an dem Land, seinen Menschen und der es umschließenden geistigen Sphäre eine bedeutsame Aufgabe zu erfüllen gehabt habe und deshalb so viel leiden mußte. – Wo wäre ich jemals frei von solcher Aufgabe? So war es in Amerika, so war es in Meran, in Italien, im deutschen Osten, so ist es hier in Schweden. Wo ich auch hinkomme, überall habe ich mich mit dem Land, seinen Bewohnern und seinen Geistern auseinanderzusetzen und sie dem göttlichen Geist zu erschließen; und zu diesem Zweck muß ich Leiden über Leiden auf mich nehmen.

Am 12. Februar 1940 hatte ich eine innere Offenbarung, über welche ich folgendermaßen berichtete:

»Heute wurde mir wieder einmal durch innere Offenbarung ein Überblick über meinen Lebensweg gewährt. Die großen Geheimnisse, die mir dabei enthüllt wurden, wage ich gar nicht auszusprechen, das heißt: Ich finde gar keine Worte, um sie unmißverständlich anzudeuten.

In einem Augenblick ersah ich meine ganze Lebensaufgabe wie in einer Zahl, erkannte die Bedeutung meines Weges und die Hindernisse darauf, und wie weit er bereits zurückgelegt ist. So klar und deutlich stand alles vor mir, daß ich vor Staunen und Bewunderung erschauerte.

Es wurde mir gezeigt, *daß im geistigen Bereich Himmel und Erde ihrer Wiedervereinigung schon ganz nahe sind und wie der Gottgeist von meinem Menschlichen aufgenommen wird, ohne daß es einer Vermittlung bedarf.* Ich sah IHN wie ein Gewitter aufsteigend und reinigend durch alles hindurchfahren und schließlich, wie Gott in meinem dreifaltigen Menschwesen, in Geist, Seele und Leib, die ursprüngliche Ordnung wiederhergestellt hat und auf Grund derselben auch das ganze All wieder in der von IHM gesetzten und gewollten Ordnung ungehemmt durchdringt. Zuletzt wurden mir die Worte zugerufen: ›Und dazu bist du in die Welt gekommen!‹

Während dieses Erlebens war auch der sterbliche Leib vollkommen mit Gott geeint und nahm in erhöhtem Wachbewußtsein daran teil. Daher ist auch mein äußerster, körperlicher Mensch bis in jede Zelle hinein von der großen, gewaltigen Wahrheit überzeugt, weil vom Gottgeist völlig durchdrungen und in vollem Einklang mit IHM.

Ich sah die Morgenröte einer neuen Zeit aufsteigen, in der Gott wieder erkannt werden wird.«

Nach der Vergewaltigung Norwegens war begreiflicherweise in Schweden die Stimmung gegen Deutschland sehr feindlich geworden. Der Argwohn, mit dem man mich in dem kleinen Strömstad betrachtete, dehnte sich bald auch auf meinen Gastgeber, Frau Dauthendeys Bruder, aus, obwohl dieser doch Schwede und seit vielen Jahren in dieser Stadt ansässig war. Er begleitete mich vielfach auf meinen Spaziergängen, und wir bemerkten bald, daß man uns überall nachspürte. Schließlich steigerte sich die Gegnerschaft zu offenem Haß, und fanatische, aufgehetzte Leute warfen mit Steinen nach mir, als ich einmal allein über die Straße ging. Mit aller Gewalt verdächtigte man mich als Spion. Schließlich kam es am 21. April zu einem richtigen Schildbürgerstreich: In sechs Kraftwagen kam uns auf unserem Spaziergang ein Polizeiaufgebot nachgefahren und nahm uns beide in Haft.

Die Lage hatte sich so zugespitzt, daß selbst Frau Dauthendey, welche durch ihre Heirat Deutsche geworden war, sich in ihrer Heimat höchst unbehaglich fühlte und wenigstens aus der kleinen Stadt wieder fort wollte. Unseren Beratungen darüber war nun schon zwei Tage zuvor ein festes Ziel gewiesen worden. Was ich längst befürchtet, die Freunde aber für unmöglich gehalten hatten, das war eingetreten: Ich hatte ganz klare und sehr bestimmte Weisung aus meinem Inneren erhalten, sofort nach Deutschland zurückzufahren. Nicht nur bei mir, auch bei den Freunden war die Bestürzung darüber groß. Nun waren wir in großer Aufregung und hatten schon mit dem Packen begonnen, da kam diese Verhaftung über mich.

So lächerlich im Hinblick auf den wahren Sachverhalt die Angelegenheit war, und so unbegründet und unhaltbar die gegen mich erhobenen Beschuldigungen sich erweisen mußten, war meine Lage nicht nur höchst unangenehm und quälend für mich, sondern auch gar nicht ungefährlich. Selbst dem Einfluß angesehener Freunde wäre es nicht so leicht gelungen, mich gegenüber den boshaften, lügnerischen Aussagen, welche allen Ernstes gegen mich gemacht wurden, zu entlasten und mich schnell wieder frei zu bekommen. – Im Haus meiner Gastgeber wurde Haussuchung gehalten, und dabei fand man in meinem Zimmer ein Blatt mit einer Niederschrift von meiner Hand. Ich hatte diese Zeilen auf inneren Drang tags zuvor mitten in der Arbeit des Packens niederschreiben müssen. Ihr Inhalt war für meine Unschuld ein so klares Zeugnis, daß auch die ärgsten Hetzer darüber zum Schweigen kamen. Da stand zu lesen:

»Welche furchtbaren, unmenschlichen Leiden habe ich in diesen Tagen wieder durchgemacht! Dieser grauenhafte Überfall auf völlig friedliche, neutrale Völker schreit zum Himmel. Man muß sich schämen, ein Deutscher zu sein: So weit hat Hitler die Moral der Deutschen zugrunde gerichtet. Wie könnte es auch anders sein, wenn man sich selbst zum Gott macht! Die Folgen muß ich auch hier erleiden, indem ich von einigen empörten Leuten verleumdet werde. Man zeigt mit Fingern auf mich, und ich fühle mich wie ein Gefangener. Aber die Stunde der Vergeltung für Hitler ist bald da, Gott wird ihn zerschmettern! – Meine Hand zittert noch vor Aufregung. Täglich bete ich um ein Ende für mich, leider muß ich noch weiterleben. Stündlich bin ich im Gebet für Schweden und hoffe, es bleibt verschont. – Arme, irregeleitete Menschheit in Deutschland, oh, möchtet ihr endlich dieses Joch abschütteln! Ja, möget ihr endlich erkennen, wer der ist, der euch führt! Oh Gott, öffne ihnen die Augen!«

Nach 24 Stunden entließ man mich aus der Haft. Aber was diese Haft wieder für mich bedeutete, das in voller Wirklichkeit zu beschreiben, ist unmöglich.

Mit meiner Freilassung waren unsere Nöte keineswegs zu Ende. Nun stand uns die Rückreise nach Deutschland bevor mit allen möglichen schweren Folgen, welche uns die Grenzkontrolle bringen konnte. In fieberhafter Eile beendeten wir unsere Reisevorbereitungen und fuhren am Tag nach meiner Freilassung schon von Strömstad ab. Die Zustände, in denen mich die Aufregungen der letzten Tag beständig gehalten hatten, die Ängste, Sorgen und Befürchtungen vor den kommenden Schwierigkeiten an der Grenze zu schildern, muß ich mir ersparen. Noch heute kann ich nur mit Grauen an diese Fahrt zurückdenken.

Und wie glatt und harmlos verlief dann doch alles! Als ehemaliger Insasse eines Konzentrationslagers hätte ich gar keinen Paß besitzen dürfen, unbegreiflicherweise war er mir bei der Verhaftung nicht abgefordert worden. Nun stand darin die Eintragung über meinen fast einjährigen Aufenthalt in Schweden, der gar nicht möglich gewesen wäre, wenn ich mich nicht als Verfolgter ausgegeben hätte!

Grenzpolizei und SS-Mannschaften überprüften die Ankommenden an der Grenze. Daß so viel Belastendes übersehen werden könne, schien unmöglich, und die Hölle stellte mir alle Folgen bereits als gegenwärtig vor. Und doch geschah das Unerwartete! Die kontrollierenden Beamten waren gerade in einem lebhaften Gespräch miteinander und sahen nur mit einem halben Auge auf unsere Papiere, an denen ihnen nichts Verdächtiges auffiel.

Das war wieder einmal eine jener *Vertrauensproben* gewesen, wie sie mir gestellt werden; weder die häufige Wiederholung noch solch ein glücklicher Ausgang macht mir die nächst folgende leichter. Denn die Ungewißheit über das, was wirklich kommen wird, ist jedesmal von neuem die gleiche.

ERLEBNISSE 1941

Aus einem Brief vom 9. August 1941

Gestern wurde ich entsetzlich gepeinigt, so daß ich völlig verzweifelte. Tiefe Verbindung mit lieben Abgeschiedenen hatte mich zunächst stark erschüttert; da ließ mich die göttliche Liebe schauen, wie sie auch im Ringen der Völker immer gleichbleibend tätig ist. Das wurde mir ganz aus göttlicher Sicht zu erleben gegeben. Dann wurde mir die göttliche Herkunft meines Geistes gezeigt. Ich sah mich im vorgeburtlichen Leben in der geistigen Welt, leidlos in unaussprechlicher Seligkeit und unablässigem Wechsel in nie gestörter Harmonie. Danach wurde mir über meinen Erdenweg viel gesagt: »Du führtest von frühester Kindheit an im irdischen Kleid ein himmlisches Leben, und deine hohen Erlebnisse waren dir ganz selbstverständlich. Nun kommt die Gegenwirkung; je tiefer die Materie deines Leibes vom Geist aufgeschlossen wird, desto mehr haben nicht nur die göttlichen, sondern auch die widergöttlichen Kräfte Zutritt. Weil die Hölle sich dort gegen dich auswirken kann, kommt es zu den entsetzlichen Qualen und tiefen Demütigungen. Vor allem aber mußten dir nun die vielen hohen Erlebnisse entzogen werden, die früher, wie du glaubtest, dein menschliches Eigentum waren.«

Dann wurde mir in hellen Streiflichtern gezeigt, wie verhängnisvoll Schwächen und Fehler der Menschen meiner Umgebung sich gegen mich auswirken können, wenn ich darauf nicht genügend achthabe und nicht rechtzeitig dagegen angehe. Viel mehr Strenge, viel mehr Forderungen an meine Freunde werden mir dringend anempfohlen. Nichts wirkt sich schlimmer aus, als wenn ich kleine Fehler in meiner Gegenwart dulde. Mehr Selbstvertrauen wird dazu von mir verlangt, selbst in den furchtbarsten Verlassenheitszuständen soll ich mir dieser Pflichten bewußt bleiben. Eine schwere Kunst, wenn man elend und zerbrochen sich als ein erbärmliches Nichts fühlt! – Dann hieß es weiter: »Die großen Ereignisse der Zeit *sollst* du gar nicht verstehen, sie nicht verstandesmäßig deuten können. Das alles verhülle ICH dir, damit du auch dann MIR allein vertraust, auch wenn du nichts fassest und verstehst von dem, was geschieht. Immer glaubt der Mensch, er würde es anders und besser machen. Doch ICH sehe das Ganze und ihr nur einen kleinen Teil. Nun bin ICH der Quell der Liebe und weiß, was ICH tue. – Früher erhieltest du durch die Verbindung mit MIR Auftrieb und Anregung für dein eigenes Wirken, jetzt wird dabei von dir verlangt, daß du stillhältst, alles hinnimmst und an dir geschehen lässest. Solche negative, duldende Haltung gibt deiner Umgebung vermehrte, gefährliche Gelegenheit, dir in vielen Dingen ihre Ansicht und ihren Einfluß aufzudrängen. Dadurch bringen sie dir die Hölle nahe, und deine Erkenntnisse werden zurückgedrängt.« – Während dieses Erlebnisses war ich völlig frei von den drückenden Fesseln des irdischen Leibes, ganz aufgegangen in die göttliche Liebe und verklärt – Tod, Hölle und alle Pein restlos überwunden. Es wurde mir auch noch gezeigt, wodurch es so ganz besonders schwer ist für mich: »Du fühlst auch in den schlimmsten Verlassenheitszuständen den Schlangenzertreter in dir; ja, du fühlst, daß dein Geist alles vermöchte; aber er ordnet sich Meinem Willen unter. Doch gerade mit dem Bewußtsein der göttlichen Machtvollkommenheit im Inneren immer wieder in das Grab des Todes und der Hölle hinabsteigen zu müssen, ist das Allerfurchtbarste.«

Schwusen, 27. September 1941

Es ist zu schlimm, daß ich hier keine Ruhe zu innerer Sammlung finden kann, und ohne solche dürfte ich doch gar nicht leben. Unter derartig ungünstigen Verhältnissen soll ich hier nun alles Übersinnliche verarbeiten. Fortwährend werde ich in meinen hohen Zuständen durch elenden, irdischen Kram gestört! – Heute früh wurden mir Erleuchtungen zuteil, wie bisher wohl nur Jesus sie erhalten hat. Aber wie schwer ist es für mich, solch hohes Erleben harmonisch zu verarbeiten. Ich werde ja gleich hinterher immer mit Füßen getreten. – Immer wieder wird betont, daß meine Leiden stellvertretende Leiden seien und ganz Gewaltiges durch sie gewirkt werde. Aber menschliche Worte sind demgegenüber nichts – es geht in keines Menschen Ohr, was ich dabei erlebe. Unter anderem hieß es: »Du bist Mein Licht, das ICH in die Dunkelheit gestellt habe. Und glücklich die Menschen, welche es sehen können und dürfen!« – Noch viel, viel mehr wurde gesagt, doch es liegt mir nicht, selbst alles aufzuschreiben; aber jetzt ist ja kein Mensch da, der es tun könnte. – Ich möchte lieber die unsagbaren Leiden beschreiben; aber auch dafür gibt es ja keine Worte in menschlicher Sprache. Die himmlische Liebe in aller Fülle ist in mir gegenwärtig, im Fleisch verkörpert; doch sie wird zertreten, zermartert, von der Hölle geängstigt und zermürbt. Das wurde mir so klar gezeigt, und es hieß dazu: »Du mußt dieses Leiden auf dich nehmen!«

Nun bin ich so allein, kein Mensch kann kommen. Auf den Feldern ist alles wüst und leer; ich möchte laut schreien und mir den Kopf mit Steinen einschlagen, so furchtbar ist alles. – Glücklich die Menschen, die *arbeiten* dürfen und *können*! Wann soll diese Zeit für mich enden? Wohl nie mehr!

VERKLÄRUNG

In den ersten Dezembertagen des Jahres 1941 brachte Frau Annie Dauthendey, von einem Besuch aus Berlin zurückkehrend, meine Schwester Elisabeth von dorther mit nach Schlesien auf das Gut, wo ich mit meiner Mutter seit der Rückkehr aus Schweden wieder beständig lebte. Die Reise unter den kriegsbedingten, schlechten Verkehrsverhältnissen trug meiner Schwester eine schwere Erkältung ein. Ganz besonders und geradezu gefährlich verstärkt worden war diese Erkältung dadurch, daß sie in den überfüllten Eisenbahnwagen auch noch stundenlang dem widerlichen Tabakqualm ausgesetzt war, der im Gefolge der unseligen Kriege immer mehr zu einem unvermeidlichen Übel in allen Verkehrsmitteln, Büros und Gaststätten geworden ist. Ein äußerst schwerer Luftröhrenkatarrh mit quälendem Krampfhusten zermürbte ihre letzte Widerstandskraft zusehends und ließ sie auch keinen Nachtschlaf mehr finden. Alle Bemühungen, ihr Erleichterung zu verschaffen, blieben lange Zeit völlig erfolglos. Endlich kurz vor Weihnachten wurde der quälende Husten besser, und sie konnte, obwohl noch sehr schwach und hinfällig, den heiligen Abend sowie den ersten Weihnachtstag in unserer Gesellschaft verbringen. Recht guter Stimmung und mit der freudigen Aussicht, endlich wieder ungestört schlafen zu können, ging sie an diesem Abend zu Bett.

Gegen 3 Uhr morgens werde ich übersinnlich geweckt und horche besorgt nach nebenan, wo die beiden Frauen schlafen. Als ich noch überlege, ob ich zu ihnen hineingehen und nach ihnen sehen soll, höre ich ganz deutlich, daß sie beide miteinander sprechen, konnte jedoch die Worte nicht verstehen. So scheint kein Grund zu Besorgnis gegeben. Doch wenige Augenblicke danach ruft meine Mutter laut und angstvoll nach mir, ich solle schnell kommen. Als ich ins Zimmer trete, sehe ich die Gestalt meiner Schwester mit schlaff zur Seite hängendem Kopf liegen und weiß sofort: Sie ist von uns gegangen. Schon fühle ich auch ihren Geist und bekomme zugleich hohe göttliche Verbindung. Unter dem erschütternden Eindruck, den der Vorgang auf meinen äußeren Menschen macht, eröffnet sich mir im Geist mit erschreckender Deutlichkeit ein Ausblick auf das drohende, furchtbare Unheil der kommenden Jahre; und offenbar sieht auch meine Schwester im gleichen Augenblick dasselbe. Ohne es menschlich zu wollen, allein aus übermächtigem, geistigem Drang, mußte ich daraufhin dreimal laut ausrufen: »Herr, erbarme Dich unser!«

Unsere Bestürzung über dieses unvermittelte, jähe Abscheiden ist schwer zu schildern. Meine Mutter berichtete mir, daß sie beide gleichzeitig wach geworden seien, und Elisabeth habe mit rechter Befriedigung gesagt: »Jetzt habe ich aber mal wirklich gut geschlafen.« Wenige Augenblicke danach sei sie in die Kissen zurückgesunken und habe den letzten Seufzer getan. – Bei mir setzten nun sogleich die furchtbarsten Todeszustände ein, und jetzt war mir auch die Bedeutung des geistigen Erlebens klar, welches ich einige Tage zuvor hatte:

Ich sah mich mit Elisabeth in einem dunklen Gang vor einem großen Portal stehen. Wir führten miteinander eine lange und sehr quälende Unterhandlung über eine äußerst schwerwiegende Entscheidung, welche sie treffen sollte, die aber auch mich nahe anging.

Es gab ein langwieriges Hinundher; sie wollte und wollte auch nicht; für ihre Person erklärte sie sich zwar einverstanden, zögerte aber mit Rücksicht auf unsere Mutter und mich. – Mir selbst erging es dabei ganz ähnlich. Ich wußte, ich sollte ihr helfen, den Entschluß zu finden; doch für mein menschliches Empfinden war es mir durchaus nicht erwünscht, daß sie zu dem Entschluß käme, und ich mochte sie nicht dazu drängen, obwohl ich innerlich wußte, es ist wichtig und richtig, daß sie sich entschlösse.

So gingen die Erwägungen zwischen uns lange hin und her,

bis schließlich allem menschlichen Wünschen und Meinen zum Trotz und entgegen aller bedrückenden Schwere aus meinem Inneren die Entscheidung kam: Ich faßte die Klinke, öffnete die schwere Tür und schob meine Schwester, indem ich ihr gütlich zuredete, sanft hindurch.

Worüber wir dort verhandelt hatten, und was der eigentliche Gegenstand jenes schweren Entschlusses gewesen war, das wurde mir sofort wieder entzogen; nur der äußere Vorgang blieb mir lebhaft gegenwärtig, wie ich ihn hier geschildert habe. Erst nach ihrem Ableben erkannte ich, daß es das Werben um ihr Einverständnis zu ihrem Hinübergang gewesen war, was ich erlebt hatte. Sie sollte zustimmen, wie auch ich gewöhnlich vor besonders schweren Aufgaben um meine Einwilligung ersucht werde. Und wie in solchen Fällen die letzte Entscheidung stets aus meinem gottverbundenen Geist gekommen war, so schob er auch hier alle Bedenken des äußeren Menschen beiseite, um das, was geistig gewollt war, durchzusetzen.

Bei der so engen Beziehung, welche zwischen Elisabeth und mir bestand und bestehen blieb, war es nicht mehr als natürlich, daß sie mir beigesellt wurde und zunächst ganz und gar mein Leben mitlebte. In den ersten Jahren nach ihrem Hinübergang habe ich sehr viele geistige Erlebnisse mit ihr gehabt; einige davon lasse ich hier folgen. Diese Niederschriften stammen zum Teil aus tagebuchartigen Briefberichten an meine Angehörigen in Berlin; anderes ist nach meinem mündlichen Bericht aufgeschrieben worden.

Schwusen, 6. Februar 1942

Ich war mit Mama und Frau Dauthendey im Park, und Mama mußte wieder viel weinen, als wir an Elisabeths Grab vorübergingen. Da kam Elisabeth mit so unendlich hohen, himmlischen Kräften, und es gibt keine Worte, das auszudrücken, was mir dabei gezeigt wurde an himmlischen Wirkungen, die seit ihrem Abscheiden durch meine Vermittlung an ihr geschehen sind. Jetzt kann Elisabeth all die himmlischen Wogen selbst fühlen und leiten. Welche große Freude das allein schon für sie bedeutet! Noch nie habe ich derartig hohe Wirkungen von einer Verstorbenen erlebt. Es ist *Verklärung* in des Wortes wahrster Bedeutung, was hier die ganze Gegend durchströmt und durchwirkt. Es wird mir auch wieder gezeigt, daß Elisabeth jetzt abgerufen werden mußte, weil sonst weder bei ihr noch bei uns die Entwicklung in der vorgesehenen Ordnung weiter hätte ablaufen können.

Schwusen, 2. April 1942, Gründonnerstag

Gestern nach dem Abendbrot wieder eine ganz besonders starke Verbindung mit Elisabeth. Da tauchte sie plötzlich in hohem, verklärtem Zustand bis in den äußeren Leib in mich ein, so daß auch der große Schmerz um sie in mir verklärt wurde. Schon am Vormittag, als wir am Grab waren, kam Elisabeth, so hoch wie bisher noch nie, vollkommen durchs Herz. Die furchtbaren Tage der letzten Wochen haben also doch viel erreicht. In der kommenden Nacht feiert Elisabeth zum ersten Mal in der geistigen Welt das Leiden Christi.

Brief vom 11. April 1942

Elisabeths Tod hat im Vergleich zu anderen, ebenso leidvollen Verlusten eine vermehrt schmerzhafte Wirkung auf mich, weil auf Grund der Blutsverwandtschaft mein irdischer Mensch auch in seiner körperlichen Natur viel tiefer davon betroffen wird und Gesetze der Vererbung sich dahin auswirken, daß er ganz besonders zerbrochen und gewandelt wird. Nun wurde mir heute aus dem Himmel gezeigt, was das für später bringt. Dahinter stehen große Wunder, die ich nicht ganz in den Verstand bringen kann; aber im Geist begreife ich sie. Ich erlebte die Verklärung des entsetzlichen Leides so unerhört groß und bedeutend, daß es der Körper nicht ertragen konnte und ihm eine gewisse Einhüllung gegeben werden mußte, damit das Erleben dennoch durch ihn hindurch geleitet werden konnte, weil auch die natürlichen Sinne alles miterleben sollten. Mehr kann ich davon nicht in Worten wiedergeben.

Brief vom 13. April 1942

Bei den Mittagsverbindungen wird täglich der Schmerz über Elisabeths Tod aus dem Himmel her so grausig und furchtbar aufgerührt, daß ich jedesmal von neuem glaube, nun müsse ich wahnsinnig werden. Ich erlebe den Tod täglich neu und in einer Form, die ein anderer Mensch unmöglich ertragen könnte. – Das muß also wohl besonders in Zusammenhang stehen mit dem, was mir früher schon über die Überwindung des Todes angedeutet worden ist. Darum muß ich das ganze Leben hindurch sterben und immer wieder sterben und die große Pein durchleben und sie umwandeln in geistiges Leben; anders kann es ja gar nicht sein. Aber wie lange soll ich das noch ertragen? Es ist auch, als müsse ich den Tod durchleuchten, damit vielen weltlich gesinnten Soldaten, welche fallen, ihr eigentlicher Zustand nicht allzulange verborgen bleibt. Es soll ihnen also geholfen werden, sich schneller darüber klar zu werden, daß sie nun ein neues Leben beginnen müssen.

Nun wurde mir noch gesagt: »Du darfst in keiner Hinsicht Befriedigung finden, deshalb entziehe ICH dir immer wieder alles und treibe dich in die furchtbarste Enge, damit du dich sehnst und schier verschmachtest im Sehnen nach MIR. Nur so kann ICH den Menschen ganz in MICH hinein verwandeln.« Weiter hieß es dann noch, daß solche geistige Liebe zu dem Geschöpf – in diesem Fall also zu Elisabeth – aber auch jede bewußte Fernverbindung mit Menschen in mir auf die Umwandlung ins Göttliche hinwirke, weil mein Geist nicht am Geschöpf haften bleibe, sondern in ihm und hinter ihm den göttlichen Geist suche. Dabei wurde ich an die Worte erinnert: »Wer liebt das Geschöpf? – Nicht du, sondern ICH liebe es durch dich.«

Als heute während der Verbindung das Grauen wieder Gewalt über mich gewinnen wollte, wurde ich gewahr, daß ich Elisabeth die Wangen streichelte. Ihr liefen Freudentränen aus den Augen. Prüfend musterte ich dabei ihre Gestalt, und um mich von ihrer Wirklichkeit auch recht zu überzeugen, kniff ich sie mit den Fingern leicht in die Wangen. Da entstanden auch, genauso wie im irdischen Leib, kleine Druckstellen. Nur war alles noch sehr viel wirklicher. Ja, ich möchte sagen, das Fleisch und das Gesicht war die geistige Quintessenz des ganzen irdischen Leibes. Es bleibt ja leider immer nur ein hilfloses Stammeln, wenn ich versuche zu berichten, was ich sah, fühlte und erlebte. Das Erlebnis spielt sich ja auch auf einer viel zu hohen Ebene ab; und sein Einfluß muß erst mein ganzes Wesen durchdringen, bis er zum Körper herabgelangt.

Solche geistige Durchdringung von so hoher Warte herunter bringt dem Körper immer wieder große Pein; wie ja die ganze Schwere meines Weges daraus kommt, daß der Geist auf eine besondere, geheimnisvolle Weise die Seele und den Leib immer mehr und mehr durchdringen und seinem eigenen Wesen angleichen muß, wodurch überhaupt erst möglich wird, daß auch der körperliche Mensch so hohes Erleben als Wirklichkeit erfahren kann.

Kann er es auch mit dem Verstand nicht völlig erfassen, so empfindet er doch, sobald das Erlebnis vorüber ist, eine große Bangigkeit nach dem wieder entschwundenen Menschen, die sogar hinterher deutlich stärker ist als sie vorher war, obwohl doch erst vor wenigen Minuten auch der Körper mit seinen Sinnen die volle Erfüllung erlebt hat. Und gerade *die* Stellen im Leib, welche das grausige Erleben des Verlustes besonders schmerzlich empfinden, fühle ich jetzt schon wieder voll verzehrender Sehnsucht, die mit dem Aufhören der so wirklichen, bewußten Berührung nur immer noch stärker wird.

Soeben wird mir noch gesagt, daß meinem äußeren Menschen Schauungen von außen kraft seiner höhersinnlichen Wahrnehmungsfähigkeit nicht erlaubt werden, weil solche die Sinne zu stark beeindrucken, ja fast erschrecken würden. Dem äußeren Menschen wären sie wohl sehr lieb wegen der damit einhergehenden starken Wirklichkeitsempfindung. Wo solche Wahrnehmungen von außen erlaubt würden, geschähen sie lediglich durch Gnade ohne Rücksicht auf die Ordnung und Entsprechung. Die Rücksicht auf die Ordnung und Entsprechung dürfe wegen der besonderen Entwicklung bei mir jedoch niemals außer acht gelassen werden.

Brief vom 17. April 1942

Nachdem ich eben wieder unter den schmerzhaften Umwandlungsvorgängen unbeschreiblich schwer gelitten hatte, ertönte aus himmlischen Sphären das Lied »Jesus, meine Zuversicht« so gewaltig und groß unter machtvollen Klängen von Posaunen und anderen wunderbaren Instrumenten, daß ich davon bis in den Körper hinein stark erhoben und im Leib wie verklärt wurde.

Dieses hohe Erleben zerbricht das Irdische immer mehr und läßt den äußeren Menschen in sich zu keiner Sammlung und Ruhe kommen, so daß ich für diese Welt ganz unbrauchbar werde und gar nicht mehr hierher gehöre; so geht das nun mit kurzen Unterbrechungen den ganzen Tag und auch noch in der Nacht.

Daß ich ein Bahnbrecher für eine andere, leichtere Form des Todes bin, daran ist wohl kein Zweifel mehr, selbst wenn ich die Mitteilung damals von Christus nicht bekommen hätte.

Brief vom 4. Mai 1942

Heute erlebte ich, wie jede Tat, jede Liebe, die Elisabeth uns und besonders mir erwiesen, ja jede Mahlzeit, die sie uns liebevoll bereitet hat – wie alles, was sie getan hat, in göttliche Werte umgewandelt wird. Ja, jede Tat, jede Mühe, jede Pein wird ihr tausendfältig vergolten in einer so geheimnisvollen Weise, die kein Mensch aussprechen kann, da es Gottes Wirken ist. Es ist das höchste Ziel und die höchste Freude der Liebe Gottes zu verklären, zu heiligen.

Wie grausig, wie entsetzlich dunkel wird diese Erde in dieser grauenhaft lieblosen Zeit, wenn der Mensch sie unter dem Licht der göttlichen Liebe zu schauen bekommt!

Je tiefer diese göttliche Liebesstrahlung den irdischen Leib durchdringt, um so größer, um so unerträglicher wird die Pein. Die Pein ist so groß, daß man völlig vergeht, sich gänzlich vernichtet fühlt. Wenn sie so durchdrungen werden, erbeben alle Sinne vor Angst und meinen zu vergehen, und doch gehen sie wieder heil hervor aus diesem Feuer, das sie nur läutert, aber nicht verzehrt.

In dem heutigen Erleben wurde mir so recht deutlich gezeigt, daß es weniger wichtig ist, *was* der Mensch in dieser Welt tut. Alles kommt darauf an, *wie* er es tut.

Erlebnis vom 16. Juni 1942

Heute abend hatte ich mitten in der Unterhaltung mit meinen Angehörigen und Gästen – und daher in einem fort durch das Sprechen der Anwesenden gestört – ein ganz besonders bedeutsames und großes Erlebnis mit Elisabeth.

Ganz in den Geist aufgenommen und völlig vom Christus-Himmel durchdrungen, tauchte Elisabeth sehr tief in mich ein. Sie mußte mir zeigen, wie weit ihre Entwicklung seit ihrem Abscheiden vom Leib gediehen ist. Sie steht in einem hochbedeutsamen Abschluß. Die vollständige Einung ihrer Seele mit ihrem Geist ist erreicht. Der Geist hat die Seele jetzt völlig in sich aufgenommen und in sein Wesen umgewandelt. Damit ist die Vergeistigung der Seele endgültig vollzogen.

Dieses verhältnismäßig schnelle Durchlaufen des Vergeistigungsweges – sie ist ja erst vor sechs Monaten abgeschieden – ist nur möglich gewesen als Folge der großen geistigen Liebe des Menschen Elisabeth im Erdenleben. Nur ein solches Erdenleben voller Liebe löst die besonderen geistigen Hilfen aus, welche für einen so schnellen Vergeistigungsfortschritt der abgeschiedenen Seele notwendig sind. Je innerlicher und tiefer die Liebe eines Menschen schon bei Leibesleben wird, um so schnellere Fortschritte macht seine Vergeistigung, das heißt die Arbeit seines Geistes im Sinne der Durchdringung und Umwandlung seines natürlichen Menschen in Seele und Körper. Besonders schnell und erfolgreich ist unter solch günstigen Voraussetzungen die Arbeit des Geistes im Jenseitsleben, weil die abgeschiedene Seele dort von ihrem Geist unvergleichlich viel leichter erfaßt und durchstrahlt werden kann als die noch hier im schwerfälligen Körper verhaftete Seele.

Was nun in Elisabeths Fall die stärkste und wirksamste Hilfsquelle erschloß, das war ihre menschliche Einstellung zu meiner Person. Soweit ich zurückdenken kann, hat sie mir von den Kindertagen an auf meinem schweren Weg in tiefem Mitgefühl ihre Liebe in besonderem Maße entgegengebracht. So blieb diese Liebe auch nach ihrem Abscheiden ein festes Band, durch das sie mir eng verbunden blieb. Um ihrer Entwicklung willen wurde sie mir beigesellt und mußte mein Leben durch alle Höhen und Tiefen auch weiter mitleben. In solch engem Zusammenhang mit mir nahm sie teil an allen Durchstrahlungen des Christusgeistes, derer ich täglich teilhaftig werde, die Elisabeth aber ohne meine Vermittlung noch nicht hätte ertragen können. So waren bei ihr alle denkbaren, günstigen Voraussetzungen für eine schnelle Entwicklung gegeben. Dementsprechend nahm ich jetzt beim Erleben des Abschlusses der Vergeistigung ihrer Seele schon den Beginn der gesetzmäßig sich anschließenden Weiterentwicklung wahr:

Die göttliche Liebe, welche als göttliches Läuterungsfeuer Elisabeths Geist und Seele bis auf den Grund durchdringt, reinigt und gleichzeitig kräftigt, stellt der geistgewordenen Seele und dem ihr verbundenen Geist unablässig ihr Erdenleben vor Augen, besonders ihr großes Mitleiden mit uns, ihren Angehörigen. (Elisabeths Hingabe an die Familie war eine besondere und schwere Aufgabe und hat mit dem häufig vorkommenden Familien-Egoismus nichts gemein.) *Dieses* Anschauenmüssen ist etwas wesentlich anderes als eine persönliche Rückerinnerung der Seele an ihr Erdenleben und ruft nicht wie diese eine schmerzliche Bedrückung hervor im Gedenken an erlebtes großes Leid. Wenn derart die göttliche Liebe die menschlichen Liebeswerke und auf Erden ertragenen Leiden mit ihrem Feuer durchglüht, werden sie *verklärt* und zu unverlierbarem Besitz. Wohl sah und fühlte ich in Elisabeths geistigem Leib alle Erinnerungen an das Lieben und Leiden ihrer Erdenzeit in einer Vollkommenheit, welche lückenlos selbst die kleinsten Einzelheiten gleichzeitig umfaßte, wie kein Menschenverstand sich das vorstellen kann, wie aber auch keine Menschenseele sie als bloß menschliche Rückerinnerung zu ertragen vermöchte, ohne vor Qual in grauenhafte Todeszustände zu geraten. Dann aber erlebte ich die Wandlung durch das Eingreifen der göttlichen Liebe selbst und sah, wie die Verklärung von dem ganzen Wesen meiner Schwester Besitz ergriff.

Das war mein Erleben über den Jenseitsweg einer großen, einem Liebegeist zugehörigen Seele. Aber ach, welch eine Marter ist es für mich, diesen Vergeistigungsvorgang mitzuerleben und dabei nicht nur an den grobstofflichen Leib gebunden zu sein, sondern diesen sogar in die Entwicklung mit einbeziehen zu lassen und seine Zermürbung und Umwandlung durch die Gotteskräfte lebend durchmachen zu müssen! Dieser Leib ist durch die Auswirkungen meiner bisherigen Entwicklung zu einer unvorstellbar tiefen Empfindungsfähigkeit und Feinfühligkeit gelangt, so daß er bei mir jetzt weit empfindlicher ist als bei anderen Menschen die Seele. Er bleibt aber Körper in stofflichem Zustand und allen Naturgesetzen der Erdenwelt unterworfen. Wenn nun bei mir die allerhöchsten Himmelskräfte durch ihn hindurchstrahlen und auf seine Umwandlung hinwirken, so ist das für diesen feinfühligen Körper eine ganz unbeschreiblich schmerzhafte und leidvolle Vergewaltigung seiner naturhaften Wesenheit, ein unausgesetztes Sterben.

Das Gebundensein eines in der Vergottung begriffenen und mit seiner Seele völlig geeinten Geistes an einen natürlichen, stofflichen Körper, der dem Geist völlig erschlossen ist, bedeutet nicht mehr und nicht weniger, als daß Gott Selbst die Hölle ganz auf Sich genommen hat, sie trägt und erlöst. Das sind unerhört kühne Worte. Aber für den sie bestimmt sind, der wird an ihnen kein Ärgernis nehmen. Daß ich das Zerriebenwerden in der Gegensätzlichkeit von Himmel und Hölle, dieses Hinundhergeworfenwerden von schwindelnder Höhe in tiefste Tiefen, immer und immer wieder nicht als Vorrecht, sondern in meinem Menschlichen als Fluch empfinde und immer glaube, nicht mehr weiterleben zu können, wer will mir das verargen?

Es gibt für mich als Mensch nirgends einen Trost. Es ist auch niemand da, der mir auch nur die Spur einer Erleichterung in Aussicht stellen könnte. Und was will es mir als Menschen schon bedeuten, daß mir im Geist die Aufgabe gestellt wurde, den *Leib,* mit anderen Worten: die zutiefst gefallene Materie, die Hölle selbst zu vergotten? – Gar nichts! – Aber: ich habe ja Werkzeug einer anderen Welt zu sein und zu schweigen. Wer das verstehen kann, der fasse es.

Während ich jetzt diese Niederschrift durchlas, wurde mir noch einmal alles aus dem Himmel bestätigt. Die Niederschrift wurde von Gott besiegelt, wurde von IHM durchdrungen, und es hieß, sie müsse in großen Auflagen unter die Menschen kommen.

»ICH habe es besiegelt« heißt: »ICH habe es bestätigt, Meine Liebe ist darin und wird lebendig machen, was tot ist, bei jedem, der danach Verlangen trägt.«

Aber ich erlebte noch unendlich viel mehr, als ich aussprechen kann, vor allem, daß dieses Erlebnis, auch ohne daß es durch diese Niederschrift anderen Menschen bekannt wird, schon große Wirksamkeit entfaltet, weil es eine Wirklichkeit, ja eine geistige Macht darstellt, eine göttliche Entsprechung ist.

Erlebnis vom 8. Juli 1942, 19.20 Uhr

Jetzt eben kam Elisabeth so unsagbar hoch, liebestrahlend, gottdurchdrungen ganz in mich hinein, daß ich ihr menschliches Wesen völlig verklärt durch meinen ganzen Körper hindurch fühlte und erlebte auf eine Weise, die sich gar nicht beschreiben läßt, die aber so unerhört war, daß ich darauf nur sagen kann: Wie unvorstellbar glücklich könnte sie sein, wenn nicht wir hier noch so litten.

Aber es ist natürlich nicht mehr bloß rein menschliches Mitleid, was ich von ihr fühlte, sondern alles ist von Gott durchstrahlt und durch die göttliche Liebe, die ja selbst reinstes Glück, Freude und Jubel ist, gemildert, wenn ich auch hauptsächlich ihr tiefes Mitleid herausfühlte.

Solch ein Erleben kann ein Mensch erst haben, wenn in ihm alles schon so weit entwickelt ist wie bei mir; sonst ist das ganz unmöglich. Aber hinterher ist die Öde um so furchtbarer, kaum zu ertragen. Wie gern ginge ich mit ihr! Wir gönnen ihr das große Glück von ganzem Herzen; aber daß sie äußerlich nicht mehr bei uns ist, bleibt für uns hier immer wieder entsetzlich schwer.

Etwa eine Stunde später kam Elisabeth nochmals und sagte, daß sie jetzt auf dieser hohen Stufe noch viel besser helfen könne.

Erlebnis vom 14. Juli 1942

Heute hatte ich ein ganz großes Erlebnis. Aber wie soll ich das in Worte fassen? – Zuerst wurde gesagt: »Der Mensch ist Gott! Der Mensch ist Gott! Der Mensch ist Gott!« – Dann hieß es weiter: »Das ist eine gefährliche Rede für unberufene Menschen, doch dir wird es gesagt. Und damit du siehst, wie dein Menschliches ganz vergottet werden muß, will ICH dir jetzt deinen ganzen Erdenweg in allen Einzelheiten und Kleinigkeiten zeigen.« –

Daraufhin bekam ich mein ganzes Leben zu schauen vom höchsten himmlischen Blickpunkt her in himmlischer Beleuchtung. Aber wie schwer ist es, davon für andere Menschen verständlich etwas zu schildern! Vor allen Dingen wurde mir klar gezeigt, daß ich für meine besondere Aufgabe durch innere, göttliche Liebe mit der Materie und dadurch mit allem Irdischen viel stärker verbunden werden mußte als jeder andere Mensch. Dabei wurde mir erklärt und bis in letzte Einzelheiten hinein dargelegt, wie sich das hier im Leben auswirkt. Im Schauen dieser Schwierigkeiten, die ich dabei als unumgängliche Notwendigkeiten erkannte, wurde ich an die Worte Jesu erinnert, die Er auf dem Weg nach Emmaus zu den beiden Jüngern sprach: »Mußte nicht Christus solches leiden?« –

Wie Christus Seinen Weg gekannt hat und genau wußte, daß alles so kommen mußte, so sehe auch ich jetzt meinen Weg klar und deutlich vor mir. Das Menschliche freilich sträubt sich noch oft dagegen und wird auch in gar zu schwere Proben geführt, als daß das Sträuben nicht völlig verständlich sein sollte. Wird mir doch gerade in den allertiefsten Nöten geflissentlich aller Trost entzogen und oft genug viele Tage und Wochen, ja sogar durch Monate hin vorenthalten, während alle Höllen eröffnet und auf mich losgelassen sind.

Seit Elisabeths Ableben und im Zusammenhang mit ihrer jenseitigen Entwicklung wird nun beständig in erhöhtem Maße auf die völlige Umwandlung meines äußersten, letzten Menschen hingewirkt, »der letzte Tod überwunden und im Tod das Leben geboren«, wie es aus dem Himmel heißt. – Das rechte Verstehen für diese Vorgänge ist leider nur sehr wenigen Menschen gegeben.

Der göttliche Geist muß bei mir gerade bis in das allerniedrigste, ganz naturgemäße, körperliche Geschehen hinabgeleitet werden, um *alles* bis zum Letzten und Nichtigsten umzuwandeln, zu erlösen und zu vergotten. Das gibt unvorstellbare Leiden in jeder Minute, und vor allen Dingen erfordert es eine himmlische Geduld; denn so oft man auch etwas überwunden glaubt, immer wieder steht es aus einer noch äußerlicheren, noch tieferen, noch gottferneren Schicht der Materie wieder auf mit heftigem Widerstreben und muß unter Qual und Pein vom göttlichen Feuer verbrannt werden. Wann soll das zu einem Ende kommen? Die Materie scheint völlig unerschöpflich!

Erlebnis vom 5./6. Dezember 1942

Heute nacht erschien mir meine Schwester Elisabeth. Gestern abend vor dem Einschlafen hatte ich mir gesagt: Jetzt hast du viele Wochen, ja Monate täglich und besonders jeden Abend darum gebeten, dich einmal mit ihr aussprechen zu dürfen, und nie ist dir das gewährt worden. Nun wirst du heute mal nicht darum bitten, dann wird es nach allen bisherigen Erfahrungen vielleicht eher erlaubt, als wenn du dauernd darum ringst. – Und so geschah es wirklich, gerade weil ich nicht darum bat, sondern es ganz in den Willen Gottes stellte.

Elisabeth erschien jung, strahlend, voller Liebe und Weichheit der Formen, aber wieder in Schwarz, doch diesmal in festlich glänzendem Gewand, das sehr fein mit etwas Weiß gesäumt schien. Sie lächelte mich so glücklich an, und ich erkannte dabei aus dem Geist, daß sie keine nur bildhafte Erscheinung war, sondern wirklich greifbare Gestalt von Fleisch und Blut. Um mich davon ganz sicher zu überzeugen und zugleich aus übergroßer Freude griff ich nach ihr, und zuletzt umarmte ich sie; und sie war tatsächlich lebensvolle Gestalt und volle menschliche Körperlichkeit. – Da schrie ich laut auf vor Freude und rief: »Herr, Dir sei Dank, daß du mich diese Stunde erleben ließest!« – Darauf sagte Elisabeth: »Du hast es erreicht. Eher hätte ich mich dir nicht so zeigen dürfen, es ist uns verboten.

Aber du hast das Gesetz jetzt *von innen her durchbrochen*, und darum wurde es heute erlaubt.« – Darauf sagte ich zu ihr: »Elisabeth, ich beschwöre dich, sag mir die Wahrheit! Ich erkenne jetzt klar, weshalb eine Aussprache so schwer von Gott erlaubt wird. Du verbirgst mir viel und willst mir nicht sagen, wie schwer manches, ja vieles noch für dich ist.« – Auf meine Worte hin brach sie in Tränen aus und fing an, sich auszusprechen. Was sie mir nun sagte, bestätigte mir nur, was ich schon im natürlichen Zustand immer wahrgenommen habe und wußte, wenn es mir auch zum größten Teil sofort wieder entzogen wurde. Aber ich weiß genug, doch kann ich davon gar nichts sagen, d.h. ich mag es nicht, denn erstens geht es weit über den Gesichtskreis und das Verstehen aller Menschen, und zweitens wäre manches selbst für meine Angehörigen nicht gut zu wissen.

Nachdem Elisabeth wieder unsichtbar geworden war, gewahrte ich sie in meiner Brust. Und nun erfolgte eine göttliche Ansprache, die ich aber leider nur sehr armselig und unvollkommen wiedergeben kann. Die göttliche Stimme sprach:

»Siehst du nun ein, daß dein Fühlen und Erleben das höchste ist, das einem Menschen im sterblichen Leib gegeben werden kann, und daß selbst die greifbare menschliche Erscheinung, die du soeben erlebtest, nichts dagegen ist? Zwar tut sie dem äußeren Menschen sehr wohl; aber sag selbst, erschaust du nicht durch MICH Geheimnisse, die sonst kein Sterblicher fassen kann? – Schaust und erkennst du, wenn deine Schwester innerlich in dir ist, dadurch nicht Unendliches, aber nur Endliches in ihrer äußeren, menschlichen Erscheinung? Könntest du ihr denn weiterhelfen durch viele Gespräche? – Du sagst selbst: Nein. – Aber wenn du in Meiner Ordnung bleibst, dann bist du in MIR, wie deine Schwester in dir ist; und so macht sie in einer Minute irdischer Zeit größere Fortschritte als durch Belehrungen und Führung hoher Geister in 10.000 Jahren. Das ist die große Gnade der Beigesellung; sie erreicht dabei in dir auf geradestem Weg das hohe Ziel durch MICH. Das unerhörte Leiden, welches bei ihr wie bei dir unterdessen wie eine Hefegärung das ganze Wesen durchdringt, treibt die Entwicklung in kurzer Zeit zur letzten Höhe. Du siehst und erkennst nun klar, daß dir das Allerhöchste zuteil wurde, was einem Menschen gegeben werden kann; also verlange nichts Minderes.«

Jetzt wurde mir eine Schau in unendliche Geheimnisse gegeben, die kein Mensch fassen und begreifen kann, ohne die gleiche göttliche Erleuchtung zu haben. Aber auch dann könnte er sie nicht verstehen, wenn er nicht von Jugend auf, wie ich, für diesen Weg vorbereitet worden ist. Ohne die völlig unbeschreiblichen, namenlosen und für andere Menschen unbegreiflichen Leiden ist dieser Weg nicht zu gehen.

»Darum wundere dich nicht«, sprach die göttliche Stimme weiter, »über die grauenhafte Pein, die deiner Menschlichkeit wie der grausigste Sadismus erscheint und dich beinahe an der göttlichen Liebe verzweifeln läßt. ICH weiß sehr wohl, was ICH tue, und kann dir die großen Leiden nicht ersparen. Sie gerade sind ja die treibende Kraft, zur letzten Höhe zu gelangen und andere mitzuerlösen. – Du denkst an Peter, an die so sehr schnelle Umwandlung seines Menschlichen ins Göttliche. Das geschah ja schon zu großem Teil im irdischen Kleid durch deine Vermittlung. Bei deiner Schwester geschieht das erst jetzt, auch wiederum durch deine Liebesverbindungen mit ihr – und je tiefer die großen Leiden, die dabei erzeugt werden, desto tiefer und schneller die Vergottung des äußeren Menschen. Du siehst, daß all das bei ihr schon im Werden ist und sie anhaltend in diesem Läuterungsfeuer steht. Aber die eigentliche Vollendung des irdisch-menschlichen Wesens erfolgt zuletzt wie auch bei dir.«

Danach wurde noch mein Weg beleuchtet und mir vor allem gezeigt, wie undankbar er nach außen hin ist, besonders in dieser schweren Zeit, und wie gerade jetzt die göttliche Macht bis in die letzten, äußersten Wesensschichten der Natur hinein hoch wirksam ist. – Diese gewaltige Schau so tiefer, göttlicher Geheimnisse macht meinen äußeren Menschen nur noch unglücklicher insofern, als er sich nun immer noch mehr abgesondert fühlt von den Mitmenschen, was er ja gerade nicht will. Denn er möchte so gern, daß *alle* Menschen so weit wären, und er fühlt die Trostlosigkeit und die Gottferne der heutigen Menschheit als entsetzliches, unerträgliches, persönliches Leid. – Während ich dies schreibe, ertönt noch einmal die Stimme Gottes aus dem Himmel und spricht:

»ICH bin das A und das O, der Anfang und das Ende, Amen!«

Als ich das meinen Angehörigen vorlas, konnte ich vor unbezwingbaren Weinanfällen mehrmals nicht weiterlesen, so ungeheuer stark fühlte ich Elisabeth noch mit ihrer Liebe in mir gegenwärtig. Mein großer Jammer allgemein, in den letzten Tagen noch vermehrt durch schwere Sorgen wegen einer Erkrankung meiner Mutter, was Elisabeth alles mit angesehen hat, war wohl der Anlaß zu diesem hohen Erleben. Habe ich doch in diesen Tagen meine Schwester jede Minute gegenwärtig gefühlt und deutlich wahrgenommen, wie unendlich schwer es für sie ist, diese Not mit ansehen zu müssen, ohne helfen zu dürfen. Das bleibt leider auch heute noch immer schlimm genug für sie. Die Ärmste hat eben auch das so schwere Los, das als besondere Gnade und hohe Gunst von ›Oben‹ her angesehen wird. Mir aber brachte dieses Erleben die volle Bestätigung alles dessen, was ich über ihre Entwicklung schon wußte. Natürlich wird damit etwas ganz Besonderes erreicht. Doch das sind Geheimnisse, die kein sterblicher Mund aussprechen kann. Zunächst geht das unerträglich leidvolle Leben für mich in Gemeinschaft mit ihr unverändert weiter. Immerhin hat sie aber in ihrem jenseitigen Dasein sehr große Vorteile, die mir noch alle abgehen.

In der Nacht vom 29. zum 30. Januar 1943, als ich gegen 12 Uhr sehr eindringlich für die Soldaten beten mußte, erschien plötzlich meine Schwester Elisabeth ganz unerhört verinnerlicht und so vom göttlichen Licht durchdrungen, daß es mich unsagbar glücklich machte. Das so bescheidene, demütige Wesen hat sich nun in etwas so Wunderbares, Beglückendes und herrlich Zartes verwandelt, daß sich dafür in menschlichen Worten gar kein Ausdruck finden läßt.

Jetzt mittags gegen 2 Uhr kam sie noch einmal, und so schreibe ich es eben schnell auf. Es lag ein unbeschreiblicher Triumph in ihren Zügen, der aber durch die Bescheidenheit und Demut des ganzen Wesens einen ganz besonders wunderbaren Charakter im Himmlischen ausdrückte. Und doch war es ganz und gar Elisabeth, ja weit klarer und stärker ihr persönliches Wesen als je im irdischen Kleid. Die Tröstung, die sie mir durch ihre Gegenwart gab, geschah ganz ohne Worte, war aber trotzdem besonders beglückend und nicht zu übertreffen. Daß sie gerade jetzt erschien, hatte wohl noch eine besondere Bedeutung, die ich aber nicht sagen kann.

Erlebnis vom 10. April 1943

Soeben, um 3 Uhr nachmittags, hatte ich eine Einung mit meiner Schwester Elisabeth durch Gottes Vermittlung und Leitung in völlig wachem Zustand, wobei selbst alle natürlichen Sinne beobachten konnten, wie solche Verbindung zustande kommt. Der Gottgeist, der völlig in mir ist, einte Elisabeth mit mir in Geist, Seele und Leib. Auf dem Höhepunkt dieser Einung tritt selbst jetzt noch (15 Monate nach ihrem Tod) ein so wahnsinniger Schmerz auf, der durch Mark und Bein brennt und mir den irdischen Verlust Elisabeths furchtbar erscheinen läßt.

Diese Einungen hatte ich länger als ein ganzes Jahr hindurch täglich, sowohl bei Tag als auch bei Nacht 6 – 7 mal und noch öfter im Laufe von 24 Stunden, und noch jetzt kommen sie hin und wieder vor. Der Sinn ist eben dieser: Sie haben erstens den Zweck, Elisabeth durch meine Vermittlung mit Gott zu einen, und zweitens mich in meinem körperlichen Menschen völlig zu vergotten. Voraussetzung dafür ist die tiefe Liebe; nur auf ihr als Grundlage kann Gott es wirken. Aber wie sich das im Körper auswirkt und wie grausig die Sinne dabei gefoltert werden, das kann kein Mensch ahnen, der nicht selbst so weit ist. Bei all diesen beständigen, gräßlichen Leiden muß ich mich unter den Menschen bewegen, als wäre nichts Besonderes mit mir. Das Verdecken dieser Höhe vor den Menschen schafft mir einen äußerst unbehaglichen Zustand. Man kommt sich beinahe unaufrichtig vor; und dennoch geht es nicht anders. Der natürliche Mensch vernimmt nichts vom Geist Gottes und begreift nichts von Seinem Wirken.

Die furchtbaren Leiden entstehen ja gerade durch die große Nähe Gottes; hier durchdringt Gott alle Materie und die ganze Welt. Je weiter die Vergottung durch diese Einungen fortschreitet, desto größer müssen in dem jeweils vorliegenden Fall zunächst die Leiden werden. Wenn aber der Höhepunkt der Einung erreicht ist, dann nehmen die Leiden langsam wieder ab. In Elisabeths Fall ist der Höhepunkt seit Weihnachten überschritten, und so nehmen die Leiden jetzt ab; sie sind aber trotzdem bei der völligen Einung immer noch so schlimm, daß ein anderer Mensch dabei sein Leben nicht erhalten könnte.

Wenn ich in diesen großen Leiden bin, werden Menschen in meiner Nähe leicht besessen, weil die ganze niedere Geisterwelt in gewaltigen Aufruhr gerät. Nur Menschen, die schon weiter sind, haben Vorteil davon. Alles, was man darüber sagen kann, ist geradezu jämmerlich gegenüber der Fülle der Offenbarung, die ich jedesmal dabei erlebe.

Solche Einungen, so schmerzhaft und quälend sie sind, sind jedoch immer noch leichter hinzunehmen als die furchtbaren Todeszustände, die ich seit 1914 habe. Diese Todeszustände sind ein künstliches Sterben, von Gott gewirkt, aber noch mit einem gewaltigen Unterschied gegenüber dem natürlichen Sterben: Kein Mensch sonst stirbt so peinvoll; bei meinen Todes- und Sterbezuständen aber ist die Pein besonders groß, weil damit sehr starke Wirkungen für die Allgemeinheit erzielt werden sollen. Diese Todeszustände halten manchmal tagelang an, bis zu sieben Tagen andauernd habe ich sie erlebt.

Letzte Nacht hatte ich einen Traum. Elisabeth stand elend und krank vor mir. Ich erkannte große Gefahr und erschrak darüber sehr. Aber da trat sie beiseite und sagte: »Du brauchst meinetwegen nicht mehr zu erschrecken, das ist vorüber.« Jetzt erst wußte ich wieder, daß sie abgeschieden war, und war trotzdem froh, gerade im äußeren Menschen. Danach nun kam heute eben dieses Erleben.

Mit Bangen mag mancher nachdenkliche Leser sich auf diese Erlebnisberichte hin fragen: Wenn nach einem an Liebeswerken so reichen Leben dieser abgeschiedenen Seele dennoch ein so schwerer und leidvoller Jenseitsweg beschieden war – was mag dann erst meiner warten, wenn ich einmal den Schritt auf die andere Ebene werde tun müssen?

Darauf kann ich ihm zum Trost sagen, daß es sich hier doch um ein etwas ungewöhnliches Schicksal handelt, welches nicht als allgemein gültiges Beispiel anzusehen ist. Jeder Mensch hat seine eigene Bestimmung, und diese ist grundlegend bedingt durch die Eigenart und Beschaffenheit seines individuellen Geistes. Wie das schon für das Erdenschicksal jedes Menschen gilt, so erst recht für seinen Entwicklungsweg im Jenseits, wo er erntet, was er hier gesät hat, und folgerichtig in der eingeschlagenen Richtung weiterschreitet. Seinen Kräften und Wesenseigentümlichkeiten zweckmäßig angepaßt, wird jeder Mensch im geistigen Leben auf den für ihn geeignetsten Weg gewiesen. Der geradeste Weg führt am schnellsten zum Ziel; er ist aber auch der steilste, mühseligste und leidvollste. Dies ist der Weg der Starken im Geist; die schwächeren Geister müssen weniger steile Wege geführt werden, und es hängt von dem Ernst und dem Eifer ihres Strebens ab, wann sie ihr Ziel erreichen.

Bei meiner Schwester Elisabeth handelt es sich um einen Geist, der sehr viel Liebe und auch eine bedeutende Stärke besitzt und aus dieser heraus seine Seele recht schonungslos vorwärts und aufwärts treibt. Elisabeth hat in der ersten Zeit ihres jenseitigen Lebens nicht etwa deshalb so schwer zu leiden gehabt, weil sie hier im Leben etwas versäumt hätte, sondern weil ihr starker Geist nach seiner Befreiung aus der irdischen Gebundenheit nun auf dem geradesten Weg dem höchsten Ziel zustrebte und in seinem Liebessehnen nach Gott gar nicht danach fragte, ob sein natürlicher Mensch darunter schwer litt. Wenn er die Seele nur mitreißen konnte, dann war es der Seele nur dienlich, daß sie litt, je schwerer um so besser; denn nur unter Leiden zermürbt und zerbricht der Eigenwille der Naturgeister in Seele und Leib, so daß sie vom Geist ergriffen und umgewandelt werden können. So leidet die Seele also zu ihrem eigenen Besten, um möglichst schnell zur vollen Glückseligkeit zu gelangen.

Wie das ja auch aus den Erlebnisberichten hervorgeht, ist eine mit solchem Eifer vorwärts getriebene Seele nicht *beständig* in Leiden. Die Zustände wechseln nur stark. Ich habe meine Schwester sowohl in den höchsten Seligkeitszuständen als auch in tiefsten Leiden erlebt. – Gab sich die Seele rückhaltlos an den Geist hin, so erlebte sie den Himmel und das Glück der Gemeinschaft mit so vielen vorangegangenen Lieben. Besann sie sich auf ihre menschliche Zugehörigkeit zu uns, besonders zu unserer Mutter und mir, und sah sie uns in unserer peinvollen Verlassenheit, dann litt sie zutiefst mit uns. Und gerade die Bindung an mich wurde dazu ausgenutzt, ihr einen ganz außergewöhnlich schnellen Aufstieg zu ermöglichen; vermittelte doch gerade ich ihr die höchsten göttlichen Kräfte für ihre Entwicklung, Kräfte, deren Einwirkung sie ohne meine Vermittlung noch gar nicht hätte ertragen, derer sie also anders noch gar nicht hätte teilhaftig werden können. Aber freilich: je höher die Kräfte, desto tiefer das durch sie ausgelöste Leiden.

KRIEGSJAHRE AUF DEM LAND IN SCHLESIEN

Brief vom 17. März 1943

Das Erleiden der großen Lieblosigkeit und Gottferne der heutigen Menschheit, die infolgedessen in diesen schrecklichen Krieg geraten ist, wird von mir bis in den Körper hinein empfunden mit derselben Tiefe, wie Gott sie empfindet, der ja meinen Körper völlig durchdringt. Das gibt für das Menschliche unaussprechliche Leiden, die an Qual und Jammer alles übertreffen, was überhaupt menschliches Begreifen zu fassen vermag. Man fühlt und weiß, wie alles sein sollte und sein könnte, wenn die Menschen im rechten Zusammenhang mit Gott wären, und wie alles Elend nur durch den Mißbrauch des freien Willens zustande gekommen ist, und sieht sich dabei mit Entsetzen in einen Abgrund sinken, der so viel Qual birgt, daß man beständig im Sterben und im Todeskampf ist. Welch ein Leben für einen Menschen, der ständig in unbeschreiblicher Seligkeit sein könnte, der schon hier im irdischen Leib alle Liebe und Seligkeit des Himmels erleben könnte, da sich bei ihm die höchsten Kräfte bis in den irdischen Leib ergießen, der nun aber ganz im Gegenteil fast nur Todesröcheln und Verzweiflung über die heutige Menschheit in sich erlebt! Dies veranlaßt das unablässige Herzensgebet, das nie aufhört, nie ruht, das beständig um Erleuchtung für diese gefallene Menschheit schreit! – Aus Gott und aus dem Himmel gesehen ist diese Welt vollkommen wahnsinnig. Diese Schau aus der göttlichen Liebe gibt ein unendlich tiefes Mitleid, das eben für den Leib nur ein immerwährendes Sterben ist. – Nur durch geistige Wiedergeburt und vollkommene Umwandlung der Menschen kann in den irdischen Verhältnissen Wandel geschaffen werden. Dazu muß zunächst bei mir alles Sterbliche ganz umgewandelt und vergottet werden.

Auszug aus einem Brief vom 26. März 1943

Eben wurden mir wieder große Erleuchtungen gegeben. Es war eine Selbstbeschauung, ähnlich wie vor vielen Jahren, nur mit dem Unterschied, daß Gott jetzt das Natürliche vollständig durchdringt und Sich im Natürlichen erkennt. Darum ist diese Schau nicht mehr halb übersinnlich wie damals, sondern sie wird mit allen, auch den körperlichen Sinnen wie etwas ganz Natürliches aufgenommen. Alles schaue ich in der Klarheit Gottes, in der sich alle Widersprüche lösen, und wünsche nur eins: der Menschheit diese Wahrheit vermitteln zu können. Aber das ist so schwer, weil einem alles, was man davon mitteilen kann, so jämmerlich erscheint gegen das, was man schaut. – Ach, wenn ich doch den augenblicklichen Zustand behalten könnte! Alles ist gesund, frei, froh, ja leidlos. Aber ich schaue zugleich auch mein Leiden und erkenne, daß ich es nur ertrage, weil Gott es tragen hilft. Dabei muß das Wissen um das Große, was dadurch gewirkt wird, dem menschlichen Bewußtsein entzogen werden, weil sonst die tiefste Demut nicht zu wahren wäre und Gott dann nicht so tief ins Menschliche eindringen könnte, was wiederum die letzte Umwandlung und Einung verhindern würde. Dieses Entziehen des Bewußtseins, daß es sich hierbei um etwas ganz Großes handelt, bleibt für den äußeren Menschen das Schwerste. Alles erscheint nur als Grausamkeit Gottes, noch dazu als eine völlig sinnlose, weshalb auch die Verzweiflung darüber so furchtbar wird.

Erlebnis vom 5. Februar 1944

Als ich mich heute im Wald zu kurzem Ausruhen auf einem gefällten Baumstamm niedergelassen hatte, wurde mir aus dem Himmel gesagt und gezeigt, wie alles Geschehen unserer Zeit eine besondere Auswirkung des göttlichen Geistes auf die äußere, irdisch-materielle Welt ist.

Da sah ich mit unbeirrbarer Deutlichkeit, wie Gott nach vorgesehenem Plan durch die innerlichen und äußerlichen Leiden, die ich von Kindesbeinen an bis heute ertrug und weiter zu tragen habe, Sich in mir ein Werkzeug geschaffen hat, durch welches ER auf gesetzmäßigem Weg, also ohne hier etwas zu vergewaltigen oder zu zerbrechen, Seinen verwandelnden Einfluß bis in den Bereich der groben, irdischen Stofflichkeit zur Wirkung bringen kann. Und ich sah weiter, wie heute Millionen von Menschen leiden müssen und leiden sollen, um geistig nicht verloren zu gehen.

Dabei sah ich mich selbst im Mittelpunkt dieses Geschehens wirken und gewahrte, welche unaussprechlichen Geheimnisse dahinter stehen. Das konnte ich nur erleben; aber in Worte läßt sich das nicht fassen. Ich sah klar und deutlich mein Wirken kraft des Einflusses der in ständigem Wachsen begriffenen, mich durchströmenden göttlichen Kräfte; und ich erkannte, daß es dieses göttliche Wirken gewesen war, was die höllischen Gegenkräfte überhaupt erst geweckt und angeregt und beharrlich mehr und mehr aufgestachelt hat, bis es schließlich zum hitzigsten Aufeinanderprallen von Himmel und Hölle in der äußeren Welt kam und damit zum Krieg. Dabei erkannte ich weiter all die führenden Persönlichkeiten und Machthaber, wie auch mich selbst, als ausführende Organe der gewaltigen, geistigen Mächte, zwischen denen diese Auseinandersetzung tobt.

Es müßte alles in der blinden Wut der Teufel untergehen, wenn nicht die göttlichen Kräfte jetzt die sichere Möglichkeit hätten, durch mich als Mittler bis in die äußerste, irdische Ebene dämpfend und leitend zu wirken und die Steuerung fest in der Hand zu behalten. Und es wurde mir zu fühlen gegeben, daß durch das göttliche Wirken jetzt bald große und gewaltige Änderungen kommen werden.

Erlebnis vom 15. Februar 1944

Heute hatte ich im Geist ein Erlebnis in einer Kirche. Dort hing in Lebensgröße die Gestalt des gekreuzigten Christus. Diese war aber vom Kirchenschmutz so verklebt und auch das Gesicht so mit dicken Borken bedeckt und mit Haaren bewachsen, daß ich mit einem Instrument aus Silber und Elfenbein, einem Rasiermesser ähnlich, nur nicht so scharf, alles reinigen und sauber kratzen mußte.

Bei dieser Arbeit kam aller Schmutz, den ich von der Figur abkratzte, in mich hinein. Das war so furchtbar und entsetzlich, daß ich ganz unbeschreiblich litt, vor Übelkeit stöhnte und von dem üblen Geruch fast erstickte, besonders als ich die Schultern und die Brust der Christusgestalt säuberte.

Als ich dann aber mit der Reinigung fertig war, erglänzte an diesem nachgebildeten Christus alles wie lebensfrisches Fleisch und Blut.

Von gleichartiger Bedeutung ist ein Erlebnis, welches ich schon mehrere Jahre zuvor gehabt habe: Mir wurde ein stattliches Paket gebracht, und ich wurde aufgefordert, es auszupakken. Nachdem ich die äußere Hülle entfernt hatte, zeigten sich darunter weitere und immer weitere Hüllen, die ich nacheinander abwickelte. Es waren wenig schöne, teils recht unansehnliche, schmutzige Papiere, und es kamen ihrer immer wieder andere zum Vorschein, als wolle es damit gar kein Ende nehmen. Als endlich die letzte Hülle erreicht und entfernt war, hielt ich in der Hand, in kostbarem Einband und mit Goldschnitt versehen

Die Heilige Schrift,

welche aus sich heraus leuchtete und strahlend glänzte.

Erlebnis vom 17. April 1944

Heute nachmittag ging es mir wieder einmal ganz entsetzlich schlecht, und ich nahm einen Band von Johannes vom Kreuz zur Hand in der Hoffnung, durch das Lesen darin etwas Trost in meinem Elend zu finden. Als ich einige Seiten gelesen hatte, erfolgte eine himmlische Ansprache, die ich aber leider in menschlichen Worten nur äußerst unvollkommen andeuten kann. Zunächst wurde mir gezeigt, daß meine Leiden durch das Lesen in diesem Buch nur noch viel unerträglicher werden, obgleich gerade Johannes vom Kreuz den Weg des Mystikers sehr genau kennt und besonders gut zu erklären weiß, so daß doch gerade aus seinen Schriften der beste Trost für mich zu erwarten wäre. Nun wurde mir aber weiter gezeigt, daß auch er mir keinen Trost spenden kann, weil mir eben jeder Trost geflissentlich entzogen wird.

Der Wohnort hier in den entlegenen, ländlichen Verhältnissen ist für mich ausgesucht, den äußeren Menschen völlig auszulöschen; dazu ist hier alles trefflich geeignet.

Erlebnis vom 23. Mai 1944

Heute sprach die göttliche Stimme: »Es ist ein großer Unterschied zwischen dir und allen anderen Mystikern. Alles in dir wirke allein ICH von frühester Jugend an, nur von innen her, doch bis ins Äußerste. Du konntest deshalb nie viel von außen tun; es wurde fast nie zugelassen. Diese Entwicklung, allein von innen her, wird von dir als ganz besonders schwer empfunden, weil dabei jede eigene Tätigkeit des natürlichen Menschen unterbunden werden muß und er sich nach allen Richtungen hin gehemmt sieht. An ihren vielen Übungen, Kasteiungen und dergleichen Bemühungen hatten doch die anderen Mystiker eine gewisse Befriedigung, indem es ihnen so erschien, als trügen sie damit selbst zu ihrer Entwicklung etwas bei. Aber hier in deinem Fall wirke allein ICH alles; du selbst kannst gar nichts dazu tun. Doch fühlst du Mein Wirken im Körper so stark, daß dadurch jetzt für dich ein völlig neuer Zustand entstanden ist.«

Hier wurde dann weiter noch manches gesagt, was ich nicht vor Menschen offenbaren mag. Jedenfalls wurde ich über mein heutiges Kritisieren an mir selbst mehr als beruhigt. Wenn ich überhaupt solch einer Antwort von innen her gewürdigt werde, antwortet mir jetzt der Gottgeist noch weit deutlicher und klarer, als das früher mein eigener Geist tat. Was könnte doch alles in der äußeren Welt geschehen, wenn diese hohen Kräfte durch mich hindurch sich in ihr auswirken dürften! Doch sie dürfen zunächst nur innerlich, ganz im Verborgenen, wirken, um, unmerklich für die Außenwelt, in streng gesetzmäßigem Vordringen von innen her die äußere Menschennatur langsam umzugestalten.

Am 1. September 1944 endete der Erdenweg einer Frau, die mir schicksalsmäßig verbunden war und durch ihre hingebungsvolle Einstellung zu mir in ihrer Entwicklung eine ungewöhnliche Förderung erfahren hatte. Ihr Tod ging mir sehr nahe und löste für mich viele hohe und bedeutsame Erlebnisse aus.

Schon reichlich zehn Jahre zuvor hatte Wera mich persönlich kennengelernt und war von dieser Begegnung stark berührt worden. Die äußeren Lebensumstände hatten sie jedoch gehindert, die persönliche Fühlung aufrechtzuerhalten. Sie hatte mich eher gemieden als gesucht, weil ein unbestimmtes Gefühl sie ahnen ließ, daß ein näheres Bekanntwerden mit mir und ein ernstliches Eingehen auf mich Anforderungen an sie stellen würde, die nicht leicht zu erfüllen sein würden. Nun aber hatte die Not der Zeit sie aus ihrer zerbombten Wohnung und dem gefährdeten Berlin nach Schlesien getrieben und sie auf diese Weise ganz in meine Nähe geführt. Ihre verwandtschaftlichen Beziehungen zur Familie meines Freundes brachten es von selbst mit sich, daß sie häufig mit mir zusammenkam. Bald jedoch gestaltete sich ihr persönliches Verhältnis zu mir besonders eng, indem sie sich mir mehr und mehr in innerlicher, geistiger Liebe erschloß. Es kam zwischen ihr und mir zu ständig sich vertiefenden geistigen Liebesverbindungen, welche schließlich in vollkommenen Einungen gipfelten. Solche Einungen mit ihr erlebte ich in den letzten Wochen fast täglich. Diese hielten meist viele Stunden hindurch an, und auch Wera selbst hatte davon eine deutliche Wahrnehmung in Form tief innerlichen Ergriffenseins.

Gesundheitlich stand sie schon lange auf recht schwachen Füßen, und unter solchem aufwühlenden inneren Erleben kam es zu starken Schwankungen in ihrem Befinden. – Derartige häufig wiederholte geistige Durchstrahlungen geben zwar ganz allgemein dem organischen Leben des Körpers einen starken Auftrieb; sie rufen aber anderseits schwere Krisen hervor dadurch, daß sie alte, eingekapselte Herde krankheitsstofflicher Ablagerungen aus ihrer Ruhe aufstören und ihnen damit erneut die Möglichkeit zu schädigendem Wirken geben. Für solche unliebsamen Folgen lagen in Wera viele Möglichkeiten. In ihren Jugendjahren hatte sie während der russischen Revolution 1917 viel Schlimmes erlebt und dann auch später mehrfach schwere Krankheiten durchgemacht, wovon besonders ihr Herz empfindlich geschädigt war. So konnte es nicht ausbleiben, daß ihr Gesundheitszustand ihr selbst und uns manche Sorge machte. Wie hochgradig geschwächt ihre Widerstandskraft in Wirklichkeit war, das gewahrte ich mit meinem Hellgefühl erschreckend deutlich. So veranlaßte ich natürlich, daß nach Möglichkeit alles geschah, um der wirklich großen Gefahr zu begegnen. Ihre eigene Besorgnis um ihre Gesundheit verlor sich in dem Maße, wie sie unter dem Einfluß der immer wiederholten Geistdurchdringung lernte, ihr Eigenes zurückzustellen, alles eigene Wünschen und Wollen dem göttlichen Willen unterzuordnen. So war sie schließlich ebenso bereit, weiterzuleben wie zu sterben. Damit hatte sie die Wiedergeburt im Geist erreicht, d.h. den ersten wirklich entscheidenden Schritt einer Hinwendung zum Göttlichen getan. Zwar ist das Erreichen dieses Wendepunktes für die seelische Entwicklung des Menschen von großer Bedeutung, doch wird davon nach außen hin an ihm zunächst kaum etwas ersichtlich; denn seine seelischen Schwächen und menschlichen Unvollkommenheiten können nur in langwieriger Entwicklung abgelegt werden. Bei Wera aber wirkte sich das Erreichen der Wiedergeburt im Geist auch äußerlich aus: Sie wurde aus diesem Leben abberufen, da hier eine weitere innere Förderung wohl nicht möglich war.

Erlebnis vom 20. Dezember 1944

Heute früh in den ersten Morgenstunden befand ich mich plötzlich in einer ganz neuen Kirche. Die Kirche war nicht sehr groß, doch hoch und schön. Eine ganze Anzahl Freunde und Bekannte waren mit mir. Da wurde ich mit dem Gottgeist geeint, und von Seiner Kraft emporgehoben flog ich auf die Kanzel und schwebte über dem gekreuzigten Christus. In dieser Stellung überkam mich ein tiefer übersinnlicher Kummer über die heutige Menschheit und den grausigen Krieg. Ich empfand den unaussprechlichen Schmerz der göttlichen Liebe über das

Elend auf Erden so sehr, daß ich laut weinen mußte und vor Erschütterung ganz entsetzliche, körperliche Beschwerden mit schweren Erstickungsanfällen bekam. Ich fühlte mich in der letzten Verzweiflung, vor allem aber empfand ich einen so durchdringenden, geistigen Schmerz, daß Mark und Bein erbebten und darunter erstarben. Ich glaubte, sterben zu müssen. Da aber wurde ich wieder von Gott gestärkt, und ich mußte nun allen Jammer und alle Schmerzen der ganzen Menschheit in mich aufnehmen. Es war wie ein Essen und Verzehren des Schmerzes und der Gottferne der Menschen; so mußte ich alles richtig körperlich in meinen Magen und die Gedärme aufnehmen. Als ich nun alles in dieser Weise bewältigt und in mich aufgenommen hatte, fing Gott an, in meinem Herzen zu klagen, und sprach durch meinen Mund zu meinen Freunden: »Alles das tue ICH für die Menschheit, aber sie wollen sich nicht zu MIR kehren. So sende ICH ihnen jetzt einen neuen Heilsboten. Aber sie höhnen und sagen: Wer ist der? Was geht er uns an?«

Da regte sich in meiner menschlichen Natur eine leise Unzufriedenheit, und ich sagte: »Weshalb schwebe ich nur vor meinen Freunden, weshalb nicht zugleich vor vielen fremden Menschen, damit auch sie auf das göttliche Wirken aufmerksam werden und zum Glauben kommen?« Da erwiderte die göttliche Stimme: »Das wäre ja für diese ein Zwang.« Und nun erlebte ich, wie Gott Selbst darunter leidet, daß ER den Menschen um ihrer Freiheit willen weder Seine Allmacht noch Seinen göttlichen Willen aufdrängen oder aufzwingen darf. Sogar Gott muß Sich in Seine Sanftmut und Geduld begeben und wie ein Bettler warten, bis es den Menschen endlich gefällt, IHN zu beachten, IHN zu suchen und in sich aufzunehmen. – »Also kann auch ICH, der allmächtige Gott, nichts anderes tun, als ganz im Verborgenen und in der Stille durch Meine Werkzeuge wirken.« – Aus dem Gottgeist wurde mir gezeigt, daß es zur Erlösung der gefallenen Menschheit keinen anderen Weg gibt als den des stellvertretenden Leidens, den Weg des Opferlammes. Gott muß völlig neu in mir geboren werden und mein Menschliches völlig durchdringen. Daß aber Gott meinen irdischen Leib so beharrlich immer wieder mit Seiner

Allmacht, Hoheit und Heiligkeit durchdringt, verursacht mir die großen, übersinnlichen Leiden. Und eben nur durch solche Leiden ist das große Erlösungswerk fortzuführen, sonst ginge alles verloren.

Dieses Erleben kam ganz unmittelbar aus dem Gottgeist Selbst. Die Person Christi trat dabei nicht in Erscheinung.

DIE VERBANNUNG IN KLEIN-POLKWITZ 1945–1947

Am 13. November 1943 hatte ich ein geistiges Erlebnis, welches mir ganz unmißverständlich eine bevorstehende schwere Leidenszeit ankündigen sollte.

Mein Vater und der Pfarrer unserer heimatlichen Gemeinde, welcher mich konfirmiert hat, legten mich in einen Sarg. Meine Ringe zog ich von den Händen und legte den einen rechts, den anderen links auf Podeste, welche neben dem Sarg standen. Nun wickelten sie mich mit eng an den Körper gelegten Armen mehrfach in starkes Packpapier ein, so fest, daß ich überhaupt kaum noch atmen konnte und bitten mußte, die Umhüllung ein wenig zu lockern. Ein ganz klein wenig durften sie die Umwicklung lockerer lassen, aber es blieb grauenvoll eng; und so sollte ich lebendig begraben werden.

Das war die bildhafte Vorschau auf meine schreckliche Lage und die furchtbare Leidenszeit, von der die nachfolgenden Blätter berichten.

»Auch dies alles mußt du verlieren; nichts darfst du behalten!« So erklang die Mitteilung von ›Oben‹, als ich eines Nachmittags in der Mitte des Novembers 1944 auf dem Balkon stand. – Das Land vor mir, das Haus hinter mir, das große Besitztum eines Freundes, auf dem ich vor zehn Jahren mit heftigstem Widerstreben und nur auf ausdrückliche geistige Weisung hin zum ersten Mal Wohnung genommen hatte, das mir dann aber im Laufe vieler Jahre unter schweren inneren Mühen und Plagen schließlich doch zu einer Art Heimat geworden war – das alles war gemeint mit dem, was ich auch noch verlieren müsse, nachdem schon ein Jahr zuvor unser Familienheim in Berlin restlos der Vernichtung anheimgefallen war.

In der Nacht vom 6./7. Dezember 1944 hatte ich bei klarem Bewußtsein ein inneres Erlebnis, welches in der folgenden Leidenszeit gerade für mein menschliches Empfinden ein Trost sein sollte, und an das ich oft dachte. Ich sah mich einen Weg gehen, auf dem mir von fern her drei Männer entgegenkamen. In dem einen erkannte ich sogleich Jakob Böhme, diesen bescheidenen, tief frommen Menschen, den ich schon in manchen früheren Begegnungen als glückseligen Bewohner höchster Sphären in Glanz und Herrlichkeit erlebt habe. Jetzt jedoch kam er in aller menschlichen Schlichtheit daher, wie er auf Erden gelebt hatte, in Begleitung zweier Männer ganz ähnlichen Charakters im Ausdruck und in der Kleidung, die ich aber nicht kannte. Jakob Böhme selbst erschien mir kleiner als ich, doch kann ich nicht behaupten, daß mir eine ausgesprochene Ähnlichkeit mit Bildern, die von ihm vorhanden sind, bemerkbar gewesen wäre. Auffallend an ihm waren seine Augen, aus denen – besonders wenn er sprach – sein bedeutender und hoher Geist stark hervorleuchtete. Er befand sich in lebhafter Unterhaltung mit seinen Begleitern, und als er meiner ansichtig geworden war, blieb er stehen. Mit seiner Hand auf mich deutend, wies er seine Begleiter auf mich hin, und ich hörte ihn ganz deutlich in menschlich natürlichem Tonfall und in seiner charakteristischen Ausdrucksweise erklärend zu ihnen sprechen: »Dies ist der Mensch, der jetzt in sich verwirklicht, was ich in meiner Erdenzeit habe schauen dürfen: die Geburt Gottes im Äußersten.«

Unter schwer bedrückender Stimmung verging die Weihnachtszeit. Gleich nach Neujahr hörte ich eines Tages die innere Stimme sprechen: »Jetzt wirst du nochmals viel Schlimmeres als bisher durchmachen müssen: Kälte, Hunger, Obdachlosigkeit, Elend unter Angst und Schrecken.« Doch in meinem äußeren Denken redete ich mir das immer wieder aus und suchte mich zu trösten an ähnlichen Fällen, wo in meinem Leben solche Drohungen sich äußerlich doch nicht so schlimm erfüllt hatten. Doch nun wurde auch durch Nachrichten von außen meine Unruhe bezüglich des näher rückenden Unheils von Tag zu Tag größer; und am 20. Januar 1945 wurde von der

Partei die Weisung ausgegeben, schnellstens die Räumung vorzubereiten.

Am Morgen des 22. Januar ging der Eisenbahntransport mit den Alten, Kranken, Müttern und Kindern von der 3 km entfernt gelegenen Kleinbahnstation. Bei schneidender Kälte von -20° wurden wir in offene Güterwagen geladen. Nur für die Allerältesten und Schwerkranken war ein geschlossener Wagen vorhanden, in dem man auch meine 92jährige Mutter unterbrachte, während ich selbst in einem offenen Wagen Platz nehmen mußte. Außer meiner Mutter gehörten als Nächstzugehörige zu mir noch zwei befreundete Frauen, welche als Erholungsbedürftige bei uns waren, als die Ausweisung über uns kam. Mit ungezählten Aufenthalten, meist auf offener Strekke, schlich der Zug im Laufe von etwa zwölf Stunden allmählich bis nach Sprottau, das er in ordnungsmäßiger Fahrt in wenig mehr als einer Stunde bequem hätte erreichen können. Dann gab es noch eine kurze Strecke Landwegs zu überwinden, bis wir am Abend unser Ziel erreichten: Klein-Polkwitz, ein aus nur acht Gehöften bestehendes Dörfchen, 2 km westlich von Sprottau gelegen. Der Elendszustand meiner Mutter, aber auch aller anderen, ist nicht zu beschreiben. Zu vier Menschen fanden wir in einem Zimmer eines Bauernhauses eine sehr notdürftige Unterkunft.

Nun folgten qualvolle Tage schwerster Unruhe durch die ununterbrochen dicht am Haus vorbeiziehenden Trecks der Ausgewiesenen und Militärkolonnen. Unter schmerzhafter Ungeduld wartete ich auf den Treck, mit dem meine Schwester und mein Schwager hier vorbeikommen und uns mitnehmen sollten. So war es verabredet, aber die Vorsehung wollte es anders. Der von mir so sehnlich erwartete Treck war ganz andere Wege geleitet worden, und jede Verbindung zwischen uns hier und unseren Angehörigen war abgerissen. Da die Anzeichen des Rückzugs immer deutlicher wurden, sollte unser Bahntransport wieder gesammelt, erneut verladen und weiter ins Hinterland gebracht werden. Ich wagte nicht, meine alte Mutter einer solch gefährlichen Fahrt bei der anhaltenden Kälte nochmals auszusetzen, und war entschlossen, hier zu bleiben. Bevor die Bauern ihrerseits im Treck abzogen, waren wir in das sogenannte Armenhaus im »Lager« umquartiert worden. Das war ein ehemaliges Munitionslager aus dem Ersten Weltkrieg, einen halben Kilometer hinter dem Dorf gelegen, aus Schuppen und Industriebaracken bestehend, welche zu Wohnungen ausgebaut waren. In dem uns im Armenhaus angewiesenen Zimmer lief das Wasser an den Wänden herunter, es herrschte eine Hundekälte, und wir wurden alle krank. In der Nacht erschien mir ein hoher Engel, reichte mir eine Tasse Kaffee und sagte: »Trinke sie aus bis auf den Grund.« Mir widerstand das scheußliche Getränk, und ich meinte, daran zu ersticken, vor allem der Kaffeesatz am Boden war ekelhaft, aber der Engel bestand darauf, daß ich ihn hinunterwürgte. So wurde mir zu verstehen gegeben, daß ich alle kommende Not bis auf den Grund verkosten müsse.

Am 10. Februar ließ die Ankunft meines Schwagers beim ersten Erblicken eine Hoffnung aufleuchten, die aber sogleich zu einer furchtbaren Enttäuschung wurde, als ich von ihm erfuhr, daß er allein, ohne Wagen, ohne Möglichkeit, uns fortzuhelfen, gekommen war. Um uns in unserer hilflosen Lage nicht allein zu lassen, entschloß sich mein Schwager, bei uns zu bleiben, obwohl es ihm wie auch mir äußerst schwer fiel, meine Schwester nun ohne männlichen Beistand ihrem weiteren Schicksal entgegenziehen zu lassen. Zwei und ein halbes Jahr sollte die Trennung dauern, und länger als ein volles Jahr dauerte es, bis wir wieder voneinander Nachricht bekamen und erfuhren, wo ein jeder geblieben war. – Nun durch die Hinzukunft meines Schwagers vermehrt, fand unsere fünfköpfige Gesellschaft in unserer bisherigen Einzimmerwohnung wirklich keinen Platz mehr, und wir siedelten in ein anderes Häuschen über, das, aus 6 kleinen Räumen bestehend, von einer jungen Soldatenfrau mit zwei Kindern im Alter von 5 und 4 Jahren bewohnt war. Sie nahm uns freundlich auf, wuchs mit ihren Kindern wie selbstverständlich mit uns zu einer nun achtköpfigen Notgemeinschaft zusammen und hat unser schweres Schicksal getreulich mit uns geteilt, bis wir Ende Mai 1947 Hals über Kopf allesamt von den Polen ausgewiesen und am Zielpunkt unseres Transportes getrennt wurden. – Was diese Zeit von 2 Jahren und 4 Monaten an Schrecknissen, Angst und

Grauen in sich schließt, das ist schlechterdings selbst in vielen Büchern nicht zu beschreiben. Man kann sich immer wieder gar nicht genug darüber wundern, daß man das alles wirklich überstanden hat.

Am liebsten würde ich auf jede Schilderung verzichten, denn Hunderttausende haben Ähnliches oder gar noch viel Schlimmeres durchmachen müssen. Wenn ich dennoch – unter Weglassung des Bösartigsten und Widerwärtigsten – einiges von dem berichte, was mir und den Meinen widerfahren ist, so geschieht das nur, um die Härte der Prüfung anzudeuten, die Gott über mich verhängte. Wenn andere unter der täglichen Qual abstumpften, so wurde das bei mir durch das Einwirken Gottes verhindert, der mein bewußtes Ertragen der Not, mein stellvertretendes Leiden für alle Bedrängten gerade wollte. Erst hinterher hat Gott mir in dem – gegen Ende dieses Kapitels wiedergegebenen – Erleben vom 11. April 1950 den Sinn dieser langen und harten Prüfungszeit erklärt.

Es ist ganz unmöglich, auch nur annähernd zu schildern, was sich damals in mir abgespielt hat. Als wir bereits in Klein-Polkwitz waren, schrieb ich am 3. Februar 1945 an eine Freundin: »Im Güterzug, wo ich nur noch das Erfrieren von Füßen und Knien vor mir sah, wurde mir gesagt, daß ich das durchmachen müsse als *stellvertretendes Leiden* für all die vielen anderen Flüchtlinge und ganz besonders auch für die Soldaten, die sich dauernd in ähnlichen Gefahren befinden, sich die Glieder zu erfrieren und sonst Schaden zu nehmen, damit sie davon wenigstens *innerlich einen geistigen Nutzen* haben. Und damit wir gar nichts vorbereiten konnten, ist uns der furchtbare Ernst der Lage bis zum letzten Augenblick verborgen worden. So ist das Bild, das ich acht Tage vor dem Aufbruch gehabt habe, tatsächlich in Erfüllung gegangen. – Meine Milz macht mir unsagbare übersinnliche Leiden. Ich bin nur noch wie ans Kreuz genagelt und bitte stündlich um Erlösung, aber leider...! Wiederholt habe ich doch innere Ansprachen gehabt: ›Wenn du in Gefahr kommst, alle Glieder zu erfrieren und in elendesten, ländlichen Verhältnissen leben mußt, dann greife ICH ein.‹ Das erschreckte mich jedes Mal sehr. Aber es wurde mir innerlich immer wieder alles fortgenommen, als wenn äußerlich gar nicht so Schlimmes geschehen werde. Man kann daraus die Lehre ziehen: Der Mensch wird so geführt, wie Gott es haben will. Ich sollte keine verstandesmäßigen Schlüsse ziehen und Pläne fassen können. Es wurde mir absichtlich alles verborgen. Zuerst meinten die entsetzten Materiegeister des Leibes, ein Recht zur Entleibung für sich daraus herleiten zu können. Doch es wurde ihnen bald bewiesen, daß es so der Wille der Vorsehung gewesen ist und der Mensch alles still und demütig hinnehmen muß, auch wenn es ihm so scheint, als sei er belogen worden. Gott allein weiß, wie ER den Menschen richtig zu führen hat. So ist denn alles über uns gekommen, was ich nie für möglich gehalten hätte. Es ist mir aber klar gezeigt worden, daß es so kommen mußte. Wir sollten in die größte Versuchung kommen. Gerade so war es nötig, denn der Satan sprach zu Gott: ›Gib ihm noch das, und er wird dich verfluchen.‹ Die völlige Vernichtung des äußeren Menschen durch solche großen Demütigungen ist das gewünschte Ziel.«

Peinigende Reue über meine Unachtsamkeit gegenüber allen warnenden Gefühlen und schwere Selbstvorwürfe, deren Haltlosigkeit mir durch innere Belehrung immer wieder nachgewiesen wurde, quälten mich Tag und Nacht und vermehrten meine Beschwerden. Sie bestanden nicht nur in furchtbaren Gemütsbedrückungen, sondern auch in heftigen körperlichen Schmerzen, hervorgerufen durch Krampfzustände innerer Organe, hauptsächlich der Milz. So konnte es nicht ausbleiben, daß dieser Zusammenbruch, in den ich mich so jäh hineingerissen sah, mich in so tiefe Verzweiflung stürzte, daß ich mich selbst fragen mußte, warum ich vor lauter Qual nicht den Verstand verlor. Warum war ich nicht schon längst wahnsinnig geworden?

Schon reichlich zehn Jahre zuvor hatte die göttliche Stimme in ähnlich übermenschlichen Leiden zu mir gesagt: »Wundere dich nicht, daß du das ertragen kannst. Du würdest es nicht können, wenn ICH nicht bei dir wäre.« – Und ein anderes gewaltiges Gotteserlebnis am Abend des 30. Januar 1938 wies auf dieselbe Tatsache hin. Zunächst war ich angesprochen worden: »Du siehst, Mein Geist ist in allen Geschöpfen, und jede Tierseele hat irgendein Sehnen nach MIR. Wenn also Meine Liebe in jedes Geschöpf und in jede Tierseele hineinreicht, wie sollte dann Meine Liebe nicht in jeder Menschenseele wirken und vor allem in dir?« Auf diese Worte wurde ich in tiefster Liebeseinung mit der höchsten Majestät Gottes verbunden, die sich in tröstender Liebe zu mir herabneigte wie zu einem Freund und Geliebten und zu mir sprach: »ICH bin immer bei dir, verlasse dich nie, wenn du es auch unter deinen schweren Leiden und um deiner schweren Aufgabe willen nicht fühlbar wahrnehmen darfst. ICH liebe dich und will dich ganz zu MIR ziehen und will ganz eins mit dir werden, wie du mit MIR ganz eins werden sollst.« – Aber solche Tröstungen kommen immer nur in der alleräußersten Not, wenn die Verzweiflung ihren Höhepunkt erreicht hat und die menschliche Widerstandskraft zu versagen droht, denn es darf nicht anders sein, wie Gott mir am 5. Oktober 1943 sagte: »Du darfst keine Einzelheiten wissen, weil du im Mittelpunkt des großen Geschehens stehst. Alles Leid, alle Verzweiflung strömt wie in einem Brennpunkt in dir zusammen; du mußt das alles leiden, darfst weder Ruhe noch Frieden haben, *denn die letzte Verzweiflung ist Mein Feld, da wirke ICH Wunder!*« Am 9. Oktober 1937 hatte es schon einmal geheißen: »Alle Leiden der Welt werden in dir verbrannt.«

In der zweiten Nacht nach der Ankunft meines Schwagers ging die kämpfende Front über uns hinweg. Im Dorf ging ein Stallgebäude in Flammen auf, einige Wohnhäuser waren von Granaten getroffen worden, aber bei uns im Lager war nichts geschehen. Nur die Bewohner des Haupthauses waren von russischen Offizieren herausgeklopft worden, die sich nach Wegen und Ortschaften erkundigten. Von der kämpfenden Truppe ist die Zivilbevölkerung so gut wie gar nicht belästigt worden. Aber in den nächsten Tagen kam der Troß und die Etappe, und das Schicksal der Feindbesetzung überfiel das Land und die zurückgebliebenen Bewohner in der furchtbarsten Weise. – Die einzelnen Soldaten hatten durchaus nicht immer böse Absichten. Sie kamen vielfach als neugierige, naive Besucher, die alles beguckten, stundenlang sitzen blieben und sich zu unterhalten versuchten. Aber meistens blieben solche Besuche nicht so harmlos in ihrem Ausgang. Es kamen neben gutmütigen, kindlichen Menschen dann mehr und mehr wilde Bolschewisten, die alles mitgehen hießen, was ihnen gefiel, und die zu jeder Grausamkeit und Gewalttat fähig waren. Schon aus weiter Ferne wirkte der Anblick jedes Soldaten erschreckend, besonders auf die Frauen, und die Beunruhigungen nahmen überhaupt kein Ende mehr.

Das Wirtschaftsleben stockte natürlich vollständig, und vor allen Dingen wir Ortsfremden, die wir ja ganz ohne Vorräte waren, wußten bald nicht mehr, wovon wir uns ernähren sollten. Dazu herrschte weiter strenge Kälte, und der Brennstoff für unsere Öfen wurde knapp. – Aus der Bewohnerschaft des Lagers stellte nun jeder Haushalt ein bis zwei Arbeiter, die sich morgens und am Spätnachmittag in Gruppen auf die verschiedenen Höfe verteilten und dort das zurückgelassene Vieh versorgten. Die Erträge der Viehwirtschaft waren der Lohn für die Arbeit und zugleich die noch einzig vorhandene Lebensmittelquelle. Doch deren Ergebnisse verringerten sich erschrekkend schnell, denn der Viehbestand war vor den beutesuchenden Soldaten nicht zu schützen und schmolz von Tag zu Tag so stark zusammen, daß nach zwei Wochen kaum noch etwas vorhanden war. Auch während dieser Arbeiten auf den Höfen kam es mehrfach zu recht unangenehmen Begegnungen mit russischen Soldaten. Aus unserer Notgemeinschaft war nur mein Schwager noch dazu fähig, sich an diesen Arbeiten auf den Höfen regelmäßig zu beteiligen und uns damit einen Lebensmittelzufluß zu verschaffen. Er benutzte auch die Gelegenheit, während dieser Arbeiten von unseren Erlebnissen und Erfahrungen aus der Hitlerzeit und von meiner Haft zu erzählen, was sich sehr bald als recht vorteilhaft für uns erweisen sollte. Auch ich selbst hatte gelegentlich von meinem Schicksal erzählt, so daß wir unseren neuen Ortsnachbarn nicht mehr ganz unbekannt waren.

Eines Sonnabends zu Beginn des Monats März sahen wir vom Nachbardorf her sich einen ganzen Zug Menschen unserem Lager nähern. Es war bald zu erkennen, daß es deutsche

Männer waren, die von russischen Posten begleitet wurden. In unserem Lager angelangt, sammelten die russischen Posten auch hier alle Männer, und wir mußten uns diesem Zug einreihen. Es hieß, es gehe zu einer Vernehmung in einen Nachbarort. Also wieder eine Verhaftung! So elend ich war, es blieb mir nicht erspart, ich mußte mit. Unter was für Gefühlen, das ist nicht zu beschreiben. Es war noch recht kalt. Mein Schwager und ich trugen Pelze und waren in den Augen der Russen höchst verdächtige »Kapitalisten«. Das wurde gleich zu Beginn dadurch deutlich, daß einer der russischen Posten ein riesiges Bündel mit erbeuteten Sachen ausgerechnet mir an den Arm hängte, damit ich es ihm tragen sollte. Da ich dazu ganz außerstande war, nahm mein Schwager es mir ab und erklärte dem Posten, daß ich krank sei. Dann ging der Marsch auf den etwa 4 km entfernt gelegenen größeren Ort zu, durch diesen hindurch weiter zum nächsten und auch über diesen hinaus. Hie und da wurden noch einige Männer mitgenommen. Und schließlich kamen wir bei Einbruch der Dunkelheit an dem etwa 10 km entfernt gelegenen Ziel an und wurden in einen Keller gebracht. Feucht, kalt und völlig dunkel, mit etwas Stroh und einigen zerlumpten Bettkissen ausgestattet, war der Raum für mich ein furchtbarer Aufenthalt. Dazu die innere Erregung, völlige Verlassenheit, die Kälte – alles trug dazu bei, meine Leidenszustände auf die Spitze zu treiben. Dort saßen, hockten und lagen wir zunächst mehrere Stunden, bis dann einer nach dem anderen zur Vernehmung nach oben gerufen wurde. Schließlich kam auch ich an die Reihe und sah mich oben einem recht freundlichen, jungen russischen Offizier gegenüber, der die Vernehmung führte. Dabei saß ein anderer, weniger freundlich aussehender Mann in Uniform, in dem man einen politischen Kommissar vermuten mußte; und zum Dolmetscher war einer unserer polnisch-deutschen Lagernachbarn bestellt, eben der, dem wir viel von meinen schlimmen Erlebnissen unter der Hitlerherrschaft erzählt hatten. Dieser, ein rechtlich denkender Mann, hatte anscheinend schon von meinem Schicksal berichtet. So ging die Vernehmung verhältnismäßig schnell und glatt, und ich wurde wieder in den Keller geführt, um weiter zu frieren und die Nacht in den furchtbarsten Leidenszuständen zu verbringen. Bei Morgengrauen wurden wir heraufgerufen und mußten uns vor dem Haus aufstellen. Das erste, was verkündet wurde, war: »Die beiden Ärzte können nach Hause gehen.« – Alle anderen mußten zur Arbeit dort bleiben. So traten wir den Rückweg an, einen etwas unheimlichen Gang, weil man uns keinerlei Ausweis mitgegeben hatte, wir aber durch mehrere Ortschaften gehen und darauf gefaßt sein mußten, erneut verhaftet zu werden, zumal wir in unseren Pelzen besonders auffielen. Doch kamen wir unangefochten durch und gegen Mittag bei unseren verängstigten Frauen wieder an. Diese hatten sich unterdessen eine Haussuchung gefallen lassen müssen, und von unserem Gepäck war nun nicht mehr viel übrig gelassen worden.

Nach dieser schweren Beunruhigung von außen verliefen die nächsten zwei Wochen äußerlich zwar verhältnismäßig ruhig; doch wie es in meinem Inneren tobte und mich quälte, auch infolge heftiger körperlicher Schmerzen, das ist nicht zu schildern. Das Wetter wurde milder, der Aufenthalt in den kleinen Zimmern für mich immer unerträglicher, draußen durfte man sich nicht sehen lassen, weil man sofort angehalten und zu irgendeiner Arbeit mitgenommen wurde; ich sah für mich überhaupt keine Möglichkeit mehr, so weiter zu bestehen. – Hinter dem Lager fiel das Gelände etwas ab, und dort in der Senke war Ackerland. Einige hundert Meter dahinter kam man zu einem kleinen Wäldchen. Dorthin begab ich mich möglichst ungesehen, um mich wenigstens im Freien bewegen zu können. Was ich auf diesen einsamen Spaziergängen in diesem Wäldchen ausgestanden habe, kann ich keinem anderen Menschen begreiflich machen. Ganz unwillkürlich nannte ich es den Golgatha-Wald.

Am 23. März früh morgens sah ich ganz überraschend meine Schwester Elisabeth; mit einem angstverzerrten Gesicht war sie mir eine geradezu erschreckende Erscheinung. In unbeschreiblicher Qual stieß sie mühsam die Worte hervor: »Heute passiert etwas ganz Furchtbares mit dir!« Das jagte mir einen gehörigen Schrecken ein. Ich hatte jedoch keinen Anhalt zu einer Vermutung, welcher Art Unheil mir drohe. Bis zum äußersten gequält wie alle Tage ging ich wieder in mein Wäldchen. Nachdem ich mich dort eine halbe Stunde ergangen hatte, sehe ich zu meinem nicht geringen Schrecken aus der Richtung von Sprottau her zwei russische Soldaten auf mich zukommen. Sie nehmen mich fest und führen mich ab, durchs Lager hindurch nach Sprottau. Auf diese Weise erfuhren wenigstens meine Angehörigen, was mir geschehen war. Sie versuchten auch, mit Hilfe einer Dolmetscherin von den Posten zu erfahren, weshalb man mich festgenommen hatte, und glaubten, ein Mißverständnis aufklären zu können. Es war alles vergeblich, sie mußten mich meinem Schicksal überlassen; es durfte nicht einmal jemand folgen. So entschwand ich ihnen ins völlig Ungewisse.

In Sprottau wurde ich einem Offizier vorgeführt. Er war russischer Jude und offenbar mit einem menschlich sehr verständlichen Deutschenhaß geladen. Die Vernehmung erfolgte unter Mitwirkung eines polnischen Dolmetschers. Auch dieser war den Deutschen gegenüber alles andere als freundlich gesinnt, und so sah ich mich doppelter, erbitterter Böswilligkeit gegenüber. Ich sei ein Spion; weshalb ich denn sonst immer in dem Wald herumzulaufen hätte. So lautete die gegen mich erhobene Anschuldigung. Ich versuchte zu erklären, daß mich ein schweres Nervenleiden dazu nötige, mich im Freien zu bewegen, und ich den Wald nur aufgesucht hatte, um nicht unnötig gesehen zu werden. Man durchsuchte meine Taschen und fand in einer inneren Westentasche einen Brief, von dem ich selbst gar nicht mehr wußte, daß ich ihn bei mir trug. Das war ein sehr langer Brief, in kleiner Schrift sehr eng beschriebene vier Seiten, und enthielt lange, gelehrte Auseinandersetzungen über Jakob Böhmes Lehre von den drei Prinzipien der Gottheit. Wahrlich etwas sehr Unverständliches für diese Leserschaft! Um so verdächtiger für sie, denn sie argwöhnten, daß sich wichtige militärische oder politische Mitteilungen hinter einer Geheimsprache verbergen; war doch sogar Stalins Name darin genannt. – Die Erregung des jüdischen Offiziers stieg mehr und mehr, und er ließ seinem Haß schließlich so weit freien Lauf, daß er mir sogar mit geballter Faust gegen die Stirn schlug und mir fast das Auge verletzte. – Und das mußte gerade mir geschehen! – mir, dem jede nationale oder rassische Voreingenommenheit vollkommen fremd ist, dem von jeher jeder Mensch immer nur nach seinem Menschenwert, aber nie nach einer Zugehörigkeit zu einem Volk oder einer Gesinnungsgemeinschaft etwas gegolten hat! Und gerade für Juden war ich mehrfach bis zur Selbstgefährdung eingetreten. Hier schlug der Haß, so ungerechtfertigt wie nur irgend möglich, einen gänzlich Unschuldigen. Und so mußte es eben auch sein! – Nicht einmal im Konzentrationslager hatte ich einen Schlag bekommen.

Nach diesem ersten Verhör wurde ich in einen Keller gesperrt und erst am Abend einem anderen, um einen Rang höheren Offizier vorgeführt. Dieser war ein blonder, offener und freundlicher Mensch und war sehr bald von der Haltlosigkeit des Spionageverdachts überzeugt. Wäre nur der unselige Brief nicht gewesen; dann hätte ich alle Aussicht gehabt, in zwei bis drei Tagen wieder freigelassen zu werden. Vor allen Dingen gab der haßerfüllte, jüdische Kamerad dem begütigenden Rangälteren nicht nach, sondern verlangte, daß der Brief übersetzt und sein Inhalt genau geprüft werden müsse, und veranlaßte mir so eine Gefangenschaft, die sich über zwei und eine halbe Woche hinziehen sollte. Und unter was für Verhältnissen! – Die Übersetzungsarbeit fiel dem Dolmetscher zu, der deshalb um so wütender auf mich wurde; denn viele Abende hindurch, an denen er gewiß gern mit Kameraden oder einem Mädchen herumflaniert wäre, mußte er sich mit mir zusammen mit dieser Übersetzung abmühen. Indessen war dieses häufigere persönliche Zusammensein mit dem Dolmetscher allein insofern ein wahres Glück, als es mir gelang, ihn innerlich aufzuschließen und meinen Vorstellungen zugänglich zu machen, so daß er dann wirklich selbst von meiner Schuldlosigkeit voll überzeugt war. Doch seine Überzeugung von meiner Schuldlosigkeit blieb bedeutungslos gegenüber dem Haß meines ersten Gegners, und der Dolmetscher konnte mir nur jeden Abend von neuem versichern, daß leider nicht die geringste Aussicht bestehe, daß ich je wieder frei käme; der mir durchaus günstig gesinnte rangältere Offizier könne gegen die erbitterte Feindseligkeit des anderen nichts ausrichten. So mußte ich in völliger Hoffnungslosigkeit immer wieder zurück in den Keller.

Und wie sah dieser Keller aus! Zu sehen war nicht sehr viel, denn es herrschte bei hellstem Tageslicht darin nur graue Dämmerung. Um so mehr roch und fühlte man. Kalt, feucht, voller Gestank wie eine Kloake, mit vielen Menschen gefüllt, deren Bestand häufig wechselte. Als Lagerstätte der Ziegelsteinfußboden mit einigen Handvoll Heu, ohne Decke; Kübel mit Kot und Urin standen herum. In jeder Hinsicht ein ekelerregender Aufenthalt; und schon diese Umgebung machte es mir unmöglich, hier auch nur einen einzigen Bissen zu essen. So begann für mich notgedrungen, wie seinerzeit im Konzentrationslager, eine strenge Fastenzeit. Ich bekam durch die Nahrungsenthaltung und durch den Aufenthalt in der mir beständig Ekel erregenden Luft verstärkte Lösungen im Leib mit unausgesetzten Krampfzuständen. Die völlige Schlaflosigkeit trug das ihre dazu bei, mich von Tag zu Tag schwächer werden zu lassen, und ich litt unvorstellbar nicht nur unter den gegenwärtigen körperlichen Schmerzen, sondern vor allen Dingen auch unter der gänzlichen Aussichtslosigkeit, hier je wieder herauszukommen. Und Gott und Christus schwiegen und schienen mein Bitten und Flehen nicht zu hören.

Nachdem so fast eine Woche vergangen war und der Dolmetscher mir bei unserer täglichen Übersetzungsarbeit immer wieder nur sagen konnte, daß für mich nur Kriegsgericht oder Sibirien in Aussicht stehe, ließ ich durch ihn den freundlichen Kommandanten bitten, er solle mich doch erschießen lassen, da ich diese entsetzliche Quälerei nicht mehr länger aushielte. Auch diese Bitte fand kein Gehör. Der Dolmetscher erzählte mir, dieser Kommandant habe noch nie jemanden erschießen lassen und sei sehr menschenfreundlich. Mich freute diese Menschenfreundlichkeit jetzt gar nicht, und ich hätte lieber gesehen, er wäre anders gesonnen gewesen. Von dem Dolmetscher hörte ich schließlich auch, daß der Kommandant verschiedene Träume über mich gehabt und ihm gegenüber geäußert habe: »Was ist mit diesem Mann? Ich kriege keine Ruhe. Irgend etwas drängt mich, ihn zu befreien.«

Als endlich die Übersetzung des verhängnisvollen Briefes

beendet war, ließ man mich aber unbeachtet im Keller sitzen und schien mich ganz vergessen zu haben. Inzwischen war der Karfreitag herangekommen, und wieder saß ich, wie vor zehn Jahren, gerade in diesen Tagen inmitten einer irdischen Hölle und litt zum Wahnsinnigwerden in unausgesetzten Todeszuständen und in trostlosester Verlassenheit. So vergingen auch die Osterfeiertage. Ein geistiges Erleben hatte ich in dieser Zeit hier in dem fürchterlichen Keller, welches ich nicht unerwähnt lassen will. Es war jedoch durchaus kein erhebendes Erlebnis, als Hitler, der damals noch lebte, mir plötzlich in meiner Aura sichtbar wurde. Ganz und gar war er gegenwärtig, sein ganzes Wesen und Gebaren echt vom Scheitel bis zur Sohle, so stand er vor mir. Nachdenklich und mit recht peinlichen Gefühlen betrachtete er sich den ekligen Raum und die Jammergestalten darin, die zu Wahrzeichen seiner ruhmreichen Staatsführung geworden waren.

Am Dienstag nach Ostern, dem 3. April 1945, wurde ich dann im Laufe des Vormittags mit vier anderen Insassen unseres Kellerloches heraufgerufen und auf einem Lastauto verstaut. Niemand wußte, wohin die Fahrt ging. Man munkelte von Arbeitslager und schlimmeren Möglichkeiten. – Wir landeten nach 1½ Stunden in einer anderen Stadt, wo ich in einem Lager für deutsche Kriegsgefangene abgeliefert wurde.

Hier kam ich wenigstens nicht wieder in einen Keller, sondern wurde in ein helles Zimmer gewiesen. Nach 12 Fasttagen unter solchen quälenden Verhältnissen und gänzlicher Schlaflosigkeit war ich natürlich sterbenselend und fiel durch meinen Zustand jedem auf. – Ein tschechischer Kellner, welcher dort mit der Küchenleitung für die Lagerinsassen betraut war und anscheinend auch bei den russischen Offizieren gut gelitten war, nahm sich meiner mit großer Teilnahme an. Auch er hatte Haft im Konzentrationslager erlebt und war überhaupt ein mitfühlender, liebevoller Mensch. Als ich ihm die Ursache meines elenden Zustandes erklärt hatte, bereitete er mir sogleich einen guten Grießbrei, der mir nach dem langen Hungern ganz gut schmeckte und auch gut bekam. Als ich ihm nun auch von den besonderen Schwierigkeiten meines Falles erzählt hatte, konnte er mir guten Trost geben und berichtete mir, daß derartige ungewöhnliche Fälle hier einem sehr feinen und gebildeten Offizier zur Entscheidung zugeschickt würden, und ich könne von Glück sagen, daß dies mit mir so geschehen sei. Ich habe dann auch Gewißheit darüber bekommen, daß der wohlwollende Sprottauer Kommandant mich hierher überwiesen hatte, um mich seinem rachsüchtigen Kameraden, gegen den er dort nicht aufkommen konnte, aus den Händen zu nehmen.

Als ich dann am nächsten Tag im Beisein von hohen Offizieren von diesem mir gerühmten Offizier verhört wurde, erlebte ich, daß der Tscheche mir nicht zu viel gesagt hatte. In fließendem Deutsch sprach er mit mir und erwies sich als ein sehr gebildeter und belesener Mann. Er hatte in Deutschland studiert, war in der Mystik nicht unbewandert und kannte sogar Jakob Böhme. So war es diesmal nicht schwer, mich ihm verständlich zu machen, und er war sehr bald von meiner Unschuld überzeugt. Am Freitag morgen entließ man mich; ich sollte den Weg nach Sprottau-Klein-Polkwitz zu Fuß zurücklegen. Das waren gut 34 km. Immer noch sehr matt und elend begab ich mich auf meine Wanderschaft, nachdem man mir den Weg, so gut es gehen wollte, beschrieben hatte. Die Gegend war mir ganz unbekannt. Straßenschilder und Wegweiser trugen sämtlich nur russische Aufschriften, die ich nicht lesen konnte. Deutsche Leute, bei denen ich mich näher hätte erkundigen können, traf ich nicht, wohl aber zahlreiche Russen, die mich vielfach anriefen, was mir jedesmal einen gewaltigen Schrecken verursachte. Ich war kaum mehr als eine halbe Stunde gegangen, als mein Weg an einem Russenlager vorbeiführte. Man hielt mich an und – brachte mich nach meinem Ausgangspunkt zurück. Nachdem dort meine Angelegenheit klargestellt und darüber viel schöne Zeit verloren war, wurde ich erneut auf den Weg geschickt, natürlich auch wieder ohne jeden Ausweis, wie das bei den Russen üblich war. Gleich anfangs falsch gewiesen, geriet ich in eine ganz entgegengesetzte Richtung und kam abends in ein Dorf, dessen deutschen Namen Kunzendorf ich von einem jungen Polen erfuhr, der mir auch bereitwillig weitere Auskunft gab und mir erklärte, daß ich ganz verkehrt gegangen sei und mich hier nicht vor Sprottau, sondern dicht vor Sorau befinde. – Dieser etwa 16jährige, freundliche Pole hatte einen jüngeren Bruder bei sich, der ganz anders gesinnt und äußerst gehässig gegen mich war. Er beschimpfte seinen älteren Bruder, weil er mir Auskunft gegeben hatte, und lief dann zu einigen Russen hinüber, um sie auf mich aufmerksam zu machen. Diese schienen sich jedoch nicht um mich zu kümmern, als ich dann weiter durch das Dorf ging. Ich versuchte für die schon hereinbrechende Nacht bei deutschen Leuten eine Unterkunft zu finden. Die aber hatten Angst, mich zu behalten, und rieten mir dringend, mich bei der russischen Ortswache zu melden, da ich sonst schwere Unannehmlichkeiten bekommen könne. Das tat ich daraufhin auch und wurde nun, dem gehässigen Hinweis des Polenjungen zufolge, als Spion verdächtigt. Man stellte ein großes Verhör mit mir an, bei dem auch wiederum ein Pole als Dolmetscher dienen mußte. Auch dieser zeigte sich gegen mich sehr übelwollend, legte alles, was ich sagte, falsch aus und behauptete grobe Unwahrheiten. Die ganze Vernehmung und meine Gegenwehr gegen die entstellenden Behauptungen hatten große Ähnlichkeit mit jenem nächtlichen Verhör damals in Breslau. Schließlich führte man mich, nachdem es inzwischen völlig dunkel geworden war, recht rücksichtslos durch große Pfützen watend, ein Stück die Dorfstraße hinauf zu einem größeren Haus und stieß mich dort in den Keller hinunter mit so gewalttätiger Grobheit, daß ich fast gestürzt wäre. – Der Keller war sehr geräumig und jeder Tritt gab lauten Widerhall; der Fußboden war betoniert und der ganze Raum eisig kalt. – Nun saß ich also wieder in einem kalten Keller, feindseliger Willkür ausgeliefert, und sah zunächst einer qualvollen Nacht entgegen. Die Vernehmung, der Kampf gegen die lügenhafte Bosheit, die Verzweiflung über die erneute Verschärfung meiner unglücklichen Lage – das alles hatte mich so aufgewühlt, daß ich trotz aller körperlichen Erschöpfung gänzlicher Schlaflosigkeit gewiß war, selbst wenn ich nicht, wie eben jetzt, auch noch in völlig durchweichten Schuhen und Strümpfen eiskalte Füße gehabt und am ganzen Körper erbärmlich gefroren hätte; hatte ich doch weder im Columbia-Haus noch im Sprottauer Keller schlafen können. – Hatte denn die geistige Welt gar kein Erbarmen mehr mit mir? Wäre es denn nicht möglich gewesen, mich vor solchem Irregehen zu bewahren und mich richtig zu führen? Hatte der Allmächtige so wenig Macht über das irdische Geschehen, daß ER mich so von neuem ins Elend laufen lassen mußte? Meine Verzweiflung über solche Hilflosigkeit und Verlassenheit war grenzenlos. – Inständig flehte ich um Hilfe; und diesmal wurde sie mir gewährt. Der Friede Gottes senkte sich auf mich herab. Ich wurde allem Leid enthoben und befand mich ohne Zeitbewußtsein in höchstem inneren Erleben. Als ich mich nach wenigen Minuten, wie ich meinte, in meinem Keller umsah, war der neue Tag schon da. Ich konnte es kaum fassen.

Das war das zweite Mal in meinem Leben, daß mir in äußerer Notlage so fühlbar deutlich durch Hilfe von ›Oben‹ das Leiden abgenommen wurde. Zum ersten Mal war das geschehen am Abend meiner Verhaftung in Breslau in dem SS-Keller, als Christus in mir war und mir vollkommene Leidlosigkeit schenkte. – Wie oft haben mir schon wohlmeinende, eifrige Christen aus meinen unausgesetzten Leiden heraushelfen wollen in ihrer Gewißheit, daß kein Mensch mehr zu leiden brauche, nachdem Christus so über alles Begreifen schwer für uns alle gelitten hat. Immer meinten sie, es läge an einer falschen Haltung meinerseits, daß mir die leidlindernde Kraft nicht fühlbar werde; denn man brauche sich Ihm doch nur in vollem Vertrauen hinzugeben, dann werde unter Seinem Einfluß die schwerste Last leicht und aus dem tiefsten Schmerz eine hohe Freude. Wenn jemand diese Erfahrung gemacht hat, dann trifft das gewiß für seinen Fall zu, und ich bin weit davon entfernt, den Betreffenden in seinem Vertrauen auf diese zuverlässige Hilfe Christi erschüttern zu wollen. Aber es gibt auch genug Menschen, auf die das nicht zutrifft, weil ihr Weg ein anderer ist und sie andere Aufgaben zu erfüllen haben.

Wie furchtbar hat doch zum Beispiel auch Johannes vom Kreuz leiden müssen, so überaus schwer, daß selbst eine leiderfahrene Christin wie Therese von Avila sich über sein furchtbares Schicksal nicht beruhigen konnte und Gott deswegen geradezu schwere Vorwürfe machte in dem Sinne: Es sei wahrlich nicht zu verwundern, daß Gott so wenig neue Freunde finde, wenn ER gerade Seine treuesten Diener immer besonders schwer leiden lasse, nachdem ER sogar Seinen eigenen Sohn so grausam behandelt habe. – Es bleibt für den menschlichen Verstand schwer begreiflich, daß die Not und das Elend der Welt nur durch tiefstes Leiden zu überwinden sein sollen, und daß eben darum diejenigen, welche an der Leidüberwindung mitzuwirken berufen sind, am allertiefsten durch Leiden hindurch müssen. Denen kann Christus die Leiden nicht nehmen, sondern Er gerade legt sie ihnen auf, wie Er Selbst mir doch am 5. September 1938 gesagt hat: »Ich zeige dir nun wieder, daß Ich Selbst es bin, der dir diese furchtbare Pein auferlegt.« Wohl gibt Er dem Menschen die Kraft, das Leid zu überstehen, unter dem er ohne diese Hilfe unfehlbar den Tod fände. Aber das Leid überläßt Er dem Menschen dann ungeschmälert, und dieser kann sich nicht einmal mit der Hoffnung trösten, daß die Qual ihn ja schließlich umbringen und damit sein Leiden beenden müsse. – »Meine Gedanken sind nicht eure Gedanken, und eure Wege sind nicht Meine Wege!«

Der neue Tag aber brachte neue Leiden für mich. Man lud mich auf einen Ackerwagen, und in ratternder Fahrt brachte man mich abermals an meinen Ausgangspunkt zurück, doch nicht gleich zu der Stelle, bei der ich gewesen und nun schon bekannt war. Immer wieder wurde ich umringt von Menschen, die den Spion sehen wollten. Nach vielem umständlichen Fragen und Erklären noch an einer weiteren verkehrten Stelle, lieferte man mich endlich wieder in dem Gefangenenlager ab, von dem ich am Morgen zuvor ausgegangen war. Auch dort machte meine unerwartete Rückkunft unliebsames Aufsehen; doch der hilfsbereite Tscheche half durch Erklärungen den Offizieren gegenüber, so daß ich dann am übernächsten Tag, also Montag, den 9. April, wieder entlassen wurde. Doch wieder, wie bei den Russen üblich, ohne jeden Ausweis! Auf meinem 34 km langen Weg hatte ich viele Dörfer und die Stadt Sagan zu durchqueren. Überall traf ich auf Russen, denen der einsame Wanderer im Pelz und mit wild wachsendem Bart jeden Augenblick wieder verdächtig vorkommen konnte. Jede Begegnung verursachte mir von neuem Angst und Schrecken; und ich wurde auch mehrfach angehalten; man wollte mich zur Arbeit mitnehmen. Doch es gelang mir jedes Mal, mich loszumachen, und ich langte schließlich gegen Abend in Klein-Polkwitz an.

Ausgehungert wie ich war und aufs höchste erholungsbedürftig traf ich nun hier die Lage gerade ganz besonders kritisch an. Noch nie war die Not um die tägliche Ernährung so groß gewesen. Der Viehbestand in den verlassenen Höfen war endgültig ausgetilgt; und der einzige noch bewirtschaftete Hof war nur sehr beschränkt in der Lage, uns etwas abzugeben. – Aber es kam noch schlimmer. Zwei Tage nach meiner Rückkehr wurden wir allesamt aus unserem Haus ausgewiesen und mußten Hals über Kopf in ein sehr viel ungünstigeres Nachbarhaus umziehen. Aber auch dort hatten wir nur wenige Tage Ruhe, dann hieß es: Das ganze Lager ist zu räumen, die Bevölkerung hat sich nach einem anderen Dorf zu begeben. Zuerst sollte es 8 km weit gehen. Zum Glück fand sich schon in 4 km Entfernung in dem Dorf Klein-Küpper Platz für uns. – Ich muß es mir ersparen, unsere Ratlosigkeit diesem Umzug gegenüber zu schildern, der nur mit schwachen Handwagen bewältigt werden mußte. Dann folgten dort in dem anderen Dorf zwei Wochen, die geradezu unter dem Zeichen der Menschenjagd standen, wie wir das in solchem Maße in Klein-Polkwitz bisher noch nicht erlebt hatten. Täglich kamen einige Lastwagen, welche Arbeiter zusammentreiben und an irgendeinen entlegenen Arbeitsplatz bringen sollten. Aber auch Beraubungen und Belästigungen der Frauen drohten beständig. Das Dorf lag an einer weit belebteren Straße und war dadurch wesentlich unruhiger als unser Polkwitzer Lager. – Die Not um die Ernährung blieb immer noch recht dringlich. Zum Glück fanden sich dort unter den wenigen noch ansässigen Deutschen mitleidige Menschen, von denen wir etwas Ziegenmilch bekamen. So kam ich nur sehr langsam wieder ein wenig zu Kräften und mußte viel liegen, auch schon um nicht beständig gewärtigen zu müssen, zu irgendwelcher Arbeit aufgefordert zu werden.

An einem der letzten Apriltage fuhr ein Personenkraftwagen bei uns vor. Ihm entstiegen der Ortskommandant von Sprottau, ein russischer Major und sein Adjutant. Sie fragten nach meinem Schwager und wollten ihn zur ärztlichen Versorgung der Zivilbevölkerung heranziehen. – Damit bekam unsere wirtschaftliche Lage wenigstens einen etwas festeren Untergrund. Denn bald fanden sich zu den hilfesuchenden Deutschen auch russische Offiziere, die für die Behandlung mit »Produkten« bezahlten, so daß wenigstens unsere Ernährungslage fortan leidlich gesichert war. – Dann kam nach wenigen Tagen die Weisung: Zurück ins Lager Klein-Polkwitz! – Noch einmal dieselbe mühselige Beförderung unserer Habseligkeiten und unserer alten Mutter, und dann noch ein tagelanges Aufräumen und Säubern des völlig umgekrempelten Hauses! Mehr als je kam mir die Welt wahnsinnig vor und ich mir darin so überflüssig wie nur möglich.

Mein Schwager mußte nun jeden Morgen nach Sprottau in seinen ärztlichen Dienst und kam erst nachmittags nach Hause. Ich aber wußte nicht, wie ich meine Tage verbringen sollte. – Wer sah denn ein, daß ich zu keiner körperlichen Arbeit fähig war? Und Arbeit gab es genug, um in Gärten und auf den Feldern etwas anzubauen, damit wir später Gemüse und Kartoffeln zu essen hätten. Außerdem verlangte auch der Russe und später der Pole immer wieder nach Arbeitskräften. Hatte mich doch meine unglückselige menschliche Verfassung, die mich immer in das Wäldchen getrieben hatte, in das furchtbare Leiden der kaum überstandenen Haft gestürzt. Einer unserer deutschen, eingesessenen Lagernachbarn war es gewesen, der die Russen auf meine Spaziergänge in dem Wäldchen aufmerksam gemacht und mich als Spion verdächtigt hatte. Das hatte mir der Dolmetscher, nachdem er mich besser kennen gelernt hatte, im Vertrauen erzählt. Gleichgültig, ob diese Verräterei nun aus eigensüchtiger Liebedienerei vor den Russen oder aus reiner Dummheit erfolgt sein mag, ich war und blieb den Menschen unserer Umgebung doch völlig unverständlich mit meinen Bedürfnissen und Nöten. Jeden Augenblick konnte sich Ähnliches wiederholen. Diese Menschen beurteilten doch den Wert und die Brauchbarkeit ihrer Mitmenschen lediglich nach ihrer körperlichen Leistungsfähigkeit. Also war ich in ihren Augen der Unbrauchbarste, der sich nur denken ließ, ein nutzloser Esser, dem noch dazu alles, was zu haben war, nicht gut genug schien.

Wie ich mir damals nach meiner Verhaftung durch die Gestapo immer und immer wieder die schwersten Vorwürfe machte, daß ich nicht vorsichtig genug gewesen war und somit selbst schuld an meinem Unglück sei, so quälte ich mich auch jetzt immer wieder mit gleichartigen Gedanken, daß gewiß dies alles zu vermeiden gewesen wäre, wenn ich nur rechtzeitig nach meinem sehr richtigen menschlichen Gefühl und den mir immer wieder gegebenen Warnungen gehandelt hätte. – Als ich in solchen Gedanken eines Tages vor unserem Haus auf und ab gehe und mich gerade dem Haus wieder zugekehrt habe, schaut meine Mutter aus dem Fenster. Ich sehe den grünen Rasenplatz von hohen, dicht belaubten Bäumen umrandet, das niedrige, ländliche Haus und meine Mutter sehr alt aus dem Fenster schauend, aufs Haar genau das Bild, welches ich 23 Jahre früher einmal geschaut hatte. – Als wir bei tiefem Schnee in der Winterkälte hier einzogen, war mir nichts aufgefallen und bisher überhaupt auch noch nie eine Erinnerung an diese lange zurückliegende Schauung gekommen. Doch jetzt im Frühlingsgrün sah alles genau so aus, wie ich es vor 23 Jahren als geistiges Bild geschaut hatte. Ich hatte damals mit dieser Schau gar nichts anzufangen gewußt, hatte sie meinen Angehörigen erzählt, und wir hatten hin und her geraten, was das wohl zu bedeuten haben könnte. Sehr deutlich war mir gerade das sehr hohe Alter meiner Mutter bei dieser Schauung gezeigt worden. Aber keiner von uns hatte sich damals erklären können, wie ich wohl mit ihr in solch gar so einfache ländliche Verhältnisse kommen sollte. Nun wurde die Erinnerung in mir wachgerufen. Ich sollte daraus ersehen, daß alle menschliche Vorsicht mich vor diesem Schicksal in Klein-Polkwitz nicht hätte bewahren können. »Klein-Polkwitz war ausersehen, ehe ich irdisch geboren war«, schrieb ich daraufhin in einem Brief an eine Freundin.

Von unserem Reisegepäck, das uns mit seinem Schwergewicht auf der Herfahrt eine so große Unbequemlichkeit verursacht hatte, war schon längst nichts Wesentliches mehr vorhanden. Ein paar Hemdkragen und ähnliche Kleinigkeiten, mit denen sie nichts anzufangen wußten, hatten die Plünderer in den Dreck getreten liegen lassen; alles andere war fort, schließlich auch die geleerten Koffer und Körbe. Rasieren konnten wir uns auch nicht mehr, da Rasierapparate gleich nach Uhren auf dem Wunschzettel der beutesuchenden Sieger standen. Es fanden sich zwar immer wieder hilfreiche Menschen, die uns aus den eigenen, auch schon stark geschmälerten Beständen noch dies und das überließen, aber unsere Kleidung wurde allmählich so schäbig, daß man auch so aussah, wie man sich fühlte, wie ein Bettler. Für Bücher allerdings hatten die Plünderer kein Interesse; die wurden jeweils nur auf die Straße geworfen. Von dort hatten wir verschiedentlich Bücher auflesen können; andere hatten wir von Abwandernden erhalten.

Eine ganze Reihe nächtlicher Raubüberfälle durch russische Soldaten mußten wir über uns ergehen lassen. Obwohl wir mit Eisenblech beschlagene, feste Fensterläden hatten und diese schon aus Vorsicht gut verschlossen – sie kamen jedesmal herein, trieben uns in ein Zimmer zusammen, durchwühlten das ganze Haus und nahmen mit, was ihnen behagte. Nach solchem Besuch war jedes Mal unsere Speisekammer leer, und wenn es nicht gelang, daß man sich schnell etwas mehr auf den Leib ziehen konnte, verschwanden auch noch die letzten Kleidungsstücke. So kam es schließlich so weit, daß ich nicht einmal mehr ein Jackett besaß. Auch hatten mir zwei gewalttätige Männer in dieser Zeit eines Tages draußen im Garten meinen Pelz vom Leibe gezogen, nachdem sie mir mit einem Knüppel einen Schlag über den Schädel versetzt und auch meine Mutter zu Boden geworfen hatten. Diese Zeit der Unsicherheit und schwerster räuberischer Belästigungen zog sich hin bis in den Januar 1946. – Jeder auf unser Lager zukommende Wagen jagte uns einen Schrecken ein, jede fremde Gestalt, die sich zeigte, scheuchte uns ins Haus, das wir schleunigst verrammelten. Ich konnte keine Nacht mehr schlafen, lag beständig wach und horchte auf jedes ferne Geräusch, denn die ganze Hölle war hinter mir her, und ihre Geister bliesen mir beständig in die

Ohren: Sie kommen! Sie kommen! – Mein Schwager, der als Arzt auch bei der polnischen Miliz zu tun hatte, bat dort oft um Schutz und erhielt ihn auch einige Male. Doch die Miliz verfügte nicht über genug Mannschaften, um uns einen eigenen Schutzposten stellen zu können; und für eine Überwachung von ihrem Standort aus wohnten wir zu entlegen.

Auch die Frauen unserer Notgemeinschaft waren nach wenigen Wochen in so verzweiflungsvoller Angst, daß sie ernstlich daran dachten, ihrem Leben gewaltsam ein Ende zu machen. Ich selbst war unausgesetzt in der letzten Verzweiflung und erhielt von ›Oben‹ her nicht den geringsten Trost, keine Warnung vor einer drohenden Gefahr, keinen Hinweis auf eine bevorstehende Änderung; ich sah mich immer nur hoffnungslos verlassen und bot der Hölle ein Erfolg versprechendes Ziel für ihre Anfeindungen. Kein Wunder also, daß die Versuchungen zum Selbstmord mich beharrlich verfolgten und ich mich in der Abwehr dagegen zermürbte.

Am 19. Dezember 1945 hatte ich ein großes geistiges Erlebnis. Ich befand mich im Geist schwebend über Breslau. Dort überall, wo ich nur hinschaue, sehe ich Kreuze errichtet und mich daran hängen. Das Gesicht zeigt den Zug des Todes und ist durch Christus verklärt. Die Menschen sehen es und sagen: »Christus ist in ihm!«

Der natürliche Mensch ist gekreuzigt, und im Geistleib schwebend rufe ich überall, auf den Straßen, in den Straßenbahnen, in den Kirchen, den Menschen zu: »Es ist vollbracht!«

Das war die Entsprechung zu den übermenschlichen Leiden, welche durch die beständigen Ängste und Schrecken dieser Monate in mir ausgelöst wurden. Damit wurde wohl der Abschluß eines gewissen Entwicklungsabschnitts, zu dem ich gelangt war, angedeutet.

Die Zeit der groben räuberischen Belästigungen endete in der ersten Hälfte Januar 1946. Doch die Angst und Schreckhaftigkeit wurde keiner von uns wieder los, und die Anlässe zu Ratlosigkeit und Sorge wurden nicht weniger, sondern änderten nur ihre Gestalt. – Mit den abwandernden Deutschen hatten wir versucht, Post mitzugeben, um nach Möglichkeit mit meiner Schwester wieder in Fühlung zu kommen, über deren Verbleib wir nichts mehr erfahren hatten. Ganz allmählich war nach dem Einstellen der Feindseligkeiten auch der Postverkehr wieder in Gang gekommen. Doch bis zum Mai 1946 hatte uns noch keine Post aus Deutschland erreicht. – Für mich persönlich war insofern eine fühlbare Änderung eingetreten, als ich endlich wieder hohe Einflüsse erleben durfte.

Zum ersten Mal seit unserem schrecklichen Aufbruch erlebte ich am 15. April 1946 vormittags vier Stunden lang die Gegenwart Christi und eine Durchstrahlung auch meines ganzen Körpers mit allen Sinnen aus dem innersten Himmel. Ganz unbeschreiblich furchtbar waren hinterher die Angriffe der Hölle, die sich bis zum Abend immer mehr steigerten und alles zu überbieten schienen, was ich je erlebt hatte. – Aber endlich wurde ich doch wenigstens wieder einer Antwort gewürdigt. So bekam ich auch auf meine häufigen Fragen nach dem Verbleib meiner Schwester gesagt: »Ich weiß am besten, was Ich tue. Habe Ich sie nicht wohl verwahrt? Was eilt es, daß du mehr davon weißt? Wenn es an der Zeit sein wird, wirst du von selbst mehr erfahren.«

Auch mit meiner Schwester Elisabeth bekam ich wieder Verbindung, wie ich sie seit unserer Flucht nicht mehr gehabt hatte. Aber ihr Mitleid löste mich fast auf. Sie mußte sich immer sehr bald wieder zurückziehen, wenn sie sah, daß ich es nicht mehr ertragen konnte. Am 1. Mai 1946 zeigte sie sich mir zum ersten Mal wieder. Auch unter dem 26. Juni 1946 habe ich mir vermerkt, daß ich sie sah; da bat sie mich, doch noch auszuhalten. Trost und Hoffnung, daß es nicht mehr lange dauern werde, durfte sie nicht geben. Ihre Worte mußten sich in einem engen Rahmen des Erlaubten halten.

Eine Aufzeichnung vom 8. Juli 1946 enthält die Bemerkung: Der Vorhang fällt (nach hohem inneren Erleben), und sofort bin ich wieder in schwerem inneren Leiden, wo ich gekreuzigt bin und mich in Todesqualen winde. Da spricht Gott zu mir: »Dein Leiden ist so groß und mächtig, *weil ICH, der unendliche Gott, in dir leide!*«

Grund zu Schrecken und Aufregung gab es auch weiterhin

jeden Tag, und es ist ganz unmöglich, all die aufregenden Zwischenfälle zu schildern, die uns unaufhörlich beunruhigten und ängstigten; das würde allein mehrere Bücher füllen. Wie viele, ungezählte Male bin ich mit meiner alten Mutter in aller Hast ins Haus geflüchtet, wenn gar zu unheimliche Gestalten auftauchten. Wie mir, so war es auch meiner Mutter unmöglich, ständig im Zimmer zu sitzen. Bei gutem Wetter saßen wir stets in unmittelbarer Nähe des Hauses; und wenn das Wetter unfreundlicher war, gingen wir in die »Halle«, welche gut 100 Meter von unserem Haus entfernt lag. Das war ein langer, nach Süden offener Schuppen, welcher eine Zeitlang als Liegehalle für erholungsbedürftige Mütter gedient hatte. Dort hatten wir guten Schutz vor dem Wind und konnten uns auch im Winter sehr gut aufhalten. Es war stets ein unbehagliches Gefühl, dort so allein inmitten der immer wüster werdenden Umgebung zu sitzen. Die anderen Frauen unserer Notgemeinschaft waren immer nur schwer dazu zu bewegen, dorthin mitzukommen; es war ihnen zu unheimlich dort, und sie zogen es vor, in den Zimmern zu sitzen.

Meine nun 93jährige Mutter war bis in ihr 87. Lebensjahr geradezu jugendlich frisch gewesen und hatte vollen Anteil an unserem Leben nehmen können. Dann aber hatte durch eine grippeartige, längere Krankheit ihr Kopf sehr gelitten, und seitdem nahm ihre Gedächtnisschwäche beständig zu. Ihr körperlicher Gesundheitszustand dagegen zeigte bei aller hohen Empfindlichkeit, die ihr von jeher eigen war, auch damals noch eine erstaunliche Lebensfrische. Die ungewöhnlichen und erschrekkenden Ereignisse, in die sie nun mit hineingerissen worden war, wirkten in höchstem Maße verwirrend auf sie, wenn sie auch zum Glück alles Geschehene immer schnell vergaß.

Im August 1946 verschlimmerte sich ihr Zustand zusehends. Sie befand sich in einer quälenden Unruhe und unausgesetzten Geschäftigkeit, die weder Sinn noch Ziel hatte, so daß man sie überhaupt nicht mehr ohne Aufsicht lassen konnte. Dazu quälte sie ein heftiges Hautjucken an den Händen, die sie beständig rieb, bis sie schließlich wund wurden. Dann bekam sie auch noch einen Bläschenausschlag an den Lippen, der sie sehr entstellte. Auch konnte sie nicht mehr ohne Stütze gehen. – In tagebuchartigen Briefberichten an meine Schwester schrieb ich am 26. August 1946: »Gestern sah ich Mama im Sarg mit weißen Handschuhen an den kranken Händen. Aber einen Sarg gibt es jetzt ja gar nicht.« – Am 27. August: »Ich glaube jetzt, daß Elisabeths besonderes Erscheinen auf Mamas Ableben deutet. Wenn mir die grausigen Todeszustände erspart blieben, ginge alles noch. Sobald Mama nicht bei mir ist, habe ich genau das gleiche entsetzliche Gefühl wie damals in Sagan, als es mit Peter zu Ende ging.« Den 30. August: »Jetzt ist zunächst Sonne, und ich kann draußen schreiben, muß aber immer wieder nach Mama sehen, weil sie für mich schon als Leiche liegt. Ich bekomme keine Luft vor Todesnot. Mama spricht dauernd mit Dir, den Brüdern und mit ihrer Mutter. Ich soll schreiben, während ich doch selbst sterbe.« – Den 1. September: »Ein Stein könnte sich meiner Zustände erbarmen, aber es wird immer noch schlimmer, innerlich wie äußerlich. Ihr alle werdet es auch erst in der geistigen Welt richtig erkennen, wie grausig mein Dasein war.«

An meine Schwester berichtete ich weiter am 7. September: »Mamas Tod habe ich doch nun schon unzählige Male innerlich durchmachen müssen, aber trotzdem sterbe ich jetzt körperlich richtig mit. Um die Todeszustände besser ertragen zu können, esse ich nur einmal am Tag, aber auch das hilft nichts.« – Den 9. September: »Heute früh war mir etwas besser, aber als ich Mama im Bett liegen sah, waren sofort die Todeszustände wieder da. Jeder ist mit seinen Kräften schon fast am Ende. Immer müssen zwei Personen da sein, um Mama zu besorgen. Wenn das noch länger so gehen sollte, hielte das keiner mehr aus.« So weit kam ich, da hatte ich ein hohes Gotteserleben. Gott sprach zu mir: »ICH, der allmächtige Gott, unterstelle Mich Selbst ganz und gar der Macht des Bösen. Wie du selbst in den letzten Tagen hast wahrnehmen können, leide ICH dadurch in dir und mit dir, um *durch Meine Liebe das Böse von seiner Bosheit zu erlösen!*« – Den 10. September: »Mittags sah ich Mama in einer ganz eigenartigen Tracht. Um den Hals hing ihr eine Kette mit einem Kruzifix, von Perlen und Diamanten umrahmt. Der gekreuzigte Christus leuchtete aus sich heraus. Mama sah aus wie ein junges Mädchen von 19 Jahren.« – Den

14. September: »Meine Gebete noch vor der Flucht, für diesen schlimmsten Fall die Mutter fortzunehmen, sind nicht erhört worden. Sie konnten nicht erhört werden, weil die Aufgabe, die sie mit mir und an mir hatte, noch nicht gelöst war. Erst jetzt war der richtige Zeitpunkt dafür gekommen. Schon vor 23 Jahren sah ich ja Mama im Fenster unseres Klein-Polkwitzer Hauses und erschrak vor ihren unklaren Augen.«

Sonntag, den 15. September 1946, früh gegen 6 Uhr aus dem Schlaf heraus ging meine Mutter hinüber in die Ewigkeit. Da der ausführliche Bericht, den ich einige Tage später nach Deutschland mitgab, verloren ging, schilderte ich meiner Schwester in einem späteren Brief nochmals die Ereignisse und schrieb unter anderem: »Bis zum Beerdigungstag, dem 18. September, war ich in schweren Konflikten, weil ich mir nicht alles restlos erklären konnte, da ich einen solch vollkommenen Zustand unmittelbar nach dem Abscheiden ja noch nie erlebt hatte. Gott sei Dank kam am Abend die sichtbare Erscheinung der Mama, die mir dann alles bestätigte. – Am Beerdigungstag gegen ½ 11 Uhr abends hörte ich Mama zweimal meinen Namen rufen. Ich befand mich eben in dem Zustand zwischen Schlaf und Wachsein. Nun wurde ich dadurch wieder ganz wach. Da sehe ich Mama vor meinem Fenster auf der Treppe schnell und gewandt hin und her laufen. Sie ruft mir zu: ›Erschrick nur nicht vor mir! Ja, ja, ich kann nun alles wieder allein!‹ Das sagte sie laut und fröhlich lachend. Ihr Aussehen war so, wie sie etwa 75 Jahre alt war, aber unsagbar freudig und glücklich. Darauf streckte sie die Arme aus und rief: ›Mein lieber, guter Junge, laß dich umarmen!‹ Daraufhin eine ganz körperliche Umarmung. Aber sofort, dadurch veranlaßt, eine unerhörte Lösung in Milz und Leber, ebenso in den Armen und Händen. Das bestätigte mir all mein Fühlen über die feinstofflichen Vorgänge.«

In der Nacht vom 22. zum 23. September hatte ich ein sehr bedeutsames Erlebnis. Ich befand mich schwebend über großen Scharen noch recht erdgebundener, unvollkommener Seelen, während von tausendstimmigen Engelchören beständig das Lied »Jesus, meine Zuversicht« gesungen wurde. Die Worte

»Lässet auch ein Haupt sein Glied, welches es nicht nach sich zieht« übten durch die ihnen eigene Entsprechung eine ganz besonders tiefe Wirkung auf diese Seelen aus; es wurde ihnen damit durch mich eine Erleuchtung über das Wesen Christi vermittelt. – Dazu wurde mir erklärt: Das anhaltende Singen dieses Liedes sei ein Ausfluß und Ausdruck der Verklärung all jener Vorgänge, welche sich im Zusammenhang mit dem Tod meiner Mutter abgespielt haben; diese kämen jetzt durch meine Vermittlung in ihrer weiteren Auswirkung auch den erdgebundenen Seelen zugute; diese würden dadurch erweicht und für den Einfluß Christi erschlossen und zugänglich gemacht.

Während meiner vermittelnden Mithilfe, welche ich zur Förderung meiner eigenen Körpervergeistigung nach ihrem Hinübergang meiner Schwester Elisabeth zu leisten hatte, war mir an ihrer Entwicklung zum ersten Mal der Aufstieg von dem himmlischen Zustand in die göttliche Sphäre zu erleben gegeben worden. In dem Erlebnisbericht vom 16. Juni 1942 ist darüber ja Näheres mitgeteilt. Schon ein halbes Jahr nach ihrem Abscheiden begann bei ihr dieser Vorgang und führte mir deutlich vor Augen, daß zwischen dem Himmel und der Sphäre Gottvaters auch noch ein sehr wesentlicher Unterschied besteht.

An dem Erleben mit meiner Mutter sollte mir das noch weit deutlicher werden. Dabei gab es eine Überraschung für mich, über die ich im ersten Augenblick gar nicht hinwegkommen konnte, weil sie mir die Zuverlässigkeit meiner bisherigen Erfahrungen in Frage zu stellen schien. Es war mir doch längst gewohnte Erfahrung, daß geistig erschlossene, wache Menschen an der Feier der Bestattung ihres Körpers stets den allerlebhaftesten Anteil nehmen, wobei ich sie dann immer in starker Geistverbundenheit und in hohen Seligkeitszuständen erlebe. – Nun war es für mich eine überaus seltsame Überraschung zu erleben, daß ich bei der Beerdigung meiner Mutter von ihrer Persönlichkeit auch nicht das Geringste wahrnehmen konnte. Wohl fühlte ich durch und durch die Gegenwart Gottes und war völlig geeint mit IHM, aber meine Mutter vermißte ich und war völlig ratlos, wie ich mir das erklären sollte. Da – nach Beendigung der Feier – trat sie aus mir heraus. So vollkommen war sie mit mir eins gewesen, daß ich sie als Sonderwesen von meinem eigenen und – dem Wesen Gottes gar nicht hatte unterscheiden können. Gott, sie und ich waren zu einer so geschlossenen Einheit verschmolzen gewesen, daß alles menschlich-sonderheitlich Eigene vom Göttlichen überstrahlt und der unterscheidenden Wahrnehmung entzogen gewesen war. Ein völlig einzigartiges Erlebnis mit einem eben erst verstorbenen Menschen! Sie mußte also in ihrer Entwicklung auf Grund ihrer innigen Verbundenheit mit mir im Laufe ihres langen Lebens dem Göttlichen noch einen bedeutenden Schritt näher gekommen sein als meine Schwester Elisabeth, bei der die Einbeziehung in die Gotteinung erst ein halbes Jahr nach ihrem Ableben begann.

In zahlreichen weiteren Erlebnissen ist mir der tiefe Sinn der innigen Verbundenheit, welche zeit meines Lebens zwischen meiner Mutter und mir bestanden hat, auch für mein menschliches Verstehen immer klarer geworden. Die zwischen uns bestehende Verbindung war von Anbeginn eine tief innerlich geistige und keineswegs nur seelischer Natur. Auch ihr Geist hatte eine besondere Aufgabe übernommen für seinen Weg über die Erde, eben die, meine Mutter zu werden und mir auf meinem schweren Weg die tiefst verstehende, mitfühlende Stütze und Helferin im Menschlichen zu sein. Indem sie sich dieser Aufgabe getreulich hingab, kamen ihr durch mich mit fortschreitender Entwicklung beständig aus erster Hand die vergeistigenden und schließlich durchgottenden Kräfte Gottvaters zu und wandelten bereits bei Leibesleben auch ihren Körper zum großen Teil mit um.

Es ist nun nach meinem Erleben mit meiner Mutter für mich eine Selbstverständlichkeit, daß auch Jesu Mutter Maria für Ihn und Seinen Opferweg eine gleichartige Aufgabe hatte und dementsprechend auch an Seiner Entwicklung ins Göttliche einen wesenhaften Anteil genommen hat. Die Marienverehrung in der katholischen Kirche hat also sehr wohl eine tiefe geistige Berechtigung.

Weiteren Briefauszügen aus jener Zeit will ich einige erklärende Bemerkungen vorausschicken über die »körperlichen Wolken«, von denen in den nachstehenden Ausführungen die Rede sein wird. – Immer handelt es sich ja bei mir um die Umwandlung des materiellen Körpers, der unter Erhaltung der irdisch-menschlichen Lebensform zu Geist werden soll. Dabei muß die äußerliche, natürliche Ordnung auf dem Weg der Ernährung aufrecht erhalten werden, und gerade die Verdauungsvorgänge verursachen mir in den immer reiner, geistiger werdenden Organen die größten Beschwerden. Die jeweils aufgenommenen Nahrungsstoffe bilden, wenn sie dabei zerlegt und aufgelöst werden, dichte, dunkle Wolken, welche sich vor die Geiststrahlung schieben und den Körperzellen damit den Lebensodem nehmen, so daß diese schier zu ersticken drohen.

So schrieb ich am 18. Oktober 1946: »Wäre der Körper wolkenfrei, dann stünde ich über allem; aber die furchtbare Angst vor diesen Wolken, die immer wieder da sind, und die ich nur durch richtiges Essen, Arzneimittel, gehörige Wärme und andere Hilfsmaßnahmen vertreiben kann, bringt mich rein um. – Papa ist jetzt auch wieder öfter da und viel um mich. Ich möchte ja zu gern mehr wissen über sein Leben mit Mama zusammen. Mama muß sich jetzt noch weiter verjüngen, was wohl recht schnell geschehen wird.« – Den 23. Oktober: »Heute sah ich Mama in einem Rock, der aus ihrem alten Mantel gemacht schien. Sie muß wohl jetzt ihre Kleider vergeistigen (s. Erklärung S. 272f). Aber sie ist immer sehr heiter und froh.«

Aus meinem Brief vom 1. November: »Würde mir das Wort gegeben, was so leicht möglich wäre, dann würde ich schreiben und schreiben und dabei himmlische Glückseligkeit genießen. Aber Christus sagte mir dazu: ›Ja, dann würdest du nicht genug leiden, und das gerade ist die Hauptsache, denn nur so kannst du das hohe Ziel erreichen.‹ Alles das, was der äußere Mensch nicht will, ja wodurch er am meisten gepeinigt wird, das gerade geschieht.« – 19. November 1946: »Gestern hatte ich viele Stunden lang Erleben mit Mama. Ich wollte versuchen, davon einiges aufzuschreiben, aber ich sitze von früh an in solchen Leiden, daß es mir rein unmöglich ist. Diese Verklärungsvorgänge bringen dem Körper ununterbrochen nicht beschreibbare Leiden. In Entsprechung zu Mamas Verklärung geht in meinem Körper fortlaufend eine Umwandlung vor sich, die hier in dieser Welt kaum zu ertragen ist. Es ist ein *dauerndes Sterben und gleichzeitiges Auferstehen in den Körperzellen*, was die Nerven schrecklich mitnimmt. Alle Gefühle sind auf Himmlisches und Göttliches eingestellt, und der ganze Körper wird von Gott und der verklärten Mutter wie von einer Feuersglut durchdrungen. In diesem himmlischen Feuer steht der natürliche Mensch Tage, Wochen, Monate und muß sich gleichzeitig in dieser Welt behaupten. Die Empfindlichkeit und Reizbarkeit der Nerven ist dadurch ganz unvorstellbar gesteigert.«

Am 3. Januar 1947 hatte ich abends ein großes Erleben. Die göttliche Stimme sprach: »Du schaust in den Ursprung und das Wesen der Dinge.« Dabei wurde mir gezeigt, welche ungeheuren Hindernisse das Menschlich-Eigene einer Entwicklung bietet, welche darauf abzielt, das gesamte menschliche Wesen – Geist, Seele und Körper – durch die göttlichen Kräfte ordnungsgemäß zu einen. Das Menschlich-Eigene ist bei jedem ganz verschieden von dem der anderen. Schon zwischen meiner Mutter und mir, die wir doch so nahe verwandt und in vielem einander ähnlich sind, ist der Unterschied groß.

Nach dem Tod meiner Mutter wurde ich zum dritten Mal Zeuge und Mithelfer bei den Verklärungsvorgängen an einem mir besonders nahestehenden Abgeschiedenen und mußte dabei die gleiche verklärende Umwandlung an meinem materiellen Körper sich vollziehen lassen, was eine besondere Steigerung aller Leiden mit sich bringt. Noch war dieses Erleben mit meiner Mutter im vollen Gange, als am 9. März 1947 mich von neuem ein schwerer Schlag traf. – Es war ein Sonntag, und mein Schwager, der in den letzten Monaten weit mehr als früher durch seine Tätigkeit im Spital festgehalten war, kam gegen Mittag nach Klein-Polkwitz heraus. Kaum war er zu mir ins Zimmer getreten, da kam meine Mutter so ungewöhnlich stark und mit so tiefem Mitleid, wie ich es noch kaum je erlebt hatte, daß ich es auch gleich verwundert erzählte. – Wir gingen zusammen in die Halle. Es war wohl noch kalt, aber sonnig. Dort erst gab mein Schwager mir einen Brief, der für mich an ihn gekommen war. Da las ich nun eine mich tief erschütternde Nachricht und erfuhr damit den Grund für das tiefe Mitleid meiner Mutter. Diese Nachricht brachte mir die äußere Gewißheit über Gerts Tod.

Wer Gert war, das wird am schnellsten deutlich, wenn ich sage: Mit ihm war mir ein zweiter Peter geschenkt und nun wieder genommen worden. – Er war noch kein volles Jahr alt, als ich ihn in den letzten Märztagen des Jahres 1925 zum ersten Mal sah. Dabei wurde mir geistig gesagt, daß er später einmal von Bedeutung für mich sein werde. Da ich mit seinen Eltern befreundet war und sie jeweils besuchte, wenn ich in der Nähe weilte, begleitete mich der heranwachsende Knabe, der eine starke Zuneigung zu mir gefaßt hatte, oft auf Spazierfahrten. Auch seine Ferien verbrachte er manchmal bei uns und kam mit 17 Jahren als Eleve auf das Gut in Schlesien, wo ich wohnte. Er hatte sich ganz auf die religiöse Entwicklung eingestellt und erreichte schnell die letzte Hingabe an Gott. Als er mir 1939 in Schweden einige Wochen Gesellschaft leistete, träumte er, er werde nicht älter als nur wenig über 19 Jahre. Dieser Traum war ihm gegen alle Gewohnheit ganz klar im Gedächtnis geblieben und beunruhigte uns beide damals sehr. Und leider sollte dieser Traum nur allzu wahr werden. 1943 mußte er ins Feld und wurde fünf Monate später als vermißt gemeldet. Wie seine Schwester erst jetzt von einem Kameraden erfuhr, hatte Gert, kurz bevor die übrige Einheit in Gefangenschaft geraten war, durch einen Kopfschuß einen schnellen Tod gefunden.

Geistig hatte ich Gerts Tod schon erlebt, als er ins Feld mußte und nach der Vermißtmeldung. Die Gewißheit seines Todes löste neuerliche Todeszustände in mir aus. Mein Leiden um den Verlust Gerts war nicht weniger tief als damals bei Peter. Aus dieser Pein heraus schrieb ich unter dem 26. April 1947 an meine Schwester: »Ich hasse mich und möchte mich nur noch austilgen, ja völlig vernichten!« – Gar zu grausam verfuhr doch das Schicksal mit mir, daß es mir für die Verarbeitung so gewaltiger, aufwühlender Einflüsse, wie sie mir aus dem Entwicklungsgeschehen an meiner Mutter und an Gert zuströmten, keine günstigeren Lebensverhältnisse gönnte. Die gemüse- und obstarme Kost war so ungeeignet wie nur möglich für mich und störte und erschwerte den Umwandlungsvorgang in der Körpermaterie beständig in der quälendsten Weise. Geschmack fand ich sowieso an keiner Mahlzeit; darum hungerte ich lieber, als mich mit so beschwerlichen Nährstoffen zu belasten. Dadurch wurde ich aber immer elender und schwächer, während die Empfindlichkeit gleichzeitig wuchs.

In solcher Verfassung trafen mich die jetzt wieder auftauchenden Gerüchte über einen erneuten Transport, mit dem wir angeblich auch mit sollten. Wie sollte ich in meinem Zustand die Strapazen solcher Reise und die Wochen des Lagerlebens überstehen? Bei den zur Zeit in mir tobenden schmerzhaften Vorgängen ein Ding der Unmöglichkeit! – Zunächst gab es noch ein mehrfaches Hin und Her, ob der Transport auch wirklich gehe oder nicht. Als dieser dann endlich für den 19. Mai feststand, ging es erneut hin und her bezüglich der Frage, ob wir auch daran teilnehmen müßten oder dürften, oder noch bleiben sollten oder könnten. Die Aufregungen rissen nicht ab und waren nur notdürftig beruhigt, als es endlich klar schien, daß wir noch bleiben dürften und mein Schwager bleiben müsse, weil man ihn aus seiner Tätigkeit nicht fortlassen wollte. – Am Morgen des 19. Mai fuhr er 8 km weit über Land, wo er die Einwohnerschaft zweier Dörfer impfen sollte. Als er am Nachmittag gegen 3 Uhr von dort zurückkam, traf er uns bereits mit Sack und Pack auf dem Weg zur Bahn. Wir waren mit Gewalt hinausgeworfen worden und wurden mit den kümmerlichen Resten unserer persönlichen Habe, Betten, Decken und dergleichen zum Bahnhof gebracht, während die Wohnungseinrichtung bereits auf ein Lastauto verladen wurde, um in polnischen Besitz überzugehen. – Es ist unbeschreiblich, was ich in diesen Stunden durchgemacht habe, als wir auf diese Weise so rücksichtslos vertrieben wie heimatlose Bettler abziehen mußten.

Die zehn Tage Sammellager in Sorau, die dreitägige Bahnfahrt, das Auffanglager in Pirna, einige Tage Aufenthalt bei lieben Freunden im Eichsfeld und schließlich der abenteuerliche, illegale Grenzübergang in den Westen – das alles habe ich durchlitten und überstanden, sogar wider alles Erwarten erträglich überstanden dank einer ganz besonderen göttlichen Hilfe, ohne welche mir das keinesfalls möglich gewesen wäre. – Gerade zwei Wochen vor dem unfreiwillig überstürzten Aufbruch, also am 5. Mai, hatte ich ein Gotteserleben von mehr als zwei Stunden Dauer. Ich war völlig am Ende meiner Kräfte gewesen und sah gar keine Möglichkeit mehr, noch weiterzuleben, und erst recht war ich mir bewußt, den Anstrengungen eines Transports in keiner Weise gewachsen zu sein. Ich las in Seuses Schriften. Da überkam mich die Gotteinung und erhob mich in ein gewaltiges Erleben. Ich ahnte dabei nicht, daß es mich im besonderen auf die einschneidende und plötzliche Veränderung meiner Lage vorbereiten sollte. Solche erhabenen Tröstungen haben ja stets auch allgemeine Gültigkeit. »Alles, was über dich gekommen ist und noch kommt, das kommt von MIR; an dir geschieht nichts, was nicht Mein Wille ist. So nur nimm es hin, dann helfe ICH dir auch, es zu tragen.« Es war ein »Liebekosen Gottes«, wie Seuse sich ausdrücken würde, wodurch alles leichter wurde. Tagelang hatte ich damit zu tun, dieses Erlebnis zu verarbeiten, und es kam mir daraus eine Kraft, deren volle Bedeutung mir erst zum Bewußtsein kam, als ich nun mit Gewalt in die Beschwerlichkeiten des Transports gestoßen wurde. Mit wachsender Verwunderung gewahrte ich während der ganzen Dauer dieser überaus beschwerlichen Wochen, daß beständig Gottvater in mir gegenwärtig war und mich mit Seiner Kraft aufrecht hielt. Hätte ER mich nicht durch diese schwere Zeit getragen, ich hätte sie gewiß nicht überstanden. Unter dem Erleben der beständigen Gegenwart Gottvaters ging mir erst der besondere Sinn des letzten großen Erlebnisses auf, daß es mich hatte vorbereiten sollen; nun erst erinnerte ich mich deutlich, daß ER ja auch gesagt hatte: »ICH sage dir hiermit ausdrücklich, daß alles, was jetzt kommt, Mein besonderer Wille ist.« In dieser schweren Zeit erlebte ich buchstäblich die Wahrheit der Worte, die Gottvater in einer Tröstung am 21. Oktober 1937 zu mir gesprochen hatte: »ICH bin deine Stärke, ICH bin deine Kraft!« Wie ein Besitz meines natürlichen Menschen waren mir die Kräfte Gottvaters eigen; ER erwies Sich während dieser Zeit in mir als ein ganz natürlicher Gott gemäß

Seinen Worten: »ICH bin in dir ein ganz natürlicher Gott geworden.« In dieser Weise trug ER mich, bis ich bei guten Freunden in Wiesbaden eine vorläufige Unterkunft gefunden hatte.

Als ich beim Schreiben dieses Buches die Zeit in Klein-Polkwitz wieder überdachte, wurde mir der Sinn dieser schweren Prüfung im großen Zusammenhang meines Weges von Gott beleuchtet und erklärt. Das war am 11. April 1950. Da hieß es: »Von Kind auf bist du gewöhnt, alles aus Meiner Hand zu nehmen. Dein Weg war der Weg der vorbehaltlosen Hingabe an Mich. Sehr schwer war er von jeher; doch bist du früher nie in solche Not und Bedrängnis geführt worden, wie es dann während der langen Haft und in der Zeit der unablässigen Schrekken und der Bedrückung durch grobe Gewalttaten der Fall gewesen ist. Mit voller Absicht habe ICH dich in diese Lage beständiger Verzweiflung geführt. Der tiefe innere Zusammenhang mit MIR, deinem Gott und Vater, mußte auf seine Haltbarkeit geprüft und darum einer ganz besonders schweren Belastungsprobe unterzogen werden. Fast anderthalb Jahre hast du in Klein-Polkwitz alle Prüfungen unter furchtbaren Ängsten aushalten müssen, ohne je eine Antwort von MIR zu erhalten. So wurden die Materiegeister deines Leibes auf eine überaus harte Probe gestellt. Und wie hat der Satan diese erbarmungswürdige Verlassenheit ausgenutzt, dich aufzureizen, zu verhöhnen, zur Verzweiflung zu treiben. Und ICH mußte das alles zulassen. Denn nur dadurch, daß du all dem widerstandest und im Vertrauen auf MICH festbliebst, war die abgrundtiefe Kluft zu überbrücken, die eherne Scheidewand zu durchbrechen, welche dem Wirken Meiner Liebesmacht in der *äußersten Natursphäre* noch immer hemmend im Wege steht. Solche Bedrängnis so lange ohne jeden Trost zu ertragen, das konntest du nur durch Meine Kraft, die dich aufrecht erhielt. Deutlich fühltest du, wie Meine Kraft in dich einströmte und daß sie gerade nur das Zusammenbrechen und den Tod des Körpers verhinderte, ohne auch nur im geringsten die Leidensqual zu vermindern; und gerade das mußte dein natürlicher Mensch als Grausamkeit empfinden, weil so der Schrecken ja nie ein Ende nehmen konnte.

Doch littest du das alles um keinen geringen Preis! Denn dank deinem Opfer kann ICH MICH dir nun immer tiefer verbinden und auf ganz natürlichem Weg auch durch die Materie hindurch Meinen Kindern in ihren Nöten helfen und ihre Wünsche erfüllen. Dem, der sich MIR ganz hingibt und verbindet, wird alsdann keine äußere, blinde Naturgewalt mehr schaden können, so daß zum Beispiel selbst die eisigste Kälte ihm nichts anzuhaben vermöchte und er vor dem Erfrieren sicher bewahrt bliebe, erwärmt und behütet allein durch Meine LIEBE.«

Der Satz »Sie muß wohl jetzt ihre Kleider vergeistigen« in dem Brief vom 23. Oktober 1946 veranlaßt mich zu einer besonderen Erklärung, da diese Bemerkung der Mehrzahl meiner Leser gewiß recht befremdlich sein wird. Daß auch materielle Dinge wie unsere Kleidung, welche für das geistige Leben doch ganz nebensächlich scheinen, an dem Vergeistigungsvorgang teilnehmen sollen, ist zum mindesten eine ganz ungewohnte Behauptung. Nur solche Leser, welche mit den Schriften Jakob Lorbers gründlich vertraut sind, werden sie auch dort schon gefunden haben.

Am Ende des Kapitels »Vergeistigung der Körpermaterie« habe ich darauf hingewiesen, daß grundsätzlich jeder Mensch dazu berufen ist, Gott als vermittelnder Helfer an Seinem Erlösungswerk zu dienen. Gibt er sich in Demut dem Wirken Gottes hin, so ergreift dies auch die unmittelbare Umwelt des Menschen und nimmt sie in die Vergeistigung mit hinein, und das nicht nur während des Erdenlebens, sondern auch noch danach. Vor vielen Jahren schon war mir dies auf eindrucksvolle Weise gezeigt worden:

In einem geistigen Erleben fand ich mich eines Tages in dem Palais des alten Kaiser Wilhelms I. in Berlin. Als ich mich in den Räumen umsah, gewahrte ich den Kaiser über mir schwebend und wurde ihm in starker Liebe verbunden. Dabei setzte nun ein ganz eigentümlicher Strahlungsvorgang ein. Aus allen Möbeln und auch aus den Wänden strömten mir Feinstoffe zu, welche die Wesenseigentümlichkeit des verstorbenen Kaisers an sich trugen; und diese Feinstoffe aus den Gegenständen und Wänden seiner Wohnräume mußte ich durch meine Strahlung dem vergeistigten Innenmenschen des Kaisers zuführen.

ERLEBNISSE 1948 – 1954

Nach der Ausweisung aus dem nun zu Polen gehörenden Schlesien im Mai 1947 und dem illegalen Grenzübertritt in den Westen hatte ich bei langjährigen Freunden in Wiesbaden Unterkunft gesucht und gefunden. Dort begann die Auseinandersetzung mit ganz anderen Nöten, als ich sie zuvor hatte bewältigen müssen.

Die zahlreichen Schwierigkeiten wie der Druck der Feindbesatzung, die Nahrungsmittelknappheit, die Spannungen zwischen der eingesessenen Bevölkerung und den ihr aufgedrängten Heimatvertriebenen aus den Ostgebieten, die Sorgen wegen der neuen Kriegsdrohungen – sie alle waren ja der Ausdruck von Spannungen zwischen geistigen Kräften, welche zuerst ihren Ausgleich finden müssen, wenn es in den äußeren Verhältnissen besser werden soll. Dem ausgleichenden Wirken der göttlichen Vorsehung als Werkzeug zu dienen, ist und bleibt meine Aufgabe, wohin ich auch komme. So war die Zeit in Wiesbaden keineswegs leicht für mich, wenn mir auch der grundlegende Wechsel meiner äußeren Lage in dem traulichen Heim lieber Freunde als Erleichterung wohltuend fühlbar war.

Es gab noch viele Schwierigkeiten und manche Aufregungen zu überstehen, bis endlich für mich die Zuzugsgenehmigung nach Weidenberg zu erreichen war und ich in den ersten Märztagen 1948 dorthin zu meinen Angehörigen übersiedeln konnte.

Weidenberg wurde für mich eine ganz besondere Leidensstation und mir von Gott geradezu als eine solche bezeichnet. Das Flüchtlingselend in engen, sonnenlosen Räumen, die Heimatlosigkeit, die völlige Entwurzelung auch im Wirtschaftlichen – all diese Nöte drängten sich mir hier besonders nahe auf. Auch die Landschaft, obwohl für das Auge recht reizvoll, hatte eine sehr bedrückende Wirkung auf mich. So habe ich ein Jahr hindurch dort schwer gelitten.

Gerade während der Jahre des Flüchtlingsdaseins in Weidenberg und am Bodensee hat Gottvater mich überhäuft mit Bekundungen Seiner Wesensverbundenheit mit mir. Diese war als Wirkung voraufgegangener Leiden eine noch weit innigere geworden und vertiefte sich durch weitere Leiden immer noch mehr.

Weidenberg, 23. Juni 1948

Das Erleben des allmächtigen Christus

Gegen 3 Uhr morgens hatte ich heute wieder einmal einen jener ganz besonderen, seltenen Besuche, welche stets eine höchst geheimnisvolle Bedeutung haben. Ganz anders als bei den sonst mir geläufigen persönlichen Begegnungen kam Christus heute unter betonter Voranstellung Seines vergöttlichten Menschlichen und einte Sich völlig mit mir. Was dabei im besonderen bemerkenswert war: Er kam ganz und gar als allmächtiger Herrscher und Richter. Vor Seiner Allmacht erbebte in Furcht und Grauen mein ganzer äußerer Mensch, und Schreck und Entsetzen fuhr durch den ganzen Körper bis in jede einzelne Zelle. Auf diesen eigenartig überwältigenden Eindruck hin wurde Er auch von meinem äußeren Menschen ausdrücklich als »allmächtiger Christus« begrüßt und angeredet. In dieser Weise als allmächtiger Herrscher und Richter über die Lebenden und die Abgeschiedenen ist mir Christus bisher noch nie erschienen. Wohl wurde mir in jenem Erlebnis vom 3. Januar 1917 in einer jeden Zweifel ausschließenden Anschaulichkeit neben allen anderen göttlichen Eigenschaften auch Seine Allmacht bewußt. Doch heute war Er die Allmacht in Person, und in allem, was von Ihm kam, wirkte und bewies sich Seine Allmacht. Mir ist gewiß, daß die lange Unterredung, welche Er im Geist mit mir führte, besondere Bedeutung für die kommenden geschichtlichen Ereignisse hat: Die

Stunde scheint nicht mehr fern, da Christus in Seiner Eigenschaft als allmächtiger Herrscher und Richter auch in das äußere Weltgeschehen eingreifen und es nach Seinem Willen lenken wird. Mir wird aber bei solchem Erleben nichts darüber zu wissen gegeben, welche äußeren Ereignisse etwa zu erwarten seien.

Dem nächtlichen Besuch Christi war ein Erleben vorausgegangen, das ich am Spätnachmittag des gestrigen Tages auf dem hiesigen Friedhof hatte. Auf dem Rückweg von einem Spaziergang veranlaßten uns drohende Regenwolken, unter dem Dach des offenen Vorplatzes der Leichenhalle Schutz zu suchen. Noch bevor ich dazu kam, mich hinzusetzen, überfiel mich gleich nach dem Betreten des offenen Vorraumes das Gefühl, als befände sich eine menschliche Leiche in unmittelbarer Nähe. Das veranlaßte mich, an die Tür der Halle heranzutreten und durch deren Scheiben in den Innenraum zu schauen. Durch einen Spalt, den die Scheibengardinen frei ließen, sah ich einen offenen Sarg, und sofort begann ein Erleben mit dem darin liegenden Leichnam einer noch jungen und in geistiger Unreife gestorbenen Frau.

Für mein Erleben ist jetzt, wo meine eigene Körpermaterie dem Geist völlig erschlossen ist, auch die Leiche nicht tot, und die Fühlungnahme mit ihr gibt mir daher ein besonders grausiges Gefühl, wenn es sich um Menschen handelt, die noch so unvergeistigt gestorben sind. – So war mir denn hier in den Körperzellen dieser Leiche der Todesschrecken in grauenhafter Weise fühlbar. Diese schauderhafte Todesstrahlung belastete mich den ganzen Abend und auch des Nachts noch. Ich war jedoch schließlich darüber fest eingeschlafen, als dann ganz tief von innen her das große Erleben damit begann, daß Christus sich zunächst mit meinem Geist einte und danach allmählich auch meinen äußeren Menschen durchstrahlte. Dadurch wurde ich völlig wach und erlebte das vergottete Menschwesen Christi meinem Körper innigst verbunden. Doch nichts von Frieden war heute zu spüren. Wie ein tobendes Unwetter, Angst und Schrecken verbreitend, fuhr die Strahlung des allmächtigen Christus durch die Materie meines Körpers, der sich in Todesschauern völlig aufzulösen schien. Auch die von der Leiche her übernommenen Feinstoffe wurden von der Christusstrahlung durchdrungen und ausgestrahlt.

An diesem Erlebnis wurde wieder einmal deutlich, daß es keinen Zufall gibt. Ich mußte und sollte die Leiche dieser Frau sehen. Ihr Zustand hatte Beziehung zu den gegenwärtigen Entwicklungsvorgängen in mir, und die Fühlungnahme mit ihr leitete das große Erleben ein. – Gleichzeitig fand auch die Verstorbene dadurch eine ganz besondere Hilfe, obwohl ich gar nicht mit ihrem abgeschiedenen Innenmenschen, sondern nur mit ihrer Leiche in bewußte Verbindung gekommen war.

Weidenberg, 24. August 1948

Heute morgen hatte mir die Post drei Briefe gebracht aus ganz verschiedenen Gegenden Deutschlands. Alle drei kamen von langjährigen, lieben Freunden, und alle drei berichteten dem inneren Sinn nach dasselbe: von drückender Not, aus der kein Bitten und Beten herauszuhelfen vermag, in der sich die Kräfte durch Krankheit und wirtschaftlichen Mangel verzehren und die Ausweglosigkeit die Menschen schier verzweifeln läßt. – Alle drei Schreiber kenne ich als hilfs- und opferbereite Menschen, vom besten Willen beseelt, den ihnen vom Schicksal gestellten Aufgaben im christlichen Sinne gerecht zu werden. Alle drei haben ihr Heim und ihre Habe eingebüßt und müssen in äußerster Dürftigkeit leben mitten unter vielen anderen, welche nichts oder nur wenig verloren haben und im eigenen Heim noch mit Kleidung, Wäsche und sonstigen täglichen Gebrauchsgütern gut und reichlich versehen sind, aber gar nicht daran denken, etwas abzugeben. So macht den Notleidenden auch noch die handgreifliche Ungerechtigkeit des Schicksals, das die Gleichgültigen, Mitleidlosen, in Ichsucht Befangenen so sichtlich bevorzugt, schwer zu schaffen. Sie beginnen, an Gott zu zweifeln, der das alles geschehen läßt, als ob ER sie vergessen oder nicht die Macht hätte, ihnen zu helfen.

Das paßte so recht zu den Gedanken und Gefühlen, die in mir ständig wachgehalten werden durch die elenden Verhältnisse, in denen ich selbst hier zu leben gezwungen bin; und ich kann die Gemütsverfassung dieser Freunde wie überhaupt aller Notleidenden nur allzugut verstehen und nachfühlen.

Den ganzen Tag über hatten mich diese Nachrichten der Freunde tief bewegt und mir schwer zugesetzt. Als wir uns nun abends zu unserem gewohnten Spaziergang rüsteten und ich allein in der Dunkelheit vor dem Brunnen auf dem Markt wartete, ließ sich ganz unvermittelt die Stimme Gottes in mir vernehmen und sprach zu mir:

»Bedenke doch nur einmal deine eigene Lage! Geht es dir etwa anders? – ICH habe dich ausersehen zu diesem schweren, leidvollen Weg, zur Hilfe und Rettung für die anderen. Daß das keine Einbildung von deiner Seite, sondern eine wahrhaftige Tatsache ist, beweisen dir die tiefen Verbindungen und Einungen mit MIR, dem allmächtigen Gott, die du immer wieder erlebst. Kannst du sie dir in deinem Menschlichen abstreiten oder ausreden? Versuche es einmal ernstlich, ob das möglich ist!«

Nach einigem Besinnen mußte ich zugeben, daß die Tiefe meiner inneren Verbundenheit ein solches Abstreiten völlig unmöglich macht.

»Du siehst also«, sprach die göttliche Stimme weiter, »du leidest für so viele und gehst dein ganzes Leben lang für die Menschheit beständig durch die grausigsten Leiden. – Und wer weiß darum? Wer erkennt dich und erkennt dein Opfer an? Wer nimmt dich auf und ist bereit, dir dein schweres Leben zu erleichtern? Doch nur eine verschwindend kleine Minderzahl. Dabei hätten die Menschen es eigentlich so leicht, dich richtig zu erkennen, da du ihnen mit deinen Erlebnissen wahren göttlichen Geist vermittelst.

Denk doch einmal zurück an die früheren Jahre deines eigenen Suchens! Du wärest doch in deiner Jugend schon wer weiß wohin gereist oder gelaufen, um *den* Menschen kennenzulernen, von dem du erfahren, daß er solche Gottesverbindungen erlebe. Allein schon um seiner Erlebnisse willen hättest du solchem Menschen doch deine ganze Liebe entgegengebracht und wärest bereit gewesen, ihm nach bestem Können zu helfen! – Wie anders verhalten sich dagegen die heutigen Menschen ganz allgemein! Sie laufen nur dem eigenen Ich nach und schließen sich dadurch selbst von aller höheren Einwirkung und Hilfe ab. Sie sind so voller Eigenliebe, Selbstgerechtigkeit, Eigendünkel, Kritik- und Zweifelsucht, daß sie sich der Wahrheit gar nicht mehr unbefangen öffnen können. Darum sind auch nur so wenige imstande, die Wahrheit und Echtheit deiner Erlebnisse zu erfühlen und nachzuerleben; darum ist auch in ihren Herzen kein Raum mehr für wahre Liebe. So verbauen sich die Menschen selbst den Weg der gnadenvollen Zwischenwirkungen. Wer soll ihnen bei so viel Lieblosigkeit noch helfen können? Das kann niemand, kein Menschenbruder und auch kein Gott! –

Auch MIR, dem allmächtigen Gott, geht es den Menschen gegenüber nicht anders. Aus Meiner hohen Lebensordnung kann ICH MICH ihnen nur in Liebe bei voller Wahrung ihrer Freiheit nahen. Freiwillig und aus Liebe sollen sie sich MIR öffnen. Um ihrer Freiheit willen muß ICH daher auch all ihrer Lieblosigkeit und Bosheit freien Lauf lassen. Sie selbst also bereiten sich die Hölle, in der sie heute leben. Wie kann man MICH also für die furchtbaren Schicksale verantwortlich machen, welche die Menschen sich selbst bereiten, oder gar MICH auch noch beschuldigen, deren Urheber zu sein? *ICH bin der Gott der Liebe*. Warum zweifelt ihr an Meinem guten Wollen?

Hier auf dieser Erde sind die Menschen in die volle Freiheit gestellt; sie haben die freie Wahl, ob sie den Weg der wahren Liebe gehen und sich gegenseitig helfen und unterstützen oder, der Eigenliebe folgend, einander beeinträchtigen, befehden und vernichten wollen. Mit wenigen Ausnahmen geht die Menschheit den Weg der Eigenliebe, und allein daraus ergibt sich auch für dich dein qualvolles stellvertretendes Leiden. Wenn Menschen aus gutartigem Herzen sich bereit finden, dir zu helfen, und dir dein schweres Los erleichtern wollen, werde ICH MICH immer darüber freuen und ihre guten Absichten mit allen Meinen Liebeskräften fördern. Doch der Entschluß dazu muß aus ihnen selbst kommen. Wenn Mein Liebesantrieb von innen her es nicht erreicht, daß sich ihre trägen Herzen zu tätiger Liebe aufraffen, kann ICH den Ablauf des Schicksals nicht ändern. Denn jedes Eingreifen durch MICH von außen her wäre eine Beeinträchtigung der menschlichen Willensfreiheit. Das einzusehen, ist doch wahrlich nicht so schwer; und wo der Verstand nicht ausreicht, Mein Wesen zu begreifen, da hätte jeder Mensch die Möglichkeit, MICH im Glauben zu erfassen. Aber glauben wollen sie ja heute erst recht nicht mehr; und gegen die Belehrung verschanzen sie sich in selbstsicherer Besserwisserei hinter überkommenen Auslegungen oder vorgefaßten Meinungen irgendwelcher Art. Sie nennen »nicht biblisch« alles das, was gerade *ihrer* Auffassung eines Bibelwortes nicht ganz zu entsprechen scheint, und bedenken nicht, daß auch die Bibel jedem Leser mit jedem neuen Grad geistiger Erschlossenheit einen neuen, tieferen Sinn zu offenbaren hat.

Hätten sie wahre Liebe, dann würde ihnen durch teilnahmsvolles Einfühlen in dein schweres Schicksal die Wahrheit bald aufgehen. In ihrer liebelosen Verschlossenheit sind sie mit vorschneller Kritik gleich bei der Hand, um alles Neue abzuwehren, was sie in ihrer trägen Ruhe stören und aus dem altgewohnten, bequemen Geleise bringen könnte. Auf diese Weise verscherzen sie sich die einzigartige Gelegenheit, sich auf dem Weg über dich von MIR Selbst belehren zu lassen. Und so mußt du, wie auch ICH Selbst, verkannt und unerkannt bleiben.

Dein menschliches Hadern verstehe ICH wohl und fühle alle Not und Qual mit dir. ICH weiß sehr wohl, was es heißt, in dieser lieblosen, grausamen und närrischen Welt leben zu müssen und sich mit einem weit geöffneten Liebewesen darin zu behaupten. Dazu gehört die tiefste göttliche Liebe, Sanftmut, Geduld und Standhaftigkeit. Denn da die Menschen deine wie Meine Liebe unmittelbar zu empfinden viel zu wenig fähig sind, bleibt keine andere Möglichkeit als der Weg des Leidens, um Zugang zu ihren verhärteten Herzen zu gewinnen. Ihre Lieblosigkeit, Rücksichtslosigkeit und Bosheit muß sich frei auswirken können gegen unsere Liebe, die das alles hinnehmen und ertragen muß, ohne sich zu wehren oder sich erbittern zu lassen, damit alle Kräfte der Bosheit, sich wie in eine völlige Leere hinein entladend, sich gänzlich erschöpfen können. Erst wenn so ihre Bosheit alle Kraft verloren hat, und ihre kalten, stolzen Herzen davon ganz leer geworden sind, kann unsere Liebe sie erwärmen und erweichen.«

So muß ich also weiter meinen schweren Weg des Leidens und des verborgenen, innerlichen Wirkens still und unerkannt durch die Menschheit gehen. Aber der Verstand will immer wieder nicht recht einsehen, warum es trotz der göttlichen Liebe und Gnade dennoch gar so schlimm und grausam in der Menschheit zugehen muß.

Weidenberg, 28. August 1948

Heute vormittag las ich in einem Büchlein des französischen Mystikers Johann von Bernières-Louvigny, der von 1602 bis 1659 gelebt hat. Seine Darlegungen in diesem Büchlein über die Beziehungen zwischen Gott und den Menschen sind sehr schön und grundsätzlich richtig. Mir jedoch offenbarte sich daran besonders deutlich das ganz Andersartige, das sich in und mit meiner Entwicklung durchringt und verwirklicht. Beim Lesen überkam mich eine Gotteinung, und die Stimme Gottes sprach zu mir:

»Schreibe sofort nieder, was ICH dir sage! Wenn du ihnen von deinen Gotteserlebnissen sprichst, argwöhnen die liebearmen, verschlossenen, alles bekrittelnden Menschen leicht, Christus sei dir wohl nicht genug, und darum strebest du nach unmittelbaren Gottverbindungen. Sag ihnen deutlich, daß sie irren – daß nur der Spiegel eigener Verkehrtheit die Wahrheit ihnen so verkehre. Denn war nicht Christus dir stets ein und alles, dein ganzes Leben hindurch? Daß du jetzt den Ur-Gottgeist ohne Christi Vermittlung erlebst, liegt ordnungsgemäß im Rahmen der neuen Entwicklung. Und überdies bin ICH mit Christus ja doch eins im Geist; Mein Wirken ist zugleich Sein Wirken, und Sein Wirken das Meine. Er ist der Weg; des Weges Ziel und Ursprung aber ist die Quelle, und du bist nun an der Quelle. Deshalb tauchst du jetzt unmittelbar in den Gottvatergeist selbst ein und bist Christi Bruder geworden.

ICH, der Vater-Geist, bin die Sonne, und Christus ist das von dieser Sonne ausgehende Licht.

Die Erleuchtung, welche ICH dir soeben über das Büchlein von Bernières-Louvigny gab, sollte dir zeigen, welch ein Unterschied besteht zwischen deiner Entwicklung und der aller anderen Mystiker und katholischen Heiligen. Bei aller Ähnlichkeit, welche deine geistigen Erlebnisse mit denen der anderen Mystiker haben, ist doch die Art deines Erlebens eine wesentlich andere, weil du einen neuen Weg geführt wirst, den die Menschen erst recht schwer fassen können, zumal sie den bisherigen alten kaum halbwegs richtig begriffen haben. – Aber die Entwicklung kann sich durch das Nichtverstehen einzelner Menschen nicht aufhalten lassen, und es kann in der ewigen Schöpfung nie einen Stillstand geben.

Es ist nun Mein Wille, daß die Menschen immer tieferen Einblick in die Menschheitsentwicklung bekommen sollen und klaren Überblick gewinnen über die zahllos vielen, weiten und erhabenen Entwicklungsstufen. Besonders solche Menschen, welche der Kirche den Rücken gekehrt haben, nicht aus Gleichgültigkeit, sondern weil die Wahrheit in der Sprache der Kirchen ihr Bedürfnis nach verstandesmäßiger Klarheit nicht mehr befriedigen kann – gerade sie sollen in weitester freiheitlicher Auffassung auch ihren Verstand zufriedenstellen können. Darum: Wen nach wahrer Freiheit verlangt, seine Einsicht zu erweitern und Liebe und Weisheit in sich zu mehren, der kann hier sein Verlangen gestillt bekommen. Wer sich aber in der Überlieferung seiner Kirche sicherer fühlt und darin Genüge findet, der mag getrost darin bleiben, denn auch dort will ICH MICH von ihm finden lassen, so er MICH nur von ganzem Herzen suchen wird. Niemand soll gezwungen werden. Doch die MICH ganz haben möchten, die da heißes Verlangen tragen nach immer tieferer Erkenntnis, denen soll jetzt in dieser Zeit ein voll, gedrückt, gerüttelt Maß gegeben werden, einem jeden nach seiner Fassungskraft. Darum darfst du auch nichts verbergen, sondern sollst alles offen bekannt geben, damit sich nicht einer damit entschuldigen kann: Wenn ich nur dies oder das gewußt hätte, dann hätte auch ich den Weg zu Gott wohl gefunden. Hier über dich öffnet sich der Weg, auf dem der menschliche Verstand von Meinem Geist erleuchtet werden kann, um dem Menschen durch wachsende Einsicht das Aufwärtsstreben zu erleichtern. So ist der Weg zu MIR jetzt ganz offen, und allen, die ihn betreten, komme ICH entgegen. Meine Liebe und Mein Friede sei mit euch allen!«

Weidenberg, 4. September 1948

Heute früh erlebte ich eine Gotteinung, die nur wenige Minuten dauerte, mir aber eine Fülle an Offenbarung brachte. Gott wollte mir zeigen, wie weit ER mit Seinem Werk der Durchdringung meines menschlichen Wesens vorangekommen sei.

Die *Vergeistigung* meiner Seele hatte ihren Abschluß gefunden, als mein Geist mit den Worten: »Von nun an bin ich der Herr!« mir zu verstehen gegeben hatte, daß jetzt die Führung des gesamten Menschen fest in seiner Hand liege. Damals glaubte ich, am Ziel meiner inneren Entwicklung zu stehen, und meinte, daß mir nun eine geistig-religiöse Aufgabe in der Außenwelt aufgetragen werde. Wohl wurde mir bestätigt, daß in mir die Lebensordnung des Himmels hergestellt sei, in welcher der Geist die Seele jederzeit völlig durchstrahlen und sich mit ihr einen kann, wie das auch für Jesus die Grundlage Seines Wirkens während Seiner Erdentage gebildet habe. Aber gleichzeitig wurde mir eröffnet, daß die bisher erreichte Entwicklungsstufe für mich nicht zum Ausgangspunkt eines sichtbaren Wirkens nach außen bestimmt sei, sondern daß bei mir die innere Entwicklung weitergehen und auch den Körper miterfassen solle, um so die *Durchgottung* meines Gesamtwesens bei Leibesleben zu erreichen.

Der materielle Körper ist eine Welt für sich, ein geordnetes Ganzes, welches in getreuer Entsprechung zur gesamten Erdenmenschheit steht. Die materielle Außenwelt – des einzelnen sowohl als auch der Menschheit – dem Geist zu erschließen, das vermag nur Gott Selbst, der All-Geist, der das gesamte All umfaßt. Daß Gott gerade mich zum Werkzeug für diese Aufgabe ausersehen habe, gab ER mir besonders deutlich in jenem großen Erlebnis kund, welches ich in Meran am Mittwoch vor Ostern 1934 hatte. Und ER hat nicht abgelassen, mir diesen Seinen Auftrag immer wieder klarzumachen.

Gott ist nicht nur der ausschließliche Herr über mein Leben, nicht nur der allwaltende Vater, der mich führt, sondern ER hat meinen innersten Menschen, meinen individuellen Geist, völlig in Sich aufgenommen. Und die Durchdringung und Umwandlung meines körperlichen Menschen, welche durch IHN an mir gewirkt wird, ist wahrhaft eine *Neue Gottgeburt,* wie Gott Selbst es mir am 13. Juni 1944 während der Mittagsverbindung gesagt hat: »Du bist Gottgebärer!«

Gewiß hat Gott Sich schon in Christus als der Vater offenbart, der jede Menschenseele, die IHN wahrhaft sucht, in Seinen besonderen Schutz nimmt und sie aus den Banden der Sünde löst, um sie schließlich in Sein Reich aufzunehmen. Aber auf dieser Erde und in seinem materiellen Leib kann der Mensch von den eigentlichen Gotteskräften nur sehr unvollkommen durchdrungen werden. Daher ist er noch sehr weitgehend dem Einfluß dämonischer und sonstiger feindlicher Mächte ausgeliefert, welche auch den Gang der gesamten Menschheitsentwicklung zu beherrschen scheinen.

Auch an mir selbst habe ich die Stärke der Gegenmächte oft auf die schrecklichste Weise erleben müssen; doch kam bei mir noch stets im letzten Augenblick, wenn ich am Rande der Verzweiflung war, der Gottgeist persönlich, von innen her durchbrechend, meinem Außenmenschen zu Hilfe, und ER hat auch in der Gestaltung meines äußeren Schicksals Seine Überlegenheit über die feindlichen Mächte erwiesen. Die Hölle, der Gegenpol des Himmels, ist eine Wirklichkeit von ungeheurer und unheimlicher Macht, was ich genügsam erlebt habe. Sie ist zwar die unmittelbare Urheberin der furchtbaren Leiden und Schrekken dieser Erde; jedoch geschieht ihr Wirken unter der ausdrücklichen Zulassung Gottes.

Leiden müssen ja leider sein; sie sind das einzige Mittel, mit dem Gott den Menschen zum Suchen und Streben antreiben kann, ohne seine Willensfreiheit anzutasten. So dienen die Leiden dem Menschen zur Verinnerlichung und schließlich zur Überwindung seiner gottfeindlichen Ichsucht. Auch für meine Entwicklung zu dem mir gesteckten hohen Ziel sind schwerste Leiden unentbehrlich. Neben jenen, welche mir aus den Angriffen und Anfeindungen der Hölle erwachsen, verhängt Gott Seinerseits über mich die Qual des alles verzehrenden Geistfeuers.

Heute zeigte mir Gott wieder einmal, daß ausschließlich ER Selbst unmittelbar, ohne Zwischenwirkung des Himmels, mich durch das Erdenleben führt: »ICH bin der Führer deines Lebens von Kindesbeinen an. Dein ganzes Wesen wurde schon immer dafür zubereitet, MICH, den allmächtigen Gott, ganz in sich aufzunehmen. Dazu mußten die Läuterungsleiden sein. So schaffe ICH MIR in dir ein Gefäß und eine Gestalt, um in einer neuen, umfassenderen Ordnung in der Menschheit zu wirken und sie endlich aus den Fesseln der Materie zu erlösen.«

Während der heutigen Einung erlebte ich Gott in derselben Weise wie im Sommer vorigen Jahres nach der Ausweisung aus dem polnisch besetzten Schlesien, als ER mich sechs Wochen lang Seine helfende Gegenwart erfahren ließ und mir die für meine hohe Empfindungsfähigkeit fast unerträgliche Drangsal in den Lagern und überfüllten Eisenbahnzügen deutlich fühlbar tragen half. In diesem Zustand gewahrte ich mit aller Klarheit, daß der Gottgeist Sich in das natürliche Gefüge meines körperlichen Menschen eingeordnet hat und zum innersten Kern meines ganzen Wesens geworden ist. So nimmt ER in mir mit vollendeter Güte, Liebe und Sanftmut auch die Leiden der Welt auf Sich, um in geduldigem Ertragen das Böse in der Welt zu überwinden.

Da ich nach Beendigung solchen Erlebens sofort wieder in das verzehrende Geistfeuer hineingestellt werde, in dem mir vor Qual fast die Sinne vergehen, ist solch ein Gotteserlebnis für mich kein eigentlicher Trost. Doch ist es notwendig, daß dem äußeren Menschen hie und da von Gott Selbst gezeigt wird, wie weit die Entwicklung auf dem Weg zur *endgültigen* Gotteinung und damit zur Überwindung der Welt vorangekommen ist. Erscheint doch dem Menschen die Welt der Materie grenzenlos, so daß er auf keinen Erfolg seiner Mühen und auf kein Ende seiner Leiden Aussicht haben kann. Auch geht mir in meinen menschlichen Leidensqualen jede Einsicht in den Sinn dieser Vorgänge verloren, und ich empfinde sie als eine völlig sinnlose und nutzlose Quälerei. Die verzweifelten Materiegeister meines Leibes drängen mich mit unbändiger Heftigkeit beständig zum Selbstmord als der einzigen Möglichkeit, ihrer Qual ein Ende zu machen. Doch das höhere Bewußtsein in mir hält zuverlässige Wacht, denn es weiß nur allzu gut, daß dies kein Ausweg wäre. – Vor zwei Tagen erst, als gerade die Versuchung wieder einmal übermächtig zu werden drohte, trat der Gottgeist in mich ein, mahnte mich, allen schrecklichen Zuständen zum Trotz durchzuhalten und sprach: »Auch der Aufenthalt hier ist ein wichtiger Abschnitt auf deinem Leidensweg, in dem du ein vorgeschriebenes Maß an Leiden erfüllen mußt.« – Es gibt für mich kein Entrinnen aus der Qual!

Weidenberg, Weihnachten 1948

Am Spätnachmittag des 24. Dezember gingen wir zu viert zur Christnachtfeier in die Kirche und hatten unsere Plätze in den Bänken seitlich des Altarraumes. – Von vornherein war starker geistiger Einfluß zu fühlen, und ich mußte der verschiedentlichen Christusverbindungen gedenken, in denen mir bei ähnlichen Anlässen in früheren Zeiten in der Heimat die Geheimnisse im vergotteten Menschlichen Christi offenbart wurden. Als ich unter diesen Erinnerungen zum Kruzifix über der Kanzel empor schaute, strömten gewaltige Wellen der Gottgeistkräfte auf mich ein, und auch mit dem Geist Christi bekam ich tiefe Verbindung. Gleichzeitig wurde mir auch in Herz und Brust meine Mutter ganz ungewöhnlich stark fühlbar, wie ich sie in letzter Zeit ganz selten erlebt habe, so daß ich vor Ergriffenheit nicht ein Wort hätte herausbringen können.

Da wurde ich von ›Oben‹ her angesprochen: »Du bist den allerschwersten und undankbarsten Weg gegangen.« – Zugleich überkam mich das Gefühl des Schwebens. Mein geistiger Innenmensch schwebte auch wirklich empor zur Gestalt des Gekreuzigten, und ich küßte Ihm Füße, Brust und Stirn. Mein Körper wurde dabei von starken Wellen der Gotteskräfte durchflutet, die ihn der Ordnung gemäß von innen her völlig durchdrangen, doch wurde er nicht schwebend mit emporgenommen. Ich gelangte zu einer vollkommenen Einung mit Christus, doch drang meine Wahrnehmung sogleich durch Sein vergottetes Menschliches ganz hindurch bis zum Gottvatergeist.

Der gewaltige geistige Einfluß bei diesem Erleben wurde auch meinen Angehörigen neben mir deutlich spürbar; und meine Schwester hatte die größte Sorge, daß sich irgend etwas Aufsehenerregendes um mich ereignen könnte. Wie sie mir hinterher erzählte, hat sie ängstlich darum gebetet, es möchte doch ja vermieden werden, daß ich hier vor der vollbesetzten Kirche etwa gar ins Schweben käme.

Mit geringen Schwankungen in der Stärke hielt dieses Gotteserleben während der ganzen kirchlichen Feier an. Ganz verlor sich der göttliche Einfluß auch zu Hause nicht, sondern blieb den ganzen Abend über spürbar, während wir im Familienkreis zusammensaßen.

Als wir unser Zusammensein beendet hatten und zu Bett gegangen waren, konnte ich nicht einschlafen. Von innen her drangen, wieder stärker und immer stärker werdend, gewaltige Wellen göttlicher Kräfte auf meinen körperlichen Menschen ein, so daß keine Müdigkeit aufkommen konnte. Von Stunde zu Stunde wurde dies stärker, und mein ganzer äußerer Mensch empfand sich schließlich gar nicht mehr als einen festen Körper, sondern nur noch als ein einziges Gewoge geistiger Kräfte. Dabei fühlte ich die Gegenwart Gottvaters mein ganzes Wesen durchdringen; jedes Organ, jede Zelle war erfüllt von der Heiligkeit und Hoheit göttlicher Majestät. – So war ich von jedem Schlafbedürfnis weit entfernt und befand mich in einem Zustand aufs höchste gesteigerter Bewußtheit, als gegen halb fünf Uhr morgens ein Ereignis eintrat, welches auch nur für möglich zu halten mir nie in den Sinn gekommen wäre:

Plötzlich stehe ich in meinem geistigen Leib mitten im Raum und vor mir – Gottvater.

Aus allerunmittelbarstem inneren Erkennen weiß ich es mit unverrückbarer Gewißheit: Obwohl Mensch von Gestalt – es ist Gott, der allmächtige Schöpfer, der mir so entgegentritt. Wie gebannt ist mein Blick auf dieses Haupt und Antlitz voller unaussprechlicher, hoheitsvoller Würde gerichtet. Doch diese völlig überraschende, nie für möglich gehaltene, persönliche Begegnung kommt mir bei aller gewaltigen Eindringlichkeit ganz natürlich vor. Ich fühle mich IHM völlig vertraut und empfinde nicht die geringste Befangenheit oder Scheu vor IHM.

Bei aller Hoheit ist Seine Erscheinung ureinfach und von größter Schlichtheit, die Gestalt eines reifen Mannes in der Vollkraft der Lebenshöhe. So erscheint mir Gottvater wie ein natürlicher Mensch, und doch ist ER der Allmächtige. Alle Seine göttlichen Eigenschaften sind mir fühlbar; doch sie sind wie verschleiert, um nicht zu überwältigen. Als Lichtperlen aus allen Poren quellend, fließt aus allen Teilen Seines Leibes die Allmacht wie ein sanftes Säuseln; feine, sanfte Strahlen umfließen Sein schönes Haupt und Antlitz; und ER ist durch und durch Güte und Liebe. Wie im Strom Seiner Kräfte schwimmend, von ihnen durchdrungen und zugleich getragen, stehe ich vor IHM. Wie stets bei Erlebnissen, welche aus so hochgeistiger Ebene kommen, sehe ich auch mich selbst von außen und nicht nur einseitig von einem bestimmten Blickpunkt aus, sondern gleichzeitig von allen Seiten, und gewahre, daß auch aus meiner Gestalt in der gleichen Weise die gleichen göttlichen Kräfte und Eigenschaften strahlen und fließen wie aus der Gestalt Gottvaters. So stehe ich IHM gegenüber, viel kleiner zwar, doch fühle ich es untrüglich: Ich bin Seines Wesens, bin Sein Sohn; ER ist mein Vater; und zwischen uns ist inniges Vertrauen. Wie ein liebevoller irdischer Vater, der seinem Sohn ein brüderlicher Freund geworden ist, so hält jetzt Gott vertrauliche Zwiesprache mit mir geraume Zeit hindurch.

So plötzlich und unvermittelt, wie dieses Erleben begann, so plötzlich und unvermittelt ist es auch zu Ende. Und völlig ausgelöscht ist gleichzeitig jede Erinnerung an die gehörten und gewechselten Worte unseres Zwiegesprächs. Denn nichts von allem, was meine Entwicklung angeht, darf mein äußerer Mensch von außen her erfahren, selbst über die geistigen Sinne nicht; und so wird ihm alles wieder entzogen, was er gehört hat. Doch unverwischbar und unvermindert deutlich bleibt mir der Eindruck der erlebten, persönlichen Begegnung. Und auch *das* bleibt mir in klarer Erinnerung, daß es sich in diesem Gespräch darum gehandelt hat, mir die Tatsache meiner Gottessohnschaft darzulegen.

Aber jetzt ist Gottvater wieder in mir, meinen ganzen Menschen bis zur letzten Faser des Körpers durchdringend, und es erfolgt nun eine innere Offenbarung ohne Worte von fast zweistündiger Dauer, deren Inhalt ich wiederzugeben versuche:

»Du bist Mein lieber Sohn, bist Meines Wesens durch und durch, ein echtes Gotteskind von Anbeginn. Das Leben und das Lieben deiner Kindheit schon war göttlich. Von Kindesbeinen an führt Meine Hand unmittelbar dich deinen Weg durch diese Welt, in die du nicht gehörst, die stets dir feindlich war und Leid um Leid auf dich gehäuft zu unaussprechlich tiefer, namenloser Qual. Denn du bist nicht von dieser Welt. – Warst du doch schon als Kind stets heimwehkrank und sehntest schmerzlich dich zurück in die verlor'ne Heimat, deren Glanz selbst dieser Erde schwarze Finsternis in deinem Herzen nie ganz tilgen konnte; denn ICH allein bin deine Heimat.

›Wisset ihr nicht, daß ich sein muß in dem, das meines Vaters ist?‹ – Die Worte, die der Jesusknabe einst gesprochen, sie gingen oft dir durch den Sinn und tönten laut vernehmlich dir im Ohr. – Ganz ebenso wie du, so hat auch Jesus einst, zeit seines Lebens, unter dieser Welt gelitten, nicht bloß als er gemartert wurde und am Kreuze hing als Opferlamm, der Welt ein weithin sichtbar ewig Mahnmal ihrer Bosheit Schuld. – Ganz ebenso wie er, so bist auch du Mein Sohn. Das sag der Welt und scheu dich nicht, es auszusprechen. Du tust es nicht zu deiner, sondern Meiner Ehre; von Hochmut weiß dein Herz ja nichts; zu Hochmut bist du gar nicht fähig. Denn wahre Demut, Sanftmut, Liebe und Geduld sind Erbteil dir aus Meinem Wesen. – Auch du bist Gott und Mensch zugleich. Darin liegt das Geheimnis deines Wesens, der Grund für deine unaussprechlich tiefe Leidensfähigkeit wie auch die Möglichkeit, MICH, deinen Vater, zu erleben. War ICH, der Vater, dir doch fühlbar schon, wenn du als Kind die Psalmen Davids lasest oder hörtest in himmlisch hoher, tief erschütternder Ergriffenheit.

In dieser fremden Welt, die dir stets feindlich nur entgegentritt, erwächst dir nichts als Qual aus Angst und Leiden ohne Maß und Ziel. Das Göttliche in dir hat sich herabgelassen, erniedrigt sich zum Gottesknecht, auf den die Welt nur voll Verachtung blickt. Denn sie sieht nur das äußere, echt menschlich Unvollkommene an dir, darein die göttliche Vollkommenheit unmerkbar sich gehüllt. So treffen sich die unausdenkbar größten Gegensätze in deinem Herzen und machen es zum Schauplatz eines unerhörten Kampfes, darin der Gott mit körperlicher Krankheit ringt, die Wut der Höllen beständig gegen seinen Himmel brandet und das, was an dir sterblich ist, in tausend, abertausend Toden stirbt und wieder aufersteht zum ew'gen Leben.

So bist du also nur in diese Welt gekommen, um zu leiden; denn nichts als Leiden war und ist der Inhalt deines Lebens.

Und diese Welt, um die du leidest – wie dankt sie dir? Wer ihrer Kinder weiß auch nur davon? Wie wenige sind's, die auch nur ahnen, was du leidest!

Durch diese deine Leiden werde ICH in dir verherrlicht. Denn Meine Liebe ist's, die damit, nur aus Liebe und durch Liebe, in dir zur Herrschaft sich hindurchringt über diese tiefst gefall'ne, äußere Welt. In jedem Teile deines Leibes werde ICH verherrlicht, indem ICH ihn, der ganz natürlich sterblich war, der Sterblichkeit enthebe. Und dieses ist der Sinn all deiner Leiden: Sie sind *die Wehen einer neuen Gottgeburt.*

ICH zwinge niemanden. ICH dränge MICH nicht auf. ICH bin die lautre Demut, Sanftmut, Liebe und Geduld. Drum bleibt MIR nur der Weg des Leidens, wenn ICH die Bosheit dieser Welt entmachten und Meinen Kindern helfen will, daß sie in Freiheit Liebe zu MIR fassen lernen.

Du aber darfst nun auch vor deinen Menschenbrüdern länger nicht verschweigen, was du für sie getan und weiterhin noch tust. Laß alle Welt es wissen! – Du zagst? – Du sagst, das sei nicht möglich – wo nehmest du die Worte her, so Unerhörtem Glauben zu verschaffen – die Menschen würden höhnisch lachen über dich, Anmaßung und Vermessenheit es nennen. – Kurzum du weigerst dich. – Das unablässig schmerzzerquälte Menschliche an dir, zermürbt, zertreten und zerbrochen, es sträubt sich gegen neue Lasten; und überdies ist es beleidigt. Denn eben noch gewürdigt, am höchsten Gotteserleben teilzunehmen, sieht es sich hinterher so grausam rücksichtslos in völlige Verlassenheit zurückgestoßen, als sei's ein reines Nichts, nicht würdig der geringsten Achtung. Hat es denn wahrlich nicht genug schon ausgestanden an Qualen aller Art und an Enttäuschungen? Soll es die feindliche, verständnislose Welt jetzt selbst sogar noch reizen und neue Gegnerschaft sich schaffen? – Versagte die Natur ihm schon ein sicheres Selbstgefühl, so hat erst recht sein schweres, grausames Geschick es restlos überzeugt von seiner eignen Nichtigkeit. Du stehest vor der Welt doch nur als schwacher Mensch – so hältst du MIR entgegen – ganz ohne Möglichkeit, die Vollmacht deiner Sendung zu beweisen wie Jesus, welcher sprechen konnte: ›Auf daß ihr aber wisset, daß des Menschen Sohn Macht hat, auf Erden Sünden zu vergeben, sage ich dir: Steh auf und hebe dein Bett auf und geh heim!‹ – Dessen bist du dir doch längst schon selbst bewußt, daß gleiches Wunderwirken auch dir leicht möglich wäre, wenn Meine Weisheit nicht gewicht'ge Gründe hätte, es nicht zu wollen.

Deine übermenschlich großen Leiden wirken jeden Augenblick weit mehr und Größeres, als wenn du Tausende von Kranken heiltest. Sichtbare Wunder sind bedeutungslos, solange nicht der Menschen Inneres erschlossen ist und sie der Wahrheit Stimme hören können, die unbeirrbar ihnen dich bezeugt als Meinen Sohn. – Das Wissen aber um die unerhörten Leiden der Marterstraße deines Lebens, es soll helfen, Meiner Liebe einen Zugang zu bahnen zu den Menschenherzen. Drum *müssen* sie erfahren, daß du leidest und wie unerhört du leidest, um ihr Mitgefühl zu wecken. Denn ein echtes Mitleid kann und soll zu wirklichem Mitleiden werden. Und so weit sie wahrhaft Anteil nehmen an den Leiden, werden sie auch Anteil haben an dem Segen, der aus deiner Leidenssaat erwächst.

So stehe also auf und schreibe dennoch. Kommt doch die Widersetzlichkeit zum kleinsten Teil nur aus dir selbst. Der Widersacher sucht den Kleinmut deines Menschlichen für seine Zwecke auszunutzen, und er hofft, auf diese Weise Meine Pläne zu durchkreuzen. Laß dich von ihm nicht irreführen, wenn seine Unbescheidenheit Bescheidenheit dir anempfiehlt am falschen Ort; gerade dort ist sie ihm sehr willkommen.

ICH bin der ICH BIN, ohne Den nichts ist, was ist. ICH bin der ewig Unbegreifliche. Alles erhellend, alles durchdringend und mit Leben erfüllend, lebe und schwebe ICH im All, verlasse dennoch Meinen Standort nie. – Darum fürchte dich nicht; denn wer, wie du, in Meiner Hand steht, dem kann die Welt nicht ernstlich schaden. Auch du sollst Ehre nehmen von den Menschen um Meinetwillen.

So tue weiter Meinen Willen; und ICH will mehr und mehr durch Meinen Geist in vieler Menschen Herzen Zeugnis geben, daß du, Mein lieber Sohn, von Mir in diese Welt gesandt, von neuem Licht in ihre Dunkelheit zu bringen.«

Wie alle Gotteserlebnisse, so hatte erst recht diese gänzlich unerwartete und alles bisherige Erleben übertreffende, persönliche Begegnung von Angesicht zu Angesicht eine gewaltige umwandelnde Wirkung auf mein Menschliches, nicht minder aber auch als Nach- und Gegenwirkung vermehrte, heftigste Anfeindungen von seiten der finsteren Mächte zur Folge. Viele Monate hindurch wiederholten sich diese Angriffe täglich; und auch später noch zielte mancher Stoß der Hölle auf diese Gottschau der frühen Morgenstunde des ersten Weihnachtstages 1948.

Ich aber weiß jetzt mit voller Sicherheit, daß auch Jesus als Mensch in ähnlichem Erleben den Vater von Angesicht geschaut hat, wie Er selbst es nach dem Johannes-Evangelium (6,46) bezeugt: »Nicht daß jemand den Vater habe gesehen, außer dem, der vom Vater ist, der hat den Vater gesehen.«

Seit dem Besuch eines Freundes im November 1948 hatte meine Hoffnung, aus den schwer bedrückenden, engen Verhältnissen Weidenbergs herauszukommen, greifbare Formen angenommen. Dieser Freund hatte mich eingeladen, an den Bodensee zu kommen. Seiner Einladung folgend fuhr ich in den ersten Märztagen 1949 dorthin. Aus den kleinlichen Verhältnissen der Flüchtlingsunterkunft herauszukommen, war zwar einerseits eine wohltuende Erleichterung. Anderseits aber begab ich mich mit diesem Schritt in eine Abhängigkeit, die mir durch die völlige Verständnislosigkeit meiner neuen Umgebung schwerste Verkennung und damit schlimme Leiden eintragen sollte. Wäre ich wirtschaftlich unabhängig gewesen, wäre ich spätestens am dritten Tag wieder abgereist. Nun aber hielt mich meine abhängige Lage schon äußerlich fest. Doch sie nicht allein; denn innerlich bekam ich die klare und bestimmte Weisung auszuhalten, da ich mit voller Absicht gerade hierher geführt worden sei und hier eine besondere und keineswegs leichte Aufgabe zu bewältigen habe. Es blieb mir also gar nichts anderes übrig; ich mußte bleiben und hinnehmen, was kommen sollte, bis nach leidvollen Monaten eine geeignete andere Unterkunft für mich gefunden und mir auch innerlich erlaubt wurde, den Aufenthaltsort zu wechseln.

Am Bodensee, Frühjahr 1949

Am 17. März 1949 nahm ich in der Schloßkapelle zu Meersburg an der kirchlichen Feier einer Trauung teil. Als ich während des Orgelspiels und Gesanges meinen Blick auf die Gestalt des gekreuzigten Christus richtete, war alsbald Christus in meinem Herzen, und ich vernahm in meinem Inneren die Worte: »Der Friede Gottes, welcher höher ist denn alle Vernunft, erhebe dich!« Bei diesem Ausspruch durchdrang Christi vergottetes Menschliches gemeinsam mit der Strahlung Gottvaters, doch von ihr für mich deutlich unterscheidbar, meinen Leib so vollständig, daß er nur noch ein verklärter, geistiger Körper war und jedes Schweregefühl verlor, so daß ich mich schwebend fühlte.

Jetzt redete Christus mich als Seinen Bruder an und gab dabei auch meinem äußeren, körperlichen Menschen die Bruderschaft, die vollkommene Wesensgleichheit, durch innigste Verschmelzung mit Seinem vergotteten Leib klar bewußt zu erleben, so daß alle körperlichen Sinne und das Lebensgefühl aller Organe bis in jede einzelne Zelle hinein sich dieser Gleichheit unbeirrbar gewiß wurden. Es ist in menschlichen Worten nicht auszudrücken, wie eindringlich liebevoll Er mich und meinen Weg Seinem eigenen Weg und Wesen gleichstellte und mir das bis in die alleräußersten Schichten des Körpers lebendig bewußt machte. Es war ganz unverkennbar Seine Absicht, daß nun auch mein äußerstes Menschliches an der Bruderschaft des gemeinsamen Weges und Wesens voll bewußten Anteil haben und seine Demut auf diese Weise verherrlicht und verklärt werden sollte.

Am Bodensee, 22. Mai 1949

Abends in meinem Zimmer hatte ich eine besonders starke innere Verbindung mit meiner Mutter. Sie ist für mich die Mittlerin zum Gottvatergeist und spielt für meine Entwicklung eine einzigartige Rolle. Sie war in ihrem Geist schon zu ihren irdischen Lebzeiten für mich die göttliche Mutter. Daher meine starke Bindung an sie. Sie durfte erst hinübergehen, nachdem meine Entwicklung so weit gediehen war, daß Gottvater auch meinen äußeren Menschen ganz durchdringen konnte; das war gerade erst in der letzten Zeit in Klein-Polkwitz erreicht.

Meine Mutter ist dauernd um mich, sie sieht alles, was hier im Haus vorgeht, und vergeht fast vor Mitleid. Sie sagte zu mir: »Wie oft hast du, von deinen Verlassenheitszuständen gequält, aus deinem Menschlichen heraus dir gewünscht, lieber eine Aufgabe wie Swedenborg zu haben und wie er jederzeit mit Geistern und Engeln verkehren und sprechen zu dürfen. Heute weißt du längst und erlebst es täglich, wie eben jetzt wieder in der Verbindung mit mir, daß du auf deinem so viel schwereren Weg unendlich viel mehr, ja das Höchstmögliche erreicht hast. Deine Liebe ist so hoch entwickelt, daß du mit allen Menschen und Wesen, die du liebst, vollkommen und unmittelbar eins wirst, so mit mir und so mit Gott.«

Heute abend nahm sie mir alle Zweifel, die mich während der letzten drei Wochen von neuem gequält hatten: Weshalb gibt mir Gottvater bei der Höhe meiner Entwicklung nicht weiteren und tieferen Einblick in das Geschehen auf unserem Planeten, also auch in bezug auf die politische Entwicklung? Weshalb versagt ER mir die sichtbaren Erfolge meiner Heilfähigkeit, die doch allein bei den Menschen etwas gelten? Ich nehme doch mit aller Deutlichkeit wahr, daß ich jetzt mit höheren Kräften umwandelnd und belebend auf den ganzen Organismus der Behandelten wirke, als mir das früher möglich war. Warum macht mich Gott auf diese Weise immer unglücklicher? Ich kann zur Zeit weder im äußeren Leben etwas Richtiges wirken noch genügend zum Lebensunterhalt verdienen und fühle mich durch den gewaltigen Gegensatz, der bei mir zwischen dem Inneren und dem Äußeren besteht, elend und zerschlagen. Dieses Gequältsein macht sich der Satan zunutze für seine Anfeindungen, die besonders in den Wochen nach der Gottschau an Weihnachten 1948 furchtbar gewesen sind und mit denen er nur das Ziel verfolgt, mich zum Selbstmord zu treiben.

Endlich kam nun heute nach Wochen anhaltenden Gebets, das Tag und Nacht mich nicht zur Ruhe kommen ließ und jede Stunde, jede Minute in mir fortwirkte, die Bestätigung aus dem Himmel durch Vermittlung meiner Mutter. Dies ist eine Vermittlung aus den *mütterlichen* Kräften ihres Geistes, aus Mitleid und tiefster Liebe, aber zugleich auch eine Vermittlung *göttlicher* Liebe und zeigt mir das Besondere meines Weges, nämlich die unerhörte Tiefe und Größe des Geschehens, das in gar keine menschlichen Worte zu fassen ist und gar nicht von Menschen begriffen werden kann, das jedoch genau so verlaufen muß. Die überaus undankbare Rolle, welche ich rein menschlich dabei spiele, ist Nebensache. Einst würden das gewaltige, große Werk und die ungeheuren Leiden von Gottvater glorifiziert werden für die Wiedergeborenen, die es fassen können; und dann wird offenbart werden, was Gott hier gewirkt hat für die Menschheit und die Welt. – Vor allem wurde aber wieder bestätigt, daß die göttliche Liebe in mir von frühester Jugend an tätig war und ich durch die göttliche Gegenwart und die Aufgeschlossenheit meines Wesens so leiden mußte, wie sonst gar kein Mensch leiden kann. Denn hier leidet der Gottgeist Selbst im Menschen in der liebearmen, gefallenen Welt. Die Welt aber verkennt IHN und nimmt IHN nicht auf, deshalb wirkt ER im geheimen, nur durch Seine allumfassende Liebe. So kam nun also heute – durch den Geist meiner Mutter vermittelt – aus dem Gottgeist Selbst die Offenbarung:

»Durch Meine Liebe, die in dir wirkt, wirst du geeint, ja du wirst völlig eins mit den Gegenständen deiner Liebe. Das ist dir soeben gezeigt worden. Deshalb hast du alle Ursache zur größten Freude; denn nur die Liebe kann Welt und Menschen erlösen. Aber Meine Liebe ist auch Weisheit, die über alles menschliche Begreifen geht und darum von Meinen Geschöpfen nicht verstanden werden kann. So wird denn Meine Liebe von Meinen Kindern oft verkannt. Wenn nun ICH schon all diese Verkennung hinnehmen muß, so müssen das erst recht Meine Werkzeuge auf Erden können, die ICH MIR zubereite. So sei denn ganz beruhigt in allem; denn ICH bin es, der in dir wirkt. – Du hast erst jüngst erlebt, wie der junge Mensch hier dich aus seiner Seele und aus seinem Verstand abgelehnt hat; dennoch wirke ICH an ihm weiter und ziehe seinen Geist durch deine Vermittlung zu MIR. So war diese schlimme Erfahrung mit ihm für dich nur ein noch tieferes Eindringen in Meine göttliche Liebe, wodurch nun um so mehr gewirkt wird.«

Nach Stunden lebhaften inneren Erlebens folgte gegen 4 Uhr morgens am 23. Mai eine Gottesansprache: »In dir spielt sich eines der größten Geschehen ab, welches die Geschichte der Menschheit gesehen hat. Du bist ein König und Fürst. Das fühlst und erlebst du innerlich in jeder Stunde deines Daseins. Aber äußerlich bist du eine Null, und noch kaum je bestand bei einer so hohen Entwicklung zwischen dem *Innen* und dem *Außen* ein so krasses Mißverhältnis. Darum auch die großen Versuchungen des Satans. Er geht umher wie ein brüllender

Löwe und sucht, welchen er verschlingen möge. Würde ICH dir das Bewußtsein deiner inneren Größe im äußeren Menschen immer lassen, so hätte der Satan auch über dich im Äußersten noch so viel Gewalt, daß er dich, wenn schon nicht hochmütig, so doch zufrieden machen könnte. Er ließe dann aus Klugheit ab von seinen so großen Anfeindungen, du wärest glücklicher, zufriedener, freudiger. Er wüßte genau, daß du dann deinen Weg nicht bis an das Ziel, das ICH dir gesetzt habe, gehen könntest. So ist selbst der Satan und alles Böse nur Triebkraft und Mittel zum Zweck für das Gute. Auch Jesus glaubte er zu vernichten und trieb Ihn doch nur zu Seiner höchsten Stufe empor, zur Überwindung der Welt und zur vollkommenen Vergottung.

Laß dich durch nichts mehr irremachen, du stehst in Meiner Hand. So mißtraue auch der neuen Stufe nicht, auf die du seit acht Tagen gelangt bist. Sagte ICH dir nicht damals zu Hause schon: ›Der Mensch ist Gott!‹? Aber im richtigen Sinne muß es aufgefaßt werden; und wie schwer der Weg dahin ist, das weißt du am besten. ICH kann und muß dir nun dieses alles offenbaren, da du für den äußersten Teil deines Menschlichen jetzt diese Bestätigung brauchst, um den Weg weiter zu gehen.

Gar nichts ist imstande, Hochmut und Anmaßung in dir auszulösen, da ICH dir ja stets gegenwärtig bin und du *eins im Geist mit MIR* bist. Deine geistige Empörung über die Kritik, der du hier im Haus ausgesetzt warst, ist berechtigt; alles, was man an dir auszusetzen hat, muß dir unangebracht vorkommen. Deine Umgebung hat keine Ahnung, welche Entbehrungen, Opfer und Leiden du zu verarbeiten hast. Darum sollten sich alle ein Beispiel an deiner Mutter und deinen Schwestern nehmen, die sich selbst ganz und gar zurückstellten. Dein Weg ist so erhaben hoch, daß von deiner Umgebung verlangt wird, dir eine Sonderstellung einzuräumen. Auch an Jesus haben die Menschen Kritik geübt, sogar seine Jünger, vor allem Judas. Jesus aber wußte stets, was er tat; und so weißt auch du, was du tust. Da deine Bedeutung und Stärke vor der Welt noch verborgen gehalten werden muß, so wird von dir noch viel mehr Vertrauen und Hingabe verlangt als von deiner Umgebung.

Diese wird gestützt, ihr wird geholfen, wenn sie nur guten Willen hat.«

Um ½ 6 Uhr morgens hieß es von neuem: »Nimm die Feder und schreibe: Deine scheinbaren Schwächen sind die größte Stärke in Meiner Hand. ICH weiß am besten, weshalb auch jetzt dein äußerster Mensch nicht so erfreut ist, wie er eigentlich sein müßte. Aber gerade auch hierin, wo Menschen den Mangel an Freudigkeit an dir tadeln, zeigt sich in Wirklichkeit deine Stärke! – Hier, wo du Herabsetzung, Demütigung, Verkennung und Ablehnung erfuhrst, wie sie ein Mensch deiner Art gar nicht schlimmer erfahren konnte, hast du gerade durch das Ertragen dieser Angriffe das Höchste erreicht. Und eben dazu führte ICH dich hierher! Aber ICH sage dir: Freue dich, und abermals, freue dich! – Wie Jesus den Judas brauchte, so brauchtest du Hermann und jetzt hier die alles mißverstehende Umgebung. In diesem Haus hat das Fehlen jeglichen Verständnisses dich furchtbar gepeinigt, dich gleichzeitig aber auch besonders gefestigt. Durch dein Ausharren ist Mein Geist mit den engen irdischen Verhältnissen und der kleinlichen Denkart der Menschen in Berührung gekommen und beginnt in ihnen zu wirken.

Alles in deinem Leben ist richtig, nichts war falsch und nichts ist falsch! Auch führte ICH dich mit weisem Vorbedacht zu Huter. Seine Lehre soll dazu beitragen, die Menschen zur Verfeinerung zu führen. Die Liebe soll wirksam werden. Dann wird eine neue, bessere Menschheit erstehen, so wie Huter sie erschaute. Er würde dich jetzt auch an deiner äußeren Erscheinung richtig erkennen, denn die Veränderung deines Aussehens drückt ja deine Entwicklung aus.«

Und nochmals nachmittags gegen 3 Uhr am 23. Mai hob die göttliche Stimme an:

»Dir selbst ergeht es auch nicht anders als anderen Menschen. Erscheine ICH dir in großer Macht und Herrlichkeit, dann hat das auf die äußersten Schichten des natürlichen Menschen eine viel stärkere, eindrucksvollere Wirkung, als wenn ICH, wie eben jetzt, MICH herablasse und als ein ganz natürlicher Gott in dir wirke. Dann zweifelt dein Menschliches am liebsten gar MICH noch an, weil es immer wieder nicht für möglich halten kann, daß ICH, der allmächtige Schöpfer und Vater, MICH so weit herablasse, in jede Kleinigkeit des Lebens eindringe, daran teilnehme, ja darin lebe wie du als Mensch, alles geduldig hinnehme, ertrage und es dir ertragen helfe. Das hast du bereits während aller Nöte bei der Reise von Klein-Polkwitz her zur Genüge erlebt und damit den unumstößlichen Beweis dafür erhalten, daß ICH Selbst es bin, der dich hält und trägt.«

Am Bodensee, 24. Mai 1949

Ich schreibe dies eben nach einer recht qualvollen Mittagsverbindung nieder, die eine besonders gute und leichte zu werden versprach, weil Gott den so entsetzlich gequälten Naturgeistern und Seelenteilen des Leibes wieder einmal eine ganz besondere Erholung und Einung geben wollte, die aber, wie leider nur zu oft, furchtbare Störungen von außen erfuhr.

So sprach die göttliche Stimme: »Komm, Seele des Leibes, komm heraus aus deinem jämmerlichen Kerker in Meine Arme, in die Arme deines Gottes, der dich heilen und erquicken will!« – Diese Worte sind mehr als die erhabenste Musik, die die Menschenseele erhebt. Alles Irdische, alle Pein fällt ab vom Leib, und die untersten Naturgeister folgen dem Ruf mit großer Freude. – Da, wie meist, kommt ein Hund vorbeigelaufen und bellt. Der ganze Körper erbebt, denn diese Heiligkeit, dieser himmlische Friede wird grausam gestört; die Naturgeister sind empört. Ich rede ihnen gut zu, bin nur dauernd im Gebet und erreiche, daß sie nicht böse und aufsässig werden. – Wieder erfolgen die so sanften und liebevollen Worte Gottes. – Da sprechen plötzlich Menschen laut dazwischen und reißen mich aus dem Schoß Gottes wieder in den Abgrund hinab. Und wieder tue ich alles, um meine Naturgeister zu beruhigen. Es gelingt noch einmal, da Gott Selbst gut zuredet, besänftigt, beruhigt. So bin ich wieder mit den untersten Geistern meines Leibes in Gott geborgen und – werde nach kurzer Zeit zum dritten Mal herausgerissen. Noch einmal nimmt Gott Gelegenheit, einzugreifen; aber die starken Wellen der wie vom

Sturm gepeitschten Seelenteile lassen sich nun nicht mehr so gut beruhigen. Schmerzen, Verkrampfungen, Gemütsbedrückungen treten auf. Der hohe Zustand läßt sich infolge der großen Störungen nicht mehr aufrechterhalten, und der Leib bleibt nun stundenlang in diesem wehen Zustand. So geht es mir damit noch heutzutage. Wie war das aber erst in früheren Jahren, als das Geistige und Göttliche noch nicht diese Macht über den Leib und die Materie hatte – gar nicht zu beschreiben!

Jetzt erfolgte wieder eine Ansprache Gottes, die meinen Weg als den schwersten aller Wege bezeichnet. In mir sollen und müssen eben auch die *alleruntersten Seelenteile* und selbst alle Materiegeister des Leibes vom Gottgeist durchdrungen und umgewandelt, also wiedergeboren werden. Zu diesem Zweck müssen sie auch auf die härtesten Proben gestellt werden. Mit Hinweis darauf sprach die göttliche Stimme: »Siehe, diese zu Seele gewandelten Teile deines Leibes, die Meiner Aufforderung folgten und so Meine Liebe und Meinen Frieden genießen durften, wurden nun plötzlich durch solch rohe Gewalt von MIR gerissen. Dadurch wird Heiliges mit Unheiligem, Göttliches mit Widergöttlichem vermengt, was den gefährlichsten und peinvollsten Zustand hervorruft. Dabei kommt es nun ganz auf dich an, ob du dich MIR ganz übergibst und still hältst, allem Aufruhr zum Trotz. Das tust du immer, solange deine Nerven nicht ganz versagen; und dabei geschieht dann durch MICH die Umwandlung, die nur du allein richtig fassen und verstehen kannst. Solche Verbindung ist also ein richtiges Sterben in dir. Was bei allen anderen Menschen nur einmalig vor sich geht, das geschieht bei dir täglich einmal in dieser vollen Stärke bei der Mittagsverbindung und außerdem – zwar etwas langsamer und milder, oft jedoch auch wieder stundenlang äußerst heftig – eigentlich den ganzen Tag. Du stirbst dein ganzes Leben lang bewußt in MIR. Aber du auferstehst auch täglich neu in MIR! So wird dein ganzer sterblicher Leib in Meinen Gottesleib aufgenommen. Darum fühlst du dich ja auch in deinen Erholungspausen, die allerdings nur so kurz wie möglich bemessen sein können, wie verklärt; und auf Friedhöfen, die äußerlich die Entsprechung des Todes und der Auferstehung darstellen, kommst du dir wie ein Auferstandener vor, der den Tod bereits hinter sich hat. – *Hättest du nicht die besondere Aufgabe, die materielle Außenwelt dem Geist zu erschließen, sondern nur den Weg des Mystikers zu gehen*, so würdest du dich fast immer wie im Himmel fühlen; nichts würde dich mehr berühren. Du wärest der glücklichste aller Menschen. Aber dadurch, *daß ICH dich ausersehen habe, in dieser besonderen Zeit auch in die unterste Hölle des Leibes, des Todes und aller Materie zu steigen*, darfst du die Früchte deiner Entwicklung in Geist und Seele nicht genießen, mußt vielmehr in diese tiefsten Regionen hinabsteigen und darin so leiden, wie noch nie ein Mensch gelitten hat. Und das alles darum, weil du Pionier bist und ICH dieses neue Zeitalter in der Entwicklung der Menschheit durch dich ja erst *einleite*. Dafür, daß du von Kindheit an das Allerschwerste an Selbstüberwindung und Geduld hast aufbringen müssen und so ein wahres Heldentum vorlebtest, wirst du noch obendrein verkannt und nicht verstanden, da die meisten Menschen vorläufig von deinem Weg noch nichts begreifen können. Aber auch mit dem *Verstehen* soll es mit der Zeit besser werden! Darum schreibe alles nieder und erkläre diese Vorgänge, denn ICH will, daß die Menschen MICH immer tiefer erfassen. Mein Wille ist es nicht, daß sie beim ABC der Kirchen stehen bleiben, um dann, wenn sie nicht gläubig sind, sich gar noch ganz von MIR abzuwenden. – Mein *Friede*, Meine *Liebe* und *Gnade* sei mit euch allen! *Amen!*«

Hier wurde nicht geruht, bis ich das *Amen* schrieb, das von Gott gesprochen wurde und durch mich hindurch auch durch Erde und Welt flutete und wie ein *Siegel* unter diese Ansprache gesetzt sein soll. – Ich wurde von Gott mit Anerkennung meines so besonders schweren Weges dermaßen überschüttet, daß ich das gar nicht beschreiben kann. – Wenn ich das berichte, dann meinen viele Menschen wieder, darüber müßte ich doch überglücklich sein. Nur wer wirklich begreift, was diese Ansprache sagt, wird mich verstehen können und wird sich selbst sagen, daß ein Mensch, der in der Folter steckt, doch höchstens nur solange glücklich sein kann, wie er sich vorübergehend außerhalb der Folter befindet.

Am Bodensee, 5. Juni 1949, Pfingstsonntag

Eben in die Betrachtung des Pfingsttages versunken, beklagte ich mich bei Gott darüber, daß ich diesen bedeutsamen Tag, den ich von jeher so liebte und an dem ich früher so oft besonders hohe Erlebnisse hatte, diesmal ganz besonders unwürdig verleben muß. Da ließ sich plötzlich ganz sanft die Stimme Gottes in mir vernehmen und spendete mir wieder liebevolle und trostreiche Worte, und gleichzeitig wurden mir große Geheimnisse über meinen Weg offenbart.

»Viel mehr als damals bei der Ausgießung des Heiligen Geistes zu Pfingsten geschieht täglich an dir und durch dich. Aber immer wieder wirst du in den tiefsten Schichten deiner Körpermaterie neu versucht. Diese Teile deines Leibes möchten lieber Meine Majestät erleben wie damals im Breslauer Gefängnis; dadurch wird ihnen jeder Zweifel genommen und das macht auf sie einen ganz anderen, viel gewaltigeren, und erhebenderen Eindruck als Meine stille Herablassung in letzter Liebe. – Du sollst dich aber in voller Freiheit entwickeln, und darum wirke ICH so wie eben jetzt; doch will ICH dir die näheren Gründe dafür aufzeigen. Kein lautes Pfingstwunder zeige ICH dir, sondern Meine immer größer werdende Nähe. ICH erweise dir, daß du *gefunden* hast und nicht mehr zu suchen brauchst – daß ICH dein Besitz geworden bin und durch dich bereits mehr wirke, als du im äußeren Menschen wissen darfst. Du fühlst Meine göttliche Majestät als Licht und Glanz über deinem Haupt. In deinem höheren Empfinden erlebst du MICH als den großen, unendlichen Gott; und in den tieferen Regionen deines Menschlichen bin ICH in dir ein milder Vatergott, der um die kleinsten Dinge weiß, die dich quälen, der auch den großen Aufruhr in deinen Zellen sieht, der aber aus Seiner Weisheit heraus Sich zurückhält und nicht mit allmächtigem Willen eingreift, weil alles ausgären muß.«

Hier wurde nun auf meine derzeitige Umgebung hingewiesen, der ich bei ihrer stark abweichenden Geisteshaltung nur in aller Stille durch mein Hiersein eine allmähliche Pfingstwirkung vermitteln kann.

»Zur vollkommenen Vergottung eines Menschen gehören so schwere Leiden«, so wurde eben weiter gesagt. Dabei wurde mir durch besondere Erleuchtung das Wort *Vergottung* oder *Durchgottung* als das für meinen Weg allein wirklich Zutreffende bezeichnet. Es wurde von Gott ausdrücklich betont, Vergottung und Durchgottung wäre erst der *richtige* Ausdruck.

Dann wurde mir weiterhin erklärt, woher es komme, daß die seltenen Äußerungen meines Sendungsbewußtseins von den meisten Menschen falsch aufgefaßt und mißverstanden werden. Diese seien – im Gegensatz zu mir – so fest an die irdische Welt gebunden, daß ihnen das geheime göttliche Wirken in mir unbegreiflich bleibe. Der Gott widerstrebende Wille niederer Geister tue zudem sein Möglichstes, ungenügend erschlossenen Menschen alles, was von mir komme, in ein falsches Licht zu rücken und zu verdrehen. Das sei auch Jesus so ergangen, wie auch allen Heiligen. Immer seien diese Menschen von ihren Mitbrüdern und -schwestern getadelt und kritisiert worden, wie dies z.B. Therese von Avila, Johannes vom Kreuz, Seuse und noch viele andere berichten. Immer wieder hatten andere an ihnen auszusetzen: Dies und jenes dürfe doch ein so heiliger Mensch nicht an sich haben, darum könne es mit ihm nicht stimmen.

Am Bodensee, 16. Juni 1949, Fronleichnam

Wir waren zur Prozession in den Ort gegangen. Noch nie habe ich bei solcher Gelegenheit so viel erlebt wie heute. Sobald wir hinkamen und ich nur einige Heiligenbilder sah, wurden diese alle für mich lebendig, und ich erlebte viele Heilige, vor allem Maria, die aus dem dritten Himmel unmittelbar ins Herz wirkte. Mehrmals drang die Heiligensphäre so stark durch, daß ich die Tränen nicht zurückhalten konnte. Plötzlich hieß es aus dem Himmel: »Ja, sie ist die Mutter Gottes!« – Aber wie das gesagt wurde, kann man eben keinem Menschen richtig erklären. Es war ganz wunderbar – dabei war nichts von einem Unterschied der Konfessionen zu spüren, jeder konnte das bejahen.

Da stand ich in der Menge; offen waren alle Himmel, und umgeben war ich von vielen Heiligen der katholischen Kirche. Es war ein unbeschreibliches Wogen und Strahlen, das auch körperlich fühlbar wurde. In meinem Inneren kreisten strahlende Liebessonnen, und zwischendurch erfolgten kurze Ansprachen. Welch hohe Wirkungen müssen erst ausgelöst werden, wenn in der Peterskirche in Rom eine Heiligsprechung stattfindet! Solche hohen Einflüsse bringen die meist so stumpfen Menschen doch heraus aus dem Alltagsleben; sie öffnen sich dann und kommen dem Himmel näher.

Ganz anders erlebte ich die Gottesmutter einmal etwa 15 Jahre zuvor. Auf einer Spazierfahrt begleitete mich eine jüdische Dame, die für das Geistige tief erschlossen und mit mir schon seit Jahren befreundet war. Sie erzählte mir, daß sie großes Verlangen habe, sich taufen zu lassen; sie wisse nur nicht recht, welcher Kirche sie sich zuwenden solle. Die evangelische erscheine ihr zu nüchtern; es ziehe sie weit mehr zur katholischen Kirche, weil in dieser die Mystik mehr zu ihrem Recht komme. Es sei ihr aber nicht möglich, in die Verehrung der Maria einzustimmen, denn deren Verherrlichung als Himmelskönigin scheine ihr doch die Bedeutung Christi zu sehr zu beeinträchtigen.

Während dieser Darlegungen bekam ich Verbindung mit Maria und nahm sie in ihrer himmlischen Majestät und Reinheit wahr. Mit liebevollster Anteilnahme auf unser Gespräch Bezug nehmend, sagte sie: »Ich bin *nicht* die Königin des Himmels. Ich bin des Herren Magd mit dem Willen, allen zu dienen.« Tief beeindruckten diese Worte uns beide.

Hagnau, 27. Juni 1949

Bei einer Radfahrt am 19. Juni hatte ich mir eine starke Erkältung zugezogen, als deren Folge sich in den nächsten Tagen eine schwere Lungenentzündung entwickelte. In der Nacht vom 25. zum 26. erlebte ich eine äußerst heftige Krise. Von dieser hatte ich mich noch gar nicht recht erholt, als am Morgen des 27. Juni gegen 10 Uhr ein großes Gotteserleben einsetzte. Dabei wurde mir nun mit aller Deutlichkeit gezeigt, daß diese Erkrankung nicht lediglich auf natürliche Ursachen zurückzuführen sei. Nach vorbedachtem Plan hat der Gottgeist Selbst mich durch das tiefe Todestal hindurch geführt, weil mein äußerstes Menschliches aus gewichtigen inneren Entwicklungsgründen wieder einmal den Tod erleben und ich am eigenen Leib gewahr werden sollte, wie »aus dem Tod das Leben geboren wird«.

Vor vielen Jahren, als es sich in einem früheren Entwicklungsabschnitt noch um die Vergeistigung meiner Seele handelte, wurde mir gesagt: »Je schwerere Leiden du jetzt durchmachst, um so größer wird deine Seligkeit im *Jenseits* sein.« – Jetzt dagegen, wo der Körper unmittelbar zum Gegenstand der Vergeistigung geworden ist, wird die Materie des Leibes vom Gottgeist durchdrungen, und es wird unter diesem Geschehen nun schon im *diesseitigen* Dasein *ein neues göttliches Leben im Leib* geboren.

Bei dem heutigen Erleben wogt alles in mir, durchdrungen von der Strahlung des Gottgeistes, und ich fühle mich von den göttlichen Kraftwellen getragen. Dabei ist aber auch mein gesamter äußerer Mensch mit allen Materiegeistern des Leibes gänzlich in den Gottgeist aufgenommen.

Während dieser vollkommenen Einung spricht Gottvater heute zu mir: »Daß du im Konzentrationslager, in Klein-Polkwitz und bei so vielen anderen Gelegenheiten wie auch jetzt bei der Krankheit in gewissen Abständen immer wieder durch besonders schwere Leiden geführt wirst, ist begründet in Notwendigkeiten deines ganz besonderen Weges, die ICH dir jetzt aufzeigen will.

Bisher hattest du in deinem natürlichen Verstand vielfach Grund, dich bei MIR darüber zu beklagen, daß ICH dir das Wissen um das Ziel deines Weges und den Preis deines schweren Ringens vorenthielt. Zu solcher Klage wirst du künftig immer weniger Anlaß haben; denn nun darfst du mehr darüber wissen, weil ICH jetzt in geheimnisvoller, stufenweiser Herablassung Meines göttlichen Geistes in strengster Ordnung – ohne irgendwelche Zwischenwirkungen – vom tiefsten Inneren bis in deinen äußeren Menschen hindurchgedrungen und völlig in dir heimisch geworden bin. Dieses ordnungsmäßige Einfließen gibt die sichere Gewähr dafür, daß dein Menschliches sich selbst nie ein Verdienst zurechnen wird und somit nicht in Gefahr kommen kann, in Hochmut zu verfallen. Deine Entwicklung ist jetzt so weit vorangeschritten, daß auch deine äußersten Materiegeister das Göttliche in der richtigen Ordnung, also ohne jede Vermischung mit etwas Eigenem, aufnehmen können.«

Darauf gab mir nun Gottvater einen Einblick in die tiefsten Gründe meines Wesens und meines Weges hier auf Erden. Ich erlebte heute zum ersten Mal in meinem *ganzen* Menschen, also unter vollbewußter Mitbeteiligung meines körperlichen Außenmenschen, meine Herkunft aus der geistigen Welt und *meine Abstammung aus dem Gottgeist* Selbst. Gottvater Selbst gab mir zu schauen, wie ich aus IHM geboren wurde, wie sich mein vorgeburtliches Leben abgespielt hatte, wie ich von IHM Selbst zu dieser gewaltigen und geheimnisvollen Aufgabe auf Erden berufen worden bin und wie hier mein Lebensweg von Anfang an unter Seiner persönlichen Führung gestanden hat.

An allen meinen hohen Erlebnissen in Gotteinung haben von jeher auch alle meine körperlichen Sinne wachbewußt teilgenommen. Eine einzige Ausnahme bildet das Erlebnis vom 3. Januar 1917, als mein Körper während des natürlichen Schlafes zurückblieb und nur mein innerer Mensch in Seele und Geist die persönliche Begegnung mit Christus erlebte. Ich bin also niemals in Ekstase gefallen. Obwohl also auch mein äußerer Mensch die höchsten Gotteserlebnisse stets mit vollem Wachbewußtsein miterlebt hat, sind diese Erlebnisse heute für mich von ganz anderer Wirkung, als sie es in früheren Zeiten waren. Das hat seine leicht begreiflichen Gründe:

Solange die Natur- und Materiegeister im natürlichen Menschen noch nicht vom Geist umgewandelt, also noch »in ihrem Eigenen« sind, steigen von dorther gegen das Erlebte Bedenken und Widerspruch auf, sobald im Abklingen der Gotteinung der Gottgeist ihnen Seine Kraft entzieht, mit der ER sie durchdrungen und erleuchtet hatte, und sie nun wieder ganz sich selbst überlassen sind. Daher konnten auf früheren Entwicklungsstufen aus dem natürlichen Verstand immer noch Zweifel an der vollen Gültigkeit des geistig Erlebten aufsteigen und war der natürliche Mensch nicht imstande, die ihm vermittelte Erkenntnis mit voller Gewißheit festzuhalten. Das war sogar noch der Fall nach jenem großen Erlebnis über meine vorgeburtliche Berufung im Himmel durch Christus, das ich 1929 in Locarno hatte. Inzwischen hat sich das ganz von selbst und wie selbstverständlich völlig geändert. Heute läßt solch umfassende Einung des gesamten Menschen mit dem Gottgeist auch im natürlichen Verstand keinen Platz mehr für irgendeinen Zweifel, da die Umwandlung der Natur- und Materiegeister des natürlichen Menschen nun so weit gediehen ist, daß die Stimme der noch Unvollendeten nicht mehr ins Gewicht fallen kann.

So erhebt auch mein natürlicher Verstand keinen Widerspruch mehr gegen die Erhabenheit und Größe dessen, was er im klaren Licht der Gotteinung erfährt: »Du bist *ein von Gottvater auf die Erde Gesandter*, der die Vergottung seines natürlichen Menschen zu erdulden und damit einem ganzen Zeitalter eine neue Lebensgrundlage zu schaffen hat. Zwar sträubst du dich in deiner Bescheidenheit gegen diese Erkenntnis, dennoch wirst du nach dem heutigen Erleben nie mehr in Abrede stellen können, daß du Mein Werkzeug für diese Aufgabe und der menschliche Mittler und Träger der allgewaltigen, umwandelnden Kräfte aus dem Göttlichen bist. Als solcher bist du innerhalb der Menschheit heute auch der Mittelpunkt einer neuen göttlichen Offenbarung. Dazu gebe ICH jetzt erneut deinem ganzen Menschen zu wissen, daß ICH eins und in allem einig mit dir bin und daß ICH dich ausersehen habe.«

Nun nehmen auch die Materiegeister des Leibes diese Mitteilung als göttliche Wahrheit willig auf; wellenförmig fließt sie aus dem Gottgeist und zugleich aus meinem eigenen Geist in meinen körperlichen Menschen ein. Das gibt mir ein Gefühl vollkommener Zugehörigkeit zu meinem göttlichen Vater. Das Einfließen aus dem Innersten her geschieht stufenweise über das Gemüt in die äußersten Sinne bis herab zu den äußersten Materiegeistern.

Während meiner jetzigen Krankheit war ich bis heute wieder einmal völlig verlassen. Ich befand mich im Tod, nicht nur mit meinem inneren Menschen, sondern auch als körperlicher Mensch. Ich mußte und sollte mich gänzlich auf das Abscheiden einstellen mit dem Bewußtsein, daß sich aus meiner Entwicklung nichts nach außen hin verwirklichen werde, sondern daß alles zu Ende sei und vor der Außenwelt nichts von dem sichtbar werde, was ich auf meinem langen, so unendlich leidvollen Weg für sie erreicht habe. Dieses Todeserleben war wieder einmal notwendig zur Erreichung einer neuen Stufe der geistigen Wiedergeburt und Auferstehung. Dabei bin und bleibe ich ein Mitglied der irdischen Menschheit und vertrete sie in ihrer Gesamtheit, wie mir der Gottgeist zeigte, mit meinem Leib für das kommende Zeitalter vor Gott. Auch die gesamte Menschheit will Gott über mich stufenweise zu Sich ziehen.

Trotz des bereits erreichten hohen Entwicklungsgrades kann mein *natürlicher Mensch* immer noch vorübergehend aus der Gottverbundenheit ausscheiden; für ihn darf sogar das Göttliche in mir *niemals* ganz eigener Besitz werden. Mein Geist zieht sich vom äußeren Menschen vorübergehend zurück, so oft es die göttliche Vorsehung als für diesen notwendig erachtet, damit die Demut erhalten bleibt. Das hat auch Jesus in ganz ähnlicher Weise so erlebt. Anders verhielt es sich bei ihm jedoch insofern, als er in der Zeit seines öffentlichen Auftretens für sein sichtbares Wirken fast ständig die göttliche Kraft zur Verfügung haben mußte. Anders war es bei ihm aber auch noch in der Hinsicht, daß bei ihm – der damaligen Entwicklungsstufe der Menschheit entsprechend – die göttliche Kraft noch nicht in dem Maße wie heute bei mir zum organischen Besitz seines körperlichen Menschen werden konnte. Um den Körper für solch tiefe Geistdurchdringung zu erschließen, hat der Christusgeist die Menschheit erst fast zweitausend Jahre lang vorbereitend durchwirken müssen.

Früher empfand ich meinen Individualgeist als mein innerstes Selbst; heute ist mir der Gottgeist infolge der innigen Verschmelzung zum innersten Selbst geworden. Individualgeist und Gottgeist werden auf der Gottstufe zu einer Einheit. Darin besteht der Unterschied zwischen der früheren Geiststufe und der jetzt erreichten Gottstufe. – Früher empfand ich bisweilen bei besonders großen Leiden auch den Individualgeist in der Todeskammer der Materie hilflos gefangen. Die dadurch ausgelösten Leiden waren am allerschwersten zu ertragen, denn bei solchen Zuständen erlebte ich auch mit meinem innersten Geistmenschen gänzliche Verlassenheit und vollkommene Todesstarre. Inzwischen ist durch die weitere Entwicklung auf ordnungsmäßigem Weg Gottvater Selbst auch in der Materie heimisch geworden, so daß mir das Gefühl, mit dem Göttlichen verbunden zu sein, nicht mehr völlig schwinden kann, sondern immer mehr oder weniger deutlich erhalten bleibt, obgleich auch heute noch die Verlassenheitszustände bisweilen recht schlimm sein können.

Auf der heutigen Entwicklungsstufe sind im Zustand der Gotteinung Geist, Seele und Körper meines individuellen Menschen zu einer wirklichen Einheit zusammengeschlossen und in den Gottgeist erhoben.

Bei der heutigen Gotteinung wurde mir unmittelbar zu erleben gegeben, daß in mir alles Leben göttliches Leben und alles Leiden göttliches Leiden ist. Dazu wurde mir erneut gesagt, daß bei meiner großen Erschlossenheit auch im Leiblichen meine Leiden so unsagbar schwer und qualvoll seien, daß kein Mensch es zu fassen vermag. Zugleich wurde betont, daß unmittelbaren Nutzen davon jeder haben könne, der sich bemüht, durch Einfühlen und Mitempfinden die Art meiner Leiden zu verstehen, und – »selig ist, wer sich nicht an dir ärgert«.

Am Bodensee, 22. Juli 1949

Nach den Wochen schwerer körperlicher Krankheit leide ich noch mehr unter der Heimatlosigkeit. Auch sind die Anfeindungen der Hölle so stark, daß ich keinen Sinn mehr in meinem Dasein sehe und mit Gott hadere, weil mein inständiges

Beten um Klarheit und Trost ohne Antwort bleibt. Da läßt sich heute morgen endlich die Stimme Gottes in mir vernehmen:

»Des einen kannst du ganz gewiß sein nach allem, was in dir und durch dich vor sich geht: Du wirst Bahnbrecher einer neuen Mystik und einer neuen Zeit! Die Menschen werden sich einmal um jedes deiner Worte reißen! Für Jahrhunderte wirst du im Mittelpunkt ihres Lebens und Denkens stehen. Glücklich wird sich der schätzen, der dir in deiner schweren Zeit hat helfen dürfen, und sich vor den Kopf schlagen derjenige, der die Gelegenheit dazu gehabt hätte und es nicht getan hat!«

Brief vom Bodensee, 18. August 1949

Beim Lesen in den Erlebnisaufzeichnungen hatte ich unerhört tiefe Gottesverbindung. Der körperliche Mensch wird immer tiefer, immer selbstverständlicher mitverbunden. Es gibt leider keine Worte dafür. Alles ist dann in Gott geborgen, und die göttliche Stimme spricht unaussprechliche Tröstungen, Verheißungen und Erhöhungen aus, aber sie spricht sie nicht nur aus, sie gibt im gleichen Augenblick auch alles zu fühlen und zu erleben. Den äußersten Sinnen, die ein so qualvolles Leben führen müssen, wird dann auch gezeigt und gesagt, welcher Glorie und Erhöhung sie entgegengehen. Ich mag nicht alles aussprechen, es widerstrebt mir. Nur ist dann selbst allen körperlichen Sinnen klar, daß die äußere Qual und Armut bald ein Ende nehmen wird. »Wie könnte ICH dich verlassen, da ICH dich doch auserwählt habe und du Mein Werkzeug bist!« – Es war schon wieder ein Unterschied im Grad seit dem Erleben am Sonntag. Die Bestätigung der Sendung und Aufgabe flutete als Vollmacht in das Menschliche ein, und es fehlen immer wieder die Worte, es auszudrücken.

Meersburg, 2. September 1949

Seit drei Tagen schon war mein Herz fast unausgesetzt von der göttlichen Gegenwart erfüllt, und was Gott mich dabei erleben ließ, war wieder einmal eine Klarlegung meines Weges, anknüpfend an das große Himmelserleben meiner Kindheit in der Schulstube.

Von innen her bin ich von Gott weit über alle Menschen hinausgehoben worden; von außen gesehen stehe ich aber – in der Entsprechung – wie ein entthronter und verarmter König da, dem Gott überdies auch noch absichtlich sein zukünftiges äußeres Schicksal gänzlich verborgen hält, damit ich nur ja keinen Halt und nicht die geringste Stütze mehr im äußeren Leben haben soll. Es hieß heute wieder von Gott her: »Du bist schon von Kindheit an kein Mensch wie die anderen; du hast einen ganz anderen Geist als sie. Dein Geist, der immer in unmittelbarster Verbindung mit MIR steht, hat die Materie deines Leibes so tief durchdrungen und sich ihr in einem so hohen Grad innig verbunden, wie das bisher noch bei keinem Menschen jemals möglich gewesen ist. Daher besitzt dein Körper eine Empfindungstiefe und Leidensfähigkeit, welche einzig dasteht. So ist also auch der Körper bei dir ganz anders als bei anderen Menschen, und du darfst dich deshalb auch niemals mit ihnen vergleichen.«

Der Sinn des heutigen Erlebnisses war der: Gott offenbarte Sich mir in Seiner alles verstehenden Liebe. »Du siehst«, sagte ER, »daß alles wahr geworden ist, was dir verheißen war. Du bist *der* geworden, der du werden solltest, wenn auch in anderer Weise, als du ursprünglich glaubtest. Auch was noch weiter äußerlich mit dir geschehen wird, darfst du nicht vorher wissen.« In der Sprache der Bibel würde eine so innige Liebesverbindung mit Gottvater zum Ausdruck gebracht werden mit den Worten: »Du bist mein lieber Sohn, an dem ICH Wohlgefallen habe.«

Bei meinem ersten großen Himmelserleben, das mich als siebenjähriges Kind an jenem Winternachmittag in der väterlichen Schulstube überkam und in völlig ungeahntem, unbegreiflichem, himmlisch-göttlichem Geschehen dem Alltag entriß, erfolgte der Einbruch des Göttlichen in mein Bewußtsein erstmalig in dem Augenblick, als ich beim Betrachten unserer großen, schönen Bilderbibel zur Auferweckung des Jünglings zu Nain gekommen war, und erneut und noch stärker bei dem Verhör Jesu vor dem Hohen Rat.

Als Jesus sich dort in aller Offenheit zu Seinem himmlischen Vater bekannte, waren sich der Hohepriester und der gesamte Rat als Vertreter der gegengöttlichen Welt darüber einig: »Er hat Gott gelästert, er ist des Todes schuldig!« – Das alles erlebte ich damals als Kind schon genau so, als ob es mich selbst beträfe. Und zur Bestätigung meines Gefühls wurde mir aus dem Himmel gesagt: »Das hat nicht nur Jesus erlebt und getan, auch du bist zu diesem Weg berufen.«

Dies alles wurde mir bei dem heutigen Gotteserleben noch einmal nachzuerleben gegeben, ganz wie damals, nur in noch weit tieferer und eindringlicherer Bewußtheit. Die damalige Offenbarung aus dem Himmel kam über und durch Christus aus Gottvater. Es war ein Aufschließen des ganzen inneren Menschen.

Wenn ich von meinem heutigen Entwicklungsstand her den zurückgelegten Weg überblicke, dann lassen sich ganz deutlich drei Stufen unterscheiden:

Mit dem Kindheitserlebnis in der Schulstube kennzeichnet sich *die erste Stufe* als die vollkommene Durchdringung meines *individuellen Geistes* durch den Gottgeist.

Die zweite Stufe wurde eröffnet durch das Erlebnis in der Schroth-Kirche in Schreiberhau im Jahre 1915. Auch dieses war ein Gottvater-Erlebnis und brachte die vollkommene Durchdringung von *Geist und Seele*. Ich wurde dabei ganz ausdrücklich auf das Kindheitserlebnis hingewiesen mit dem Bemerken: »Der Verwirklichung dessen gehst du jetzt entgegen.«

Auch bei dem heutigen Gotteserleben bildete wieder jenes Kindheitserlebnis den Ausgangs- und Mittelpunkt; und die Durchdringung des Körpers und seine hochbewußte Teilnahme an dem Gotteserleben geben deutlich zu erkennen, daß nunmehr *die dritte Stufe* erreicht und der *ganze* Mensch in *Geist, Seele und Körper* vom Göttlichen völlig durchwirkt wird.

Das Göttliche hat für mich seinen übersinnlichen Charakter im üblichen Sinne gänzlich verloren; es ist für meinen äußeren Menschen etwas durchaus Natürliches geworden. Je mehr von meinen Materiegeistern auf dem Wege über das qualvolle Leiden sich ins Göttliche umwandeln lassen, um so tiefer und umfassender wird das göttliche Wesen zum natürlichen Besitz und Eigentum des äußeren Menschen.

Meine Entwicklung hat sich von Anbeginn unter der persönlichen Leitung Gottvaters vollzogen und war von vornherein auf das neue Ziel der Geistdurchdringung der materiellen Körperwelt abgestellt, womit Gottvater Sich die Möglichkeit schaffen will, in Zukunft auch das Geschehen in der irdischen Außenwelt durch Seinen Liebewillen zu lenken.

Die heutige Gottesansprache in menschlichen Worten ausgedrückt würde lauten: »Das Himmelserlebnis deiner Kindheit, bei dem dein Weg mit dem Weg Jesu gleichgesetzt wurde, sollte dich im Geist von vornherein aus der übrigen Menschheit herausheben. Es sollte dir damit zum Bewußtsein gebracht werden, daß deine Entwicklung auf ein ganz besonderes Ziel hinsteuert. Als du dann später enttäuscht und unglücklich darüber warst, daß die Verheißung sich dem äußeren Anschein nach doch nicht erfüllte, wurde dir erklärt, daß dein Weg im besonderen doch auch wiederum ein anderer sei als der Weg Jesu. Denn bei dir müsse auch der Körper bei Leibesleben vom Göttlichen durchdrungen und umgewandelt werden, weshalb du äußerlich nicht so auftreten dürftest und könntest wie seinerzeit Jesus.

Die Rolle des untätigen Dulders, welche dir damit zugemutet wurde, und – vom äußeren Leben her betrachtet – eine gänzlich negative Seite geistig-religiösen Wirkens darstellt, wollte dir begreiflicherweise gar nicht gefallen, und du warst darin ganz besonders heimtückischen Angriffen und Versuchungen der Hölle ausgesetzt, die so gefährlich waren, daß irgendein anderer Mensch ihnen nicht eine Minute hätte standhalten können. Aber gerade durch diese besonderen Erprobungen wuchsen deine Kräfte in ungeahnter Weise, so daß es dir dann selbst von Erlebnis zu Erlebnis immer klarer erkennbar wurde, wie dein gottverbundener Geist von Mal zu Mal stärker durch die Materie hindurchzuwirken vermochte. Schließlich gewann in deinem inneren Menschen das königliche, überweltliche Gottesbewußtsein ganz und gar die Oberhand und war nun durch keine Versuchung und keinen Angriff der Hölle mehr zu erschüttern. In den Zeiten der Verlassenheit aber wurden die Materiegeister Deines Leibes durch die Angriffe der Hölle aufgepeitscht, sich gegen Meine Führung aufzulehnen, alles aufzugeben, alles hinzuwerfen. Dann schienen dir deine äußeren Lebensumstände mit der göttlichen Gegenwart in dir unvereinbar; denn das Wissen von der Gottesnähe ist so stark, daß es selbst in den Stunden der stärksten Versuchungen auch dem natürlichen Verstand erhalten bleibt. In den heftigen und erbitterten Angriffen der Hölle liegen die tiefsten mystischen Geheimnisse deines Weges. Aber ICH stehe hinter dir, ICH muß zwar aus Gründen deiner Entwicklung alles zulassen, werde aber zu gegebener Zeit alles zum rechten Ziel führen.«

Auch auf das Gotteserlebnis aus dem Jahre 1942, in dem es dreimal aus der höchsten Gottes-Sphäre her hieß: »Der Mensch ist Gott!«, wies mich Gott heute noch einmal ausdrücklich hin. Zu jener Zeit erlebte ich meinen Individualgeist zu wiederholten Malen in seiner ganzen Hoheit. Trotzdem wäre es mir in meinem menschlichen Bewußtsein nie eingefallen, die Worte: »Der Mensch ist Gott!« auf mich zu beziehen. Derartige Gedankenverbindungen widersprechen völlig meiner menschlichen Veranlagung. Mein Gebiet ist einzig das Gotteserleben in der höchsten Liebe. Manchem anderen Menschen freilich würden solche Gottesworte zum Anlaß werden, sich zu überheben. – Wie Gott mir heute erklärte, wurden mir damals diese Worte gesagt, um mein Selbstbewußtsein zu stärken. Mir sollte damit von der göttlichen Warte her die Aufstiegsmöglichkeit beleuchtet werden, die sich aus meiner Entwicklung für *jeden* Menschen, vor allem im Jenseits, ergibt.

Meersburg, 20. September 1949, morgens

Nach der Lungenentzündung im Sommer 1949 war mir eine völlig unbeschreibliche, auf das höchste gesteigerte Hellfühligkeit in meiner Brust zurückgeblieben. Weit empfindlicher noch als jeder Seismograph war dort eine bestimmte Stelle, die mich alles, was an mich herantrat, mit heftigsten Schmerzen empfinden ließ und mir noch über Monate hin eine Quelle unablässiger Qualen blieb.

Heute morgen boten diese grauenhaft peinigenden Beschwerden der Gegenseite wieder einmal willkommene Gelegenheit, mich ganz unversehens und heimlich auf die unmenschliche Härte meines äußeren Schicksals zu stoßen und sie mir als Grausamkeit Gottes hinzustellen. Als ich nun vom menschlichen Standpunkt her dieser Auffassung nicht ganz unrecht geben konnte, antwortete die Stimme Gottes in meinem Inneren:

»ICH, der ICH die Liebe Selbst bin, muß MICH von meinen Kindern beschimpfen lassen dafür, daß ICH nur das Gute für Meine Geschöpfe im Auge habe. Ja, unendlich viele verfluchen MICH geradezu wegen Meiner angeblichen Lieblosigkeit. Dabei kommt alle Mißhelligkeit und alles Unglück doch nur aus dem falschen Gebrauch, den die Menschen von der Freiheit machen, die ICH ihnen gegeben habe, um sie zum Höchsten, zum Gleichsein mit MIR zu führen.

Hätte nicht jeder Mensch von MIR die Freiheit in sich, wie könnte ICH den Wahnsinn der Diktatoren mit ansehen? Aber eben, weil der Mensch einen Geist aus MIR in sich trägt und diesen in sich zur Entwicklung bringen und zur allein führenden Macht in sich werden lassen soll, muß ICH gerade um der höchsten Freiheit willen, die damit unlöslich verbunden ist, auch alle böswilligen Menschen nach *ihrer* Liebe handeln und alles geschehen lassen. So werde ICH also gerade deswegen, weil ICH die Menschen zu Meinen Ebenbildern erschuf, von ihnen verkannt und verflucht.

Wirst *du* schon, der du doch das alles weißt und verstehst, mit den scheinbaren Widersprüchen kaum fertig, die das irdische Geschehen in sich trägt und die der Widersacher für seine Zwecke ausnutzt, indem er MICH bei jeder Gelegenheit als einen unbarmherzigen und grausamen Gott hinstellt, – wie kann man dann von *anderen* erwarten und verlangen, daß sie Meine Zurückhaltung und Meine scheinbare Gleichgültigkeit gegenüber dem Elend der Menschheit richtig verstehen?

Für dich ist das Erdenleben ein einziger grausamer Leidensweg, und das Marterjoch drückt dich schwer, so daß du täglich in den Verzweiflungsruf ausbrichst: ›Wäre ich doch nie geboren!‹ Das mit anzusehen und nicht abändern zu dürfen, ist für ein liebendes Vaterherz sehr schwer zu ertragen. Aber du weißt ja, daß du aus eigenem freien Entschluß deines Geistes diese schwere, undankbare Sendung zum Heil der Menschheit übernommen hast und ICH um der Freiheit der Entwicklung willen leider alles Übel gegen dich geschehen lassen muß.

Tröste dich in deinen schweren täglichen Leiden damit, daß es auch MIR, dem allmächtigen Gott, nicht anders geht. Auch ICH muß alles geduldig hinnehmen und MICH von den Menschen verkennen und schmähen lassen dafür, daß ICH ihnen alles gab und weiter täglich gebe, was ICH besitze. Die Menschen sollen vollkommen werden, wie ICH vollkommen bin; das war von jeher Mein höchster Wunsch und Mein höchstes Ziel. Aber gerade um zu dieser Vollkommenheit gelangen zu können, müssen sie so leiden. Denn bei ihrer verkehrten Einstellung ist das Leiden das einzige Mittel, sie davor zu bewahren, an der Welt haften zu bleiben und an die Gegenseite verloren zu gehen.

Weil sie von selbst die Einsicht, den Willen und die Tatbereitschaft nicht aufbringen, sich von der Welt loszureißen, müssen ihre Seelen durch schwere Katastrophen und Leiden gewaltsam aus ihren Leibern herausgerissen werden, damit sie nicht ganz dem geistigen Tod verfallen. So wirke ICH sogar in den dunkelsten Orten der Reinigung und Abödung nur durch Meine Liebe, obgleich die davon Betroffenen dadurch unsagbare Schmerzen leiden.«

Meersburg, 28. September 1949

Die Gottesansprache, derer ich heute vormittag im Strandbad gewürdigt wurde, hatte ich nicht aufschreiben können. Doch am Nachmittag, als ich mit Freunden darüber sprach, kam die unmittelbare göttliche Gegenwart wieder und wiederholte mir die Ansprache vom Morgen, da sie niedergeschrieben und für die Menschheit festgehalten werden sollte.

Eingangs erinnerte Gott mich daran, wie mir von IHM schon vor einem Jahr in Weidenberg gezeigt worden war, daß ER die verschiedenen katholischen Heiligen geradezu zum Leiden begeistern könne und in vielen Fällen auch begeistert habe. Also auch *das* liege durchaus im Bereich der göttlichen Liebe und Macht. Jedem wird nur soviel zugemutet, wie er tragen kann; im übrigen wird ihm in seinen Leiden von Gott geholfen und sein Wille dazu gestärkt. Und dann sprach Gott weiter:

»Heute will ICH dir noch näher erläutern, wie solches zugehen kann. ICH bin der allmächtige Gott, der alles mit Seinen Geschöpfen vermag, und jedem Seiner Kinder der rechte Führer und Helfer ist.« Und nun gab Gott mir zu fühlen, wie ER diese Beseligung an den Heiligen unter ihren größten Leiden bewirken kann. Ich durfte es hierbei in allen Einzelheiten ganz stark am eigenen Leib erleben.

Gott kann durch das Einfließen Seiner Liebeskraft dem Menschen, wenn er die wahrhaftige Verbindung zum Himmel hat, auch in der ärgsten Folter jede Qual fortnehmen. Ja, ER kann ihm sogar die Begeisterung geben, immer noch mehr Qualen auf sich nehmen zu wollen. Das ist freilich ein Vorgang, der über jede normale menschliche Vorstellung und Empfindung weit hinausreicht. Dann hieß es weiter:

»ICH habe dir das nun noch viel eindringlicher als vor einem Jahr in Weidenberg zu erleben gegeben, damit sich jetzt auch dein äußerer Mensch ganz klar wird über die Art deines eigenen schweren Leidensweges, der in vielem so ganz anders ist als die Leidenswege der bisherigen Heiligen und Mystiker. ICH habe dir auf deinem Weg bisher nicht *Begeisterung* für das Leiden gegeben, sondern habe dir im Gegenteil *jede tröstende Hilfe entzogen* oder sie wenigstens auf ein Mindestmaß beschränkt. Das tat ICH nicht aus Willkür oder Grausamkeit, sondern weil es für deine besondere Entwicklung notwendig war. ICH will dich zu einem höchsten Ziel führen, und dazu sind eben auf deinem Weg die allerschlimmsten Leiden notwendig; müssen doch bei dir durch das verzehrende Geistfeuer und die Schicksalsleiden auch die allerhartnäckigsten Materiegeister des Leibes umgewandelt werden. *Um zu dem höchstmöglichen Grad der Vergottung* und somit zur völligen Umwandlung der Materie zu gelangen, mußt du also die tiefsten Demütigungen, Erniedrigungen und Verlassenheitszustände erleben und durchmachen. ICH, der ICH Selbst dich auf deinem Weg bis in alle Einzelheiten leite, mußte MICH dir bisher mehr oder weniger verborgen halten und sah MICH aus Entwicklungsgründen gezwungen, dir in deinem äußeren Menschen das volle Bewußtsein der Bedeutung deines unerhörten, einmaligen Leidensweges immer wieder zu entziehen. Ja, ICH Selbst mußte dir Zweifel über die Richtigkeit deines Weges eingeben und auch die furchtbarsten Angriffe und Versuchungen durch die Hölle zulassen. Auf diese Weise mußte dein äußerer Mensch auf seinem besonderen Weg erniedrigt werden, bis er völlig am Boden lag. Keinerlei Freude und Genugtuung über die errungenen Stufen in der geistigen Höherentwicklung durfte in ihm aufkommen. *Nur das allernotwendigste Gotteserleben wurde dir gegeben, damit du überhaupt die Kraft fandest, den Weg weiterzugehen.* Als du in den Lebensgeschichten der katholischen Heiligen lasest, daß sie vielfach noch nach immer weiteren Leiden verlangt haben, während du doch eine völlig andere Einstellung zum Leiden hast, *habe ICH Selbst dir deine Zweifel darüber, ob du auf dem richtigen Weg seiest, nicht gemildert; denn nichts ist gefährlicher, als wenn der äußere Mensch auf einem solchen Weg zu selbstsicher wird und zu früh weiß, welchen besonderen Weg er geht. Nur über die vollkommene Demut und Erniedrigung des äußeren Menschen ist solch ein hohes Ziel, wie es dir gesteckt ist, zu erreichen.* Im Geist hattest du schon immer, von Kind auf, die äußerste Demut, so daß du nie etwas dir selbst zugerechnet hast. Aber *diese vollkommene Demut und Selbstlosigkeit deines Geistes mußte sich im Laufe der Jahre auch durch Seele und Leib hindurchringen.* Die dabei zu überwindende Kluft, welche zwischen dem Göttlichen und dem Menschlich-Natürlichen der irdischen Wesensteile besteht, ist ungeheuer groß und kann nur ganz allmählich durch große Leiden und Erniedrigungen überwunden werden. Deshalb mußte dein äußerer Mensch diesen langen, schweren Weg gehen und ihm so vieles über seinen eigenen inneren Weg verborgen gehalten werden.

Heute jedoch darf dein äußerer Mensch mehr wissen, weil in ihm jede Gefahr, in Hochmut zu fallen, überwunden ist. So gebe ICH dir jetzt Meine Vaterliebe in ihrer ganzen Fülle zu erleben und erhöhe dich in einer Art und Weise, die für andere Menschen völlig unbegreiflich ist. Du darfst nun endlich wissen, daß auch in deinem geistig-menschlichen Fühlen und Empfinden von jeher alles richtig gewesen ist, auch dann, wenn du nicht unmittelbar von MIR eine Bestätigung dafür erhieltest; selbst in den größten Verlassenheitszuständen hast du deinen Entschluß zum rechten Handeln aus letzter, innerer Verbundenheit mit MIR gefunden. – Ferner zeige ICH dir, daß dein Weg der allerschwerste ist, weil ja die ganze äußere Leibessphäre mit umgewandelt werden und dabei absterben muß. Was diese Umwandlung durch Sterben und Auferstehen für das Leibesleben bedeutet, das können auch die Best-Eingestellten unter deinen Freunden nur schwach ahnen, aber nicht wirklich begreifen.

Heute nun enthebe ICH dich aller Pein und Qual und gebe dir eine Übersicht über dein ganzes Leben von Kindheit an, besonders auch über dein ganzes Liebeserleben, bei dem du stets ein Mittler Meiner Liebe warst und nur nach Meinem Willen handeltest. Nie in deinem ganzen Leben hast du dich an einen Menschen so verlieren können, daß du am Geschöpf haften geblieben wärest. Immer war ICH, der Schöpfer, deine erste und deine letzte Liebe.

Keine Schicht in deinem Leib, bis zu den alleräußersten, darf unerschlossen und unvergeistigt bleiben. Dagegen ist die geistig-göttliche Entwicklung bei allen anderen Menschen bisher noch niemals bis in diese tiefst gefallenen Stufen und Schichten der Leibesmaterie vorgedrungen. Jesus ging einen ganz anderen Weg der Vergottung. Sein stellvertretendes Leiden hatte seinen Schwerpunkt in dem großen *äußeren* Leiden auf Golgatha. Du aber sollst auf dem inneren Weg jene Schichten der Menschenwelt erschließen, in denen der Tod sein Reich und die Hölle ihr stärkstes Bollwerk hat. Darum müssen deine Leiden so überaus schwer und grausam sein, daß du unbedingt mit Selbstmord geendet hättest, wenn ICH dich nicht mit Meiner unsichtbaren Hilfe immer wieder noch gehalten hätte.

Bei den Heiligen und Mystikern vor dir hat Meine Gnade jene tiefst gefallenen, gefährlichen Schichten der Leibesmaterie verschlossen gehalten. Diese Menschen waren nur in Geist und Seele mit dem Göttlichen geeint und erlebten die Gotteinung unter Ausschaltung ihres Körpers in der Ekstase. Dir dagegen werde ICH bis in deine letzten Materiegeister des Leibes hinein bewußt, wie ICH dir heute gezeigt habe, und auf diese Weise gebe ICH MICH dir zum vollen Eigentum, so daß du nun eine Freude und ein Glück erlebst, das ganz einzig in seiner Art ist und bisher noch von keinem Menschen so erlebt werden konnte.

Mit deinem gegenwärtigen gesteigerten Erleben bringe ICH Meine *Liebe* immer noch tiefer in das Geschöpfliche hinein, und du erlebst sie in einer Stärke, die ein anderer Mensch nicht ahnen, geschweige denn begreifen kann. Durch deine Vermittlung will ICH die Menschheit für Meine Liebe mehr und mehr erschließen, und darum mußt du leiden und immer wieder leiden; nur so sind diese schwierigen Wege zu bahnen. Aber behalte Mut und Vertrauen! ICH habe dich heute schauen lassen, wie ICH, der Allmächtige, dein Vater, dein Freund und deine letzte und höchste Liebe, dich mit Meiner Kraft stützte. Du bist so tief in MIR verwurzelt, daß du nur noch aus MIR heraus leben und lieben kannst.

Da ICH MICH bisher vor dir meistens verborgen halten mußte, war dein Weg in jeder Hinsicht unsagbar schwer. So hattest du keinerlei äußere Stütze und standest allein. Die katholischen Heiligen und andere Mystiker konnten dir weder Beispiel noch Stütze sein, weil ihre Wege sehr viel anders waren; so konnten sie dir auch keinen vollen Trost spenden. Selbst mit ihrem tiefsten, inneren Menschlichen waren sie dem Göttlichen noch nicht so fest verbunden, daß sie lediglich über ihr eigenes Innere einen sicheren Halt unmittelbar aus MIR hätten finden können. Daher bedurften sie einer Stütze von außen, die sie in der unbedingten Unterordnung unter ihre Ordensoberen und die Vorschriften der Kirche fanden. So konnten jene ihren Weg nur unter dem Gesetz des bedingungslosen, äußeren Gehorsams gehen, während du deinen Gottesweg im Gewand des modernen Menschen, frei von aller äußeren Bindung, allein unter dem Gesetz deines eigenen inneren Geistes beschreiten mußtest. Dennoch blieb es dir immer wieder schwer verständlich, warum du derart streng von MIR gehalten und durch gar so viel Leiden und Entsagung hindurchgeführt werden mußtest. Fühltest du doch ganz deutlich, daß dir ja von jeher alles gegeben war und dein Geist nicht erst durch die Leiden der Welt Demut und Gehorsam zu lernen brauchte. Jetzt aber erkennst du, daß dein Weg der Vergeistigung, Vergottung und Umwandlung der Materie alle Stufen der Welt bis zur äußersten Leibesschicht durchlaufen mußte, damit du nicht nur den Geist, sondern auch das natürliche Leben in der Menschheit aus dem göttlichen Schoß wiedergebären konntest.

Nachdem du nun auf dieser Höhe der Entwicklung angelangt bist und dir die innere Freiheit wirklich errungen hast, gebe ICH dir heute Meine Liebe in der äußersten Fülle. ICH liebe dich wie einen Freund, der in dem anderen völlig aufgeht, und erhöhe und verkläre dich.

Eine solche Fülle hast du bekommen, daß du, wärest du ein Ekstatiker wie die meisten Heiligen und Mystiker, im göttlichen Feuerstrom mit Blitzesschnelle in die Höhe fahren müßtest. Doch du kannst das göttliche Feuer in deinem Menschlichen bewältigen; so geschieht nach außen hin nichts, und man merkt dir kaum etwas an. Das gerade aber ist ein Zeichen deiner besonderen Stärke und läßt erkennen, daß du den göttlichen Geist organisch in dein Menschliches bis in die Körpermaterie hinein aufzunehmen vermagst.«

Am Vormittag des nächsten Tages erlebte ich erneut die unmittelbare göttliche Gegenwart, und es erfolgte eine Fortsetzung der Ansprache:

»In ihrer Beschränktheit schließen die Menschen viel zu sehr von sich auf andere; es mangelt ihnen die Fähigkeit, sich in den anderen und seine Lage einzufühlen. So sehen sie alles nur von ihrem Standpunkt aus und meinen, es müsse alles so sein, wie gerade sie es sich denken. Auch deinen Weg beurteilen sie nur nach dem, was sie bisher an den Wegen der Mystiker und Heiligen beobachtet haben. Die heutigen Menschen haben leider kein wahres Innewerden aus MIR, ihrem Gott. Das ist recht traurig, kann aber nur sehr langsam geändert werden. Wie jedes Geschöpf, jeder Mensch anders ist, so sind auch ihre Entwicklungen, ihre Aufgaben und ihre Wege zu Gott verschieden. ICH stelle sie jedem nach seinen Anlagen. Aber damit du in Zukunft gegen die Zweifel und die furchtbaren Angriffe der Hölle besser gefeit bist, überschütte ICH dich heute mit Eröffnungen über deinen einzig dastehenden, schweren Weg. Deine Leiden sind in ihrer Schwere und Tiefe für andere Menschen einfach unvorstellbar. So war es auch bei der Kreuzigung Christi. *In einem Gottmenschen sind alle Leiden übermenschlich schwer, da er, seiner Veranlagung im Göttlichen entsprechend, alles mit unendlich gesteigerter Tiefe empfindet.*

Sogar jetzt, wo ICH dich mit Gnaden überschütte, dir die außerordentliche Schwere deines Weges bestätige, Selbst dir bezeuge, wie furchtbar über jedes menschliche Begreifen du gelitten hast, und dich so erhöhe, wie ein Mensch gar nicht mehr erhöht werden kann – sogar jetzt vermag die Hölle den Materiegeistern deines Leibes doch noch wieder Zweifel einzuhauchen, ob man sich wohl auch auf die Verheißungen Gottes verlassen könne, ob Gott auch wirklich halten werde und könne, was ER verspreche, ob ER nicht doch den äußeren Menschen zu sehr vernachlässige und quäle und ob ER dich nicht in gar zu unmöglichen äußeren Lebensverhältnissen verkommen lasse. – Auf solche Weise nimmt die Hölle dir gleich wieder den größten Teil der Freude aus dem Erleben mit MIR. Daran kannst du am besten erkennen, wie mächtig sie in der Leibessphäre immer noch ist, und welch schweren Kampf du weiter noch mit ihr zu führen hast. Aber lasse dich nicht von ihr betören, kämpfe zäh und beharrlich gegen die Beeinflussungen des Widersachers an, und sei ständig auf das äußerste wach gegenüber allen Versuchungen. Du weißt, daß allein ICH, dein Gott, dich diesen besonderen Weg führe und das Steuer deines Lebensschiffes sicher in der Hand halte; und du weißt, daß allein ICH, dein Vater, es bin, der in dir spricht.«

Am 2. Oktober, als ein ganz geringfügiger Anlaß mich etwas beunruhigte, fuhr die Hölle mit schwerstem Geschütz gegen mich auf und überfiel mich mit einem fürchterlichen Angsteinfluß. Wie entsetzlich grausam diese Höllenangst sein kann, habe ich zur Genüge in Klein-Polkwitz erlebt, wo mir die Hölle keinen Augenblick mehr Ruhe ließ, nachdem wir einige Male von räubernden Russen überfallen worden waren. Jede Minute raunten oder schrien die Höllengeister mir in die Ohren: »Sie kommen! Sie kommen!« Damit riefen sie einen Angstzustand in mir hervor, der mich wahrhaftig fast umgebracht hätte. Unter seinem Einfluß versicherte ich meinem Schwager wiederholt ernsthaft, wenn er morgens zu seinem ärztlichen Dienst fortging: »Du wirst sehen, wenn du zurückkommst, habe ich mich umgebracht; ich kann das nicht mehr ertragen.« – Zwischen damals und heute besteht nun freilich insofern ein beträchtlicher Unterschied, als die Macht der Hölle, vor allem die Höllenangst, heute doch schon zu einem hohen Grad in mir überwunden ist. Die Herzregion bleibt jetzt völlig frei davon; die Angst kann gar nicht mehr bis zum Herzen hinaufsteigen und dieses ergreifen. Innerlich fühle ich mich daher jetzt frei. Vom Geist und von Gott her wird mein ganzes Wesen von göttlicher Liebe durchströmt, und auch die Materiegeister des Leibes haben sich schon zum größten Teil dem göttlichen Liebeseinfluß geöffnet. Nur die alleräußersten Materiegeister geben der Hölle noch Gelegenheit einzuhaken, und hier hat sie allerdings noch eine große Macht.

Die innere Erschlossenheit hat nun in mir einen solchen Grad erreicht, daß Gott jetzt auf dem ordnungsmäßigen, geistig-natürlichen Weg den Hölleneinfluß aus mir vertreiben kann. Es ist das erste Mal, daß Gott mir auf diese Weise unmittelbar helfen kann. Dabei spricht die göttliche Stimme in mir und versichert mir, daß meine Sorge unbegründet gewesen sei. Auch meine Materiegeister glauben dieser Versicherung, und so läßt sich auch mein äußerer Mensch beruhigen. Als der unmittelbare göttliche Einfluß nachläßt, regen sich allerdings erneut Zweifel in den äußersten Schichten des Leibes, aber sie sind belanglos im Vergleich zu dem Anstürmen der Hölle, welches früher bei solcher Gelegenheit immer gleich einsetzte.

Nun aber erfolgt von Gott eine große Ansprache, in welcher ER die Menschheit der Lieblosigkeit anklagt, die an allem Unglück auf Erden die Schuld trage. – Aus göttlichen Sphären werden zunächst die Anfangsverse des 13. Kapitels vom 1. Korintherbrief gesprochen: »Wenn ich mit Menschen- und mit Engelszungen redete und hätte der Liebe nicht, so wäre ich ein tönend Erz und eine klingende Schelle... Die Liebe ist langmütig und freundlich...; sie verträgt alles, sie glaubet alles, sie hoffet alles, sie duldet alles.« Und dann spricht Gott: »Von Kind auf standest du in der höchsten Liebe, in der Liebe zu MIR, deinem Vater und Freund. Dein ganzes Wesen war auf Liebe eingestellt, nicht in kreatürlicher, sondern in göttlicher Art. Aus dieser Liebe zu MIR liebtest du auch die Menschen. Die Menschheit aber hat sich so weit vom Geistigen und Göttlichen entfernt und kann alles nur noch vom Blickpunkt der Seele und der gefallenen Natur her beurteilen. Daher fehlt ihr die Weite und Tiefe wahrer Liebe überhaupt, und sie ist auf allen Gebieten noch fast völlig an die Natur gebunden. Auf dem Grund des Vermittlungs- und Erlösungswerkes Christi hat sie erst *begonnen,* im *Geist* wieder zu der Sphäre Gottes aufzusteigen. Aber wie wenig hat sie bisher von einem Geist-Christentum in sich verwirklicht! Mit Ausnahme einiger weniger, erleuchteter Geister konnte sie sich immer wieder nicht wirklich aus ihrer Erdgebundenheit erheben. Und noch weit schwerer als auf dem Gebiet des Religiösen kann sie im Bereich des *seelisch-leiblichen Lebens* zu einem freieren, geistigen, gottebenbildlichen Menschentum den Weg finden. In ihrer Liebe ist sie noch gänzlich an das Natürliche und das Animalische gebunden. Zur Vergeistigung ihrer Liebe im Leiblichen hat sie kaum noch einen ersten Schritt getan. *Das Wesen der geistigen und göttlichen Liebe ist den heutigen Menschen noch kaum faßbar; die* Liebe also, mit der ICH die Welt und die Menschen liebe und die auch im Leib und in der Materie schöpferisch ist, kennen sie nicht.

Auch alle Grunderkenntnisse über das wahre Wesen der Schöpfung sind der Menschheit so gut wie ganz verloren gegangen. Sie weiß nicht mehr, daß auch die irdisch-leibliche Schöpfung ursprünglich geistig war und erst durch den Abfall

Luzifers von Gott in den Zustand der Natur und der starren Materie gefallen ist. Und die Menschheit ist sich auch des Ziels nicht bewußt, daß sie selbst sich mitsamt der Natur wieder zum Geist emporringen soll.

Du selbst bist ein vollkommenes Gefäß Meiner Liebe; das ist nun bei dir *auch im Leiblichen verwirklicht*. Bei der Menschheit allgemein aber besteht eine große Unordnung in Liebesdingen. Die wahre, göttliche Ordnung in der Schöpfung und Menschheit ist zum großen Teil geradezu umgekehrt worden, und zwar nur, weil die Menschen sich gegen die wahre Liebe verschließen. Beruht doch die göttliche Ordnung in allen Dingen und in jeder Hinsicht ganz auf den Gesetzen des Geistes, der Liebe und der Freiheit. Der Mangel an *Liebe* hat den Menschen auch die wahre *Erkenntnis* verdunkelt, so daß sie für Licht nehmen, was Finsternis ist, und für Finsternis, was Licht ist. Die Natur und die Vernunft haben sie zu ihren Göttern gemacht und wissen nicht mehr, daß ICH *der Gott der Liebe* bin, und daß die Liebe Gottes höher ist als alle Vernunft. Weil den Menschen die Liebe fehlt, sind sie auch so unduldsam gegen alles, was nicht genau mit dem übereinstimmt, was sie als Natur- und Vernunftgesetze meinen erkannt zu haben.

Du wirst von Meiner unaussprechlichen Gottesliebe bis in die alleräußersten Schichten deines irdischen Leibes durchdrungen. Tage- und wochenlang stehst du in dem alles umwandelnden Geistfeuer. Welche ungeheuren Wirkungen durch dein hohes, mystisches Erleben nicht nur in dir selbst, sondern in Entsprechung gleichzeitig auch in der Menschheit geschehen, das kannst du wohl ahnen, aber nicht in deinem äußeren Menschen fassen. Wenn du um all die Geheimnisse wüßtest, die hinter deinem äußeren Leben stehen, würdest du von ihrer Fülle erdrückt und vernichtet werden. Das eine aber kann ICH dir heute sagen und wiederholen, daß du mit deinem jahrzehntelangen, stellvertretenden Leiden und Märtyrertum der *menschliche* Urheber und *Vermittler* alles dessen bist, was ICH an großen Wirkungen in der Menschheit geschehen lasse, um ein besseres und geistig freieres Zeitalter heraufzuführen.«

Meersburg, 1. Mai 1950

Zu diesem Buch, dessen Niederschrift ich gerade beginne, sagt mir Gottvater ausdrücklich, daß ER die Betonung meiner Leiden ganz besonders wünsche. Jeder Leser, der für sich und seine Entwicklung Hilfe haben möchte, solle versuchen, sich möglichst tief in sie einzufühlen. Schon ein Jahr zuvor, in dem Erleben vom 9. April 1949, hatte Gottvater verlangt, daß ich die Leiden hervorhebe, die ER mir auferlegen müsse, um dem Hochmut, der Lieblosigkeit und Trägheit der verschlossenen, eigenwilligen Menschheit entgegenzuwirken. Damals hatte ER mich ermahnt: »Stelle dein Licht nicht unter den Scheffel, sondern laß es leuchten, damit es hell werde; denn ICH will alle zu MIR ziehen, die guten Willens sind.«

Bei dem heutigen Gotteserleben hieß es weiter: So gern ich es vermeiden wolle und so schwer es mir auch falle, von meiner Gottesbegegnung Weihnachten 1948 zu berichten, dürfe ich sie keinesfalls verschweigen; und zwar solle ich bei diesem Bericht gerade auch mein erleuchtetes Menschliches sprechen lassen. Aus diesem heraus nun kann ich sagen: Wer auch nur einigermaßen etwas von der Schwere und Tiefe meiner Leiden zu erahnen vermag, müßte sich selbst sagen: Wenn ein Mensch, der von Kindesbeinen an so viele Jahrzehnte hindurch unausgesetzt durch solche unerhörten Leiden geführt wird, nicht zu dieser Stufe gelangt, dann gelangt ganz gewiß niemals ein anderer Mensch dorthin.

Ich selbst nun hätte alles andere eher erwartet, als einer solchen persönlichen Begegnung gewürdigt zu werden. Ist mir doch Gott schon seit Jahrzehnten in den Zuständen der Gotteinung so unmittelbar gegenwärtig, daß ich gar nicht auf den Gedanken gekommen wäre, ER könne oder werde Sich mir noch anders nahen. Was mir vorschwebte als Frucht und Lohn der ausgestandenen Qualen, das wäre der Auftrag und die Vollmacht zu eindrucksvoll überzeugendem Wirken nach außen gewesen. Doch nichts dergleichen geschah. Ich wurde beharrlich in einer bedrückenden Enge und Abhängigkeit verborgen gehalten.

Um die Gewißheit über die erreichte Höhe meines Entwicklungsstandes inmitten der tiefsten Erniedrigung in mir zu festigen, hielt Gottvater, wie ich deutlich fühlte, gerade diese Gottschau für das Richtigste und Wichtigste. ER wandte Sich damit vornehmlich an meinen körperlichen Menschen. Gerade das alleräußerste Menschliche an mir sollte durch stärkste Beeindruckung aller seiner Sinne dessen gewiß werden, daß es miteinbeschlossen ist in die Vergottung und vollgültig an dem Sohnesverhältnis teilhat. – Dieses große Erlebnis war ja auch nicht nur ein Schauen; es war eine persönliche Begegnung, ein Sprechen in Wechselrede wie von Mensch zu Mensch, und die Erklärungen und Offenbarungen Gottvaters durchdrangen den ganzen Menschen, unter Einschluß des Körpers, mit überwältigender Deutlichkeit. Sie überzeugten mich unwiderleglich davon, daß hier eine vollkommene Wesensgleichheit des Gottessohnes mit dem Vater erreicht ist, wie sie zwischen Christus und Gottvater besteht.

Hätte das Erleben selbst mir noch die Möglichkeit eines Zweifels gelassen, dann hätte das Verhalten der Hölle mir diese vollends getilgt. Von ihrer Seite nämlich erfolgten täglich die heftigsten Angriffe. Doch weit entfernt davon, mich an meinem Sohnesverhältnis zu Gottvater zweifeln zu lassen, erkannte selbst Satan mitsamt seinen Scharen diese Tatsache unumwunden an.

Gottvater kam zu mir als Mensch und als Freund, um so zu bezeugen, daß ER Seinen Menschenkindern als Vater begegnen will, und das nicht mir allein! Sondern grundsätzlich steht *jedem* Menschen der Weg zu Gott offen; denn jeder Menschengeist stammt aus Gott und soll durch die Vergeistigung seiner Seele und seines Leibes, die im Erdenleben beginnt, die *Gotteskindschaft* für den ganzen Menschen erwerben. Die größte Hilfe beim Zurücklegen des Vergeistigungsweges erfahren die Menschen aus dem Vorangehen der aus göttlichen Sphären auf die Erde gesandten Gottessöhne. Denn diese lassen ihren natürlichen Menschen durch die Kraft der Liebe Gottes ins Göttliche umwandeln und gewinnen dadurch die *Gottessohnschaft* in ihrem ganzen Wesen. (vgl. Joh 10, 34–36 und Röm 8, 29 u. 30)

Sommer 1950

In dem stattlichen Münster zu Überlingen am Bodensee steht eine Marien-Statue. Um die Mutter des Herrn als die Schmerzensreiche zu kennzeichnen, hat der Künstler sie mit einem Schwert in der Brust dargestellt.

Als ich eines Tages dieses Gotteshaus besuchte und an der Mariengestalt vorüberging, fuhr aus dem innersten Himmel ein Blitz in sie hinein, und nun wirkte sie auf mich wie lebend. Zugleich ließ sich die Stimme Christi in mir vernehmen:

»Alles Geschehen in deinem Leben steht in Entsprechung zu Meinem Erdenweg, wie Ich dir schon des öfteren gesagt und gezeigt habe. Wie Meine Mutter den Schmerz der Kreuzigung durch Geist, Seele und Körper mit Mir gefühlt hat, weil sie im Geist innigst mit Mir verbunden war, so ist auch deiner Mutter das Leidensschwert durch Geist, Seele und Körper gedrungen, und sie hat mit dir wahrhaft mitgelitten, als du fast ein Jahr lang die furchtbare Haft ertragen mußtest. Denn von allen ihren Kindern hatte sie gerade mit dir von Anbeginn den tiefsten und innigsten Zusammenhang. Durch ihr Mitleiden ist sie auf ihrem Entwicklungsweg dir und damit Gott immer näher gekommen und so für dich zur göttlichen Mutter geworden.«

Meine Mutter ist zu solcher Höhe gelangt nicht wegen unseres Verwandtschaftsverhältnisses, sondern weil sie mit ganzer Hingabe in innigem Mitgefühl und tiefem Verstehen mir auf meinem schweren Weg als stützende und tröstende Weggefährtin treu zur Seite geblieben ist und dabei das göttliche Muttertum in sich zur Entfaltung gebracht hat. Und es ist gewiß, daß auch jeder anderen Mutter der Weg dorthin offensteht, wenn sie in gleicher Weise ihrem Kind bei seiner Lebensaufgabe mitfühlend und helfend zur Seite steht. Überhaupt enthalten alle göttlichen Kundgaben der jüngsten Zeit den deutlichen Hinweis, daß *jeder* Mensch durch die Entfaltung seiner Liebe seine Entwicklung zum Endziel der Gotteskindschaft vorantreiben soll.

Meersburg, 11. Oktober 1950

Ein furchtbarer Tag lag hinter mir. Bis in den späten Abend hinein hatten wir über Abhilfe von unserer unhaltbaren wirtschaftlichen Lage beraten und keinen Ausweg finden können. Zu den Qualen der Ratlosigkeit gesellten sich starke körperliche Beschwerden. Obwohl wir des kühlen Wetters wegen schon geheizt hatten, hatte ich den ganzen Tag hindurch erbärmlich gefroren; besonders quälend war das Kältegefühl in den Schulterknochen, und es wollte mir auf keine Weise gelingen, mich zu erwärmen. Selbst im Bett fror ich weiter und bekam auch auf meine Bitten um Klarheit über die uns so stark beschäftigenden Fragen keine Antwort. So hatte ich schon eine reichliche Stunde, noch immer frierend, im Bett gelegen, als gegen 1 Uhr ganz unvermittelt und überraschend ein geistiges Gewitter in meinem Körper einsetzte mit Blitzen und Donnerschlägen von einer Stärke, wie ich sie noch nie erlebt habe. Angst, Grauen und Entsetzen von unbeschreiblicher Furchtbarkeit durchfuhren meinen Körper. Mit grimmigster Erbitterung tobte die Hölle gegen mich und richtete ihre Angriffe besonders gegen meinen Körper. Mit weit lebhafterer Bewußtheit, als ich es hätte bei rein äußerlichem, sichtbarem Geschehen erleben können, nahm ich die höllischen Tätlichkeiten in meinem körperlichen Empfinden so wahr, als würde mein Körper von grausamen Geschossen durchbohrt und zerfetzt, so daß große Löcher entständen und Glieder aus den Gelenken gerissen würden. Besonders die Schulterblätter wurden von den höllischen Gewalteinwirkungen so heftig getroffen, daß sie beständig in Gefahr schienen, aus dem Körper herausgeschleudert zu werden.

Doch mein Geist war innigst mit Gottvater und Christus verbunden und hatte nicht die geringste Furcht, fühlte sich vielmehr in seiner Überlegenheit über die angreifenden Mächte und in seiner Herrschaft über den Körper so völlig sicher, wie ich das bisher noch nicht kennengelernt hatte. – Eine nähere Schilderung dieses Erlebens zu geben, ist mir nicht möglich. Ich kann nur sagen, daß dabei zugleich eine Heiligkeit und Seligkeit im ganzen Körper gegenwärtig war, die alle Anschläge unschädlich machte und alle Verletzungen sofort wieder ausglich. – Es war ein ganz ähnlicher Vorgang, wie ich ihn am 23. Juni 1948 in Weidenberg bei dem Besuch des »allmächtigen Christus« erlebt hatte. Nur war ich heute im innigsten Verein mit Gottvater und Christus ganz im Körper in jeder Zelle selbst gegen die Hölle mitwirkend und ertrug auch das geistige, höllische wie göttliche, Gewitter trotz seiner unbeschreiblichen Heftigkeit ohne Zagen.

Nachdem das große Erleben vorüber war, wurde mir heiß, und es strömten und strahlten nun so viele feinstoffliche Gifte aus allen Poren, besonders aus den Knochen kommend, daß ich vor heftigem Juckreiz kaum liegen konnte und erst nach 2 Uhr endlich einschlief.

Schon um 3 Uhr wurde ich wieder geweckt, und zwar durch einen geistigen Besuch. Vor mir stand der Apostel Paulus und begrüßte mich mit den Worten: »Sei gegrüßt, lieber Bruder!« Darauf umarmte er mich und küßte mich zuerst auf die linke, dann auf die rechte Schläfe und schließlich auf die Stirn. Daraufhin kam es zu einer Einung mit ihm, und ich fühlte dabei, ohne daß wir Worte wechselten, sein ganzes Leben vor und nach der Bekehrung, was meine tiefste Anteilnahme erregte. Ich sagte ihm dann, daß ich mich über seinen Besuch sehr freue, und wir sprachen noch manches miteinander, was mir jedoch gleich wieder entzogen wurde.

Dies war für mich die erste persönliche Begegnung mit einem Apostel Christi. Er erschien mir ganz als äußerer Mensch, und auch ich war mit meinem gesamten äußeren Menschen an dieser Begegnung vollbewußt beteiligt, indem das Empfinden meiner Körperzellen in die Einung und den Verständigungsaustausch mit ihm unmittelbar miteinbezogen wurde. Aber hätte ich ihn nicht aus innerer Offenbarung erkannt – nach seinen Gesichtszügen und seiner gesamten Erscheinung hätte ich in ihm niemals den Apostel Paulus vermutet.

Die gänzlich unerwartete persönliche Begegnung und Einung erfolgte in engem Zusammenhang mit diesem Buch. Der Apostel Paulus bezeugte mir seine lebhafteste Anteilnahme daran und äußerte große Freude über seine Entstehung. – Die Erschließung des Körpers für den Geist bis zur Geistwerdung der Materie durch die neue Entwicklung ist auch ihm persönlich ein wichtiges Anliegen.

Die Erlebnisse der letzten Nacht haben mir wieder einmal, und zwar klarer denn je, bestätigt, daß auch alle meine körperlichen Leidenszustände rein geistig bedingt sind. Das ganz unnatürliche und unüberwindliche Frostgefühl des gestrigen Tages war verursacht durch starke Lösungen, die von geistiger Durchstrahlung herrührten. Das geistige Gewitter räumte dann gründlich unter den aufgewühlten Feinstoffen auf und brachte sie zur Ausscheidung. Danach veranlaßte das Paulus-Erlebnis sogleich erneute lebhafte Lösungsvorgänge, die mir so schlimme Beschwerden machten, daß ich meine Zuflucht zu einigen Tropfen einer Spenglerschen Immunkörperlösung nehmen mußte, um noch etwas schlafen zu können.

Meersburg, 18. Oktober 1950

Heute sprach die Stimme Gottes zu mir:

»Kein Prophet und kein anderer Gottmensch hat höhere Erlebnisse gehabt, als du sie empfängst. Das sollst du niemals vergessen! Aber das mußt du auch aussprechen, gerade so wie Jesus es ausgesprochen hat; denn ICH allein nur weiß, weshalb das auch ausgesprochen werden soll und muß. Deine Entwicklung steht einzig da. Jesus allein hat die Einung mit MIR ähnlich wie du erlebt und ist denselben schweren Weg der inneren Offenbarung gegangen.

Die Stille und Erhabenheit, die dich jetzt durchströmen, erinnern dich an die Worte der Offenbarung Johannes': ›Und es ward eine Stille im Himmel bei einer halben Stunde.‹ Du weißt, daß dahinter große Geheimnisse stehen, die aber dein äußerer Mensch nicht wissen darf. Eins aber weißt du klar: daß jetzt über dich gewaltige Wirkungen aus MIR und dem Himmel auf die Erde fluten. In dieser Stunde bist du leidlos in MIR und erlebst, wie im voraus, deine letzte Verklärung im Himmel.

Der Krieg der Hölle gegen dich ist durch Meine Nähe zum Schweigen gebracht; alles in dir steht jetzt in Meiner göttlichen Ordnung. So bist du auch der Zukunft gegenüber furchtlos, im Gegensatz zu gestern, wo nur Todeszustände schlimmster Art dich umfingen. Du ahnst jetzt vieles, möchtest aber nichts deuten, was ICH nicht ausspreche.

Du erkennst nun auch, weshalb ICH dir jetzt in der bittersten Zeit nur schwache Freunde gab, die dir äußerlich helfen sollten. Du siehst ein, daß alles so geschehen muß, wie es geschieht, und du hast in diesem Zustand auch die feste Zuversicht, daß das eintreffen wird, was du auf Grund deiner schweren Leiden erhofftest. Du begreifst aber auch, weshalb dein äußerer Mensch bisher noch in solch großer Qual sein muß. So hoch das Ziel, so grausam die Leiden! Unaussprechlich ist beides. – Aber halte aus, ICH führe dich in die letzte Freiheit!«

Am Bodensee, 14. Dezember 1950

Heute ist mein Geburtstag. Vor einem Jahr verlebte ich diesen Tag in Wiesbaden im Haus lieber Freunde. Diese hatten noch einige andere gute Freunde eingeladen, um den Tag etwas festlicher zu gestalten. So saßen wir im kleinen Kreis beisammen, und die Abendstunden vergingen unter angeregter Unterhaltung.

Ungeachtet und unbeschadet meiner Teilnahme an diesen Gesprächen hatte ich unterdessen anhaltend ein hohes Gotteserleben. Über mir waren alle Himmel offen. Auf königlichem Thron gewahrte ich Gottvater und erlebte IHN in Seiner Kraft und Herrlichkeit. In tiefster Gottesliebe sah ER aus der Höhe Seiner Gottes-Sphäre herab auf mich als Seinen Sohn. ER war umgeben von vielen hohen Geistern. Wie ich mit aller Deutlichkeit wahrnehmen konnte, waren sie in einer Beratung über den Abgesandten auf Erden begriffen und nahmen ihn, also mich, über drei Stunden unter ihre Blicke. Aus dem Gottvatergeist strömte Seine Liebe über meinen Kopf in alle Glieder und Zellen meines Leibes.

Was dabei auf meinen natürlichen Menschen besonderen Eindruck machte, war der Umstand, daß dieses Erleben – wenn auch wie stets von tief innen her über meinen Geist kommend

– den körperlichen Sinnen so wahrzunehmen gegeben wurde, als käme es wie eine Erscheinung von außen. Warum mir dieses hohe und ganz besonders eindrucksvolle Erlebnis gerade an meinem Geburtstag gegeben wurde, vermochte ich nicht zu erkennen; auch blieb meinem natürlichen Verstand verborgen, was eigentlich den Gegenstand der Beratung und Beschlußfassung über mich gebildet hatte. Ganz unbeschreiblich aber war es, wie Gott mich in diesem Erleben *erhöhte* und aufrichtete.

Heute nun, genau ein Jahr später, bekam ich von Gottvater die Erklärung: Es war darüber beraten und endgültig beschlossen worden, mir den Auftrag zu geben, die Niederschrift dieses Buches ernstlich in Angriff zu nehmen. – Schon mehrfach war ich ja in den letzten Jahren darauf hingewiesen worden, daß ich über mein Erleben meinen Mitmenschen berichten müsse. Doch außer der menschlichen Scheu, die mich davon zurückhielt, machten auch die äußeren Verhältnisse meiner Lebenslage es bisher unmöglich, ein solches Werk in Angriff zu nehmen. – Bei diesem hohen Erlebnis vor einem Jahr hatte mein Geist diesen Auftrag bewußt entgegengenommen und nun inzwischen in einem mühevollen und quälenden Ringen gegen alles Widerstreben und Peinlichkeitsgefühl meines natürlichen Menschen dessen Ausführung auch durchzusetzen verstanden.

Am Bodensee, 21. Dezember 1950

Der Don-Bosco-Kalender für das Jahr 1951 enthält einen Bericht über die Feier der Seligsprechung des Domenico Savio, welche am 5. März 1950 stattgefunden hat. – 20.000 Jugendliche Italiens und noch weitere aus allen Erdteilen hatten sich mit vielen weiteren Tausenden von Erwachsenen dazu im Petersdom in Rom eingefunden, und der Tag wurde zu einem ungewöhnlich eindrucksvollen, erhebenden und würdigen Feiertag der salesianischen Jugend, die Don Bosco einst in Liebe zu sammeln begonnen hatte. Auf dem Grund freundschaftlichen Vertrauens hat er die armen Jungen der unteren Volksschichten Italiens von der Straße aufgelesen und um sich gesammelt und sie, die – völlig sich selbst überlassen – verwilderten und in Gefahr waren, gänzlich zu verkommen, mit großer Liebe und Geduld an Ordnung und Selbstzucht gewöhnt und aus kirchenfeindlichen Spöttern zu ernsten, christlich gesinnten Menschen erzogen.

Domenico Savio war ein armer Junge gewesen, den sein Vater zu Don Bosco in die Schule gebracht hatte. Er war dessen bester Schüler und geradezu eine vorbildliche Verkörperung der salesianischen Tugenden geworden. Seine tiefe Frömmigkeit ließ ihn Don Bosco – wie dieser berichtet hat – fragen, wie man denn zur Heiligung gelangen könnte. »Wenn man sich ganz in den Willen Gottes gibt!« Diese Antwort hatte Domenico Savio beherzigt. Als er im Alter von kaum 15 Jahren starb, hat Don Bosco schmerzlich um ihn getrauert, hat aber dann den so früh Abberufenen in einem beglückenden, geistigen Erleben als einen Führer seliger Scharen wiedersehen dürfen. Das war im Jahre 1876.

Nun erfolgte am diesjährigen 5. März die feierliche Seligsprechung durch den Papst unter dem Motto: angelus ad angelos, ein Engel gesellt sich zu den Engeln.

Als ich heute vormittag im Don-Bosco-Kalender den Bericht über diese Feier las, öffnete sich der Himmel über mir, und ich bekam tiefe Verbindung mit dem Geist des seliggesprochenen Domenico Savio und mit seiner himmlischen Sphäre. Mir wurde ein vollständiges Nacherleben der kirchlichen Feier gegeben, und ich gewahrte mit aller Deutlichkeit, wie von den Scharen der himmlischen Knaben unter der Führung des Domenico Savio starke Ströme befruchtender Liebe sich auf die Tausende der Jungen ergossen, die da unten gespannt und andächtig die Vorgänge verfolgten, mit denen hier einer, der ihresgleichen gewesen war, geehrt wurde.

An dem kirchlichen Brauch der Selig- und Heiligsprechung ist nicht nur von evangelischer Seite, sondern auch von Katholiken vielfach Anstoß genommen worden aus der Erwägung, daß doch Gott allein die Entscheidung darüber zustehe, ob ein Verstorbener selig oder heilig sei, die Kirche also niemanden selig oder heilig sprechen könne. Das Erleben jedoch, welches derartige kirchliche Feiern in mir auslösen, läßt solche

Verstandeserwägungen dem wirklichen Geschehen gegenüber als kleinlich und bedeutungslos erkennen.

Es werden bei solchen Feiern überwältigende Kraftströme ausgelöst, welche im besten Sinne geradezu umwandelnd auf empfängliche Gemüter wirken. Ich fühle mich daher auch verpflichtet, das zu betonen unter ernstem Bedauern darüber, daß die evangelische Kirche von diesen Zusammenhängen und Wirkungen nichts weiß und sich diese Kräfte nicht auch in ähnlicher Weise zunutze macht.

Als ich heute abend den Kalenderbericht noch einmal zur Hand nehme und durchlese, bekomme ich erneut tiefe Verbindung mit Don Boscos jugendlichem Freund persönlich und zwar diesmal nicht nur geistig, sondern sogar bis tief in meinen Körper hinein. Ich erlebe ihn dabei im höchsten Himmel und in vollkommener Verklärung auch seines äußeren menschlichen Leibes. Mit unbeirrbarer Sicherheit und Deutlichkeit empfinde ich es:

Was sich jetzt meinem irdischen Körper in allen seinen Gliedern und Organen innigst verbindet, das ist einst der sterbliche Leib des Menschen Domenico Savio gewesen, jetzt umgewandelt und aufgenommen in den Auferstehungsleib, in himmlischer Reinheit und göttlicher Klarheit erstrahlend.

Doch auch mit der starken und herrlichen Persönlichkeit des heiligen Johannes Don Bosco bekomme ich tiefe Verbindung und zugleich mit unzählbaren Tausenden Seliger aus der Salesianer-Jugend, die seiner Führung und Fürsorge ihre Rettung verdanken. Das ist ein völlig unbeschreibliches Strahlen und Wogen von Glück und Seligkeit, das mich nach meinen Erfahrungen noch über viele Tage und Wochen hin immer wieder von Zeit zu Zeit umfangen wird.

Am Bodensee, 15. Januar 1951

Ganz unvermittelt sprach Gott heute morgen in meinem Inneren:

»Als Jesus bei dem Verhör vor dem Hohen Rat auf die Frage des Hohen Priesters sich als Gottes Sohn bekannte, waren seine Worte mehr als nur ein Bekenntnis seines persönlichen

Sohnesverhältnisses zu MIR. Er stand dort vor dem Hohen Rat als Vertreter der ganzen Menschheit und sprach dieses Bekenntnis in solcher Eigenschaft zugleich auch im Namen der gesamten Menschheit.«

Dabei enthüllte Gott mir nun ein großes Geheimnis und ließ mich schauen, welche gewaltige Bedeutung dieses offene Bekenntnis gehabt hat durch die geheimnisvolle und tiefgreifende Wirkung, welche davon für die ganze Menschheit ausging. Ich habe dieses Geheimnis in meinem Geist klar erfaßt und gegenwärtig, doch läßt es sich nicht in menschliche Worte kleiden. Ich kann nur versuchen, es gleichnisweise anzudeuten.

Es liegt darin der Sinn: Jeder Mensch ist im tiefsten Grunde seines Wesens, in seinem Geist, Gottes Kind, nur ist die Menschheit abgeirrt und tief gefallen. Doch mit diesem Bekenntnis, welches Jesus offen aussprach, obwohl er sich dabei bewußt war, daß er damit seinen Tod heraufbeschwor, wurde der Weg geöffnet, damit jeder Mensch in Geist, Seele und Leib die Gotteskindschaft zurückgewinnen kann.

Und nun hieß es weiter: »Um solcher Wirkung willen, welche ein derartiges Bekenntnis auslöst, sollst und mußt auch du jetzt vor der Welt offen bekennen, daß Meine Führung auch dich zum Vertreter der Menschheit vor MIR hat werden lassen.«

Das war eine erneute Aufmunterung für meinen äußeren Menschen, dem immer wieder noch Bedenken gegen die Herausgabe dieses Buches kommen. Der menschliche Verstand fragt sich: Was soll solch ein Buch in dieser Zeit ausrichten? Wie unzulänglich ist die menschliche Sprache, das auszudrükken, was Gott verkündet haben will! Wie peinlich ist es für mich, meine höchsten und heiligsten Erlebnisse aller Öffentlichkeit preiszugeben! Doch es wurde mir bedeutet: Dieses Buch soll nicht nur für heute, sondern gerade für künftige Zeiten ein Zeugnis von dem Wirken Gottes sein.

Erster Pfingsttag, 13. Mai 1951

Mehrere Tage hatte ich von früh bis spät im Manuskript dieses Buches gelesen und besonders eingehend, allem Unbehagen zum Trotz, das Kapitel über die Zeit in Klein-Polkwitz zweimal durchgearbeitet. Was ich gestern dabei erlebte, das ist so überwältigend, daß ich es eigentlich gar nicht in Worte kleiden kann.

Sich zutiefst mit mir einend, gab mir Gottvater einen umfassenden Überblick über mein ganzes Leben und über die Schwere meiner Leiden, die mir in meinem Menschlichen gar nicht in ihrem vollen Umfang bewußt bleiben darf. Jetzt aber sollte ich erkennen, wie Gott Selbst meine Leiden ansieht und welche großen Gnaden ER der Menschheit durch sie vermitteln will.

Bedenken, wie die quälende Schilderung der Leidenszeit in Klein-Polkwitz von den Lesern aufgenommen werden könnte, haben demgegenüber keinen Platz. Es darf da inhaltlich nichts gekürzt werden, wie mir von Freunden angeraten worden war, denn das ginge auf Kosten der davon ausgehenden Gnade. Gottvater zeigte mir die dort ausgestandenen Leiden in ihrer wahren Bedeutung. Ich spreche nur sehr ungern aus, was ER mir darüber sagte: »So unerhört die Leiden, so unerhörte Gnaden fließen aus deinem Herzblut und Todesschweiß, und darum darfst du sie nicht verschweigen.«

Am Bodensee, 22. August 1951

Heute vormittag hatte ich ein Erleben, worin Gott mir auf eine ganz neue, noch eindringlichere Weise zeigte, was für ein Leiden es ist, das mich zu meinem unablässigen Klagen veranlaßt. Ich leide so unaussprechlich tief gerade dadurch, daß ich alles aus Gott heraus erlebe, das heißt mit der Empfindungstiefe Gottes, und darum die Welt und das Leben in ihr so überaus unvollkommen und leidvoll empfinde, wodurch auch das beständige Hadern und das unablässige Rufen nach Hilfe ausgelöst werden soll. Eben um dieser besonderen neuen Erleuchtung willen war dieses Erleben für mich außerordentlich wertvoll. Leider finde ich keine geeigneten, treffenden Worte, um die Empfindungen zu schildern oder anzudeuten, welche die mir mit diesem Erleben vermittelte Klarheit in meinem

Menschlichen auslöste. Jedenfalls bekam ich damit wieder einmal eine zuverlässige Bestätigung der Richtigkeit meines Weges, wonach alles so sein muß, ja gar nicht anders sein kann. Empfände ich das Leben hier auf Erden nicht so grausig, dann könnte ich nicht vermitteln und helfen. – Ich wurde auch an die Worte Jesu erinnert, mit denen Er über Jerusalem weinend klagte: »Jerusalem, Jerusalem, die du tötest die Propheten und steinigst die zu dir gesandt sind! Wie oft habe ich deine Kinder versammeln wollen, wie eine Henne versammelt ihre Küchlein unter ihre Flügel; und ihr habt nicht gewollt!« (Matth 23,37)

Ich soll das Leben hier eben so unvollkommen und schrecklich fühlen, um es für eine viel spätere Zeit zu verwandeln. Deshalb der große Jammer und der beständige Hilfeschrei zu Gott in jeder Minute. – Während ich dies eben niederschreibe, kommt von Gott her nochmals eine Bestätigung.

»Die meisten Menschen leiden nur *natürlich*«, hieß es weiter, »das ist leichter zu ertragen. Andere, welche *geistig* leiden, tragen schon sehr viel schwerer daran. Aber die Leiden um diese gefallene Welt *aus Gott her zu erleben und zu erleiden*, das ist unaussprechlich schwer.«

Am Bodensee, 10. September 1951

Heute hatte ich seit vielen Wochen zum ersten Mal eine ziemlich ungestörte Mittagsverbindung. Im Anschluß daran bekam ich von Gottvater erneut eine Erleuchtung über Sinn und Zweck der Verzweiflung Jesu am Kreuz, die Ihn rufen ließ: »Mein Gott, mein Gott, warum hast du mich verlassen!« Wie oft habe ich darüber nun schon Erleuchtungen bekommen! Aber die heutige war wiederum völlig anders als alle bisherigen und zeigte mir die Zusammenhänge in einem ganz neuen Licht; sie sollte auch ein besonderer Trost für mich sein. Gott Selbst machte mir die Schwierigkeit der Aufgabe, welche unter dieser Verzweiflung bewältigt werden mußte, in einem Gleichnis klar und sagte:

»Wie es für den natürlichen Menschen unmöglich ist, über eine 20 Meter hohe Mauer zu springen, ebenso unmöglich war es auch für Jesus, seine äußersten Materiegeister mit dem Gottgeist zu einen. Eine solche Einung kann allein ICH vollbringen. Dazu gehört aber als Voraussetzung, daß der Mensch, mit dessen äußerer Natur ICH MICH einen will, sich MIR restlos hingibt und überläßt. Vor allen Dingen darf sein natürlicher Mensch nichts mehr von Kraft besitzen, sondern muß in die hilfloseste Schwachheit versetzt werden. So konnte ICH diese Einung eben auch bei Jesus nur während seiner größten Schwäche, bei tiefster Verlassenheit und in der äußersten Verzweiflung vollbringen. Darum sollte und mußte alles so furchtbar und grausam sein. Wer aber versteht diese Geheimnisse, und wer versteht einen Gottmenschen – geschweige denn MICH, den Urquell allen Seins?

›Mußte nicht Christus solches leiden und zu seiner Herrlichkeit eingehen?‹ (Luk 24,26) – Wie haben diese Worte doch schon in den Kindertagen dein Herz bewegt! Überhaupt hat gerade die Erzählung von der Begegnung auf dem Weg nach Emmaus dich besonders tief gerührt und vermittelte dir schon früher große Erleuchtung. – Nun siehe, die kleinen und großen Erlebnisse des Alltags besonders in heutiger Zeit, die für dein Menschliches so furchtbar quälend sind, bilden für dich die Mauer, über die du nicht springen kannst und ja auch nicht springen sollst. Wieder rufe ICH dir zu: ›Die letzte Verzweiflung ist Mein Feld, da wirke ICH Wunder!‹ – Ja, nun beklagst du dich, daß diese Zustände der letzten Verzweiflung bei dir dein ganzes Leben hindurch andauern. Das ist dein Weg, das eben gehört zu deiner Sendung. Aber bei allem Klagen und Hadern mit MIR über die unablässige Qual bleibst du doch mit deinem inneren Menschen unerschütterlich fest im Vertrauen zu MIR. Nur deine äußersten Materiegeister können noch nicht über diese Mauer, und sie werden es auch aus eigener Kraft niemals können. ICH aber eine sie über deinen Geist von Mal zu Mal tiefer mit MIR gerade auf Grund deiner Verzweiflung, wenn du dich von MIR verlassen fühlst. Damit werden zugleich in dieser Erdenwelt Schichten in einer Tiefe durchdrungen wie noch nie zuvor. Auf diese Weise werde ICH Herrscher und Erlöser auch in der natürlichen Sphäre. Die natürliche Sphäre deines persönlichen Wesens ist dein Leib; deshalb jetzt die Hinfälligkeit und Schwäche deines Leibes, sobald ICH MICH zurückziehen muß. Aus der Naturkraft darf und soll dein Körper nicht mehr stark sein, nur ICH bin deine Stärke. Aber alles das verstehen nur wenige deiner nächsten Freunde. Die es nicht verstehen, täten gut, es zu glauben, denn sie erwiesen sich selbst den größten Gefallen damit. Natürliche Hilfen aus der Welt darfst du schon haben. Daß sie dir so spärlich gegeben werden, liegt an der Herzenshärte der Menschheit. – Wer an dir zweifelt, der schadet sich am meisten selbst und schwächt die Ausstrahlung des kleinen Kreises deiner Vertrauten. Er ist ein schlechter Arbeiter in Meinem Weinberg. Du bist Gottmensch wie Christus auch. Der Vollbringer, Wirker und Vollender bin ICH, der Vatergott. Was es aber bedeutet, auf Grund solch tiefer Geistdurchdringung die hohe Stufe des Gottmenschentums zu erklimmen, das wissen allein die Gottmenschen, und kein anderer sonst kann es auch nur ahnen. Aber die wenigsten deiner Freunde bitten MICH genügend um Erleuchtung. Es würde ihnen dann weit leichter werden, dich in deinen namenlosen Leiden verstehen zu können. – Der *Gottmensch* hat es der Welt gegenüber besonders schwer, weil auch ihm noch menschliche Schwächen anhaften. Diese sind zwar im Hinblick auf die erreichte Entwicklungshöhe völlig bedeutungslos, sie geben aber dem Satan willkommenen Anlaß und eine vortreffliche Handhabe, die Menschen gegen dich zu beeinflussen, indem er ihnen diese Schwächen in einer solchen Weise vor Augen stellt, daß sie Mücken für Elefanten ansehen. Deine Höhe können sie nicht fassen; um so leichter hat es Satan, sie auf deine menschlichen Schwächen aufmerksam zu machen, so daß sie daran Anstoß nehmen. Gerade weil sie das Hohe nicht fassen, verstehen sie auch nicht, weshalb alles so sein muß. Wärest du schon vollkommen, dann hätte ICH nichts mehr an dir zu wirken; aber gerade um deine Entwicklung weiterzutreiben, brauche ICH deine Schwächen und mache sie für Meine Zwecke nutzbar.«

Am Bodensee, 27. Januar 1952

In der vergangenen Nacht begann das Erleben, von dem ich

hier berichten will, mit einem Traum: Ich fahre im Wagen durch die Stadtviertel zuerst von Breslau und dann von Berlin, in denen ich einmal gewohnt habe. Dabei empfinde ich deutlich, daß diese Örtlichkeiten mit ihrer gesamten Materie in einem lebendigen Zusammenhang mit meiner Person stehen. Mit größter Behutsamkeit und Vorsicht, so daß ich auf den Vorgang zunächst gar nicht aufmerksam werde, dringt unterdessen ganz allmählich über meinen Individualgeist vom tiefsten Inneren her der Gottgeist bis in meinen äußeren körperlichen Menschen vor und erfüllt schließlich mein ganzes Wesen. Unter diesem Vorgang wandelt sich der anfängliche Traum zu höchst bewußtem geistigen Erleben.

Mit dem allmählichen Eindringen des Gottgeistes in mein Menschwesen erwacht aber nicht nur mehr und mehr mein helles Bewußtsein, es wächst und verstärkt sich, damit schritthaltend, zugleich die Tiefe meiner Leiden, welche durch den Anblick der vertrauten Örtlichkeiten in mir wachgerufen werden. Dabei wird mir von Gott zum Bewußtsein gebracht, daß ich ja auch damals schon, als ich dort wohnte, tiefe Leiden durchgemacht habe. Zugleich weist Gott mich darauf hin, wie ich in ganz anderer Weise und viel tiefer als andere Menschen mit der äußeren Natur verbunden bin, und zwar zu dem Zweck und mit der Wirkung, daß über meine tief schmerzhafte Fühlungnahme mit der irdischen Materie auch diese vom Gottgeist durchdrungen und so miterlöst wird. – Darauf läßt Gott mich schauen, daß die Höhe meiner Entwicklung keineswegs ein Gnadengeschenk ist, sondern eine wirkliche Errungenschaft im Menschlichen, und es wird mir nun gezeigt, wie ich auf Grund meiner Veranlagung von Anbeginn zu meiner Aufgabe berufen und für meinen schweren Weg zubereitet worden bin. – Jetzt aber erhebt sich ein Triumphieren in meinem eigenen Geist und auch in Gott über die bisher schon erreichte Durchdringung der Materie, die ihrem Ziel schon recht nahe gekommen ist. Es wurde mir aber bedeutet, und ich fühlte es auch selbst, daß ich in dem gegenwärtigen Hochzustand unmöglich im Alltag der irdischen Verhältnisse leben könnte, denn es wäre mir dann völlig unmöglich, die Stumpfheit meiner Mitmenschen um mich her zu ertragen. – Nun wies Gott wieder einmal auf dieses Buch hin und sagte: »Alle diejenigen Berichte, in denen von den Verklärungszuständen in und an deinem Körper die Rede ist, die du im Zusammenhang mit dem Tod und der jenseitigen Entwicklung Peters, deiner Schwester Elisabeth, deiner Mutter und Gerts erlebt hast, sind besonders wichtig und sollen entsprechend betont und beachtet werden. Göttliche Verklärung im irdischen Leib in der Weise, daß die gesamte Körpermaterie vollbewußt daran teilnimmt, über viele Stunden hin zu erleben, wie es dir vergönnt ist, ist etwas ganz Einzigartiges und stellt einen Höhepunkt dar, der bisher gar nicht erreichbar gewesen war und daher auch noch nie erreicht worden ist. Wie schwer es aber für dich ist, nach derartig hohem Erleben dich jedesmal wieder in den irdischen Verhältnissen zurechtfinden zu müssen, noch dazu bei deiner gegenwärtigen, bedrückend dürftigen Lage, das ist unaussprechlich.«

Meran, 12. April 1952

Heute am Ostersamstag treibt es mich, an der abendlichen Feier in der schönen, kleinen Kirche hier teilzunehmen. – In diesen Ostertagen ist mir Christus beständig ganz besonders nahe. Alles, was mit Ihm zusammenhängt, löst sofort eine Einung mit Ihm aus und weckt eine verzehrende Sehnsucht abzuscheiden. So habe ich das Kirchlein kaum betreten und mit einiger Mühe mir in der dichtgedrängten Menschenmasse einen Stehplatz gesucht, da eint Christus Sich mit mir. – Die Feier gilt ja dem Gedenken des Tages der Grabesruhe des Gekreuzigten. Vor dem Altar ist inmitten prachtvollen Blumenschmucks und zahlreicher brennender Kerzen der nachgebildete Leichnam Christi aufgebahrt, und es liegt über dem kleinen Gotteshaus und der andächtigen Versammlung eine ergreifend weihevolle Stimmung. Auch die Worte der kurzen Predigt in deutscher Sprache verstärken den erhebenden Eindruck der Feier. – Während der Christus-Einung nun habe ich ein ganz besonderes Erlebnis. Es erinnert mich lebhaft an das, was Ramakrishna von seinem Erleben der Christus-Sphäre berichtet. Ganz ähnlich gibt Christus jetzt mir die Sphäre der Kirche zu erleben, indem Er mich den Seelenzustand eines gläubigen Katholiken empfinden läßt. Eine friedevolle Ruhe überkommt mich dabei und ein heimatliches Geborgensein, wie ein Kind es nur auf dem Schoß und in den Armen seiner Mutter findet. – Wie schön und wie leicht haben es doch die Menschen, welche in dieser Weise vertrauend glauben können! Und wie über alle Maßen schwer ist dagegen mein Weg! Nichts in der Welt, auch die Kirche nicht, hat mir jemals einen solchen Frieden oder solch ein Heimatgefühl vermitteln können. Als ich das denke, sagt Christus zu mir: »Die Geborgenheit, die du nur in der Gotteinung im Schoß des Vaters finden kannst, erlebt der gläubige Christ schon im Mutterschoß der Kirche; ihm, der die unmittelbare Verbindung mit Gott noch nicht zu erreichen vermag, ist die Kirche die Mittlerin zu Mir und dem Vater.«

So hat also die Kirche für die Mehrzahl der Christen eine große Bedeutung und ist aus dem Leben der christlichen Völker nicht fortzudenken.

Am Bodensee, 24. August 1952

Krampfzustände im Leib und schwere Gemütsbedrückungen hatten mich in der letzten Nacht keinen Schlaf finden lassen. Viele Stunden lang haderte ich mit Gott und beklagte mich auch bei meiner Mutter und meiner Schwester Elisabeth darüber, daß sie mich in meinen Leiden ohne jeden Trost ließen. Da tauchte schließlich meine Mutter tief in mich ein; dabei wurde mir gezeigt, daß sie mit ihrem Menschlichen dieselbe hohe Stufe erreicht hat wie ich. Aber bei ihr wird die Harmonie und Seligkeit dieser Stufe nicht mehr durch das Erleiden irdischen Ungemachs getrübt. Später verband sich auch meine Schwester Elisabeth zutiefst mit mir. Sie ist in der gleichen Sphäre. Beide sind mir nun noch viel näher als zu ihren irdischen Lebzeiten.

Die Art dieses Erlebens ist aber anderen schwer verständlich zu machen, weil sie sich so sehr von der gewohnten Sinneswahrnehmung unterscheidet. Bei letzterer muß der Verstand alle Sinneseindrücke mit Hilfe der Erfahrung und der Vernunft auswerten und einordnen, wobei immer die Möglichkeit eines

Irrtums bestehen bleibt. Die Sinneserfahrung bietet also keine Gewähr für gültige Wahrheitserkenntnis. Ganz anders ist der Vorgang der Wahrnehmung bei der Begegnung mit meiner Mutter und meiner Schwester. Hier ist ein Irrtum oder eine Täuschung ausgeschlossen, denn es kommt zu einer Wesensvereinigung im tiefsten Inneren. Sie ist ein unmittelbares Teilhaben am eigentlichen Wesen des anderen, und dieses Miteinanderverschmelzen der Wesen erfaßt von innen her zuletzt meine körperlichen Sinne, und zwar mit einer Eindringlichkeit, der gegenüber die natürliche Sinneswahrnehmung ein blasses Schattenspiel bleibt.

Das Wiederhaben meiner Lieben war herrlich und wunderbar. Einer im anderen und mit dem anderen völlig eins; und doch fühlt und sieht jeder den anderen in der unverkennbaren Besonderheit seines Wesens als menschliche Individualität leibhaftig gegenwärtig, voll sprühenden Lebens und voller Glückseligkeit. Daß meine Mutter und meine Schwester sich so froh und glücklich zeigten, sollte für mich ein Trost sein. Sie sehen mehr und weiter und wissen eben, daß ich meinen schweren Weg zu Ende gehen muß. Sie dürfen mir aber nichts darüber sagen.

In diesem Erleben wurde mir auch zu erkennen gegeben, was für starke Wälle, die hindernd zwischen Gott und der Menschheit standen, im Zuge meiner Entwicklung niedergerissen worden sind, und mir wurde bedeutet, daß ich auch weiterhin nur meiner Aufgabe leben sollte.

Wiesbaden, 6. Mai 1954

In schlimmen Leidenszuständen, die für mich durch das kalte und unbeständige Wetter noch besonders qualvoll sind, bin ich im Garten in beständigem Gebet und frage, wie lange ich denn diese namenlose Pein noch ertragen soll. Da spricht die göttliche Stimme:

»Nur ein gefesselter Gott kann die Welt erlösen, nicht der freie, über den Himmeln thronende.«

Darauf erhalte ich erneut Erleuchtungen über meinen Weg,

und Gott erinnert mich daran, daß ER ja doch, um die menschliche Willensfreiheit nicht zu beeinträchtigen, Seine Allmacht nicht frei gebrauchen dürfe und daher für Sein Erlösungswirken auf die Mithilfe des Menschen angewiesen sei. Schließlich wird mir gezeigt: Der gefesselte Gott bin ich.

Und dann heißt es weiter:

»Auch Christus ist diesen Weg gegangen und war als Mensch Jesus ein gefesselter Gott. Nur der Gottmensch, in dem während seines Erdenlebens reinster göttlicher Geist durch den materiellen Körper in Fesseln gelegt ist und der alle Not und das ganze Elend der Welt an sich selbst erfährt und auf sich nimmt, kann die erlösenden Kräfte Gottvaters auf die dunkle Erde herunterziehen und dort wirksam werden lassen.«

ZUR WIEDERVERKÖRPERUNGSLEHRE

Der Wiederverkörperungsglaube stammt aus Indien, wo er schon vor Buddhas Zeit zur herrschenden Lehre wurde. Nach ihr bestimmt die Summe der Gedanken, Worte und Taten eines Menschen, sein »Karma«, nach dem Gesetz von Ursache und Wirkung die Art seiner Wiederverkörperung. Diese erfolgt so oft, bis das Erreichen einer hohen Vergeistigungsstufe den Zwang zur Reinkarnation aufhebt. Die Grundlage dieser religiösen Lehre ist die Vorstellung einer allmächtigen, unpersönlichen Gottheit, welche die Welt mit strenger Gerechtigkeit regiert.

Auch die christliche Religion sagt, daß der Mensch mit seinem Verhalten auf Erden die Grundlage für seine weitere Entwicklung legt, und fordert ihn zu einer sittlichen, von der Liebe zu Gott und den Menschen bestimmten Lebensführung auf. Die Feststellung, daß viele diese Mahnung nicht beherzigen, führt manchen Denker zu der Ansicht, daß der Mensch nur in wiederholten Einkörperungen auf dieser Erde genügend Erfahrungen machen und heranreifen könne, um die für ein Leben auf höheren Stufen notwendige Vergeistigung zu erlangen.

Wenn diese Anhänger der Wiederverkörperungslehre glauben, daß der Mensch eine Vergeistigung aus eigener Kraft vollbringen könnte, so überschätzen sie die Macht des menschlichen Willens. Mit ihm kann man Schwächen bekämpfen und Leidenschaften niederhalten, aber diese werden dadurch nicht ausgetilgt, sondern kommen wie eine latente Krankheit wieder zum Vorschein, entweder schon im Erdenleben oder ganz gewiß in der jenseitigen Weiterentwicklung. Im Zuge der Vergeistigung darf nichts verdrängt und verkapselt bleiben, alles muß geheilt werden. Mein ganzes Leben hindurch habe ich erfahren, daß *allein Gottes Kraft* imstande ist, das so tief gefallene irdisch-natürliche Wesen an uns Menschen zu wandeln, damit es vor Gott bestehen kann. Und hätte der Mensch Tausende von Erdenleben zu leben und nützte sie alle in ernstem Bestreben, Gott näher zu kommen – aus *eigener* Kraft käme er nicht um eines Haares Breite von seiner Gefallenheit hinweg. Nur Gottes Liebe kann den Menschen erlösen und führt jeden einzelnen auf dem für ihn besten Weg in Sein Reich. Gewiß muß der Mensch seine Eigenliebe und seinen Eigenwillen ablegen und sich Gott anheimgeben, damit ER ihn ergreifen und zu Sich ziehen kann.

Alle Einblicke, die mir gewährt worden sind, haben mich in der Überzeugung bestärkt, daß es eine Reinkarnation auf dieser Erde als *allgemeines Gesetz* menschlicher Entwicklung nicht gibt. Ein einmaliges Erdenleben schafft die Verbindung zwischen dem individuellen Menschengeist, der Seele und dem Körper und legt damit den Grund für ihr immer stärkeres Zusammenwachsen, aus dem der wiedergeborene, himmlische Mensch hervorgehen wird.

Wie im Kapitel »Der Mensch und sein Vergeistigungsweg« ausgeführt, steht am Beginn jedes Menschenlebens die Vereinigung zweier bis dahin ganz getrennter Entwicklungslinien. Die eine, die des individuellen Geistes, hat ihren Ursprung in Gott und führt auf uns verborgenen Wegen zu einer immer ausgeprägteren Verselbständigung, bis der Entwicklungsstand erreicht ist, den gerade dieser Geist für seine Erdenaufgabe benötigt. Die andere Entwicklungslinie, die der seelischen Substanz, ist eingebettet in die irdische Evolution und führt über viele Stufen zur Bildung einer Menschenseele. Diese tritt unter die Führung eines zum Erdenleben bereiten Geistes, der ihre weitere Ausgestaltung übernimmt und sie fortan immer tiefer zu durchdringen und sich anzugleichen trachtet.

Geist und Seele bringen aus der getrennten Entwicklung in der Präexistenz ihren wesensmäßigen Anteil am Entstehen des Menschen mit. Hinzu tritt die ererbte Körperstofflichkeit, das Grundmaterial für die Bildung des Körpers, durch den allein

Geist und Seele sich auf der materiellen Ebene betätigen können. Es bedarf also des Zusammenwirkens der geistigen, der seelischen und der materiellen Welt, welches jeweils eine andere Gestalt hervorbringt und damit dem Menschen seine einmalige, unverwechselbare Individualität gibt.

Körper und Seele werden erst durch den individuellen Menschengeist zu einer vollgültigen Einheit zusammengeschlossen. Dem Körper spendet der Geist die Lebenskraft, die, aus Gottes Schöpfermacht fließend, die Entwicklung und Erhaltung des Körpers planvoll gestaltet. Der Seele verleiht der Geist das Bewußtsein und alle höheren Fähigkeiten der menschlichen Persönlichkeit. Beide Wesensschichten haben verschiedene Aufgaben zu erfüllen. Erst vom Blickpunkt des Geistes her wird ersichtlich, daß der Körper nicht nur Werkzeug der Seele ist, sondern eine eigene Bedeutung in der Aufwärtsentwicklung des Menschen hat. Nicolai Berdiajew kennt diese Tatsache und erwähnt sie in seinem Buch »Geist und Wirklichkeit« mit den klaren Worten: »Die Geistigkeit durchdringt auch den *Körper* des Menschen, der ein *integrierender Bestandteil* seiner Person ist, und erobert ihn für die Ewigkeit.« Diese Feststellung kann ich aus meinem Erleben heraus nur bedingungslos bejahen. Der vollkommene Mensch – und ein jeder von uns soll ja vollkommen werden wie der Vater im Himmel (Matth 5,48) – ist erst wirklich vollendet, wenn auch der sterbliche, grobstoffliche Körper, zu Geist umgewandelt, seinem zugehörigen Innenmenschen wieder beigefügt und mit Geist und Seele im *Auferstehungsleib* zu einer *Einheit* verschmolzen ist. Dies ist das Ziel der Entwicklung, die mit dem Verbundensein von Geist, Seele und Körper im Erdenmenschen beginnt und auf jenseitigen Ebenen fortgesetzt wird.

Ich habe mehrfach Gelegenheit gehabt, geschichtliche Persönlichkeiten der vorchristlichen Zeit in ihrem geistigen Zustand wahrzunehmen, wie König Salomo und einige Propheten, und habe dabei erfahren, daß ihre Entwicklung – ebenso wie die aller Menschen – in jenseitigen Reichen von Stufe zu Stufe weitergeht. Deshalb ist auch für jene, die vor Christus gelebt haben, eine Wiederholung des Erdenlebens nicht notwendig.

Bei einem Besuch des Neuen Museums in Berlin zu Ende der zwanziger Jahre sah ich die Büste der ägyptischen Königin Nofretete. Dabei bekam ich mit ihr und ihrem Gemahl Echnaton eine innere Verbindung, und mir fiel das Fehlen des Geistigen in ihrer Strahlung auf; ich nahm nur eine seelische Strahlung wahr. Ihr individueller Geist hatte sich zwar für das Erdenleben mit ihrer Seele verbunden, war aber danach in seine Sphäre zurückgekehrt, so daß Geist und Seele im Jenseits noch getrennte Entwicklungswege zurücklegen, bis sie schließlich zur Einung gelangen. Aber auch Nofretete und Echnaton kommen nicht noch einmal ins Erdenleben zurück, sondern ihre Entwicklung nimmt in jenseitigen Sphären ihren Fortgang. Als ich sie damals zum ersten Mal erlebte, wurden sie mir in lockerer Bindung beigesellt, und die geistige Verbindung zwischen ihnen und mir besteht bis heute.

Es war kein Zufall, daß ich damals das Neue Museum besuchte; meine Verbindung mit diesen empfindungsreichen Seelen war gewollt, um ihren einer fernen Sphäre angehörenden Geistern den Zutritt zur Sphäre des Christus-Geistes zu vermitteln. Und auch nicht nur diesen beiden einzelnen Menschen galt diese Fügung; vielmehr dienen sie wiederum als Mittler für ganze Gesellschaften von Geistern, damit die Kraft des Christus-Geistes auch in diesen eine fortschreitende geistige Wiedergeburt bewirken kann.

Erst aus der Verbindung mit der Sphäre Christi empfängt der Menschengeist die richtige Erkenntnis. Die individuellen Geister der indischen Mystiker und Weisheitslehrer entstammen aber – wie mir durch innere Offenbarung gezeigt wurde – einer anderen Sphäre, in der Gott als unpersönliche, allmächtige Weltregierung waltet und Sich noch nicht als der liebende Vater kundgeben kann. Daraus erklären sich ihre religiösen Vorstellungen von der unpersönlichen Gottheit und von der Reinkarnation, und es ist ganz selbstverständlich, daß diese religiösen Vorstellungen ihr Gotteserleben wie auch ihr Bibelverständnis beeinflussen. Auch der Inder Sadhu Sundar Singh war zunächst von ihnen geprägt, kam aber in seinem verzweifelten Suchen nach Gott erst dann ans Ziel, als Christus ihm persönlich erschien und ihm Seinen Frieden gab. Von da an war sein Weg vom Erleben Christi bestimmt, und von Christus erhielt er die Erleuchtung, daß es eine Wiederverkörperung nicht gibt. Er hat das auch deutlich ausgesprochen, obwohl er gerade damit den Widerspruch seiner Landsleute herausfordern mußte.

Wer sich Ihm ganz erschließt, dem gibt Christus Sich auch ganz. Soweit aber alteingewurzelte und liebgewordene Vorstellungen das Denken des Menschen bestimmen, hindern diese das Einströmen göttlicher Erleuchtungen, so daß die höheren Erkenntnisse nicht aufgenommen werden können. Dafür ist Yoganandas Versuch, die Evangelien zu deuten, von dem er in der »Autobiographie eines Yogi« berichtet, ein recht bezeichnendes Beispiel: Ein ehrfürchtiges Bibelstudium vom orientalischen Standpunkt aus und intuitive Erkenntnis habe ihn überzeugt, daß Johannes und Jesus in früheren Inkarnationen Elias und sein Schüler Elisa gewesen seien. Daß diese Intuition, um die sich Yogananda gewiß ernsthaft in tiefer Meditation gemüht hat, dennoch keine Offenbarung aus dem Christusgeist ist, das bekam ich unter göttlicher Erleuchtung zu schauen. Ich sah Yogananda in der Meditation und sein Vorstellungsvermögen ganz ausgefüllt mit den Gedanken der Wiederverkörperungslehre, die das Einfließen einer Christusoffenbarung unmöglich machten.

Anderseits mußte Yogananda auf seine Frage, wann er Gott finden würde, von seinem Guru belehrt werden, daß das ihm schon oft zuteil gewordene Erleben des kosmischen Bewußtseins ja die Verbindung mit Gott gewesen wäre. Hier zeigt sich der große Unterschied zu meinem Gotteserleben. Wenn Gottvater Sich mir naht, bin ich niemals auch nur einen Augenblick im Zweifel über die Herkunft und das Wesen dieses Einflusses, denn dieser trägt die vollkommene Klarheit und Gewißheit der persönlichen Gegenwart Gottes in sich, so daß jede andere Deutung oder gar eine Verkennung zur Unmöglichkeit wird.

Gleiches gilt von dem Verbundensein mit der Sphäre Christi, welches aber nur auf Grund der Berufung von Gott her und nach der Vorbereitung durch einen schweren Leidensweg erreicht wird. Der Mensch aber, dem es gewährt wird, sieht auch, daß die Einblicke, die aus anderen Gottheitssphären stammen, nicht dieselbe Reichweite haben, gar nicht zu reden von den Mitteilungen aus anderen jenseitigen Entwicklungsstufen, auf denen es noch keine Irrtumslosigkeit gibt. Deshalb können Erlebnisse in Trance oder Hypnose wie auch die durch spiritistische Medien vermittelten Erklärungen nicht *mehr* Glaubwürdigkeit beanspruchen als menschliche Aussagen. Für das Erkennen so tiefer Zusammenhänge, wie sie dem Erdenleben zugrunde liegen, sind sie völlig unzureichend. Auch Sadhu Sundar Singh hat betont, daß man die Antwort auf eine so wichtige Lebensfrage wie die Reinkarnation nicht von Okkultisten und Spiritisten erwarten dürfe, man gehe ja auch nicht zum Bäcker, wenn man einen neuen Anzug braucht. Nur aus göttlicher Erleuchtung könne eine zuverlässige Antwort kommen.

Als Beweis für die Wiederverkörperung werden gelegentlich Erinnerungen an das im Schlaf – nicht etwa im Traum – Erlebte angesehen. Wenn sich die Seele im Tiefschlaf vom Körper löst und nur noch durch die »silberne Schnur« mit ihm verbunden bleibt, wird sie von ihrem Geist auf jenseitige Ebenen mitgenommen und nimmt am dortigen Leben teil. Beim Erwachen weiß der Mensch davon zumeist nichts; wenn er sich aber später doch daran erinnert, so scheint ihm die Erklärung am naheliegendsten, dies habe sich in einem früheren Erdenleben ereignet.

Die meisten Erlebnisse jedoch, die als Beweis für die Wiederverkörperung herangezogen werden, ergeben sich aus der sogenannten *Beigesellung*. Diese ist eine – von der höheren Führung zugelassene oder sogar unterstützte – enge seelische Verbindung zwischen einem Verstorbenen und einem noch lebenden Menschen, die gewöhnlich so lange andauert, bis ihr Zweck erreicht ist. Am weitaus häufigsten wird mit der Beigesellung den erschreckend zahlreichen Verstorbenen, welche sich noch nicht von der Erde trennen können, die Möglichkeit geboten, durch den sterblichen Organismus eines noch im Körper Lebenden – als stiller Teilhaber am Leben eines seelisch-geistig Verwandten – noch nützliche Erfahrungen zu machen. Die Beigesellung kann sich unter Umständen zu einer regelrechten Besessenheit steigern, indem der Abgeschiedene so stark von dem noch lebenden Menschen Besitz ergreift, daß er dessen Bewußtsein längere Zeit oder gar dauernd beherrscht. Aus der Beigesellung oder Besessenheit ergeben sich dann Erscheinungen, die als Beweise für eine Wiederverkörperung gedeutet werden.

Die vorerwähnte Beigesellung ist dadurch gekennzeichnet, daß sie beiden Beteiligten ganz unbewußt bleibt. Es gibt aber – was ich bedaure – kein anderes passendes Wort als »Beigesellung« für den sehr ähnlichen, wenn auch viel selteneren, Sachverhalt, bei dem die Anlehnung der hilfesuchenden abgeschiedenen Seele dem Erdenmenschen fühlbar wird. Dank meiner tiefen Geistverbundenheit erkenne ich die mir Beigesellten mit aller Deutlichkeit. Den wenigen unter ihnen, die noch nicht wissen, daß sie gestorben sind, vermittle ich die Verbindung mit ihrem eigenen Geist, so daß auch sie sich über ihre Lage als Abgeschiedene und meine Rolle als Vermittler für ihr deutliches Wahrnehmen der irdischen Wirklichkeit klar werden. Sie bleiben mir aber beigesellt ebenso wie viele andere, die um ihren Hinübergang wissen, solange Gott es wünscht oder zuläßt, daß ich ihnen geistige Kraft zur Überwindung des Irdischen – des »Karmas«, wie die Wiederverkörperungslehre sagt – abgebe. Diese Hilfe muß ich nicht nur denen leisten, die besonders große Mühe haben, ihre menschlichen Schwächen zu vergeistigen, sondern auch denen, die beim Abscheiden ihrer Wiedergeburt in Geist und Seele schon recht nahe gekommen waren.

Die Beigesellung ist also eine gnädige Zulassung, um der abgeschiedenen Seele ihren Aufstieg zu erleichtern. Anderseits aber gibt es auch zwischen dem Geist eines Erdenmenschen und den Geistern seiner Ursprungssphäre eine Verbundenheit, welche um so ausgeprägter ist, je näher diese Sphäre bei Gott steht. Darüber wurde ich durch ein geistiges Erleben in der Nacht auf den 1. Mai 1951 belehrt. Ich stand vor einer sehr großen Versammlung von Menschen, welche mir aufmerksam lauschten. Ich sprach und sang Psalmen, in denen ich zum Ausdruck brachte, daß ich als Geist an dem Leben und den Schicksalen aller großen geistigen Führer – wie z. B. Laotse und Buddha – engsten Anteil gehabt hatte. Besonders deutlich sind mir in meinem natürlichen Gedächtnis erinnerlich geblieben die Worte: »So habe ich durch die Jahrtausende gelitten und hing auch in Christus am Kreuz.«

Zum ersten Mal bei solch hohem Erleben geschah es hier, daß mein äußerer Verstand gegen die Worte meines Geistes Einspruch erhob – der klarste Beweis dafür, daß diese Worte meinen menschlichen Vorstellungen durchaus nicht entsprachen, also keinesfalls aus meinem menschlichen Denken gekommen sein können.

Dem Wiederverkörperungsgläubigen könnten sie als eine Bestätigung seiner Überzeugung erscheinen. Aber noch weit mehr hätte ich selbst allen Grund, aus dem eben berichteten Erlebnis zu schließen, daß ich in Wiederverkörperungen schon vielmals auf Erden gelebt und außer noch manchen anderen Vorläufern auch Laotse, Buddha und der Mensch Jesus gewesen sei. Denn bei diesem Erlebnis hörte ich nicht nur jene Worte, sondern mir wurde gleichzeitig auf das klarste und eindringlichste zu erleben gegeben, wie ich das Leben dieser Männer gelebt und in Christus am Kreuz gelitten habe. Doch die *innige Gottverbundenheit meines Geistes* läßt mich durch unmittelbares Innewerden des göttlichen Wesens und durch die Teilnahme an der göttlichen Einsicht in die Zusammenhänge den wahren Sinn meines Erlebnisses klar und unbeirrbar ganz anders verstehen. Diesen Sinn will ich hier darzulegen versuchen.

An zwei Stellen des Matthäus-Evangeliums wird von Äußerungen Jesu berichtet, welche von den Anhängern der Wiederverkörperungslehre immer als starke Stütze ihres Glaubens angeführt werden. In Seinem Zeugnis über Johannes den Täufer sagt Jesus (Matth 11,14): »Wenn ihr's annehmen wollt, er ist Elia, der da zukünftig sein soll.« Auch die andere Stelle, Matth 17,10–13, ist zwanglos im Sinne der Wiederverkörperungslehre aufzufassen. Dennoch ist der wahre Sinn ein ganz anderer.

In ihrem Wirken als Propheten und Bußprediger haben Elias und Johannes offensichtlich große Ähnlichkeit miteinander. Auf Grund alter Verheißungen, welche besagten, daß Elias wiederkommen solle, erschien es den Zeitgenossen des Täufers sehr wohl glaublich, daß er der wiederkehrende Elias sei.

Diese Vermutung scheint ihnen Jesu Zeugnis über ihn zu bestätigen. Dennoch ist das Geist-Selbst des Johannes, sein individueller Geist, *nicht* schon einmal in dem Propheten Elias Mensch gewesen, sondern Elias und Johannes sind und bleiben zwei gesonderte Geistpersönlichkeiten, deren jede nur einmal in einem sterblichen Leib auf Erden gelebt hat. Beide aber gehören ihrem Geist nach ein und derselben Sphäre an.

Mit meinem gesamten Menschwesen von Gottvater Selbst emporgehoben in Seine alles umfassende Vatersphäre, in der alles Gewesene gegenwärtig ist, hatte ich den Weg meines Geistes zu erleben bekommen, wie er als ein Mitglied der Sphäre, aus welcher auch Christi Geist hervorgegangen ist, alles das miterlebt und durchlitten hat, was im Laufe der Zeitalter Gottvater durch Seine Söhne auf Erden zum Heil der Menschheit gewirkt, in ihnen gelitten und an ihnen hat geschehen lassen. Zur Vorbereitung auf eine so schwere Aufgabe, wie sie mir gestellt ist, mußte mein Geist schon im vorgeburtlichen Leben von seiner Sphäre aus all die Schicksale der großen Sendboten Gottes miterleben, um sich in der Standhaftigkeit zu üben und schließlich sein eigenes hartes Erdenlos mit Aussicht auf Erfolg auf sich nehmen zu können. Das ist die richtige Deutung meines eben berichteten Erlebnisses, und es wäre völlig abwegig, wenn ich nach dem Buchstabensinn jener seltsamen Worte mich für eine Wiederverkörperung Laotses, Buddhas und Christi halten wollte.

Aber nicht nur Geister aus hohen Sphären sind – wie manche meinen – einer Wiederverkörperung enthoben. *Die Liebe Gottes*, die in Jesus Christus menschliche Gestalt angenommen hat, *gilt allen ohne Ausnahme*. Sie führt jeden Menschen, auf welcher Stufe sein Geist und seine Seele sich auch beim Tod befinden mögen, durch die für ihn notwendige Entwicklung auf jenseitigen Ebenen zu dem ihm bestimmten Ziel. Darum lasse sich niemand durch die Karma-Lehre verführen zu glauben, die günstige Gelegenheit einer Diesseitsschule werde sich ihm wiederholt bieten. Der Mensch kann das Erdenleben als die *einmalige* Gelegenheit gar nicht ernst genug nehmen. Die jenseitigen Schulen, um die sich niemand herumdrücken kann, sind sehr viel härter und leidvoller; und ich erlebe es täglich, daß nichts den Abgeschiedenen schlimmere Schmerzen bereitet als das Bedauern und die nagende Reue darüber, daß sie die Entwicklungsmöglichkeiten des Erdenlebens nicht genügend ausgenutzt oder auch nur die Gelegenheit zu einer besonders guten Tat, die sich ihnen einmal geboten hat, achtlos haben an sich vorübergehen lassen.

Carl Welkisch 1972

DIE SPÄTEN JAHRE

Als zu Anfang des Jahres 1957 die Drucklegung der ersten Fassung dieses Buches gesichert war, fühlte ich mich gedrängt, den Lesern zu berichten, was ich selbst über das Zustandekommen so mancher Einwände, die zu erwarten waren, erlebt hatte. Ich schrieb damals im »Nachwort«:

Nicht nur einmal, schon unzählige Male, besonders an Tagen starker Anfechtungen, kam, sobald ich in dem Niedergeschriebenen zu lesen begann, Satan persönlich und las durch mich hindurch mit. Dabei ließ er mich alles das denken, was sich aus der Enge menschlicher Unfreiheit, Wortgläubigkeit, überzeugter Rechtschaffenheit und Glaubenstreue gegen den Inhalt dieses Buches vorbringen läßt:

»Bedenke doch nur, was die Menschen sagen werden, wenn sie lesen, was du da geschrieben hast! – Du seiest ein Vermessener, der sich einbilde, es mit seiner Entwicklung weiter zu bringen als Jesus, und glaube, als ein neuer und größerer Erlöser gar den eingeborenen Sohn Gottes übertreffen und Ihn beiseite schieben zu können. – Wo stehe denn etwas davon geschrieben, daß es noch eines weiteren Mittlers und Erlösers bedürfe, den Gott senden werde? Hieße das nicht behaupten, daß Christi Erlösungswerk unvollendet geblieben sei und daher der Vervollständigung bedürfe? – Solle es demnach dann etwa zwei Christusse geben? Und welchen sollten sie dann fernerhin anbeten?«

So spannen sich in erfindungsreichster Abwechslung unter Satans Führung die Gedanken unablässig weiter, und ich erlebte mich selbst dabei als den eifrigsten und leidenschaftlichsten Gegner dessen, was da geschrieben stand. – Selbst empfand ich die Angst des kirchentreuen Christen, der Christus in Seiner einzig dastehenden, einmaligen Bedeutung als Welterlöser geschmälert sieht. – Selbst fühlte ich den Eifer des rechtschaffenen und bibelfesten Gläubigen, der sich verpflichtet glaubt, Christus verteidigen und schützen zu müssen gegen die Anmaßung und Vermessenheit eines Menschen, der da kommt und Dinge behauptet, die auch nur von ferne zu denken jedem ernsten Christen als eine schlimme Untreue erscheinen muß. – Selbst wurde ich zum modernen Pharisäer, der mit allen Künsten spitzfindiger Logik im getreuen Anhalt an die Worte des Neuen Testaments einen Widerspruch nach dem anderen aufzeigt, deren gar viele in diesem Buch den Lehren der Kirchen entgegenzustehen scheinen. – Schließlich geriet ich in eine solche Empörung gegen mein eigenes Werk, daß ich ernstlich versucht war, das ganze Manuskript ins Feuer zu werfen.

Nachdem ich so erlebt hatte, welch starke, echt empfundene Empörung Satan sogar mir gegen mein eigenes Buch einzuhauchen imstande ist, wußte ich, was zu erwarten war. Deshalb konnten mich auch manche der damals erschienenen Stellungnahmen zu diesem Buch nicht überraschen.

Die Aussage, die ich auf Gottes Geheiß hin zu machen habe – und ich halte an ihr fest – ist so neuartig gegenüber allem bisherigen Denken der Christen, daß die meisten der nach einer mit ihrem Glauben zu vereinbarenden Erkenntnis Strebenden Mühe haben, meinen Weg zu verstehen. Ihre Vorstellung vom Erlösungswerk Christi macht es ihnen unmöglich, ein über dessen Rahmen hinausgehendes Wirken Christi oder Gottvaters anzunehmen. Die von mir wahrheitsgetreu berichteten Worte Gottes über meine Stellung in der Nachfolge Christi geben ihnen Anlaß zu der Behauptung, ich wolle mich über Christus stellen. Ich habe dieses Mißverständnis vorhergesehen und nehme es mit Gelassenheit hin, denn mein Gemüt ist von Gott so zermürbt und gedemütigt worden, daß auch die leiseste Neigung zur Anmaßung, sollte sie überhaupt jemals vorhanden gewesen sein, restlos ausgetilgt worden ist.

Hingegen habe ich viel Verständnis und Zustimmung gerade bei solchen Lesern gefunden, die selbst einen leidvollen Erdenweg zu gehen haben. Ihr Inneres war erschlossen, und sie konnten Gottes Wirken an mir und durch mich als Wahrheit erfassen. Ihre Briefe und Besuche sind für mich eine dankbar empfundene Freude und Stütze gewesen.

Denn der weitere Teil des Weges, von dem jetzt zu berichten ist, ist nicht weniger leid- und mühevoll gewesen als der frühere. Das liegt in der mir gestellten Aufgabe beschlossen, denn die Vergeistigung erfaßt immer tiefere, immer gottfernere Schichten der Körpermaterie. Den Umwandlungsvorgang, der sich sonst erst nach dem Tod abspielt und dem Erdenmenschen also gar nicht bewußt werden kann, muß ich bewußt erdulden. Mein Bewußtsein wird erfüllt von der Todesangst und Todesnot der durch die Strahlung des Geistes aus ihrer dumpfen Starre aufgeschreckten Materiegeister. Die Bewußtseinserweiterung, die ich – im Unterschied zu anderen – gar nicht angestrebt habe, die mir aber verliehen worden ist, erstreckt sich also nicht nur nach der Seite des Göttlichen, sondern ebenso nach der Seite des noch Gottfernen. Zuweilen ist mir die Aufgabe des so häufigen, bewußten Durchlebens von Todesnot begreifbar gemacht worden; so schrieb ich am 21. November 1962 aus Meran: »Ich höre beständig in mir die Worte: ›Du sollst ein inneres Kreuz tragen bis zu deinem Tod.‹« Die Kraft dazu wird mir immer von neuem zugeführt, indem ich vom Geist gezwungen werde, mich mehrmals täglich der Durchstrahlung durch das Geistfeuer Gottes bewußt und willentlich hinzugeben. »Was mich hält«, schrieb ich am 16. November 1963, »ist die *ständige Gottesverbindung*, was ich für andere viel zu wenig ausspreche. Ohne sie bin ich den äußeren Anforderungen gegenüber wehrlos.«

Auf jeder Stufe des Weges, den Gott mich führt, sind mir die von IHM gesandten Leiden beinahe unerträglich erschienen, und doch sind sie nur immer schwerer geworden. War ich bis zum vollendeten 70. Lebensjahr von körperlicher Krankheit weitgehend verschont geblieben, so bin ich seitdem oft von ihr heimgesucht worden, und im April 1972 ist mir ganz ausdrücklich gesagt worden, daß die körperlichen Leiden zu den übersinnlichen noch hinzukommen mußten, damit Gott Sein Ziel erreichen könne. Auch wenn eine körperliche Krankheit mich aus scheinbar natürlichen Ursachen überfällt, so setzt mit ihr unweigerlich und ohne Verzug ein noch viel stärkerer Grad übersinnlichen Leidens ein, als ich ihn sonst tagtäglich zu erdulden habe. Jedesmal aber habe ich mich von Gott dahin belehren lassen müssen, daß diese gleichzeitigen körperlichen und übersinnlichen Leiden mir zum Zweck einer ganz besonderen Durchwirkung auferlegt werden.

Lange hatte ich gedacht, die meisten Leiden seien für meine eigene Entwicklung notwendig. Nur wenn es mir von ›Oben‹ gezeigt wurde, wußte ich jeweils, für wen ich ein stellvertretendes Leiden trug, wußte aber dabei, daß es nicht nur dieser bestimmten Person – mochte sie noch auf Erden oder schon im Jenseits weilen –, sondern zugleich unzähligen anderen aus derselben Sphäre zugute kommt. Im April 1969 aber erklärte mir Gott, daß *alle meine Leiden*, die übersinnlichen wie auch die körperlichen, *stellvertretende* Leiden seien. Alles, was Gott an meinem natürlichen Menschen zu Geist umwandelt, strahlt wie von einem Brennpunkt her eine entsprechende Wirkung in die von IHM jeweils ausersehenen Sphären sowohl der irdischen Welt als auch der Geisterwelt. Die Liebe Gottes will allen weiterhelfen, seien es noch gottabgewandte Seelen oder solche in den Reinigungsorten, seien es Geister, die schon mit ihrer Seele geeint den Aufwärtsweg zurücklegen.

Wie zu Beginn des Kapitels »Gottvater« erwähnt, habe ich auf jeder neu erreichten Stufe meiner geistigen Entwicklung das früher Erlebte neu zu bewältigen; in Entsprechung dazu werden manche schon auf hoher Stufe angelangte Geister veranlaßt, die Reste des von ihnen auf Erden Erfahrenen und Erlittenen von Gottes Liebe durchstrahlen zu lassen. So haben mir in den letzten Jahren u.a. Bernhard von Clairvaux, Tersteegen und Franz von Sales gezeigt, daß sie zeitweise an meinem Weg teilnahmen. Wenn ich auftragsgemäß von meiner Entwicklung und den mir auferlegten Leiden berichte, so ist zwar von meiner Person die Rede, bezeugt werden aber soll das weit über sie hinausreichende göttliche Wirken.

So oft auch in den vergangenen Jahren Perioden der Trokkenheit, der scheinbaren Verlassenheit über mich verhängt worden sind, so ist doch mein Erleben Christi und Gottvaters in dieser Zeit nicht etwa minder häufig oder weniger bedeutend gewesen als in früheren Jahren. Wenn von diesem Erleben nicht mehr so ausführlich berichtet wird, so darum, weil es sich fast immer der Darstellbarkeit in menschlicher Sprache entzieht. Einiges aber habe ich in Briefen festhalten, selbst auf Tonband sprechen oder meiner Umgebung mitteilen können.

ERLEBNISSE 1958 – 1973

Zürich, 14. Februar 1958

Heute sah ich den amerikanischen Film »Die zehn Gebote« in der Originalfassung. Da ich die englische Sprache nicht gelernt habe, verstand ich nicht, was gesprochen wurde, und mußte die deutschen Untertitel lesen. Die bildliche Darstellung der biblischen Geschichte fesselte mich sehr. Nach der Pause geschah etwas Eigenartiges; plötzlich hörte ich alle Personen im Film Deutsch sprechen, und zwar während längerer Zeit. Ich dachte: »Das ist doch unglaublich«, und wartete, was weiter geschehen werde. Als ich schließlich meine Begleiterin fragen wollte, was eigentlich los sei, hörte ich wieder die englischen Worte. In meinem Inneren aber wurde mir dazu von Gott gesagt: »Du solltest selbst erleben, wie die Ausgießung des Heiligen Geistes an Pfingsten geschah.«

Frühjahr 1961

Ein Fabrikbesitzer in Norddeutschland litt an Krebs, war schon dreimal operiert worden und mußte künstlich ernährt werden. Da er ein sehr gläubiger und wohltätiger Mann war, wandte sich ein befreundeter Arzt an mich; auch der Patient selbst, dem er von mir erzählt hatte, rief mich an, ob ich nicht zu ihm hinkommen könne. Nach Augsburg, wohin ich am nächsten Tag fahren wollte, waren verschiedene Besucher bestellt, die ich nicht mehr erreichen konnte, um ihnen abzusagen. Deshalb lehnte ich es ab, nach Norddeutschland zu kommen. Am nächsten Morgen jedoch griff Christus ein, drehte meinen ganz nach Augsburg gerichteten Sinn energisch nach

Norden, und ich konnte nicht mehr anders, als sofort die Fahrt dorthin anzutreten.

Der von den Ärzten aufgegebene Patient war nur für die Tage meines Besuches aus dem Krankenhaus beurlaubt worden. Die Lebenskrafteinstrahlung, die ich ihm gab, um meine Diagnose zu stellen, spürte er deutlich, fühlte sich von dieser Stunde an fortgesetzt kräftiger und konnte bald wieder Nahrung zu sich nehmen. Obwohl er nicht durch eine Spontanheilung völlig gesund geworden war, zweifelte der Patient nicht daran, daß sich ein wunderähnliches Eingreifen Christi ereignet hatte. Er fühlte dann eine starke Liebe zu mir und dankte mehrmals in meiner Gegenwart im Gebet, daß Christus mich zu ihm geschickt hatte. Bei diesen Gebeten war die Gegenwart Christi so stark zu fühlen, daß der Patient kaum sprechen konnte. Er war geradezu beglückt, mich kennenzulernen, in seinem Geist hatte er mich ganz und gar erfaßt. Als ich abreiste, war der Kranke hoffnungsvoll. In den folgenden Wochen behandelte ich ihn mit großem Einsatz; er verließ das Krankenhaus, nahm an Gewicht zu und konnte wieder in seine Fabrik gehen.

Da er ein buchstabengläubiger Pietist war, hatte man mich gewarnt, ihm mein Buch zu lesen zu geben; Christus aber verlangte von mir, daß ich gerade das tun sollte. Ich folgte Seiner Weisung, fühlte aber, wie der Patient sich nicht genug öffnete. Weil mich dies mit Sorge erfüllte, schrieb ich am 9. April 1961 aus Meran an meine Familie: »Mich schmerzt es sehr, daß der Patient wegen seines Hängens am geschriebenen Wort der Bibel sein Herz verschließt, wo doch während seines Gebets Christus persönlich bei mir war und auch ihn am Herzen anrührte. Unsere persönliche Begegnung war eine ihm von Christus auferlegte Probe. Natürlich geht er seinen guten Weg auch ohne mich. Aber Christus wollte ihm eine besondere Gnade erweisen und sandte mich zu ihm. Kommt er wirklich nicht zu einer wahren, freien Auffassung, dann wird er leider die Stufe, die er hier noch erklimmen könnte und sollte, nicht erreichen. Davon hängt weniger für ihn persönlich als für seine Sphäre sehr Wichtiges ab, und er wird es einmal sehr bedauern, wenn er besserer Einsicht verschlossen bleiben und damit als Mittler für seine Sphäre versagen sollte. Es geht um alle die Menschen, die sich durch starre Dogmen haben binden lassen, denen Christus aber, wie Er mir sagte, Befreiung bringen will: ›Der Buchstabe tötet, nur der Geist macht lebendig, nur die Liebe macht frei.‹ Nun bin ich Tag und Nacht für ihn im Gebet. Aber mir wird zu verstehen gegeben: Ich soll erkennen, wie überaus schwer es ist, selbst einen Menschen, der eine so gute religiöse Einstellung hat, so weit zu bringen, daß er einen von Christus gesandten Menschen als solchen erkennt. Immer heißt es gleich: ›Es werden falsche Propheten aufstehen.‹«

Meine in diesem Brief ausgesprochene Befürchtung war leider begründet. Obwohl der Patient bei meinem Besuch so ergriffen gewesen war, stieß er sich an den Aussagen in meinem Buch, die ihm in Widerspruch zum Bibeltext zu stehen schienen. In seinem Denken siegte eine falsche Einstellung zum Geistigen, er blieb am Buchstaben kleben, und damit sperrte er sich selbst von der heilenden Kraft ab, die ihm Christus über mich hatte zuleiten wollen. Die durch meine Behandlung zunächst bewirkte deutliche Besserung seines Befindens war nicht von Dauer, und er starb ein halbes Jahr später.

Überlingen, 27. Dezember 1962

Gestern, am 2. Weihnachtsfeiertag, saßen wir abends zu fünft im Wohnzimmer und lasen, niemand sprach. Ich dachte an den Heimgang meiner Schwester Elisabeth vor 21 Jahren. Da bekam ich eine Christusverbindung, und gleich darauf sah ich Ihn – jedoch nicht mit den körperlichen Augen – im Zimmer stehen. Er stand in einem strahlend weißen Gewand am Christbaum, in großer Liebe und auch Freude den ganzen Raum und uns alle umfassend, und ging dann segnend durch das Zimmer. Das Glück, welches ich fühlte, wurde aber beeinträchtigt durch Christi Worte: »In einem Jahr werdet ihr nicht so friedlich zusammen sitzen.« – In der Weihnachtszeit 1963 bekam ich einen ganz schweren Katarrh, der vor allem die Ohren in Mitleidenschaft zog. Im Januar bildete sich ein Furunkel im Gehörgang, und ich litt unglaubliche Qualen. Ich konnte nichts essen und konnte nicht schlafen, nachts lief ich vor Schmerzen die Treppen hinunter und wieder hinauf. Betäubungsmittel durfte ich nicht nehmen. Unentwegt bedrängten mich teuflische Anfeindungen und wollten mich zum Selbstmord treiben. Um ihnen zu trotzen, zwang ich mich zum Lesen des Buches über die Marienerscheinungen in Heroldsbach, zu dem Maria selbst mich aufgefordert hatte.

Nach furchtbaren Wochen kam von ›Oben‹ die Weisung: »Geh zum Arzt!« Drei Ärzte berieten zusammen mit meinem Schwager und glaubten, daß nur eine Operation helfen könne, weil die Röntgenaufnahme auf eine Vereiterung schließen ließ. Sie stellten mir sonst eine Hirnhautentzündung oder ein Irrewerden in Aussicht. Da hatte ich die Eingebung, um einen letzten Versuch mit einem starken Antibiotikum zu bitten. Obwohl der Arzt sich nichts davon versprach, verschrieb er es mir, und das Penizillin-Präparat half tatsächlich, so daß sich die Heilung nach zweieinhalb Monaten größter Schmerzen endlich anbahnte.

Meine Hoffnung, daß mir das Penizillin die Operation, die mein hellfühlender Körper nicht hätte ertragen können, ersparen würde, wurde durch ein eigenartiges Erlebnis unterstützt. Während mein Schwager auf dem Heimweg vom Krankenhaus in die Apotheke ging, lief ich auf dem Landeplatz hin und her. Dort begegnete mir ein befreundeter Arzt, der mich nach dem Verlauf des Konsiliums fragte und auch sehr daran zweifelte, daß die Operation vermieden werden könne. Zu Hause angekommen, mußte ich mich hinlegen. Plötzlich stand eben dieser Arzt, den ich getroffen hatte, im Seelenleib sichtbar vor mir und sagte: »Sie hatten recht, die Operation abzulehnen; es ist kein Eiter, sondern ein sehr starker Katarrh auf beiden Ohren, der die Taubheit verursacht.« Hocherfreut über diese geistige Mitteilung, rief ich unseren Freund an, der nichts davon wußte, was sein Geist mir mitgeteilt hatte.

Dies war eine neue Bestätigung meiner Erfahrung, daß der Menschengeist von Raum und Zeit unabhängig ist und daß er vorübergehend den Seelenleib ganz durchdringen und mit sich nehmen kann. Kommt es auf diese Weise zur Bilokation, so bleibt dies in der Regel dem Tagesbewußtsein des Betreffenden verborgen. Es ist aber gelegentlich vorgekommen, daß Freunde, die weit entfernt von mir, ja in anderen Erdteilen weilten, genau wußten, daß sie mir für kurze Zeit im Seelenleib gegenübergestanden hatten, was ich selbst, wie wir später feststellten, gleichzeitig wahrgenommen hatte.

Meran, 16. Oktober 1963

Als wir darüber sprachen, daß nur in den katholischen Schulen ein Kruzifix in den Klassenzimmern hängt, tauchte Christus in meine Aura ein und ließ mich Seine Trauer über die Menschheit unserer Tage fühlen. Das große Drama Seines stellvertretenden Leidens würde auch nach fast 2000 Jahren nicht ernst genug genommen. Viele zweifelten sogar daran, daß Er überhaupt gelebt hat. Dann betonte Er meine Einung mit Ihm und die Gleichförmigkeit der Leiden um die oberflächliche, aufgeblasene, hochmütig lieblose Menschheit. Seine tiefe Liebe zu allen Menschen, Seine Freude über diejenigen, die sich Ihm zuwenden, und Seine Ohnmacht gegenüber den in ihrem dicken Ich Verschlossenen, das alles zog wie ein langer Film an mir vorüber. Es war so überwältigend, daß keine irdische Sprache die Liebe Christi richtig wiedergeben kann.

Meran, 15. April 1964

Nach der Mittagsverbindung stand plötzlich ein Baum vor mir. Er war so schön, daß man gar keine Worte dafür findet. Der Stamm, die Blätter und Blüten: alles Gold, für den Verstand nicht faßbar. Der ganze Baum war durchflutet von göttlichem Licht, und ich hatte eine unaussprechliche Freude daran. Kurz zuvor hatte ich furchtbare Leiden gehabt. Das sei mein Lebensbaum, wurde erklärt. – Beim Betrachten des Baumes kam sich der Verstand ganz jämmerlich vor, weil er die großen Geheimnisse, die der Baum ausstrahlte, nicht fassen konnte.

Überlingen, 11. August 1968

Am Vormittag im Kurpark sagte plötzlich die göttliche Stimme: »Da du ganz in das Göttliche hineinwachsen sollst, mußt du alle menschlichen Empfindungen der Enttäuschung und des

Ärgerlichseins überwinden. Das Göttliche ist frei davon. Es gibt, gibt, gibt, ohne auf die Reaktion der Menschen zu achten.«

Zürich, 16. August 1968

Nachdem nachmittags Christus schon zweimal erschienen war, wurde abends plötzlich von Ihm gesagt: »Ich weiß, was Ich tue, auch wenn ihr Meine Wege nicht begreifen könnt. Ich führe alles zum Besten, so schwer es euch auch trifft. Es gibt kein zufälliges Geschehen. Darum sollt ihr in der Demut und der Ergebung leben.«

Meran, 16. Oktober 1969

Hier in Meran war es leider nie üblich, daß die Kurkapelle zu Anfang einen Choral spielte. Heute jedoch erklang um 11 Uhr »Ich bete an die Macht der Liebe, die sich in Jesus offenbart.« Sofort kam eine gewaltige Gottesverbindung. Ich war in Gott geborgen, und es hieß: »Wo gibt es ein Glück, einen Himmel, einen Frieden? – Nur bei MIR, dem liebenden allmächtigen Gott. Segne die Armen, die da wandeln!« Ich tat es, und die göttlichen Kraftströme durchdrangen alle Welten. – Da sah ich so recht, was der Schuljugend vorenthalten wird, wenn Choralgesang und Gebet in der Schule abgeschafft sind. Gott kommt sofort, wenn nur der gute Wille da ist und man IHN nicht ganz vergißt. Beim Anhören werden viele innerlich erhoben, und im Geist werden alle Menschen von Gottes Strahlung berührt, wenn sie es auch nicht so fühlen und erleben können wie ich.

Meran, November 1969

Abends nach dem Vorlesen sagte ich zu meinen Freunden: Wie oft hat mir Christus gesagt, daß mein Entwicklungsweg in einem getreuen Entsprechungsverhältnis steht zu Seinem eigenen Weg, wohlverstanden: nicht bezüglich des zeitlichen Ablaufes der Ereignisse, sondern nach ihrer Bedeutung für das

Wirken Gottes in Seinem Abgesandten. Aber meine Aufgabe ist eine andere. Ich soll Christi Wirken fortführen, aber nicht im Äußeren, sondern in der inneren, geistigen Durchwirkung der irdischen Sphäre. Ich habe keine neue Lehre zu bringen, deshalb bin ich von Gott ganz im Verborgenen gehalten worden.

Meran, 30. November 1969

Seit Tagen weist mich Gott durch innerliche Einsprache darauf hin, daß ich mein Schauen Gottvaters im Breslauer Gefängnis in der Karwoche 1935 und das zu Weihnachten 1948 in Weidenberg besonders betonen soll. So unaufhörlich mich die innere Verbundenheit mit Gottvater trägt – mag sie mir auch nur momentweise bewußt sein – so überaus selten ist es, daß ich Gottvater schauen darf. Heute beim Aufwachen sah ich IHN plötzlich in Person vor mir – so gewaltig und mächtig. ER breitete beide Arme aus – und ich flog in IHN hinein. So erlebte ich es, aber wie soll man das jemand anderem erklären? Im Erleben Gottes ist man getröstet und weiß es ganz klar, daß die Leiden eben sein müssen und daß man den Weg weiter gehen muß bis ans Ende.

Zürich, 7. Februar 1970

Heute wurde mir aus dem Buch »Die Geheimnisse des Alten Bundes« von Anna Katharina Emmerich der Abschnitt über Melchisedeks Opfer von Brot und Wein (1. Mose 18) vorgelesen. Dabei bekam ich eine blitzartige Einstrahlung von großer Heiligkeit und Liebe, wie ich sie in dieser Art niemals zuvor wahrgenommen hatte. Die Strahlung war von derjenigen Gottvaters und Christi durchaus verschieden. Sie ging nicht von einem Menschen aus, sondern von einer Person eigener Art, für die ich keinen Vergleich fand.

Beim weiteren Vorlesen am Abend hörte ich dann, daß Anna Katharina Emmerich an anderer Stelle sagt: »Ich habe Melchisedek oft gesehen; aber nie als einen Menschen, sondern immer als ein Wesen anderer Art, als einen Engel und

Gesandten Gottes.« Obwohl ich ihn nicht gesehen, sondern nur seine Strahlung empfangen hatte, war mein Eindruck genau der gleiche wie der ihre.

Meran, Pfingsten 1970

Vor ein paar Tagen hatte ich wieder eine Begegnung mit Gottvater in Person. Ich sah IHN vor mir stehen. ER umarmte mich und drückte mich ganz an Sein Herz, aber ER schwieg. Jetzt jedoch vernahm ich Seine Stimme: »Du trägst schwer daran, daß dir nur so selten noch eine Wirkung nach außen gestattet wird. Nur in der umfangreichen Praxis der Breslauer Jahre hattest du viele große Heilerfolge, oft auch Spontanheilungen, aber seitdem ereignen sie sich kaum noch. Wenn du von den Wunderheilungen hörst, die ICH durch so manchen Evangelisten oder an Wallfahrtsorten bewirke, dann leidest du darunter, daß bei dir dasselbe nicht mehr geschehen darf und daß du seit der Haft so hilflos, ja unfähig vor der Welt dastehst. Aber das muß so sein. ICH muß dich in einem Zustand der Passivität halten, den du als ganz negativ empfindest, weil du wohl weißt, daß ein Wirken in Vollmacht ein Gefühl der Hoheit gibt. Für das, was ICH durch dich wirken will, mußt du aber leer sein von allem eigenen Wollen, leer von aller eigenen Aktivität. Nur in völliger Demut kannst du das Werkzeug sein, durch das ICH den Leib und die ihm entsprechenden Sphären der Außenwelt vergeistigen und ins Göttliche zurückführen will.«

Meran, 24. Mai 1970

Seit fast einem Jahr überträgt sich mir das Unglück der Seelen, die nicht an ein Fortleben nach dem Tod geglaubt haben. Von den wenigen Stunden des Gotteserlebens abgesehen, bin ich in einem Zustand völliger Hoffnungslosigkeit. Ich möchte nicht mehr leben, möchte aber auch nicht sterben, weil ich nicht glauben kann, daß mein Befinden nach dem Tod anders sein wird als jetzt. Ich sehe nur Qual vor mir ohne jedes Ende. Es ist der Gemütszustand der Seelen in der Tiefe des Fegefeuers, die überhaupt nicht denken können, daß ihre Trostlosigkeit jemals wieder enden wird. Sie sagen mir immer wieder in ganzen Chören: »Es ist furchtbar, in die Hände des lebendigen Gottes zu fallen! Nirgends gibt es ein Entrinnen.« Auf Erden gab es den scheinbaren Ausweg des Selbstmordes. Im Jenseits aber müssen auch die Selbstmörder einsehen, daß sie sich nicht vernichten können. Ich erlebe die ganze Gefallenheit und das Getrenntsein von Gott all derer, die an nichts geglaubt haben. Ihr Gefühl der Vergeblichkeit allen Mühens und allen Leidens muß ich ständig verarbeiten. Toren, Blinde, Tote sind die meisten Menschen heute, und was erwartet sie drüben? Es ist nicht auszudenken, wie sie dann leiden werden, ja leiden müssen.

Fidaz bei Flims, 24. Juli 1970

Hier wurde 1939 ein Kinderheim von einem Felssturz begraben, 13 Kinder und 5 Erwachsene starben. Man errichtete auf dem Felsen, unter dem noch 4 Kinder liegen, eine Halle mit Gedenksteinen und einen halbkreisförmigen Vorplatz mit einem kleinen Steinmäuerchen. Schon am 22. Juni 1963 hatte ich hier ein ergreifendes Gotteserleben. Als wir heute den Vorplatz betreten, ist mir, als treten wir in eine riesige Kathedrale ein. Da öffnen sich die Himmel, ich höre Engelchöre singen. Dann erhebt sich ein gewaltiges Brausen, und ich höre die Stimme Gottvaters wie einen Donner durch alle Himmel und Welten hallen: »Was Gott tut, das ist wohlgetan!« Mein ganzes Wesen wird von Gott mit solcher Kraft durchstrahlt, daß ich überhaupt kein Mensch mehr, sondern ins Göttliche erhoben und mit Gott vereint bin.

Dabei wird mir von Gott die Beerdigung meines Vaters (1907) ins Gedächtnis gerufen, zu der die Lehrer des ganzen Kreises zusammengekommen waren, um ihren Kollegen zu ehren, und wo dieses Lied gesungen wurde. Wie ich meinen Begleitern das erzähle, taucht Gottvater in mich ein und spricht: »Es ist so, wie das Lied sagt. Diesen Trost gab ICH dir schon bei dem Tod deines Vaters. Merkt euch doch endlich: ICH bin die Liebe! Was ICH tue, das ist wohlgetan, auch wenn ihr es nicht einsehen und nicht begreifen könnt. Wißt ihr denn, welches irdische Elend ICH denjenigen erspare, die ICH plötzlich hinwegnehme? ICH bin euer Vater und tue für jeden das Beste. Ihr könnt Meine Weisheit nicht erfassen, darum sollt ihr in Demut und Dankbarkeit zu MIR aufschauen.«

Meran, 29. Oktober 1970

Mitten in einer Unterhaltung mit einem mir Nahestehenden sprach Gott zu mir: »Du kannst für keinen Menschen garantieren. Der Mensch bleibt Mensch. Solange er auf der Erde lebt, ist er satanischen Einflüssen ausgesetzt, und jeder ist in Gefahr, von diesen überrannt zu werden, ohne sie zu erkennen. Das kann sogar nach langen Jahren eines gottesfürchtigen Lebens geschehen, solange noch in einem Winkel der Seele Eigenheiten versteckt sind, die dem Widersacher eine Handhabe bieten, unvermerkt die Gedanken zu seinen Gunsten zu lenken.«

Darauf ließ Gott ein grausiges Satanserleben zu. Ich hatte geglaubt, ein solches Erleben sei für immer vorüber. Mir wurde eisigkalt, Milz und Leber erstarrten, Todeskälte durchdrang mich. Die ganze Macht der Hölle ging gegen mich an, und ich schauderte ob ihrer Heimtücke. Aus diesem Erleben sollte ich ersehen, wie leicht der Mensch diesem Einfluß erliegen kann, wenn er nicht von Gott behütet wird. Ich selbst kann den Einfluß erkennen und ihm aus meiner ständigen Gottverbundenheit heraus erfolgreich Widerstand leisten. Und gerade weil Satan mich nicht betören kann, empfinde ich sein Bemühen sich einzuschleichen als so grauenhaft. Andere aber lassen sich betören und sind gefangen, ohne es zu ahnen.

»Wenn ICH die Menschen nicht behütete«, sprach Gottvater weiter, »so wären sie dem Widersacher hilflos ausgeliefert. Denn ICH bin Gott und wo ICH ihm die Grenze setze, da ist seine Macht zu Ende. Darum wachet und betet, seid aufmerksam und strebt ständig danach, Meinen Willen zu erkennen. Je mehr der einzelne sich an MICH hält, desto mehr kann ICH ihn schützen und leiten. Aber keiner glaube, solange er auf Erden ist, er sei gefeit.«

Meran, 2. November 1971

Gestern, an Allerheiligen, waren wir in Dorf Tirol. Dort war auf dem Friedhof eine Prozession, und eine Musikkapelle spielte Choräle. Plötzlich kam meine Schwester Elisabeth, aber ich war zunächst nicht sicher, weil sie zu bescheiden im Menschlichen in meine Aura eintrat. »Bist du es denn? Kannst du dich nicht anders zeigen?«

Da durchfuhr mich der Geist, und ich erlebte Elisabeths Herz in dem meinen, ein vergeistigtes und vergottetes Herz, von Licht umflutet. Eine Strahlung wie von lauter Gold und Edelstein ging von ihrem Herzen aus, und doch war es Elisabeth, so deutlich und so klar bis in die Tiefe ihres Wesens, daß man nur staunen konnte, wie alles durchleuchtet und verklärt war. Einige Tage zuvor hatte ich zu ihr gesagt: »Was erlebte ich früher an hohen Zuständen mit dir, und nun kommst du so zart. Kannst du denn nicht endlich mal zeigen, wie du im Geist bist?« Daraufhin wurde es ihr nun gestern wohl erlaubt. Das gab mir großen Trost.

Überlingen, 15. November 1971

Wir kamen gut hier an. Auf der Fahrt wurde ich grauenhaft von Teufeln angefeindet. Vor Tagen hatte ich Christus gefragt, weshalb Er mir kaum noch erscheine. Ich erhielt keine Antwort. Als ich aber gestern in Österreich ein Christuskreuz am Waldrand stehen sah, fühlte ich Christus sofort in meinem Herzen; das war die Antwort: »Ich bin ja stets in deinem Herzen!«

Überlingen, Dezember 1971

Die Notwendigkeit, nach der Hauptmahlzeit stets besonders innige Verbindung mit dem Geist zu suchen, habe ich mehrfach erwähnt. In den letzten Jahren werde ich aber nach jeder noch so kleinen Nahrungsaufnahme gezwungen, mich zu dieser Verbindung hinzulegen. Im Juli schon hatte es von Gott her geheißen: »Du sträubst dich gegen die Verbindung, und doch ist sie die größte Gnade und Kraftquelle für dich. Nicht bei Aktivität, sondern bei passiver Hingabe und Ruhe wirke ICH am stärksten durch.« Trotz dieser Belehrung ist es mir zuweilen lästig, daß die Verbindung schon nach dem Frühstück kommt, obwohl dieses ja nur aus Milch und Obst besteht, auch wenn ich nachts gut geschlafen habe. Heute erfahre ich den Grund dafür: »Im Schlaf vereint sich nur die Seele mit dem Geist. Damit aber dein Geist auch den Körper stets neu durchdringt, mußt du dich bereits morgens im Wachbewußtsein der Verbindung hingeben.«

Meran, März 1972

Seit ich denken kann, habe ich stets ein großes Verlangen nach Sonne. Jetzt wurde mir das erklärt: »Dein Geist stammt aus einer Gottheitssphäre, deren Entsprechung in der Natur die Sonne ist. Deshalb konntest du sie nie entbehren, ohne in Gemütsbedrückung zu geraten. Du weißt, wie sehr du in der kaufmännischen Lehre, im KZ und in Schweden nach Sonne schmachtetest. Aber auch sonst hattest du immer unter der Sonnenarmut zu leiden.«

Meran, 22. April 1973

Heute, am Ostersonntag, als ich erwachte, stand Christus vor mir, in tiefem Leiden, und sagte zu mir: »Heute freuen sich die Gläubigen über meine Auferstehung und feiern sie. Ich aber feiere nicht, Ich leide – leide, wie Ich damals litt, wegen der Menschen, die so weit von Gott abgefallen sind. Nur durch Leiden sind sie zurückzubringen, durch stellvertretende Leiden. Deshalb leide Ich, und deshalb mußt du mit Mir leiden!«

DER TOD ALS BEFREIER

Nach dem Hinübergang meiner Schwester Elisabeth hatte meine andere Schwester Magdalena die ganze häusliche Fürsorge für die Familie übernommen, zusätzlich zur Erledigung alles Geschäftlichen. Ihrer großen Tatkraft und klugen Umsicht war es zu verdanken, daß wir von 1953 an wieder ein eigenes Heim hatten, was auch mir, den das Hellgefühl den Umwelteinflüssen so besonders stark aussetzt, ein Gefühl der Geborgenheit gab. Obwohl ich wußte, daß Magdalena ihre Kräfte in rastloser Tätigkeit verbraucht hatte, war es mein sehnlicher Wunsch, daß sie mich überleben möge. Doch das war nicht Gottes Wille.

Infolge der besonders engen geistigen und familiären Bindung, die zeit meines Lebens zu meiner um 3 Jahre jüngeren Schwester bestand, wurden die Jahre ihrer letzten Krankheit auch für mich zu einer schweren Prüfung. Stärker noch als andere Menschen sollte ich die Todeskrankheit eines nahen Angehörigen durchleben, damit Gottvater die damit verbundenen Ängste und Nöte dank Seines geheimen Wirkens vergeistigen könne. Einige Stellen aus meinen Briefen sollen etwas von jener Leidensperiode wiedergeben.

Überlingen, 11. Januar 1971 — Ich lebe nur in letzter Verzweiflung, und leider erhält mich Gott am Leben, aber ist das ein Leben zu nennen? Magdalena möchte ebenfalls nur sterben, denn sie hat ja nur Schmerzen und gräßliche Zustände. Ihr Leben war Aufopferung; was hat sie meinetwegen an Aufregungen hinnehmen müssen. Ferien hatte sie selten, und jetzt muß sie zum dritten Mal zur Operation ins Krankenhaus.

Überlingen, 23. Februar 1971 – Magdalena hat große Schmerzen. Vorgestern, am zweiten Tag nach der Operation, kam eine ganz besondere Hilfe: Christus und zwölf Heilige standen an ihrem Bett und stärkten sie. Magdalena fühlte es, und mir wurde es klar gezeigt. Sie erholte sich auffallend, doch Christus sagte mir: »Heute durfte das sein, aber morgen nicht mehr.« Seit gestern geht es wieder sehr schlecht. Aber alles geschieht mit Absicht. Gott sieht die Qual gern, weil sie in kurzer Zeit enorm viel für die Reinigung der Seele schafft. Die Gottesgegenwart war gewaltig. Am letzten Tag vor der Operation war mir klar gezeigt worden, daß sie glückt. Aber der Chirurg konnte eine kranke Stelle nicht entfernen. Das wurde von Gott nicht gesagt. So bleibt die Sorge.

Überlingen, 2. März 1971 — Gestern wollten sie Magdalena schon ins Sterbezimmer bringen, so schlimm war es, dann Blutübertragung. Dadurch wurde es etwas besser. Heute soll die zweite Blutübertragung gemacht werden. Es gibt keine Worte, was die arme Magdalena durchmacht. Ich fürchte für sie und bitte um Trost. Aber aller Trost ist fort, der doch so stark da war. Ich bin nur in Todeszuständen. Was gehört dazu, um für das Jenseitsleben reif zu werden! – Als wir gestern ins Haus traten, wurde mir Magdalena plötzlich in ihrem Geist und ihrer Seele beigesellt. Alles ist die hohe Gottesliebe, die durch ihren Geist und den meinigen dringt. Darum kann ich es in meinem äußeren Menschen kaum ertragen. Doch nehme ich in diesen Todeszuständen schon sehr viel vom eigentlichen Tod fort.

Überlingen, 17. März 1971 — Gott durchdringt Geist, Seele und Leib in einer solch hohen Liebe, daß der irdische Körper in Flammen der Vernichtung und doch vor der Auferstehung steht. So geht das die ganzen Wochen.

Meran, 24. April 1971 — Ich suche immer nach Erklärungen für meine Zustände. Nur mein innerer, geistiger Mensch will und handelt, hat es aber oft schwer, sich durchzusetzen.

Denn alle Teufel bedrängen den äußeren Menschen, so daß er durch schwere Anfechtungen und Depressionen zu allem unfähig wird. Aus dem Leib kommt der Tod, das Unglück und die letzte Verzweiflung. Vor dem Kurhaus war ich anderthalb Stunden im Gebet; da kam die Antwort: »Du bleibst dein ganzes Leben in Gethsemane.«

Meran, November 1971 — Fern von Zuhause wächst die Sorge um Magdalena und bedrückt mich ohne Unterlaß. Was soll werden, wenn sie vor mir stirbt? Da bekomme ich ein inneres Erleben: Ich schwebe im Geist über ihrem Bett und singe eine Hymne, in der ich den Tod als Befreier begrüße. Wie gern möchte ich mein Schweben über Magdalena dahin deuten, daß ich selbst dann schon im Jenseits weile!

Überlingen, 10. Januar 1972 — Magdalena hat immer wieder Blutungen und ist sehr schwach. Sie wünscht sich den Tod, ich aber fürchte, daß ich das Leben ohne sie gar nicht mehr ertragen kann. Gottvater aber verlangt von mir, ich solle in diese Prüfung einwilligen, genau wie Christus im Breslauer Gefängnis von mir verlangte, ich sollte in die Haft einwilligen. Nach schrecklichen inneren Kämpfen gab ich heute nacht schließlich meinen Willen in die Hand Gottes. Was blieb mir übrig? Danach änderte sich alles, es kamen viele Heilige und hohe Engel und betrachteten den Trost, der nun von Gottvater über mich ausgeschüttet wurde.

Überlingen, 25. Januar 1972 — Gestern abend saßen wir beim Vorlesen zusammen. Auf einmal schrie Magdalena auf und lief hinaus, ihr Adoptivsohn stützte sie. Sie hatte wieder eine Blutung; Erbrechen kam hinzu. Plötzlich hörte ich jemanden sagen: »Sie ist tot.« Ich erstarrte und war minutenlang selbst wie leblos. Dann erfaßte mich der Gottgeist bis tief in den äußeren Menschen und verband mich mit Magdalenas Geist in der Tiefe der Gottheit. Dadurch kam sie zurück und wurde gekräftigt. Sie erwachte aus ihrer Ohnmacht und sprach wieder.

Jetzt ist es ½10 Uhr vormittags, und ich bin im Todeskampf

von Mitternacht bis jetzt. Schlafen konnte ich nicht, ganz bewußt mußte ich mich ununterbrochen der göttlichen Einstrahlung hingeben. Dieses bewußte Sterben ist eine große Qual. Wer kann mich davon erlösen? Nur Gott, aber ER verlangt es gerade und verlangt Unmögliches. – Gleichzeitig kamen hohe Liebesverbindungen mit Magdalena, der mir von Gott zugeordneten Schwester, aber sie sind in anderer Weise für den irdischen Körper so schwer erträglich und bringen mir Weinanfälle. Es war ein Opferleben, welches Magdalena für mich auf sich genommen hat; auf einen eigenen Weg hat sie verzichtet. Und jetzt hat sie nur Schmerzen und Schwäche, aber geistig ist sie gleich wieder lebendig und unentwegt bemüht, alles in Ordnung zu bringen, solange sie noch lebt. Gestern wäre es für mich zu schlimm gewesen, wenn sie nicht noch einmal zu sich gekommen wäre. Ich machte ja für Minuten ihren Tod schon durch und war wie vernichtet. Von Gott aber wurde mir diese Erschütterung als die Generalprobe für mein Überstehen ihres Abscheidens hingestellt.

Meran, 13. April 1972 — Magdalena liegt dort und ich hier. Aber so ist es von höchster Seite gewollt. Stundenlang wirkt Gottvater ein und durchdringt auch den äußersten Sinnenmenschen. Aber das ist so qualvoll, daß ich dauernd um ein Ende bitte. Die Gottesgegenwart bringt keine Hilfe für die körperlichen Leiden. Was mir über deren geistige Bedeutung gezeigt wird, macht mich schwindlig, weil es über menschliches Begreifen hinausgeht. Ich vergehe bald, doch Gottvater hält mich. Dazu mein Kummer, daß auch Magdalena so leiden muß. Sie soll eben sich auf Erden noch so weit wie möglich entwickeln, aber da protestiere ich und sage, drüben hat sie viel Zeit, und als Antwort höre ich dann: »Was Gott tut, das ist wohlgetan.«

Während der folgenden Monate wurde ich mit Absicht in Unklarheit gelassen, ob Magdalena genesen oder sterben würde. Auch wenn ich mich ganz in Gottes Willen ergab, wurde mir die Angst nur auf kurze Zeit genommen und überfiel mich am nächsten Tag von neuem. Das Gefühl völliger Trostlosigkeit war so schlimm, daß ich immer wieder um ein Ende betete. Im September fuhr ich auf innere Weisung hin wieder nach Meran. Dort erreichten mich die Nachrichten aus Überlingen nur mit großer Verspätung.

Am 11. Oktober vormittags schrieb ich nach Hause: »Um 5 Uhr früh veranlaßte mich mein Geist, laut zu sprechen: ›Herr, Du hast sie gegeben, Du hast sie genommen, Dein Name sei gelobt!‹ Und trotz allen negativen Erlebens hoffe ich in einer kleinen Ecke dummerweise immer noch auf ein Wunder!« Als ich das geschrieben hatte, wurde ich ans Telefon gerufen und wußte sofort, was geschehen war. Mein Schwager sagte mir, daß Magdalena in den Morgenstunden hinübergegangen war. Mein Schmerz war so groß, daß ihn auch die starke Gotteshilfe nicht wegnehmen konnte.

Über mein Erleben mit meiner Schwester schrieb ich in der Folgezeit nach Hause:

Meran, 12. Oktober 1972 — Mir zittern die Hände noch. Ich muß mich krampfhaft zusammennehmen Magdalenas wegen, die fast ständig um mich ist. Ihr Kopf strahlt unglaublich stark. Sie ist sehr glücklich und froh und läßt mich das fühlen. Sie ist ganz vom Geist durchstrahlt. Ihre Strahlung ist ganz rein, sie hat keine Unreinheiten mitgenommen. – Seit der Operation in Freiburg bin ich in Angst und Schrecken gehalten worden, habe Magdalenas Tod so oft im vorhinein durchgemacht, und doch ist es jetzt noch so schwer, daß ich nur ein Sterbender bin und leider das, was sich in mir abspielt, nicht in Worte kleiden kann. Der Geist zwingt den äußeren Menschen, aber die Nerven vertragen die Hingabe an die Verbindung nicht mehr. Immer steht die Angst, daß ich versage, vor mir. Dabei wird geholfen wie nie.

Meran, 17. Oktober 1972 — Alles sah ich, alles wußte ich, und doch, als ich abfuhr, wurde ich von Christus so getröstet, daß ich nicht das Gefühl hatte, daß dies nun wirklich der letzte Abschied sei. Nun soll ich weiterleben, ja, wie noch? Nur durch Gott, wie es ja schon geschieht. Aber auch hier, wie bei Peters Tod, muß ich trotzdem alles selber verarbeiten. Ich muß Gott durchkommen lassen, bis ich aus Seiner Kraft leben kann und alles mit Seinen Augen sehe. Das ist wohl schon mal zwei Stunden lang dagewesen, aber es muß ja Eigenbesitz des Sinnenmenschen werden. – Während ich bei der 18-Uhr-Behandlung allen mir Anvertrauten den göttlichen Lebenskraftstrom zuleitete, fühlte ich, wie Magdalena in das verlängerte Mark und den Rücken einstrahlte. Sonst fühle ich sie immer in der Milz, aus der dabei die höchste Liebesstrahlung kommt.

Meran, 19. Oktober 1972 — Immer wieder geschehen beinahe Wunder der Tröstung von Gottvater, die noch nie so klar und deutlich stundenlang anhielten. Ohne diese Hilfe geht es nicht, und anderseits bringt sie eine Vergeistigung von einer Tiefe, die für den irdischen Körper unsagbar peinvoll ist. Sobald aber Gott mich verläßt, befinde ich mich gemütsmäßig sofort wieder in Leiden und Verzweiflung. Selbst der Trost von Gottvater dringt nicht bis an die alleräußerste Schicht des Körpers heran, welche die Einstrahlung noch nicht richtig aufnehmen kann und erst noch umgewandelt werden muß; wäre das schon ganz geschehen, dann würde ich sofort aus diesem Leben entschwinden. Magdalena gibt sich die größte Mühe, mir zu helfen.

Meran, 21. Oktober 1972 — Als ich im Gespräch mit Freunden hervorhob, daß ihr Mann auch gar nicht wegzudenken ist und wie Wilhelm sich immer für uns eingesetzt hat, kam von Magdalena eine nicht zu beschreibende Welle von Freude und höchster Liebe. – Magdalena ist nicht nur im Geist, nein, der Geist hat alles Menschliche bereits weitgehend durchdrungen und vergeistigt, nur die äußerste Schicht wird jetzt von Gott umgewandelt. Ihr ganzes Wesen wird von Gott verklärt, wie das bei Elisabeth auch geschah, aber die Wirkung auf mich ist eine noch unmittelbarere als damals. Mein Körper wird von der hohen göttlichen Liebesstrahlung zermahlen und kann kaum noch leben. Trotz ganz besonderer Gotteshilfe, die mich am Leben erhält, werde ich menschlich mit dem Verlust noch nicht fertig. Hier liegen große Geheimnisse vor, die ich wohl erlebe, aber nicht in den Verstand bringen kann.

Meran, 30. Oktober 1972 — Wie alle Tage war Magdalena auch heute stark in der Milz zu fühlen. Ihre derzeitige Entwicklungsphase ist das Durchschreiten des Reinigungsortes. Klara Kern (»Das Geheimnis des Fegfeuers«, Ars Sacra-Verlag) sagt darüber: Das Erleben der göttlichen Liebe bringt dem Menschlichen große Leiden und wandelt es gerade dadurch in das Göttliche um. Alles, was Magdalena für uns getan hat, das wird von Gott erhöht, verklärt muß ich sagen, aber mir bricht dabei fast das Herz vor Weh und Liebe.

Meran, 3. November 1972 — Heute abend fragte ich Magdalena, ob sie denn meine Schmerzen in der Milz, in den Schultern und im Kopf und meine gräßlichen Gemütszustände wahrnehme. Da kam sofort einwandfrei ihre Antwort: Alles wisse und sehe sie, und sie müsse natürlich mit allem, was ihr das Zwischenleben aufbürde, erst fertig werden.

Meran, 10. November 1972 — Schon bei Peter, Elisabeth und Mama war ja das Mitdurchleben ihrer Umwandlung nach dem Abscheiden so schwer für mich. Bei Magdalena aber greift die Gotteswirkung noch tiefer in das Gefüge meines Körpers ein, die untersten Materiegeister der Darmregion werden aus ihrer Erstarrung aufgeweckt und überschwemmen mein Gemüt mit Wellen der Verzweiflung.

Meran, 1. Dezember 1972 — Der Zusammenhang mit Magdalena ist auch jetzt so eng, wie er das immer war; oft fühle ich sie jetzt so, als wäre sie eins mit mir. Um so mehr quält es mich, daß sie nichts sagen darf, wo sie doch alles sieht und weiß, was bei uns hier vorgeht. Heute aber erinnerte sie dringlich daran, daß ich Dich zum Geburtstag anrufe (der Brief war an ihren Ehemann gerichtet); als wir miteinander sprachen, fühlte ich ihre Liebe, ihr Mitfühlen und Mitleiden mit Dir und mir so sehr, daß ich das Weinen mit Gewalt zurückhalten mußte.

Überlingen, 20. Januar 1973 — Vorgestern abend lag ich im Gebet und trug Gott vor, daß die innere Offenbarung den Sinnenmenschen ganz unbefriedigt lasse. Der leidet besonders darunter, daß kein Sprechen mit Magdalena und auch keine Erscheinung erlaubt wird. Aber ich stellte es in Gottes Willen, weil ich ja auch weiß, welche Gründe Gott hat. Als ich das sagte, stand plötzlich Magdalena vor mir in großer Liebesschönheit und farbigem Gewand. In ihrer Erscheinung war klar zu erkennen, daß sie dasselbe Leiden trägt, welches Gott mir auferlegt. Natürlich durfte sie kein Wort reden. Doch Gott sprach deutlich: »ICH habe sie genommen, damit du dich nur noch an MICH halten sollst.« Dann verschwand die äußere Erscheinung vor meinen Augen, es gab einen starken Ruck bis in die Fingerspitzen, und ich fühlte Magdalena in mir. Da hieß es: »Du siehst doch selbst, daß die innere Verbindung viel, viel wichtiger ist als das äußere Erscheinen.«

Überlingen, 11. Februar 1973 — Heute lief ich im Garten vor Magdalenas Fenster auf und ab. Ich schaute in ihr Zimmer und spürte plötzlich ein gewaltiges Wogen und erlebte, wie Magdalena alles an sich nahm, was sie dort gewirkt und gearbeitet hatte. Ihre Aura wurde sehr breit und stark und war ganz von Gott durchdrungen und in Verklärung begriffen.

Seit Magdalenas Tod habe ich sehr oft innere Verbindung mit Domenico Savio. Auch heute kam er beim Vorlesen so tief in mein Herz und meine Brust, daß ich sehr erschüttert war von seiner hohen Liebe. Er zeigte mir das große Wunder Gottes: »Ich, Domenico Savio, bin es, aber vergottet.« So hat Sich Gott Geschöpfe geschaffen, die wohl eigene Personen sind, aber von Seinem Geist total durchdrungen und verklärt sind. Das gibt für Gott Selbst eine ständige, große Freude.

Meran, 14. Mai 1973 — Am gestrigen Sonntag beim Kurkonzert geschah es zum ersten Mal seit vielen Jahren, daß ich nicht so schwermütig wie sonst, sondern positiv zum Leben eingestellt war. Dabei fühlte ich, daß Magdalena mir andeuten wollte, der Geist werde fortan den besseren Gemütszustand zuweilen wieder zulassen. Das steht in Zusammenhang mit ihrer eigenen Entwicklung, denn heute zeigte sie mir den Beginn ihrer zweiten Auferstehung; die Periode der Umwandlung alles Irdisch-Menschlichen, der »zweite Tod«, ist nahezu beendet, der ganze Mensch ersteht neu, aber völlig vergeistigt und von Gott durchdrungen. Daß nun Magdalena in ihrer Persönlichkeit wieder mehr und mehr hervortritt, ist für mich viel tröstlicher.

Meran, 22. Mai 1973 — Während und nach der 18-Uhr-Behandlung kam Magdalena wieder sehr stark und lange in der neuen Persönlichkeit, also ganz sie selbst, aber gereinigt und verklärt durch Gott. Es ist viel leichter für mich, da sie nun auch mit ihrem äußeren Menschen, der uns so lieb war, wieder erstanden ist.

Überlingen, 25. Mai 1973 — In ernstem Gespräch saßen wir an einem Waldrand. Da kam Magdalena so stark in einer heiligen Strahlung, daß mein Körper tief erschüttert wurde und zu zerspringen drohte. Im Gemüt war ich wie vernichtet vor Weh über die äußere Trennung, aber es ist eben Gottes Absicht, dadurch alles Eigene in mir umzuwandeln. Diesem Zweck dient alles, doch ist es schwer, es zu ertragen. Die Heiligen fragen: »Herr, weshalb bleibe ich kalt und entzünde mich nicht in Deiner Gegenwart?« Christus antwortet: »Weil du weiterleben und mit den Seelen leiden mußt, die ich dir zuführe.« So ist es auch bei mir.

Am ersten Jahrestag ihres Abscheidens hatte mir meine Schwester ihre Fortschritte im jenseitigen Leben gezeigt, doch am eindrücklichsten erlebte ich das am Abend des Neujahrstages 1974. Nachdem ich zu Bett gegangen war, wurden Körper und Knochen durch die Einwirkung des Geistes wie zermalmt. Nach einer halben Stunde setzte eine mächtige göttliche Einstrahlung ein, und vor mir erschien Magdalena in großem Glanz. Bei näherem Hinsehen trat dann Christus aus ihr heraus. Ich kann mir das nur so deuten, daß sie die ihr von Christus bestimmte hohe Himmelssphäre erreicht hat.

ERLEBNISSE 1974

Meran, 15. Mai 1974

»Unstet und flüchtig sollst du sein auf Erden!« Das wurde mir heute gegen 19 Uhr von Gott zugerufen. Wieviel ich dabei erlebte, das läßt sich in Worten nicht wiedergeben. Es war das erste Mal, daß Gott gerade diese Worte gebrauchte. Wie jedes Wort Gottes umfaßt auch dieses große Geheimnisse, Geheimnisse, welche dem Menschenverstand unzugänglich bleiben. Meine verstorbene Schwester Magdalena aber, deren Nähe während dieses Erlebens ich deutlich bemerkte, dürfte dabei tiefer in die Geheimnisse eingedrungen sein als zu ihren Lebzeiten.

»Unstet und flüchtig« – das kennzeichnet den häufigen Ortswechsel, zu dem ich seit jeher von innen getrieben werde, und ebenso das ständige Schwanken meines Befindens infolge der atmosphärischen, kosmischen und geistigen Strahlungen, denen ich durch mein Hellgefühl viel mehr preisgegeben bin als andere. Vor allem aber beleuchten diese Worte den Zustand meines Gemütes: hin- und hergeworfen zwischen Gotteinung und Gottverlassenheit. Überkommt mich die Gotteinung, dann wird mein menschliches Bewußtsein miterleuchtet und erkennt die Schmerzen, die ja nicht aufhören, als unvermeidlich zur Vergeistigung der Materie und alles Menschlichen. Sonst wäre die Erschütterung, ja Vernichtung des äußeren Menschen nicht zu ertragen. Zieht Gott sich aber zurück – und das oft auf sehr lange Zeit –, so wird das Gemüt von den lebendig gewordenen, hilflosen und verzweifelten Materiegeistern bedrängt. Einen ruhigen, ausgeglichenen Zustand gibt es für mich nicht.

So empfand ich den Zuruf Gottes als passende Kennzeichnung der mir von IHM auferlegten Lebensumstände.

Daß die Worte, die Gott nach der Bibel (Gen 4,12) an Kain gerichtet hatte, gerade jetzt mir gesagt wurden, erhielt seine besondere Bedeutung durch ihren Zusammenhang mit einem vorangegangenen Erleben. In der Nacht zum 30. März 1974 erlebte ich auf geistiger Ebene Szenen des Alten Testaments, die wie ein Film vor mir abrollten; plötzlich fühlte ich mich nicht mehr als Zuschauer, sondern als Mitbeteiligter, und zwar in der Rolle des Kain, der seinen Bruder Abel ermordet hat. Meine Reue über den begangenen Brudermord war von einer völlig unfaßbaren Tiefe, und ich zerfloß in Tränen, in denen ich zu ersticken drohte. Dabei tönte es aus der Gottessphäre immer wieder: »Brudermord!« Es war kein Traum, sondern ein bewußtes Erleben, und ich war nicht von Gott getrennt, sondern mir war, als ob Gott Selbst mit mir über den Brudermord weinte, der sich im Verlauf der Menschheitsgeschichte millionen- und abermillionenfach wiederholt hat.

Dieses zweifache Erleben sollte mir jeden Zweifel daran nehmen, daß Gott Selbst es ist, der mich in die Rolle des Kain zwingt, der mich unstet und flüchtig macht und die bitterste Reue über den Brudermord in mir entfacht. An die vielen Menschen, die sich verhärtet und gegen Gott verschlossen haben, kann ER nicht herankommen. Mich hingegen hat ER in jahrzehntelangen Mühen so erschlossen, daß ich in Geist, Seele und Leib Seine Liebe aufnehmen und den Menschen, die ich vor Gott vertrete, weitergeben kann. Gott trägt mit mir den Kummer über den Brudermord und läßt Seine erbarmende Liebe wirken für alle, mögen sie auch noch so fern von IHM sein.

Mayen, 21. August 1974

Der junge Lehrer, bei dem ich hier weile, spielte mir eine Sprechplatte über Bernhard von Clairvaux vor, welche für den Religionsunterricht bestimmt ist. Bernhard (1090 – 1153), Gründer und Abt von Clairvaux, brachte den Zisterzienser-Orden zur Blüte und hatte einen großen Einfluß auf die religiöse Erneuerung und das staatliche Leben Frankreichs. Er war von tiefer Frömmigkeit, und seine Schriften zeigen ihn als echten Mystiker. Auf den überlieferten Bildern deutet schon seine Kopfform – ähnlich wie bei Johannes vom Kreuz – auf besondere Milde und Sanftmut hin. Wie ist es zu erklären, daß gerade dieser Mann in seinen Predigten zum 2. Kreuzzug aufrief, welcher keinen Erfolg hatte und vielen deutschen und französischen Rittern und ihren Mannen das Leben kostete.

Der Zwiespalt zwischen der echten Christusverbundenheit Bernhards, die ich in geistigem Erleben wahrnahm, und seinen Kreuzzugspredigten beschäftigte mich um so mehr, als ich schwer glauben konnte, daß Bernhard seinem weltlichen Einfluß zuliebe oder gar aus religiösem Fanatismus zum Kreuzzug aufgerufen hatte. Bei diesem Nachsinnen bekam ich eine sehr starke Christusverbindung. Zuerst hörte ich innerlich, wie Christus die Worte sprach: »Meine Gedanken sind nicht eure Gedanken, und eure Wege sind nicht Meine Wege.« Danach fuhr die Macht Christi von oben her durch mich hindurch, mein Wesen wie mit einem Schwert in zwei Hälften teilend; als ich aber dann das Schwert vor mir sah, verwandelte es sich in eine goldene Harfe. Ich sollte verstehen, daß Christus Selbst das Wesen des Abtes von Clairvaux wie mit einem Schwert gespalten und ihn nicht durch innere Einsprache von den Kreuzzugspredigten abgehalten hatte.

Dann sprach Christus weiter: »Mir ist gegeben alle Gewalt im Himmel und auf Erden. Um die Menschen aus ihrer Weltverlorenheit herauszureißen, muß Ich Kämpfe und Kriege zulassen, ja selbst manchmal den Anstoß dazu geben. Aber wo Ich das Schwert bringe, bringe Ich auch die Harfe. Kampf und äußere Not rühren die Menschen in ihrem Inneren auf, und erst dann kann Ich sie dort fassen.« Die Kreuzritter sollten von der Idee begeistert werden, ihr Leben für Christus und die Befreiung des Heiligen Landes hinzugeben. Zwar sind viele auf dem Kreuzzug umgekommen, aber sonst wären sie – wie Christus mir zeigte – im weltlich-höfischen Treiben versunken.

Dieses Christus-Erleben erinnerte mich an Seine Worte zu Schwester Consolata Betrone am 15. November 1935: »Glaube nicht, daß Mich die Schmerzen der Menschen nicht berühren. Aber Ich liebe die Seelen, Ich will sie retten, und um mein

Ziel zu erreichen, bin Ich gezwungen, Strenge anzuwenden. Doch, glaube es Mir, es geschieht aus lauter Barmherzigkeit.« Und nochmals am 8. Dezember 1940 während des 2. Weltkrieges: »Sind nicht zwei, drei Jahre bitterer, großer, unerhörter Leiden und dann eine Ewigkeit von Freuden besser als ein ganzes Leben von Ausschweifung? Wieviele junge Leute werden Gott in Ewigkeit danken, daß sie in diesem Krieg umgekommen sind, aber für die Ewigkeit gerettet wurden.«*)

Wie damals Consolata wollte Christus heute mir zeigen, daß Seine Gnade gerade im irdischen Elend und Tod wirksam ist. Eine ähnliche Aufklärung scheint Er aber Bernhard von Clairvaux nicht gegeben zu haben, denn dieser litt während der wenigen Jahre, die er nach dem Kreuzzug noch lebte, sehr unter dem Schuldbewußtsein, mit seiner Predigt solch ein unglückliches und grausames Geschehen in Gang gesetzt zu haben. Er erhob schwere Anklagen gegen sich selbst, und es ist zu vermuten, daß die Qual der tiefen Reue ihm schließlich das Herz brach. Christus ließ dieses Leidensopfer zu; die Verwandlung des Schwertes in die Harfe, welche ich geschaut hatte, vollzog sich auch für Bernhard erst nach dem Ende seines Erdenlebens. Bis dahin sollte er – wie mir zu verstehen gegeben und später nochmals bestätigt wurde – nach göttlichem Willen ein stellvertretendes Leiden zugunsten der Kreuzzugsopfer tragen.

*) P. Lorenzo Sales, »Schwester Consolata Betrone«, Kanisius-Verlag, Freiburg/Schweiz 1961, S. 78f

DIE WEHEN EINER GOTTGEBURT

Meran, April 1975

So traurig und mit so schlechten Ahnungen war ich noch nie nach Meran gefahren wie in diesem Frühjahr. Die Mißhelligkeiten begannen auch sofort; bei unserer Ankunft Anfang März gab es tagelang kein heißes Wasser für das tägliche Bad, welches ich doch zum Ausscheiden der aufgenommenen Belastungsstoffe so dringend brauche. Ich dachte bald, daß es am besten wäre, sogleich nach Überlingen zurückzufahren, aber es wurde geistig von mir verlangt, in Meran zu bleiben. In einem inneren Erleben wurde ganz deutlich, was auf mich zukam; ich fühlte meinen Körper von Säuren total überschwemmt. Trotzdem blieb ich gehorsam und fuhr nicht nach Hause, obwohl nun wochenlang die Heizung im Haus versagte. So konnte es nicht ausbleiben, daß ich nach Ostern von Tag zu Tag kränker wurde, die Harnsäure ergoß sich ununterbrochen von der rechten Schulter in den Arm und die Hand, wodurch eine schwere Nervenentzündung entstand. An den ersten Apriltagen zwang ich mich noch, wie gewohnt an meinen Schwager zu schreiben.

In meinem Brief vom 5. und 6. April stand unter anderem: »Die Finger sind geschwollen und der Arm voller roter Pusteln. Keine Nacht Schlaf, ich bin in großer Angst um die Finger. Mit großen Schmerzen schreibe ich, um mich abzulenken. Ich hadere, möchte mich nur umbringen. Nur Pater Pio fühle ich etwas trostgebend, sonst bin ich total verlassen. Ich kann kaum etwas überlegen und sehe nur noch das elende Ende des Säuretodes. Vor Schmerzen kann ich nicht mehr leben. Wie

Hiob bin ich zugerichtet. Kein Notschrei wird gehört, als gäbe es nie eine Hilfe. Alle Worte reichen nicht hin, um anzudeuten, welche grausamen Leiden man mir gibt. Kein Trost, keine Antwort, nur Angst und Schrecken. Es handelt sich um unaussprechliche stellvertretende Vorgänge; wäre das nicht, müßte ich verzweifeln.«

Das war mein letzter handgeschriebener Zettel, denn die Hand schwoll weiter an, und die Schmerzen wurden immer ärger. Betäubungsmittel brachten kaum eine Linderung, und sobald ihre Wirkung nachließ, war es noch schlimmer. Nur Umschläge und Bäder mit Kräutern und mit Essig verhinderten ein Brandigwerden der Finger und schwere Schädigungen des Gewebes, die nicht wieder gutzumachen gewesen wären. Da so viel davon abhing, daß diese Anwendungen bei Tag und auch bei Nacht immer wieder erneuert wurden, entschloß sich Stefan von Arx, der nur für ein paar Ferientage nach Meran gekommen war, dazubleiben und mich zu pflegen. Aber auch so nahmen die großen körperlichen Schmerzen und die Schlaflosigkeit während vieler Wochen kein Ende, noch viel schrecklicher jedoch war das andauernde übersinnliche Leiden, die letzte Verzweiflung, aus der ich nur manchmal während der 18-Uhr-Behandlung vorübergehend herausgenommen wurde.

Am 18. April wurde mir durch innere Erleuchtung ohne Worte bedeutet: »Du darfst keinen Willen haben, das Sterben steht nicht in deiner Hand. Es ist gar nicht gesagt, daß du nach all dem Schrecklichen, welches du hier durchmachst, nicht doch noch hier stirbst. Du sollst dich nur dem göttlichen Willen überlassen und die Schmerzen auf dich nehmen.« – Den Anwesenden trug ich am 24. April auf, sie sollten im Falle meines Todes meinen Freunden sagen: Wenn ich jetzt sterbe, so ist der einzige Trost, daß mir klar ins Bewußtsein gegeben wurde, von welch unerhört bedeutsamer Reichweite und Auswirkung meine unbeschreiblichen Sterbensqualen sind. Was das Durchmachen dieses Golgatha aber im einzelnen bedeutete, das wurde mir von Gott nicht gezeigt.

Am 4. Mai berichteten meine Begleiter nach Überlingen: »Immer noch keine Aussicht auf Besserung, im Gegenteil, alles scheint noch trostloser zu werden. Die Schmerzen lassen sich kaum auch nur für kurze Zeit lindern. Der Arm und die Hand brennen wie Feuer. Die Folterungen empfindet Carl als die ausgesuchteste satanische Infamie, die sich nur denken läßt. Und von ›Oben‹ nicht ein Funken Trost.« An diesem Tag bekam ich die innere Weisung, nach Hause zu fahren. Doch auch in Überlingen besserte sich mein Zustand nicht. Ich war weiterhin nur im Sterben und in größter Todesangst. »Wo soll ich hinfliehen vor Deinem Angesicht...«, diese Bibelworte erfuhr ich stündlich an mir selbst.

Überlingen, Mai 1975

Am Abend des 13. Mai nahm ich, weil die Schmerzen grausam waren, 30 Tropfen eines starken Schmerzmittels, was aber gar nichts nützte. Ich war am Verzweifeln. Um 2 Uhr nachts habe ich Gott vorgetragen, was ich schon alles in meinem Leben durchgemacht habe und daß ich nun wie ein Putzlappen behandelt werde. Und ich habe gehadert: Jetzt geht das sechs Wochen mit diesen Schmerzen und, was noch viel schlimmer ist, mit diesen Todeskämpfen und Todesängsten. Ich sterbe und kann doch nicht sterben. Ich hatte doch immer eine so große Beziehung zu Christus, und Er erscheint mir nicht und kommt nicht zu mir; und wenn ich bete, fühle ich den Gottvatergeist in Seiner Unnahbarkeit. In großer Erregung rief ich: »Es geht nicht mehr, ich kann das einfach nicht mehr ertragen, zumal kein Trost kommt und nicht das Geringste gesagt wird; ich sehe keinen Sinn mehr.« Da geschah das ganz Große: Plötzlich erschien *Gottvater*, genau wie damals im Breslauer Gefängnis, als gewaltiger ewiger Gott, in derselben Gestalt wie damals.

Nun begann eine Zwiesprache von fünf Stunden, was noch nie in meinem Leben der Fall gewesen war! Was ich von diesem Erleben in Worte bringen konnte, sprach ich auf Tonband und fasse es hier zusammen:

Fünf Stunden lang strahlte Gottvater in mich ein, weil ich so erschöpft und so sehr geschädigt war von den ganzen Wochen; ununterbrochen nahm ich Seine Strahlung in mich auf. Gottvater offenbarte mir alles, ich sah gewissermaßen hinter die Kulissen, wie das für andere Menschen unvorstellbar ist. Und Gottvater Selbst sprach zu mir: »Darum erscheine ICH dir, weil ich weiß, daß dein Menschliches, dein äußerster Mensch kaum noch weiter kann, und so zeige ICH dir denn, daß ICH *Opferseelen* brauche. Du siehst doch, wieviele Menschen, die so überklug und in ihrem Ich eingebildet sind, verloren gehen würden. Du siehst, wie sie sich verrannt haben und jetzt Hilfe brauchen. Da sind es eben die Mystiker und andere mit MIR tief verbundene Menschen, die helfen können, indem sie sich völlig aufopfern.« Gott erinnerte mich an alle bisherigen Leiden, und ich durfte sie sehen, während doch sonst immer das Gegenteil der Fall ist, ich darf sie mir gar nicht klarmachen. Gott will nicht, daß sie im Gedächtnis bleiben, so daß man sich etwas zurechnen würde; denn das wäre schädlich für die Entwicklung.

»Du brauchst dich nicht zu wundern«, fuhr Gott fort, »daß du so furchtbar behandelt wirst, denn du weißt, durch die letzte Verzweiflung wird am allermeisten erreicht, sie führt zum Ziel der vollkommenen Vergottung, anders geht es eben nicht. So mußt du jetzt entscheiden, ob du im äußeren Menschen die Aufgabe tragen willst, so schwer es dir fällt. Willst du die Krönung deines Werkes nicht erleben?« Das waren natürlich schwere Worte für einen Menschen, der sein ganzes Leben lang so viel erduldet hat und nun die Krönung des ganzen Werkes gefährdet sieht. So willigte ich also auch in meinem äußeren Menschen wieder ein.

So sprach Gottvater weiter: »Du weißt, was dir als Kind gezeigt wurde, als du dich so ganz an Christus hieltest, den Gottessohn, und in tiefster Ergriffenheit zu Seiner Heiligkeit aufschautest; damals wurde dir gesagt: ›Auch du sollst so weit kommen.‹ Heute nun bin ICH dir erschienen, damit du in die Leiden einwilligtest, die der Christusweg fordert. Christus Selbst mußte die Verspottung, die Geißelsäule und den Kreuzestod erleiden, um die letzte und tiefste Einung mit MIR, Seinem Gott, zu erreichen. Und bei dir ist es nun wahrlich ebenso: Du mußt und wirst durch die großen Leiden in diesen Wochen ebenfalls die Glorifizierung des ganzen äußeren Menschen so weit erreichen, daß du in dieselbe Sphäre erhoben wirst, und zwar schon jetzt zu deinen Lebzeiten. Du stirbst also an diesen Leiden nicht, sondern du sollst noch leben; die neu erreichte Entwicklungsstufe soll sich in der Welt ja gerade noch auswirken, ICH brauche diese Wirkung. Sie ist ebenso wie deine Leiden über alle Maßen groß und gewaltig, das darf dir im äußeren Menschlichen jedoch nicht richtig gesagt und gezeigt werden, denn du weißt, Demut und immer wieder Demut ist vonnöten. Sonst kommen die Teufel und machen dich auch nur ein bißchen zufrieden, und das darf nicht sein. Der Weg der inneren Offenbarung, den auch Christus ging, ist der allerschwerste und allerundankbarste. Damals, als du das noch nicht wußtest, war alles noch viel schlimmer für dich. Wenn du an Kathryn Kuhlman denkst oder an andere Leute, die so große Auswirkungen haben, fühlst du, was durch dich geschehen könnte, aber du siehst: Das Allergrößte und Gewaltigste geschieht in der Verborgenheit. Die Menschen denken, Gott existiere gar nicht, dabei geht doch letzten Endes alles ganz nach Meinem Willen, nach Meiner Liebe und Weisheit. Die großen Auswirkungen, die ICH wünsche, werden eben durch eine solche Entwicklung, wie sie an dir geschieht, ermöglicht. Das hast du nun schon längst begriffen, wogegen du früher sehr darunter littest, daß du nicht Tausende heilen durftest. Aber jetzt weißt du, daß Mein Wirken in dir viel höher ist, umfassend für die ganze Welt und das ganze Geschehen. Der Kosmos wird durchstrahlt, damit alles einer neuen Entwicklung entgegengehen kann.«

Nach diesem eindrucksvollen Erleben litt ich weiter in fürchterlicher Weise, vor allem in den Nächten bei weiter andauernder Schlaflosigkeit. Die ganze Geisterwelt, alle Fegfeuerorte, Vorhöllen und Höllen wurden geöffnet, ich wurde den schlimmsten Anfeindungen ausgesetzt. Man stelle sich einen Scheintoten vor, der im Sarg erwacht und noch eine Weile leben kann. In solcher Angst sollte ich weiterleben, aber das ist nur ein schwacher Vergleich. Gott gibt noch ganz andere Leiden, Er nimmt dem äußeren Menschen den letzten Halt und versetzt ihn in eine Angst, daß er überhaupt nicht mehr ein und aus weiß. Dies habe ich ja schon von Jugend an erfahren, aber diese großen Schmerzen, die ich jetzt durchstehen soll, übersteigen jedes Maß. Man kommt sich vor wie ein Verfluchter: keine Sekunde Ruhe, keine Sekunde Kraft, immer nur die letzte Verzweiflung! Schon am Abend kommt immer eine unsagbare Angst vor der Nacht. Zeitweise war es so schlimm, daß mich schon beim Betreten meines Zimmers höllische Geister überfielen.

In diesen Nächten wurde mir der ganze Ernst des menschlichen Daseins gezeigt. Über die Menschen, welche über die Geisterwelt nur lachen und davon nichts wissen oder hören wollen, welche selbstbewußt die andern noch für verrückt halten, die ein solches Erleben haben, über diese Menschen kommt nach dem Tod Furchtbares. Unzählige kommen zu mir und sagen in Sprechchören: »Es ist furchtbar, in die Hände des allmächtigen Gottes zu fallen.« Dann wird ihnen gezeigt, daß sie noch aufsteigen können, daß sie aber durch das sogenannte Fegfeuer, durch die Reinigungsorte hindurchschreiten müssen, und das dauert bei vielen sehr lange. Je nachdem, wie eigenwillig und eingebildet sie sind, desto schwerer und länger ist der Aufstieg. Nun holen sie sich, indem sie Einblick bekommen in mein leidvolles Leben, den Mut, freiwillig in das Fegfeuer zu gehen. Denn viele haben es nach Jahrhunderten oder gar Jahrtausenden satt, sich weiter in den Zwischensphären herumzutreiben, denn sie sind unselig. Paulus sagt: »Schaffet, daß ihr selig werdet, mit Furcht und Zittern.« (Als ich dies auf Tonband sprach, bestätigte Christus das Pauluswort mit solchem Ernst, daß ich das Weinen kaum zurückhalten konnte.) Und was tun die meisten Menschen in dieser Welt? Sie versäumen alles, sich für das Jenseits vorzubereiten, und dann folgt das Entsetzliche drüben. In Seiner großen Liebe sucht Gott Wege, um auch ihnen noch zu helfen, und dafür braucht ER dauernd Opferseelen, die immer wieder für solche Menschen leiden müssen.

Katharina Emmerich hat gut beschrieben, wie Satan am Ölberg Jesus gegen Gott aufsässig machen wollte und ihm darum zeigte: Für diese dumme und verbohrte Menschheit leidest du nun. So fordert die Hölle den Verstand des Mystikers heraus, besonders bei diesen großen Schmerzen, die zum Zorn und Widerstand reizen, so daß man alles zerschlagen und sich einen Dolch in die Brust stechen möchte, damit endlich dieser furchtbare Zustand aufhört. Statt dessen wird von mir verlangt, mich immer wieder und wieder an die Sterbezustände hinzugeben. Ich bin ja gar nicht der Mensch, der das Leiden will; Gott sagte mir auch in dem Erleben jetzt: »ICH brauche dich, du mußt das erleiden. ICH habe dich nicht zum Leiden begeistert; schon als Kind hast du so gelitten an den Menschen, auch an denjenigen, die sich so verirren.« Nach Gottes Willen mußte ich stellvertretend das ganze Leben lang für diese Menschheit leiden. Dagegen sträubt sich der Verstand, und die Hölle steht auf gerade in diesen furchtbaren Nächten und sagt: »Wenn Gott nichts anderes gewußt hat, als diese Schöpfung ins Leben zu rufen, und zwar so unvollkommen, daß die Menschen infolge ihrer Freiheit derart weit abfallen können von IHM, dann sollte lieber gar nichts sein; denn es ist ja nicht mitanzusehen, wenn man eröffnet bekommt, wie schlimm es im Jenseits für Unzählige aussieht.« Auch Sadhu Sundar Singh hat einmal Christus gefragt, warum denn vom Jenseitsschicksal nicht mehr in den Evangelien geschrieben stehe, und erhielt die Antwort: »Du weißt, wie das mit der Menschheit ist. Wenn man aussprechen würde, wie schwer das Höherkommen eigentlich für die meisten ist, dann würden sie den Mut vollkommen verlieren und kaum je anfangen, an sich zu arbeiten. Deshalb sollte in den Evangelien nicht mehr darüber gesagt werden.« Zudem steht ja dort geschrieben: »Du wirst nicht von dannen herauskommen, bis du den letzten Heller bezahlt hast.«

In der Mystik und bei den Heiligen, die den Verkehr mit Verstorbenen hatten, gibt es ja genug Mitteilungen über das Jenseits. Wer ernstlich sich bemühen will, der kann leicht den richtigen Weg finden. Durch Wunderheilungen wie bei Kathryn Kuhlman kommen gewiß viele zum Glauben. Aber Christus betonte: »Wenn die Menschen durch ein Wunder genötigt werden zu glauben, so wird das für sie zum Gericht. Sie versuchen, das Erlebte mit unbekannten Naturkräften zu erklären. Wissen sie aber in ihrem Inneren, daß das Wunder echt ist, und leugnen es dennoch, so begehen sie dadurch die Sünde wider den Heiligen Geist. Um das zu verhüten, dürfen nicht so viele äußere Wunder geschehen.«

In der Nacht vom 20./21. Mai hatte ich von ½ 12 bis 4 Uhr erneut ein gewaltiges Erleben. Ich wurde in die höchsten Sphären erhoben, aus welchen mir die innersten Geheimnisse offenbart wurden, und zwar bis in die äußersten Schichten der Sinnesorgane hinein. Ich erlebte die Geburt Gottes im Äußersten. Gott sprach zu mir: »Du gehst den allerschwersten Weg bis zum Tod, und so wird dir eben gezeigt, daß die Schmerzen, die Todesängste und Todeskämpfe und die grauenhaften Verlassenheitszustände eine Stufe symbolisieren, die der Passion Christi entspricht. Auch Christus konnte nur dadurch zur letzten Einung mit MIR gelangen.«

Es wurde mir gezeigt, daß diese fürchterlichen Leiden zu tun haben mit dem ganzen Elend der Höllen, der Vorhöllen, des Fegfeuers, der irdischen Welt und der Geisterwelt. Dieses Elend stellvertretend zu tragen, war mir schon unzählige Male auferlegt worden, aber diesmal greifen die Leiden so in die alleräußersten Schichten der Naturgeister und des Sinnenmenschen, wie das bisher noch nie der Fall war. Dadurch wird der Mensch – so wurde mir erklärt – in seinem Irdischen so schwach, so völlig zermürbt und zermalmt, daß das Letzte erreicht werden kann; alle von den vorangegangenen Geschlechtern ererbten Seelenteile werden umgewandelt und vergeistigt. »Du hast in diesen Wochen geleistet, was kein anderer Mensch auch nur im geringsten erahnen kann. Deine Leiden waren und sind unaussprechlich groß.« Die erreichte Durchgeistigung und Vergottung des Irdisch-Menschlichen (des 3. Prinzips nach Jakob Böhme) müsse sich noch zu meinen Lebzeiten sichtbar auswirken. – In dieser Nacht kam erstmalig Christus wieder und nahm für einige Zeit eine Schmerzlinderung vor, damit das gewaltige Gotteswerk weiter voranschreiten kann. Zugleich wurde aber deutlich gezeigt, daß bei der Heilung der Nervenentzündung in der Hand und im Arm alles organisch gesetzmäßig weitergehen muß, daß also eine Erlösung von den Qualen nicht vorher zugelassen werden darf. Nur durch diese Pein wird sich noch alles zum Guten wenden, sie muß aber Punkt für Punkt durchlitten werden.

Nach diesem Trost nahm das Martyrium seinen Fortgang, es wurde noch schlimmer, die Schmerzen noch unerträglicher. Mein äußerer Mensch wurde so völlig vernichtet, daß die letzte Auflösung einzutreten drohte. Am Abend des 22. Mai hatte ich eine große Angst vor der Nacht und ahnte Schlimmes. Tatsächlich kamen dann furchtbare teuflische Gestalten mit einer schrecklichen Ausstrahlung und flößten eine Angst zum Erstarren ein. Das war so furchtbar, daß es nicht zu beschreiben ist. Da kamen übersinnliche Erlebnisse aus hohen Sphären, die bis zum nächsten Morgen andauerten und die ich in dieser Art noch nie erlebt hatte. Ich befand mich in großen Räumlichkeiten, zu vergleichen mit katholischen Kirchen, wo an Altären, auf denen Kerzen brannten, liturgische und symbolische Handlungen vollzogen wurden. Gottvater zeigte mir den großen Ernst dieser Leidensperiode und daß ich in ihr eine große Aufgabe zu erfüllen habe. »Du siehst jetzt, daß du ganz am Ende wärest und unmöglich mehr weiter könntest, wenn ICH dir nicht entgegenkäme und dir jetzt Kraft und Trost spendete, damit du auf deinem Weg weiterschreiten kannst.«

Mein Zustand blieb aber noch viele Wochen lang derselbe. »Du mußt die Leiden ertragen, solange Gott es fordert«, hatte es geheißen. Aber dem äußeren Menschen schien es von Tag zu Tag immer unmöglicher, dies alles zu ertragen. Viele mögen sich fragen, wie denn trotz so großer Strahlkraft und der vorgeschrittenen Vergeistigung der Zellen eine so lang andauernde Vergiftung möglich ist, so daß die Lage sogar ausweglos erscheint. Dazu muß ich sagen: Die Strahlkraft ist da, sie wird von ›Oben‹ gegeben, aber um die Gifte wieder loszuwerden, sind auch Zellen notwendig, welche die Fremdstoffe ausscheiden können. Und diese Fähigkeit der Zellen nimmt eben durch das Alter ab, die Zellen kommen sozusagen nicht mehr mit. Diese Gegensätzlichkeit zwischen einer immer weiter fortschreitenden Vergeistigung und dem naturgesetzlich ablaufenden Vorgang des Alterns bringt die Leiden mit sich; der Körper wird der Naturgesetzlichkeit nicht enthoben.

Im Kapitel »Gabe und Aufgabe« ist beschrieben, wie schwer

oft die Geistverbindung nach der Nahrungsaufnahme herzustellen ist. Bei den Qualen, die ich viele Wochen lang durchmachen mußte, war das eine hohe Kunst, sich vollkommen der Geisteinwirkung hinzugeben. Es ist wie bei einer schmerzhaften Operation, die ein Patient ohne Narkose über sich ergehen lassen muß. Ich bin ja während der Verbindung jedesmal ein Mensch, der mit dem Tod ringt. Aber von Gott wird immer wieder verlangt, daß ich mich bis aufs Letzte hingebe.

Überlingen, Sommer 1975

Am 23. Juni hatte ich so schlimme Schmerzen im rechten Arm und in der Hand, daß meine Nerven versagten und ich meine Verzweiflung hinausschreien mußte: »Ehe sie den Arm amputieren, sterbe ich lieber... Ich trete meine Aufgabe ab, es soll ein anderer sie übernehmen, ich habe genug!« Meine anwesenden Freunde waren entsetzt und ratlos und baten mich, doch noch auszuhalten. Zu anderen Zeiten hatte ich doch Hilfe von Christus erhalten, auch wurde mir durch äußere Ablenkung eine Erleichterung zuteil, diesmal nicht. Die Strenge und der Ernst Gottvaters waren fühlbarer als je. Es kam mir vor, als würde meine Persönlichkeit in den übersinnlichen Leiden vernichtet. Am 2. Juli wurde mir gesagt: »Die göttliche Kraft und die göttliche Ordnung werden erst wirksam, wenn alles Eigene und Persönliche erstorben ist.«

Wieder folgten Wochen des Verlassenseins von Gott, mit schweren Schmerzen und teuflischen Angriffen in der Nacht. Am 21. August 1975 hatte ich ein übersinnliches Erlebnis: Ich fühlte und sah meinen Körper über und über mit Wunden bedeckt. Sie fingen plötzlich an zu bluten. Unter großen Schmerzen verlor der Körper immer mehr Blut und war schließlich so erschöpft, daß ich glaubte zu sterben. Ich starb aber nicht, sondern wurde in den Geist erhoben. Da hörte ich Gottvater sprechen: *»Eine Gottgeburt kann sich nur unter solchen unsagbaren Leiden und Schmerzen, unter solcher Todespein und Erniedrigung vollziehen.«*

Auch der Aufenthalt in Meran, wohin ich Anfang September 1975 wieder fuhr, brachte keine Erleichterung. Am 14. September schrieb ich an meinen Schwager: »Es ist gut, daß ich nicht mehr daran zweifeln kann, daß eine neue Gottgeburt nur durch furchtbare Leiden möglich ist. Der natürliche Mensch, auch wenn er recht gut veranlagt ist, muß eben wie das Gold im Feuerofen geläutert werden, denn der Abstand zu Gott ist so gewaltig, daß Gott die äußersten Natur- und Materiegeister nur ergreifen kann, nachdem ER sie in die tiefste Verlassenheit gestürzt hat. Kein Trost, kein Lichtstrahl, nur Verzweiflung, Not und Tod herrschen in meinem natürlichen Menschen.«

Die Nervenentzündung im Arm und in der Hand ließ nur ganz langsam nach, und die Schwellung ging erst im Laufe des Winters zurück. Die darauf neu eintretende Durchstrahlung und Belebung des Gewebes war ihrerseits sehr schmerzhaft. Erst nach einem Jahr hatte die Hand wieder ihr voriges Aussehen erlangt, blieb aber viel schmerzempfindlicher, als sie es früher gewesen war, so daß ich keine Hellfühldiagnosen mehr stellen kann. Nach Gottes Willen hatte ich die Krankheit überstanden, mein Leidensweg war aber noch nicht zu Ende.

ERLEBNISSE 1976

Meran, 7. April 1976

In meinem Heimatort war es Sitte, daß bei Begräbnissen der Sarg vom Trauerhaus in einer Prozession auf den Friedhof gebracht wurde. Dabei trug ich meist das Kreuz voraus und erlebte jedesmal etwas Merkwürdiges: Sobald ich den Fuß über die Schwelle des Friedhofseinganges setzte, wurde ich in meinem Gefühl so erhoben, daß ich glaubte, beinahe körperlich emporgehoben zu werden. Der ganze Himmel war anwesend, ich fühlte Christus, fühlte die Überwindung des Todes und eine unbeschreibliche Auferstehungsfreude. Ich war tief ergriffen und dachte in meiner kindlichen Unwissenheit, daß alle anderen Menschen das genau so fühlen.

Heute nacht träumte ich, ich befände mich wieder in meinem Geburtsort Gloden und wollte auf den Friedhof gehen, um zu sehen, ob ich dasselbe erleben würde wie in meiner Jugend. Ich sah, daß der Friedhofszaun noch derselbe war und auch der Eingang, letzterer nur neu gemacht. Sobald ich den Fuß über die Schwelle setzen wollte, erwachte ich. Dieser Traum war wie ein Vorspiel zu dem großen Erleben, welches am Nachmittag einsetzte, als wir auf dem Weg zum Gampenpaß durch Lana fuhren.

Christus einte Sich mit mir und gab mir zu sehen und zu fühlen, was am Kreuz mit Ihm geschehen war. Schon vor diesem Erleben war ich zu der Einsicht gelangt und hatte sie ausgesprochen, daß Jesu Geist den Körper nicht mit dem letzten Herzschlag verlassen hatte, wie das sonst beim Tod der Fall ist, sondern im Herzen verblieben war. Dies wurde mir jetzt von Ihm bestätigt, und es wurde mir dabei zu erleben gegeben, wie Sein Herz von der Gottesliebe ganz durchglüht und durchstrahlt war. Nach drei Tagen belebte der Geist vom Herzen aus den ganzen Körper und wandelte ihn um zum Auferstehungsleib. Damit war die Vergottung des natürlichen Menschen vollendet und hatte auch dieser die Wesenseinheit mit Gottvater erlangt. Bei dieser inneren Offenbarung ohne Worte deutete Christus mir an, daß Gleiches auch bei mir geschehen werde.

Während ich über die Bedeutung des gerade Erlebten Klarheit zu gewinnen suchte, einte Sich Christus nochmals mit mir in Seiner ganzen Hoheit. Ich fühlte mich im Herzen, in der Lunge, in der Brust ganz verklärt, so daß ich glaubte abberufen zu werden. Da hörte ich aus Christi Munde die Worte: »Auch du wirst so auferstehen, wie Ich auferstanden bin.«

Warum sprach Christus das aus? Allen Natur- und Materiegeistern meines äußeren Menschen sollte die durch nichts mehr zu erschütternde Gewißheit vermittelt werden, daß ich das mir von Gott gesteckte Ziel seiner Vergeistigung erreichen werde. Zugleich aber wurde dies der ganzen Geisterwelt bis hin zu Luzifer und seinen Gesellen als eine unantastbare Tatsache zur Kenntnis gebracht und eingeprägt.

Meran, 26. Mai 1976

Aus langer Erfahrung weiß ich, daß jedes besondere Erleben Christi oder Gottvaters erbitterte Angriffe der Gegenseite nach sich zieht. Um das Gefäß zu sein, durch das Gottes Liebe auch in die gottfernen Sphären hineindringen kann, muß ich die Kämpfe, Anfechtungen und Zweifel aushalten, bis sich die Wahrheit gleichsam von innen nach außen durchgerungen hat. Durch meine Geduld und meine Hingabe an Gott werde dann – wie mir kürzlich bedeutet worden ist – sogar den Teufeln weitergeholfen. Diese versuchten zwar nach dem Erleben vom 7. April gar nicht, in mir Zweifel an Christi Worten zu wecken, dafür bedrängten sie mich aber sonst auf das Heftigste. Heute vormittag nun auf der Fahrt ins Vintschgau einte sich Gottvater plötzlich mit mir. Ich wurde so geliebt von IHM, daß das Herz wohl am liebsten zersprungen wäre vor Freude und Glückseligkeit. Es wurde gezeigt, daß der Gottmensch eine Stufe der Vergottung erreichen kann, wo es Leidlosigkeit gibt gegenüber all den Prüfungen, die so schwer sind, daß der natürliche Mensch an der Liebe Gottes zweifeln muß. Der Gottgeist wirkte von meinem Herzen aus durch den ganzen Körper so gewaltig, daß jede Zelle von Seiner Heiligkeit und Liebe ganz erfüllt und durchstrahlt wurde.

Gottvater sprach zu mir: »Schon von Jugend an hast du Verklärungen erlebt; die Erinnerung daran ist dir aber meist entzogen worden. Denn ICH mußte dich aus Meiner Weisheit heraus demütigen und immer wieder demütigen, nur so ist das letzte Ziel zu erreichen. Infolgedessen trittst du nicht mit Autorität auf, sondern als ein von Leid geplagter Mensch, und deshalb ist es immer wieder schwer für deine Freunde, dich in deiner Aufgabe richtig zu erkennen. Lasse dich nicht beirren, von MIR wird dir gezeigt werden, was du tun sollst. Die unaufhörlichen Leiden des letzten Jahres haben dir jeden Halt in der Welt genommen. Damit du deinen Weg weitergehen kannst, hat Christus dir jetzt gesagt, daß du ebenso auferstehen wirst wie Er. Diese Verheißung sollte niemanden überraschen, wenn er die Bedeutung der Erlebnisse erfaßt hat, die du auf Mein ausdrückliches Geheiß in diesem Buch wiedergegeben hast. Denke an den Faden, der dir aus dem Himmel gereicht wurde und mit dem du die Welt aufbautest, denke an den umgestürzten Turm, den du aufrichtetest, denke an die geistige Miniaturerde, auf der Christus aus dem innersten Himmel mit dir zur Erde herabkam. Aber leider lesen auch deine Freunde viel zu wenig in diesem Buch und bemühen sich nicht genug um das richtige Innewerden.«

Kandern, 15. Juni 1976

Nahezu 60 Jahre sind vergangen, seit mir eröffnet wurde, daß meine Körpermaterie durch Gottes Kraft schon während des Erdenlebens vergeistigt werden soll. Diese Vergeistigung spielt sich sonst nach dem Tod ab. Sie kann sehr lange Zeit in

Anspruch nehmen, wenn der Abgeschiedene auch in seiner seelisch-geistigen Entwicklung nur langsam vorankommt; anderseits fördert deren rasches Fortschreiten auch die Umwandlung der Materiegeister des Körpers. Dies wird durch Erfahrungen bestätigt, welche ich bei Friedhofsbesuchen habe machen können.

Wenn ich an ein Grab herantrete, dann ist gewöhnlich der Geist des Menschen, dessen Leiche dort bestattet liegt, sogleich für mich wahrnehmbar. Ist bei ihm die Einung mit der Seele bereits erreicht, so setzt ein Strömen von ätherischen Feinstoffen ein, die, aus dem Grab kommend, durch mich hindurchfließen und dem geistigen Menschen zugeleitet werden. Ich spüre das vor allem in den Schultern und werde manchmal auf einige Zeit körperlich sehr geschwächt, weil meine ganze Strahlkraft in Anspruch genommen wird. Diese Hilfeleistung scheint für den Abgeschiedenen von großer Bedeutung zu sein, denn oft werde ich von ihm sehr eindringlich zum Besuch seines Grabes aufgefordert und nehme hinterher seine Freude und Dankbarkeit wahr.

Damit ich diese Erfahrungen richtig begreifen und einordnen konnte, war mir schon früh eine Schau gegeben worden: Es war wohl im Sommer 1928, als ich in einer Nacht von einem Engel abgeholt und auf einen Friedhof an ein altes, verfallenes Grab geführt werde, in dem vor etwa 100 Jahren der Körper einer frommen Frau bestattet worden war. Wir steigen in das Grab hinab, und ich sehe darin nur noch ein Knochengerüst liegen. Da erscheint der zugehörige geistige Innenmensch; machtvoll und schön wie ein Engel schwebt er dem Totengebein zugekehrt über diesen letzten Resten seines irdischen Leibes. Plötzlich fällt Feuer aus dem Geistwesen auf die Gebeine; sie fangen an zu glühen, werden im Glühen aufgezehrt und in das Geistwesen aufgenommen. Die Abgeschiedene hat damit eine sichtbare Erhöhung ihrer Macht und Schönheit erfahren. Mir wird dazu gesagt: »Das ist die zweite Auferstehung.« Warum dieser Abschluß der Vergeistigung als »zweite Auferstehung« bezeichnet wurde, ist mir später begreiflich geworden, als ich beim Verfolgen des Jenseitsweges verschiedener Menschen den »zweiten Tod«, die Reinigung der Person von allem Irdischen, erkannte, wonach dann der einstige Erdenmensch in seiner charakterlichen Eigenart, aber völlig vergeistigt und »neu geboren« zum ewigen Leben erstand.

Die Vergeistigung alles Irdischen, auch der Materiegeister des Körpers, muß geschehen, damit die Auferstehung vollendet werden kann. Ihr Beginn bestimmt sich nach dem Stand der inneren Entwicklung beim Abscheiden von der Erde. Wer sich in großer Liebe Gott zugewandt hatte, wer bestrebt war, Christus nachzufolgen, der steigt schnell in hohe Sphären auf, was ich mehrfach erlebt habe. Er hat auch den Boden bereitet für das umwandelnde Wirken der göttlichen Liebe an der Materie seines Leibes. Was sich davon vergeistigen läßt, wird dem Auferstehungsleib nachgeführt, der Rest bleibt als Schlacke zurück. So sind mir die Berichte durchaus glaubwürdig, daß manche der Särge, die wenige Jahre nach der Bestattung geöffnet wurden, leer waren. Es wäre jedoch verfehlt, wenn man ganz allgemein aus dem Auflösungsgrad eines Leichnams auf den Stand der Jenseitsentwicklung des Bestatteten schließen wollte; die Aufeinanderfolge der Umwandlungsvorgänge und ihre Zeitspanne liegen in Gottes Geheimnis. So ist mir auch bei den Verstorbenen, die mir besonders nahestanden, der Ablauf der Materievergeistigung im Grab nicht enthüllt worden. Von einigen Heiligen wird berichtet, daß ihr Leichnam nicht verwest sei; dazu hat Christus mir erklärt, daß die äußere Hülle nach Gottes Willen erhalten bleiben kann, auch wenn die Entwicklung des Innenmenschen bereits zur zweiten Auferstehung geführt hat.

Die Liebe Gottes aber gilt nicht nur denen, die sich IHM zugewandt haben, sie gilt *allen*. Alle sollen – nach verschieden langen Entwicklungs- und Reinigungsperioden – zur Auferstehung gelangen, auch wenn sie sich auf Erden noch nicht aus den Fesseln der Materie hatten losringen können. Gott weiß wohl, daß viele dies trotz besten Willens nicht erreichen, weil die Schranken, die ihnen in Seele und Körper mitgegeben wurden, zu hoch sind. *Ihnen* will ER zu Hilfe kommen und die Fesseln der Materie lockern, indem ER in mir als einem Wegbereiter die Materie des Körpers mit Seiner Kraft durchdringt und zu Geist umwandelt. Welche Wirkung davon bereits ausgegangen ist, das hat Gott mich heute auf dem hiesigen Friedhof erleben lassen.

Ein siebzehnjähriges Mädchen war vor anderthalb Jahren verunglückt. Ich hatte die Verstorbene nicht gekannt; als mir aber ihre Mutter einige Monate nach dem Unfall eine Photographie zeigte, bekam ich Verbindung mit ihrem Geist. Diese Verbindung mag weiter bestanden haben, obwohl sie mir nicht bewußt wurde. Anfang Juni besuchte ich ihr Grab und spürte dort ganz unerwartet das starke Ziehen in meinen Schultern, das ich eingangs erwähnt habe. So bald nach dem Tod des Bestatteten hatte ich es bis dahin nur an Gräbern von langjährigen Freunden gefühlt.

Heute kam ich nochmals zu diesem Grab und war höchst erstaunt, eine noch sehr viel stärkere Strahlung wahrzunehmen als zwei Wochen zuvor; ich konnte nicht daran zweifeln, daß hier die Umwandlung und Vergeistigung der Reste des irdischen Leibes mit Macht vorangetrieben wurde. Während ich noch am Grab stand, setzte unvermittelt ein Gotteserleben ein, und Gottvater eröffnete mir, daß der schnelle Entwicklungsfortschritt bei diesem Mädchen eine Folge *Seines Wirkens* sei, welches seit Jahrzehnten die Materie meines Körpers umwandle und vergeistige. Es sei mir doch gesagt worden, daß ich der Bahnbrecher für eine leichtere Form des Todes sei; je mehr Hindernisse ich dabei durch mein stellvertretendes Leiden aus dem Weg räume, desto stärker komme Gottes umwandelnde Kraft auch den bereits Verstorbenen zugute. Gott erinnerte mich daran, daß ich so oft auf Friedhöfen Verklärungszustände erlebt habe, bei denen ich mich fühlte, als sei mein physischer Leib schon vergeistigt. Durch meine Verklärung sei jeweils in einer Entsprechungswirkung bei jenen Verstorbenen, deren Grab ich besuchte, und dann bei immer größeren Scharen die vergeistigende Umwandlung der Leibesmaterie eingeleitet oder beschleunigt worden. In späterer Zeit werde nicht nur die baldige Auferstehung, sondern auch die verheißene leichtere Form des Todes allen denen geschenkt werden, deren Ergebung in den göttlichen Willen sie schon im Erdenleben der Einung von Geist und Seele und der Vergeistigung des Körpers nahekommen lasse.

Überlingen, 4. September 1976

Auf der Rückreise von Bern fuhren wir gestern nach Sachseln, wo wir die Kirche besuchten. Ich war schon früher an diesem Ort gewesen und hatte hier starke Verbindung mit dem heiligen *Niklaus von der Flüe* gehabt. Wieviel an Opferwillen und Hingabe hatte Gott von ihm gefordert! Er aber war dem Ruf Gottes unbeirrbar gefolgt und wurde durch seine Selbstüberwindung zum Vertreter seines ganzen Volkes vor Gott. Christus Selbst hat mir vor Jahren einmal bestätigt – was auch anderen zu erleben gegeben wurde –, daß dank der Gottverbundenheit des heiligen Niklaus ein göttlicher Schutz der Schweiz bis heute ihre Freiheit erhalten hat.

Bei meinem ersten Besuch in Sachseln hatte ich Bruder Klaus als in Geist, Seele und Leib ganz verklärt erlebt. Daher erwartete ich gestern gar nicht, daß ich nochmals geistige Verbindung mit ihm bekäme, diese setzte aber ein, als wir die Kirche verließen. Während wir zum Flüeli hinauffuhren, fühlte ich ihn wieder ganz verklärt in meinem Herzen. Und nun kam das, was mich am meisten erstaunte: Vom Herzen ging seine Liebesstrahlung in meinen Leib und in das Geschlechtsempfinden, aber so hoch und göttlich, daß man dafür keine Worte hat. Wir besichtigten dann sein Wohnhaus, wo er mit Frau und Kindern gelebt hatte. Dort kam er von neuem ganz ins Herz in einer wunderbaren Verklärung. Als wir das Haus verließen, strahlte er nochmals in den Sexus in einer hohen Reinheit und Heiligkeit. Die innere Verbindung mit ihm dauerte dann acht Stunden lang an und brachte mir eine neue Bestätigung dafür, daß Gottes Wirken, dem ich zu dienen habe, auch die Vergeistigung des Sexus zum Ziel hat.

Vergeistigung des Sexus bedeutet, daß der Geschlechtstrieb Ausdruck einer selbstlosen, geistigen Liebe wird. Die Wege dorthin sind verschieden und von der persönlichen Eigenart jedes Menschen abhängig. Manche gehen den Weg innerhalb einer Ehe, andere in einer anderen Bindung, wieder andere in einer von Liebe zu Gott geleiteten Askese. Die Vergeistigung des Geschlechtstriebes beginnt mit der Vergeistigung der Seele, endet aber nicht mit der Einung des Willens von Geist und

Seele, weil die Materiegeister der Geschlechtsorgane auch vergeistigt werden müssen. Sonst lenkt ihr eigensüchtiges Streben den Trieb immer noch davon ab, Ausdruck der geistigen Liebe zu sein. Die Vergeistigung des Sexus vollendet sich also erst mit der Vergeistigung der Körpermaterie und ist ein Werk Gottes.

Bei den meisten vollzieht sich das erst nach dem Ende des Erdenlebens. Mein vielfältiges Erleben mit Verstorbenen – ganz gleich, in welchem Alter sie abberufen wurden – zeigt mir, daß jeder diese Vergeistigung durchmachen muß, und zwar entsprechend dem beim Abscheiden von der Erde von ihm erreichten Entwicklungsstand. Nachdem meine eigene Vergeistigung so weit gekommen war, daß auch der Sexus bis ins Leibliche hinab von der Strahlung Gottvaters erfüllt wurde, haben verschiedene Verstorbene in einer bis ins Geschlechtliche hineinstrahlenden Liebesverbindung mit mir die göttliche Hilfe zu einer schnelleren Vergeistigung in Anspruch genommen. Dabei habe ich erfahren, daß mit deren Voranschreiten die geschlechtliche Strahlung immer geistiger und schließlich zum Ausdruck der selbstlosen Liebe des in Geist, Seele und Leib wiedergeborenen Menschen wird.

In ganz besonderer Höhe erlebte ich das gestern in der Verbindung mit Niklaus von der Flüe; er ließ mich erkennen, wie alles Natürliche in ihm durch Gottes Wirken bis zu einem solchen Grad vergeistigt worden ist, daß die göttliche Liebe auch durch die geschlechtliche Strahlung hindurch fühlbar wird. Die Liebesstrahlung, die ich von ihm empfing, kam ganz aus Gott. Der Heilige ist also von Gott zu einem vollkommenen Gefäß Seiner Liebe erhoben worden; dennoch ist die Liebe Gottes jeweils getönt nach dem individuellen Geist, der sie ausstrahlt.

Gottvater und Christus haben mir meine Aufgabe des stellvertretenden Leidens zum Hineintragen wahrer Liebe in das Geschlechtsleben oft bestätigt; mein von den wütenden Angriffen des Widersachers gepeinigtes Menschliches aber wird durch die Anteilnahme eines so hoch entwickelten ehemaligen Menschen an dieser Aufgabe sehr getröstet und gestärkt.

ZEITGENOSSEN

Offenen Auges habe ich die Wege anderer Geistesmenschen verfolgt und mich nach einem Weggenossen gesehnt. Die Berichte über die Erlebnisse und das Wirken jener Männer und Frauen, die zu meinen Lebzeiten eine besondere Hingabe an Gott bewiesen haben, weckten meine Anteilnahme ebenso wie solche über Menschen früherer Zeit. Fast alle diese Menschen waren dazu berufen, Opferseelen zu sein, und wurden von Christus Selbst in häufiger Zwiesprache zu einem Sühneleiden für den Abfall so vieler Menschen von Gott aufgefordert. Manchen von ihnen war – mehr als mir – die Gabe verliehen, in bewegenden Worten zu schildern, wie ihre Seele unter den teuflischen Einflüsterungen und Anfeindungen das Wissen von Gottes Liebe zu verlieren schien und wie nur die Bitte Christi sie dazu bewegen konnte, weiter das stellvertretende Leiden auf sich zu nehmen.

Persönlich kennengelernt habe ich keinen, aber mit beinahe allen bekam ich innere Verbindung. Die Ähnlichkeit ihres Erlebens der übersinnlichen Leiden sprach mich an, und dennoch konnte ich den Unterschied zwischen ihrer Aufgabe und der meinen nicht übersehen. Denn wenn ich an die von mir gefühlten Zeitgenossen denke, so weiß ich das eine, daß mir die Bekanntschaft mit einem Leidensgefährten auf dem Weg der Vergeistigung des Körpers sofort bewußt geworden wäre und eine unbeschreibliche Freude in mir ausgelöst hätte. Das zu erleben ist mir bisher nicht beschieden gewesen; ich muß den Weg des Bahnbrechers, welcher die Vergeistigung seiner Körpermaterie durch Gottes Kraft bewußt erlebt und erleidet, allein zu Ende gehen. Dennoch betrachte ich die Zeitgenossen, die in der Nachfolge Christi einen Leidensweg gingen, als meine Weggefährten. Mit Namen möchte ich aber nur einige wenige nennen.

Sehr bald, nachdem die Öffentlichkeit von dem Auftreten der Wundmale bei *Therese Neumann* (1898 – 1962) und von ihren Schauungen erfahren hatte, habe ich in geistiger Fühlungnahme die Echtheit dieser Erscheinungen erlebt. Dabei wurde mir wahrzunehmen gegeben, wie diese Erscheinungen zustande kommen; nach dem persönlichen Willen Christi geschehen sie durch die Einwirkung hoher Geister aus Sphären der katholischen Kirche zur Stärkung des Glaubens der Gemeinde. Während dieser Fühlungnahme aus der Ferne entstanden auch an meinen Händen die Wundmale und verursachten mir so heftige Schmerzen, daß ich in große Angst geriet. Doch wurde ich sogleich beruhigt: Die Wundmale sollten mir wieder genommen werden, ich hätte nur ihr Zustandekommen kennenlernen sollen; es könnte mir bei meinem körperlichen Hellgefühl nicht zugemutet werden, damit zu leben; auch gehörten und paßten sie durchaus nicht zu meinem ganz andersartigen Entwicklungsweg. Nach kurzer Zeit bildeten sie sich auch wieder vollkommen zurück. Ich habe über dieses Erleben mit Therese Neumann in der Monatsschrift »Der Türmer« im November 1927 berichtet.

Seit sie die Erde verlassen hat, hat Therese Neumann des öfteren versucht, mir in geistiger Verbindung Hilfe und Trost zu vermitteln. Das in völliger Hingabe an Christus getragene schwere Leiden hat sie hoch hinauf geführt. Mich aber schmerzt es, wenn behauptet wird, sie habe gar nicht ohne Nahrung gelebt und habe ihre Leiden nur vorgetäuscht.

Dem Inder *Sadhu Sundar Singh* (1889 – 1929) ist man hierzulande mit großer Skepsis begegnet. Dabei war es bei etwas Gefühlsoffenheit so leicht, in ihm den echten Jünger Christi zu erkennen. Schon gleich die erste Kunde über ihn, welche zu mir drang, ließ mir keinen Zweifel an seiner Echtheit. Für mein Erkennen hätte es nicht einmal jenes Erlebnisses bedurft, welches ich hier kurz erwähnen will.

Eines Tages erlebte ich, daß Christus leibhaftig auf mich zukam, ganz von außen wie eine wirkliche Geistererscheinung.

Das wunderte mich sehr, weil es meinem sonstigen Erleben Christi nicht entsprach. Als die Erscheinung näherkam und ich mich in ihr Wesen einfühlte, erkannte ich aber deutlich: Es ist nicht Christus, sondern Sadhu Sundar Singh, dem seine tiefe Christusverbundenheit eine so überraschende Ähnlichkeit verleiht, daß ich den Herrn Selbst vor mir zu sehen glaubte. – Dieses Erlebnis hatte ich, als der Sadhu noch am Leben war. – Und diesen Mann erachteten die meisten Kirchen unseres Landes nicht für würdig, in ihren Gotteshäusern von Christus zu zeugen.

Verhielt sich Sundar Singh gegenüber die Mehrzahl der Theologen ablehnend, so erfuhr der Kapuzinermönch *Pater Pio* (1887 – 1968) Gleiches von seiten der römischen Kurie. Die Gläubigen aber haben sich dadurch nicht abhalten lassen, in Scharen nach San Giovanni Rotondo zu pilgern, wo Pater Pio vielen von ihnen hat helfen dürfen. Die über ihn veröffentlichten Bücher geben Aufschluß über seinen lebenslangen Leidensweg. Aus seinen Briefen geht hervor, daß er böse und gewaltsame teuflische Anfeindungen und andere übersinnliche Leiden zu erdulden hatte, die noch viel peinigender waren als die stets blutenden Wundmale und die sonstigen körperlichen Schmerzen. Das hat meine besondere Anteilnahme erregt, weil ich die bittere Last übersinnlichen Leidens selbst zur Genüge kenne. Schon zu seinen Lebzeiten hatte ich ab und zu geistige Verbindung mit Pater Pio; seit seinem Abscheiden im Jahre 1968 habe ich ihn über lange Perioden hin als mir beigesellt wahrgenommen und fühlte von ihm dasselbe tiefe Mitleid mit mir, wie ich es stets ihm gegenüber hatte, wenn ich von seinem Opferleben hörte.

Pater Pio ist weithin bekannt geworden; von anderen Opferseelen, die einen ähnlichen Leidensweg zu gehen hatten, haben gewöhnlich nur die Menschen ihres engeren Kreises erfahren. Anderen durften sie vielfach helfen, ihnen selbst wurde das körperliche und seelische Leiden nicht abgenommen, denn es gehört zur Nachfolge Christi. Er Selbst erklärt das den von Ihm Berufenen mitunter ganz unzweideutig, wie aus den Schriften von *Käthe Pfirrmann* (1896 – 1972) hervorgeht. Eine gläubige evangelische Christin, war sie seit einem Unfall an Sylvester 1929 schwer krank und oft gelähmt und lag im März 1935 auf den Tod, konnte weder sprechen noch sich bewegen. Da hörte sie nach inbrünstigem Gebet ihres Ehemannes plötzlich eine Stimme: »Glaubst du, daß dir dein Heiland helfen kann?« Sie konnte den Kopf drehen und sah Christus in einem weißen, leuchtenden Gewand neben sich stehen. Nach ihrer bejahenden Antwort hörte sie wieder ganz deutlich und klar Seine Stimme: »So will Ich dir denn helfen, dich stärken und aufrichten, soweit wie Ich es für gut halte. Doch ganz gesund und stark will Ich dich nicht mehr machen. Denn in großer Schwachheit sollst du mir dienen ... zum Segen vieler und zu meiner Verherrlichung. ... Würde Ich dich ganz gesund machen, so würdest du dich wieder deinen irdischen Pflichten ganz hingeben und wärest so geteilt und unbrauchbar für die Aufgabe, die dir vertraut. Denn du sollst mir eine rechte Priesterseele werden, eine rechte Fürbitterin und Beterin, die ... mit einem Herz voller Liebe für alle eintreten kann.«

Diesem Auftrag kam sie getreu nach trotz ihrer vielen Gebrechen. Im September 1937 von der Gestapo verhaftet und langen Verhören unterworfen, wurde sie durch nächtliche Christus-Visionen gestärkt. Nach einer Woche verlangte Christus von ihr, sie solle nach Seinem Diktat einen Brief an Hitler schreiben. Trotz teuflischer Anfeindungen, die ihr eine ganze Nacht hindurch die Drangsal ausmalten, die ein solcher Brief für sie und ihre Angehörigen nach sich ziehen werde, gab sie sich ganz in Christi Hand und schrieb den Brief, der eine ernste Warnung enthielt, die Nachfolger und Kinder des Herrn nicht zu verfolgen. Der Brief hatte die von Christus versprochene Wirkung: Am 11.Tag wurde Käthe Pfirrmann mit ihren Angehörigen und Freunden aus dem Gefängnis entlassen.

Ganz ähnlich wie bei mir hatte Christus der Gewaltherrschaft Grenzen gesetzt und die überraschende Befreiung aus der Gefangenschaft herbeigeführt. In unbedingter Hingabe an den Heiland hat Käthe Pfirrmann ihre Leiden getragen, bis sie 1972 heimgehen durfte.*) Ich habe sie seitdem mehrfach in einem Zustand hoher Seligkeit und Verklärung wahrgenommen. Um mir Mut zu machen, hat sie mir 1976 gezeigt, daß bei ihr die seelische und auch die leibliche Auferstehung gleich nach dem Tod eintraten.

In seinem äußeren Ablauf ein ganz anderer war der Weg der amerikanischen Evangelistin *Kathryn Kuhlman* (1907 – 1976), die regelmäßig im Radio sprach und Heilungsgottesdienste vor Tausenden abhielt. Immer wenn mir etwas von ihren Heilungen vorgelesen wurde, bekam ich Verbindung mit Christus, so auch im Januar 1977, ungefähr ein halbes Jahr nach ihrem Tod. Kathryn Kuhlman zeigte sich dann auch, ganz zart, zurückhaltend und bescheiden, so wie ich meine Schwester Elisabeth des öfteren wahrgenommen habe. Kurz darauf ließ Christus mich schauen und fühlen, welch hohe Stufe Kathryn Kuhlman erreicht hatte; die Auferstehung des Leibes war bei ihr bereits vollendet. Ich fühlte sie mit Christus vereint, und Er verwies mich auf die Worte des Paulus (Gal 2,20): »So lebe nicht mehr ich, sondern Christus lebt in mir.« Ihr großer, kindlicher Glaube, ihre große Bescheidenheit und Demut hatten Kathryn Kuhlman befähigt, dem Herrn als Werkzeug bei ganz ungewöhnlichen Heilungen zu dienen und sehr viele Menschen auf den Weg zu Ihm zu führen. Es wäre sehr zu wünschen, daß viele ihre Bücher läsen; dort sind Spontanheilungen beschrieben, welche die Wunder Jesu ins Gedächtnis rufen.

*) Die Schriften von Käthe Pfirrmann sind erhältlich bei Monika Mäußnest, Bitscher Str. 30, 66955 Pirmasens.

»WAS KEIN AUGE GESEHEN...«

Wilhelm Beyer hatte mich 1920 kennengelernt. Er war damals Landarzt in der Lausitz; dazu übernahm er 1925 während meiner Amerikareise die ärztliche Betreuung meiner Breslauer Patienten. Später gab er die Landpraxis auf und war seit dem Herbst 1927 mein ständiger Mitarbeiter und Hausgenosse. 1934 heiratete er meine jüngere Schwester Magdalena. Von ihm habe ich während mehr als 50 Jahren auf meinem mühevollen Lebensweg Hilfe empfangen in demselben reichen Maße wie von meiner Mutter und meinen beiden Schwestern. Seine große Begabung stellte er ganz in meinen Dienst. In unzähligen Briefen hat er meinen und seinen Freunden Rat und Hilfe zuteil werden lassen. Bei der ersten Niederschrift dieses Buches ist mir seine Mitwirkung ebenso unentbehrlich gewesen wie auch sonst in allen Dingen unseres gemeinsamen Lebens.

Schon lange hatte ich befürchten müssen, daß auch dieser treue und verständnisvolle Weggefährte, noch drei Jahre älter als ich selbst, vor mir in das Jenseits hinübergehen werde. Bis zum Februar 1977 hatte er sich von Unfällen und Erkrankungen stets wieder erholt und war trotz seiner 91 Jahre von erstaunlicher geistiger Frische und immer an der Schreibmaschine tätig. Dann aber setzten Anfälle von Angina pectoris ein, die ihn sehr mitnahmen und mir große Sorgen machten. Nach einigen Wochen schien sich Wilhelms Befinden dank meiner intensiven Lebenskraftbehandlung langsam zu bessern, und ich fuhr nach Meran. Dort allerdings sah ich am 20. März in einer Vision ein Grab, welches zu einem Drittel ausgehoben war, und wußte, daß es für Wilhelm bestimmt war. Am 6. April erlitt er einen Schlaganfall; doch während der 18-Uhr-Behandlung desselben Tages fühlte ich seinen Geist plötzlich ganz stark. Es bestätigte sich dann, daß eine Spontanheilung eingetreten war, denn schon am nächsten Tag verschwanden die Lähmung und die Sprachstörung. Die Hilfe von Gott, die ich in diesen Tagen ständig fühlte, hatte sich deutlich gezeigt. Kaum hatte ich dies am Karfreitag ausgesprochen, da zeigte sich mir Christus sterbend am Kreuz, fuhr in mich hinein, und ich war sofort nur noch ein Sterbender und erlitt die ganze Passion Christi. Früher hatte ich die Passion schon öfter miterlitten, aber nur im Geist; diesmal war es ein ganz körperliches Erleben, es war als ob die Wirklichkeit des sterbenden Christus in jede Zelle eingraviert werde.

Dieses Leiden ging tagelang weiter, und obwohl beim Vorlesen des Osterberichtes Christus ganz nahe war, fühlte ich nichts von Auferstehung. Hingegen wurde mir Wilhelms Schlaganfall von Gottvater Selbst als Vorbote des Abscheidens hingestellt, und gleichzeitig strahlte ER in liebevollster Weise auf mich ein, ähnlich wie damals im Breslauer Gefängnis, und wünschte von mir die volle Ergebung und Zustimmung zu Wilhelms Abscheiden: »ICH muß ihn jetzt abrufen. Du aber sollst helfen, daß die Umwandlung schon vorher geschieht, damit er völlig frei hinübergeht.«

Während der ganzen folgenden Wochen hatte ich Sterbezustände, die aus dem Übersinnlichen kamen und den Körper erfaßten und sich oft als akute Herzbeschwerden auswirkten. Was ich bei Elisabeth und Magdalena nach ihrem Tod von ihrer Umwandlung hatte mitdurchleiden müssen, das sollte ich hier schon vorher durchmachen. Darüber schrieb ich meinem Schwager am 2. Mai: »Ich sterbe heute noch viel schlimmer für Dich als die Wochen und Tage vorher. So hoffe ich, es wird Dir leichter gemacht. Gottvater begleitet mich nun schon wochenlang persönlich als ein liebender Vatergott. So nahe im ganzen Körper als Trost und Hilfe war ER fühlbar. ER sagte mir in langen Gesprächen, daß ER Dir das teuerste Geschenk für den Himmel geben will. Trotzdem bleibt es für mich schwer. Ich habe große Schmerzen in allen Teilen des Körpers, und nichts hilft, da mein Zustand geistige Ursachen hat und gewollt ist.«

Seit dem Schlaganfall fühlte und wußte Wilhelm, daß sein Leben zu Ende geht. Er wurde immer schwächer, Atemnot quälte ihn, er brauchte einen Sauerstoffapparat. Er verabschiedete sich von allen und hoffte, vor meiner Rückkehr aus Meran abberufen zu werden, um mich nicht mit seinem Sterben zu belasten. Er freute sich aber dann doch sehr, als ich auf göttliche Weisung hin am 22. Mai in Überlingen eintraf. Als ich ihn einige Tage später fragte, wie ihm im Gemüt zumute sei, sagte er zu mir: »Ich bin im Gemüt nicht bedrückt, ich freue mich aufs Jenseits. Du stirbst ja die ganzen Wochen für mich und nimmst alles von mir ab, alle Todesgefühle und Todesängste. Ich leide nur an der Atemnot und den körperlichen Schmerzen.« So war es auch. Das, worum ich Gott gebeten hatte, trat ein; ganz still, im Schlaf verließ Wilhelm am 5. Juni die Erde.

Bald bestätigte es sich, daß die Vergeistigung der Körpermaterie bei Wilhelm schon weit fortgeschritten war; die feste Körperlichkeit, die er für das anstrengende Leben an meiner Seite haben mußte und die er selbst als »Klotz« empfand, war durch mein stellvertretendes Todesleiden bereits weitgehend umgewandelt. Nach seinem Abscheiden erlebte ich tagelang eine starke Durchstrahlung von Gottvater her, die sowohl Wilhelm als mir selbst galt; persönlich war Wilhelm zunächst gar nicht zu fühlen. Erst am Beerdigungstag zeigte er sich, aktiv im Geist wie ein Jüngling von 19 Jahren und ganz von der Gottesstrahlung durchdrungen. In diesem Zustand erlebte ich ihn auch mehrfach in der folgenden Zeit, nur vorübergehend nahm ich Abödungsphasen wahr, aber Wilhelm blieb auch dabei auf der hohen Ebene, die sein vergeistigter Innenmensch erreicht hatte. Am Grab hatte ich den Eindruck, daß der Leichnam nur noch eine leere Hülle sei, die nun aufgelöst werde. Gelebt hatte Wilhelm nach dem Spruch, den er sich für die Traueransprache wünschte: »Wer seine Hand an den Pflug legt und blickt zurück, der ist nicht geschickt zum Reiche Gottes.« Vor seinem Tod wurde von Gott gesagt, daß Wilhelm das körperliche Leiden der letzten Monate durchmachen müsse, damit er sozusagen vollendet abscheiden könne und dank einer großen Gnade sofort in die höchsten Sphären kommen werde.

Das hat sich so sehr bewahrheitet, daß ich nach zwei, drei Wochen kaum mehr etwas von ihm erlebte.

Auf Wilhelms Heimgang war ich von Gott über Wochen hin vorbereitet worden; drei Monate später hingegen traf es mich ganz unvorbereitet, daß mein Begleiter Stefan von Arx plötzlich abberufen wurde. Gewiß wußte ich seit dem Beginn unserer Bekanntschaft, daß in seinen Organen ungewöhnlich schwere, verhärtete Ablagerungen waren. Auch hatte ich seit Monaten mit wachsender Sorge gesehen, daß seine körperlichen und seelischen Beschwerden zunahmen; dennoch konnte ich nicht glauben, daß mir Stefan genommen würde. Seit er im April 1975 bei meiner schweren Nervenentzündung die Pflege übernommen hatte, hatte er mich ständig von früh bis spät umsorgt und war mir ganz unentbehrlich geworden. Obwohl er täglich mit seinem kranken Körper zu kämpfen hatte und oft sehr niedergedrückt war, ging er ganz darin auf, mir die Tage zu erleichtern. Ich wunderte mich oft, wie er neben allen Hilfeleistungen für mich in der Lage war, mit ganz großem Verständnis und Einfühlungsvermögen mit vielen meiner Besucher zu sprechen. Auch konnte er auf wenige Worte von mir hin ganz in meinem Sinne viele Briefe schreiben. In den kurzen Jahren bei mir nahm Stefans innere Entwicklung einen raschen Fortgang: Sein liebevoller und klarer Geist überstrahlte die Schwäche des Körpers, und er wurde nicht nur mir, sondern auch allen meinen Freunden zu einer Stütze.

Schon immer hatte er sein Kreuz bewußt und geduldig auf sich genommen, und in den beiden schweren Darmkrisen Anfang September 1977 war er zur restlosen Hingabe an Gottes Willen durchgedrungen. Zwei Tage vor seinem Heimgang sagte er am Telefon zu seiner Mutter: »Es geschieht nur das, was Gottes Wille ist. Seinem Willen wollen wir uns fügen.« An demselben Tage erkrankte er von neuem. Zwei Tage zuvor waren wir zusammen nach Meran gefahren, Stefan fuhr den Wagen und war guter Dinge. So dachte ich zunächst, daß auch die neue Krise gut vorübergehen werde, doch abends trat plötzlich Christus aus mir heraus, umgeben von Todeswolken, und zeigte mir, daß Stefan sein Erdenziel erreicht hat. Nach schmerzvollen Stunden wurde er schwächer und verließ am 26. September morgens die Erde. Es war ein völlig anderes Sterben, als ich es sonst schon gesehen habe. Ich sah, daß der Geist und die Seele den Körper verließen, das Gesicht aber verfiel nicht, sondern wurde verklärt. Gleich darauf stand vor mir ein herrlich verklärter, wunderbarer Jüngling, und das war Stefan. Ich wurde so erhoben in Gott und Christus und mit Stefan in Liebe verbunden, daß es sich nicht schildern läßt. Ich mußte weinen und konnte es nicht verbergen, vor Rührung, vor hoher Liebe, natürlich auch vor Schrecken, daß ich ihn verliere. Etwa drei Stunden später nahm ich wahr, daß bei Stefan schon die Seelenreinigung einsetzte, bei der sein hoher Liebegeist die vom Körper gelöste Seele durchdrang und seinem eigenen Wesen anzugleichen bestrebt war.

Am 28. September wurde ich im Geist in die Gottvater-Sphäre erhoben und erlebte Gottvater als das allumfassende, beinahe unpersönliche Wirken, das durch alle Welten flutet, und zugleich als die Person, deren Wille die Welten von Ewigkeit zu Ewigkeit regiert. Dabei wurde mir klar und deutlich gezeigt, daß Stefans Tod genau an diesem Tag und zu dieser Stunde und hier in Meran eintreten mußte. Das ist eines der Geheimnisse, die der menschliche Verstand nicht fassen kann. Begreifbar wird nur, daß Gott die Fülle der Liebe und Weisheit ist. Daneben erscheint all unser Denken als erbärmliche Torheit. Bis zu diesem Erleben hatte auch ich mich gefragt, warum denn von Gott die Kur für Stefan bejaht worden war, die solch furchtbare Krisen auslöste, wenn er doch nicht länger leben durfte. Nun erkannte ich, daß der Seelenleib und auch der physische Leib noch möglichst gereinigt werden sollten; die alten Ablagerungen im Darm sollten durch natürliche Mittel in Bewegung und zur Auflösung gebracht werden, damit sie eine schnelle Vergeistigung nicht behinderten.

Am 5. Oktober vormittags erlebte ich plötzlich Gottvater, der Stefan mit sich brachte. ER zeigte mir, daß Stefan ganz mit IHM vereint ist: »Er ist in MIR und ICH bin in ihm!« Eine wunderbare Liebesstrahlung floß durch Stefan hindurch, so daß seine individuelle Strahlung als einheitlich mit jener Gottvaters erschien. In der folgenden Nacht und am folgenden Tag erlebte ich Gottvater in Wellen von Liebe und Kraft, wobei eine große Freude über Stefans Erdenleben und Hinübergang zum Ausdruck kam. Ich erhielt dadurch mehr Trost, als es sonst irgendwie möglich gewesen wäre.

Am 9. Oktober hatte Stefan in einer inneren Verbindung, die mehrere Stunden lang anhielt, mir zu zeigen versucht, wie unerhört erhaben und gewaltig alles in der Ewigkeit ist: »Gott wird alle Tränen abwischen!« Die Phasen der letzten Reinigung und Vergeistigung spielten sich bei ihm auf einer so hohen Stufe ab, daß ich davon kaum etwas Belastendes zu spüren bekam. Was ich oft wahrnahm, war seine Liebe, und er mußte sich stets zurückhalten, damit sein großes Mitleid mit mir mich nicht in Weinanfälle stürzte.

Zu meiner großen Verwunderung zeigte sich Wilhelm weder am Tag von Stefans Tod noch in den Meraner Wochen danach. Erst bei der Rückfahrt am 16. November 1977 fühlte ich Wilhelm etwa eine halbe Stunde vor unserer Ankunft in Überlingen. Seine Gegenwart wurde immer deutlicher, und als wir das Haus betraten, war er in seiner verklärten Persönlichkeit voll anwesend. Seine machtvolle geistige Strahlung durchdrang ausgedehnte jenseitige Regionen. Sagen durfte er nichts, doch ich erkannte, daß er eine wichtige Aufgabe von weitreichender Wirkung zu erfüllen habe.

Am 4. Dezember besuchte ich Stefans Grab in Härkingen. Obwohl ich so etwas geahnt hatte, war das Erleben dort doch eine große Überraschung für mich. Seit seinem Tod hatte ich Stefan immer in meinem Herzen gefühlt, jetzt aber tauchte er in meinen ganzen Körper ein und wurde richtig eins mit mir. Damit zeigte er mir, daß die Körpervergeistigung bei ihm weitgehend vollzogen und die zweite Auferstehung bereits eingetreten ist. Eine größere Freude hätte ich nicht erleben können. Eine solche Einung hatte ich zuvor nur mit ganz wenigen, so mit mehreren katholischen Heiligen, erlebt. Der Jenseitige ist mir dann nicht mehr als ein Gegenüber fühlbar, ich nehme auch keine Aura von ihm mehr wahr, sondern fühle nur noch die starke Durchstrahlung in meinem ganzen Körper. Von da an war meine Verbindung zu Stefan eine andere, er war immerfort ganz und gar in mir, in einer heiligen Strahlung von Liebe und Mitleid.

Da Wilhelm an allen meinen Erlebnissen so lebhaft Anteil genommen hatte, solange er lebte, konnte ich es mir nicht erklären, wieso er sich außer dem Erscheinen bei der Heimkehr aus Meran überhaupt nicht bemerkbar machte, auch nicht, als mir am 10. Dezember ein Brief seiner Tochter vorgelesen wurde. Da bat ich ihn sehr, mir doch seinen Zustand kundzutun. Mit einem Mal trat er in meinen ganzen Körper ein, wie ein paar Tage vorher Stefan, und zeigte mir, daß auch er schon die zweite Auferstehung erreicht habe und auf die gleiche Stufe gelangt sei. Daß ich ihn während der ganzen Zeit bis zu diesem Tag nicht hatte wahrnehmen können, erklärt sich mir nun so, daß er von der Umwandlung, die sich an ihm vollzog, ganz in Anspruch genommen war.

Einzelheiten darüber, wie sich die Körpervergeistigung im Grab bei Wilhelm und Stefan abspielte, habe ich nicht erfahren, aber ihre Auferstehung habe ich erlebt. Was ich von ihnen fühle, entspricht der Verheißung: »Was kein Auge gesehen hat und kein Ohr gehört hat und in keines Menschen Herz gekommen ist, das hat Gott bereitet denen, die IHN lieben.«

SCHLUSSWORT

Das Geleitwort zu diesem Buch (Joh 5,43) habe nicht ich aus meinen menschlichen Erwägungen heraus gewählt, sondern es ist mir von Gottvater Selbst ausdrücklich gewiesen worden. ER gab mir dabei zu verstehen: ER will damit den Menschen einen Spiegel vorhalten, aus dem sie ersehen sollen, wie leicht sie sich verleiten lassen, dem Unechten, den Halb- und Viertelwahrheiten nachzulaufen, während die echten göttlichen Bekundungen von ihnen nicht erkannt, nicht gewürdigt oder auch gar schroff abgelehnt werden, nur weil sie nicht so lauten, wie die Wissenden und Gläubigen es für richtig halten und meinen, sie erwarten zu müssen.

Der wirklich von Gott Berufene geht einen Dornenpfad. Er kann ihn nur gehen in rückhaltloser Hingabe an den Willen Gottes; die geringste Abweichung von dieser hingebungsvollen Einstellung bringt die Gefahr der Täuschung mit sich. Ohne sich so von Gott führen zu lassen, erlangt man keine zuverlässige Kenntnis höherer Welten, sondern erliegt mannigfaltigen gefährlichen Irrtümern, deren es in der niederen Geisterwelt die Fülle gibt. Es kann daher vor dem Verlangen und Streben nach Schauungen und Gesichten gar nicht ernstlich genug gewarnt werden. Wer nicht von Gott dazu ausersehen ist, sondern eigenwillig und eigenmächtig in jenseitige Bereiche einzudringen versucht, begibt sich in höchste Gefahr.

Mir diente von jeher das Lesen in den Evangelien dazu, mir Kraft zu holen, sooft ich ihrer bedurfte. Jetzt sind es auch die Berichte meiner eigenen Gotteserlebnisse, die mir die Schleusen öffnen, aus denen mir die göttlichen Kräfte zuströmen. Diese Kraftquelle bietet sich mit diesem Buch jedem Leser an, der es mit wirklicher Anteilnahme liest. Denn nur durch unmittelbares Erfühlen, nicht unter der Vormundschaft des Denkens kann die Wahrheit erkannt werden, daß Gottvater und Christus hinter mir stehen und durch mich wirken, daß Gottvater und Christus mich zu Ihrem Werkzeug erwählt und zubereitet haben.

Nachdem Christi Geist fast 2000 Jahre die Menschheit durchwirkt hat, führt Gottvater mich den neuen Weg der geistigen Durchdringung, Überwindung und Umwandlung der irdischen Materie von *innen* her. Diese Vergeistigung soll nicht nur meinem körperlichen Menschen zugute kommen, sondern soll grundsätzlich für jeden Menschen die Möglichkeit schaffen, sich so weit zu entwickeln, daß er eine baldige Auferstehung in Geist, Seele und Leib erreichen kann. Um die Vergeistigung zu fördern, ist es nicht nötig, sich ganz von der Welt abzukehren oder das, was das Erdenleben uns an Freuden bieten kann, gering zu achten. Nur darf man sie nicht überbewerten, nicht in den Mittelpunkt stellen und nicht daran hängen, sondern soll stets des Jesuswortes eingedenk bleiben: »Trachtet zuerst nach dem Reich Gottes und seiner Gerechtigkeit« (Matth 6,33). Es ist den Menschen in den Evangelien und in den Schriften gottbegnadeter Männer und Frauen eine Fülle von Empfehlungen für ihre Lebensführung gegeben worden. Wer immer wieder bestrebt ist, sich in allem von der Liebe zu Gott leiten zu lassen, wird den Weg finden, der für ihn der richtige ist. Auf diesem Weg können ihm Mühen und Prüfungen nicht erspart bleiben, denn ohne sie gibt es keine Aufwärtsentwicklung.

Sie sind aber nicht zu vergleichen mit der schweren Last des stellvertretenden Leidens, das ein von Gott Berufener zu tragen hat. In welchem Ausmaß er gedemütigt und im Geistfeuer Gottes geläutert werden muß, davon berichtet dieses Buch. Die mir zugewiesene Aufgabe ist eine andere, als sie bisher von Nachfolgern Christi zu bewältigen war; deshalb paßt auch das Erleben, von dem ich berichte, nicht zu den Maßstäben, die man an die christlichen Mystiker anzulegen gewöhnt ist.

Auch im neunzigsten Lebensjahr, da ich die Neufassung meines Lebensberichtes abschließe, haben sich die mir auferlegten Prüfungen nochmals gesteigert. Bereits im Herbst 1977 hatte Gottvater mich darauf vorbereitet, daß neue Leiden zum Erklimmen einer weiteren Stufe über mich kommen müßten. Ausgelöst wurden sie dann zu Beginn des Winters durch die Enttäuschung darüber, daß mein von der Liebe Gottes geleitetes Handeln verkannt wurde. Der Hohn und die Anfeindungen der widergöttlichen Mächte verfolgten mich Tag und Nacht. Gottvater aber ließ mir keinen Zweifel daran, daß ER ihren Ansturm zugelassen habe, und zwar in solcher Heftigkeit, daß nur ein Mensch, den ER mit Seiner Kraft voll durchstrahlt, ihn aushalten könne. ER stärkte mich auch durch das tägliche, klare Erleben Seiner Gegenwart und ließ immer wieder Wellen Seiner Liebe durch mich hindurch zu den Menschen fließen, die sich von mir abgewandt hatten.

Am Morgen des 29. Dezember 1977 erfuhr ich eine ganz besondere göttliche Einstrahlung und fühlte mich selbst so in Geist, Seele und Leib auferstanden, wie ich in der Zeit vorher Wilhelm und Stefan gefühlt hatte. Mein Körper schien mir völlig vergeistigt und war frei von Leiden. Mir war, als ob in ihm von ›Oben‹ gesagt wurde: »Morgen und Abend werden dir sein wie eines!« Nach einer halben Stunde jedoch verschwand dieser Zustand, und ich war in denselben Leiden wie vorher, nichts hatte sich geändert.

Immer von neuem gab Gottvater mich in die Hand der Teufel und Dämonen, wie ER es bei so manchen Heiligen auch getan hat. Man bleibt dann zwar ständig im Gebet, ist aber trotzdem verlassen und in unaufhörlicher Angst, weil Gott es will, daß die abgefallenen Geister ihre Bosheit austoben und sich so ihrer entäußern. Nach Monaten erst, am 18. Mai 1978, gab ER mir zu verstehen, es sei zwar schon ein Sieg errungen, der Kampf jedoch noch nicht zu Ende. »Du mußt die Feinde überwinden; wenn du den Kampf durchhältst, werden viele erlöst«, hieß es.

Gott will den Zustand der Menschheit von innen her wandeln. ER will den Menschen helfen, sich aus den Banden der Materie zu befreien. An den Menschen ist es, sich Seiner Liebe zu öffnen, denn:

Gott ist es, der da wirket alles in allen.

NACHTRAG

Überlingen, 6. Juni 1979

Gegenüber dem immer tiefer in mich eindringenden Wirken Gottes führt Satan einen verzweifelten Abwehrkampf auf die verschiedenste Weise. Immer schon hat mich der Hohn seiner Gesellen über die scheinbare Machtlosigkeit Gottes im Ablauf des äußeren Geschehens begleitet. In den letzten Jahren sind handgreifliche Attacken gegen mich, besonders nachts, wiederholt vorgekommen, die ich nur unter Anrufung Christi und mit Seiner Hilfe abwehren konnte. Die Teufel wollen meine Freunde und die Menschen meiner Umgebung gegen mich aufhetzen und manchmal haben sie dabei Erfolg. Mir selbst flößen sie einen solchen Widerwillen und eine solche Angst ein, daß ich nur entfliehen und keinen Menschen mehr sehen möchte, gerade diejenigen nicht, mit denen Gott mich durch Seine Liebe verbunden hat. Es gelingt ihnen, die göttliche Liebe zeitweise zu verdunkeln, aber mir bleibt doch ein inneres Wissen, daß ich von Gott geführt und gehalten werde.

So aufreibend der Kampf gegen die teuflischen Angriffe und Einflüsterungen auch ist, es gibt noch Schlimmeres, und darüber gab mir Gott heute eine Erleuchtung: »Was du als das Allergrausamste empfindest, ist, daß ICH dir die Teufel beigeselle und es zulasse, daß sie sich ganz im geheimen einschleichen und dein Gemüt in Besitz nehmen dürfen. Dann glaubst du, die Gefühle der Abneigung, ja des Hasses gegen die Menschen, die du doch liebst, kämen aus dir selbst und ebenso die Auflehnung gegen Gott. Ja, ICH lasse es zu, daß die hohe Liebe, die ICH dir zu bestimmten Menschen gebe, auf heimtückische Weise von den Teufeln völlig fortgenommen wird. Das sind furchtbare Proben für das Menschliche, das noch irgendwo in den untersten, hartnäckig eigensüchtigen Natur- und Materiegeistern steckt. Dann gerade mußt du standhalten und darfst MICH niemals loslassen und mußt durch Gebet die Verbindung mit MIR suchen, damit ICH dir helfe. Und dann kommt Meine Gottesliebe und durchfließt sogar die Teufel und Dämonen, die ICH dir beigeselle. Nur dadurch, daß sie in dich eindringen dürfen, kommen sie in dir mit Meiner Gottesliebe in Verbindung und unter ihre Wirkung. Mit Meiner Allmacht kann ICH ihnen nichts von Meiner Liebe vermitteln, sie müssen durch eigene Entwicklung aufnahmefähig für sie werden. Den Anstoß für diese Entwicklung erhalten sie beim Eindringen in dich, der du noch Erdenmensch bist und dennoch schon so sehr vergeistigt, daß du mit deinem ganzen Menschenwesen Meine Gottesliebe aufnehmen kannst.«

Es wurde mir gezeigt, daß mein stellvertretendes Erleiden des Zusammenstoßes der Teufel mit der göttlichen Liebe nicht nur vielen Menschen zugute kommt, die zwar Lust am Bösen haben, aber noch nicht ganz so weit vom Göttlichen entfernt sind, sondern auch den Teufeln selbst. Etwas von der Liebe Gottes geht in sie ein und beginnt, sie umzuwandeln. Als gestern am Pfingstdienstag die hohe Gottesliebe mich ganz erfüllte und über alle Anwesenden ausgeschüttet wurde, da bemerkte ich, daß auch Luzifer sich einstellte und ob dieses Liebesstromes wie stutzig und unsicher wurde. Selbst er kann sich der Gotteswirkung nicht ganz entziehen, so sehr er trotzt und sich im Hochgefühl seiner Macht verhärtet. Durch den großen Erfolg, den er im Betören der Menschen hat, gerade in unserer Zeit, wächst sein Hochgefühl noch mehr, das schon vom Ursprung her ein gigantisches war. So erlebe ich es, aber es bleibt mir versagt, es zu schildern. Im Innersten seines Herzens jedoch, dort wo er den ständigen Lebenskraftstrom Gottes empfängt – denn ohne ihn kann auch Luzifer nicht leben –, wird er von Gottes Liebe, die er in mir am Werke sieht, angerührt. Denn Gott schließt ihn nicht von Seiner Liebe aus. Nur geht es weit über menschliches Begreifen, in welchen Zeiträumen Luzifers Verhärtung im Hochmut schwinden wird.